"一带一路"重点国家油气资源合作前景

王 建 常毓文 梁 涛 刘保磊 著

石油工业出版社

内 容 提 要

本书通过概述"一带一路"油气合作基础、宏观环境，分析国际石油公司"一带一路"合作现状、国际油气上游合作主要合同模式，指出"一带一路"油气合作方向。本书分别讲述了中亚—俄罗斯地区、中东地区、东南亚地区各国的油气资源分布、油气合作环境、油气合作现状及油气合作潜力，探讨了符合各国国情互利共赢的合作模式。

本书适合从事海外油气勘探开发的高级管理人员和研究人员，以及大专院校有志于从事海外油气勘探开发研究的教师和学生参考使用。

图书在版编目（CIP）数据

"一带一路"重点国家油气资源合作前景 / 王建等著. —北京：石油工业出版社，2021.10

ISBN 978–7–5183–4913–5

Ⅰ.①—… Ⅱ.①王… Ⅲ.①油气资源–国际合作–研究–中国 Ⅳ.① F426.22

中国版本图书馆 CIP 数据核字（2021）第 205206 号

出版发行：石油工业出版社
（北京安定门外安华里 2 区 1 号　100011）
网　　址：www.petropub.com
编辑部：（010）64523708
图书营销中心：（010）64523633
经　销：全国新华书店
印　刷：北京中石油彩色印刷有限责任公司

2021 年 10 月第 1 版　2021 年 10 月第 1 次印刷
787×1092 毫米　开本：1/16　印张：16.5
字数：400 千字

定价：80.00 元
（如出现印装质量问题，我社图书营销中心负责调换）
版权所有，翻印必究

前　言

自七十五届联合国大会一般性辩论上中国做出"3060"双碳目标的郑重承诺以来，碳达峰、碳中和骤然在国际上成为热点话题。截至 2020 年 12 月 31 日，已有 126 个国家通过政策宣示、法律规定或提交联合国等不同方式承诺 21 世纪中叶前实现碳中和目标，其中包括 12 个国家在提交给联合国气候变化框架公约（UNFCCC）秘书处的长期低排放发展战略（LTS）文件中明确提出碳中和目标。随着世界主要经济体碳达峰、碳中和目标的明确，将深度引发油气供需两侧的结构性变革，油气行业正加速转型升级。油气企业应结合国际环境和行业形势变化，调整优化油气市场、行业结构，实现转型中的有效发展。双碳目标的实施具有阶段性，目前大部分发达国家已经碳达峰，而我国和大多数发展中国家仍然处于碳排放增长阶段，预计 2030 年左右才能碳达峰。根据多家机构预测，未来 10~20 年石油天然气仍将是全球一次能源的主体。

习近平主席在 2013 年于哈萨克斯坦纳扎尔巴耶夫大学演讲时，提出共建"丝绸之路经济带"的恢宏倡议。欧亚大陆共同发展迎来重大机遇。2013 年 10 月，习近平主席在访问印度尼西亚时提出共建"21 世纪海上丝绸之路"，强调相关各国要打造互利共赢的"利益共同体"和共同发展繁荣的"命运共同体"，开启了中国政治、经济和人文等对外合作的新篇章。目前，中国石油对外依存度超过 70%，天然气对外依存度超过 40%，在油气对外依存度不断上升的背景下，"一带一路"倡议对保障中国能源安全尤为重要。不论是丰富的油气资源，还是多元的油气运输通道都体现了"一带一路"区域的重要油气地缘战略地位，而"一带一路"沿线国家财政收入多以油气资源为主，所以中国与"一带一路"沿线国家具有良好的互补性，"一带一路"油气合作的进一步深化具有重要的战略意义。

石油天然气为"一带一路"建设奠定了坚实的基础。20 多年来，中亚—俄罗斯和中东地区已成为中国石油天然气海外核心油气合作区、海外油气产量和经济效益的重要来源地，也是跨国油气战略通道的资源保障区和优势产能合作的主要市场。我国已经在"一带一路"沿线建成了中亚—俄罗斯、中东、东南亚三大油气合作区，在陆上三大油气战略通道中建设了中亚、俄罗斯、缅甸到中国的多条管线，中国从"一带一路"沿线国家进口原油占进口总量的 67%，进口天然气占进口总量的 85%。中国在"一带一路"沿线国家参与运营多个炼厂合作项目，在"一带一路"沿线国家的工程技术与建设队伍超过 1500 支。以勘探开发、管道建设、下游炼厂为纽带，中国三大油企及民营企业已在"一带一路"倡议区域内开展了卓有成效的油气合作，并形成了以中亚管线、中俄管线和哈萨克斯坦、伊拉克等油气合作项目为代表的油气合作规模优势。 同时，油气合作也对当地资源国的社会发展作出重大贡献，中国公司已在主要资源国家提供了超过 4 万个就业岗位，上缴税收 300 多亿美元，实现数十亿美元的公益投入。

"一带一路"在地域分布上跨越了世界上油气最富集的特提斯油气区，东起中国中西部，经中亚、中东到欧洲，集中了全球超过一半的油气储产量。当前，全球油气地缘格局发生剧烈变化、地区冲突加剧、新冠肺炎疫情发展前景不明确、国际油价起伏不定、资源国社会环境动荡、消费国经济增长乏力等因素均对全球油气合作产生深远影响。虽然经过将近 30 年的发展，中国公司在"一带一路"区域内的油气合作已经具有一定规模和经验，但未来若要进一步深化，必须优选重点油气合作方向，打造油气合作突破点和制高点。未来的"一带一路"油气合作需要多元开放、共同投资、共担风险、共享收益的合作模式，"一带一路"区域内的大中型油气勘探开发项目以及跨境油气通道、贸易与产能合作项目依旧是重中之重。

限于笔者水平，书中不妥与疏漏之处在所难免，恳请广大读者批评指正。

目　　录

第一章　"一带一路"油气资源与分布 … 1
　第一节　"一带一路"概述 … 1
　第二节　"一带一路"油气合作基础 … 2
　第三节　"一带一路"油气合作宏观环境 … 14

第二章　"一带一路"沿线国际石油公司动向及未来合作方向 … 18
　第一节　国际石油公司"一带一路"合作现状 … 18
　第二节　国际油气上游合作主要合同模式 … 20
　第三节　"一带一路"油气合作方向 … 31

第三章　中亚—俄罗斯地区 … 38
　第一节　俄罗斯 … 38
　第二节　哈萨克斯坦 … 59
　第三节　土库曼斯坦 … 76
　第四节　乌兹别克斯坦 … 90

第四章　中东地区 … 105
　第一节　沙特阿拉伯 … 105
　第二节　伊拉克 … 120
　第三节　伊朗 … 140
　第四节　阿拉伯联合酋长国 … 163
　第五节　阿曼苏丹国 … 179

第五章　东南亚地区 … 204
　第一节　印度尼西亚 … 204
　第二节　缅甸 … 223
　第三节　泰国 … 238

参考文献 … 255

第一章 "一带一路"油气资源与分布

第一节 "一带一路"概述

西汉张骞是打通古代丝绸之路的第一人。在中国与中亚、西亚、欧洲乃至非洲的历史交往当中,丝绸之路曾经扮演着不可或缺的角色。

习近平主席在2013年于哈萨克斯坦纳扎尔巴耶夫大学演讲时,提出共建"丝绸之路经济带"的恢宏倡议。欧亚大陆共同发展迎来重大机遇。2013年10月,习近平主席在访问印度尼西亚时提出共建"21世纪海上丝绸之路"并筹建亚洲基础设施投资银行(简称"亚投行"),强调相关各国要打造互利共赢的"利益共同体"和共同发展繁荣的"命运共同体",开启了我国政治、经济和人文等对外合作的新篇章。2015年3月28日,国家发改委、外交部、商务部联合发布了《推动共建丝绸之路经济带和21世纪海上丝绸之路的愿景与行动》,标志着对中国发展将产生历史性影响的"一带一路"倡议进入全面推进建设阶段。沿线国家共建"一带一路"顺应世界多极化、经济全球化、文化多样化、社会信息化的潮流,各国秉持着开放的区域合作精神,致力于维护全球自由贸易体系和开放型世界经济。

"一带一路"东边牵着亚太经济圈,中间分布着全球最重要的油气富集带,西边系着发达的欧洲经济圈,共涉及65个国家(表1-1-1),联动着亚欧地区约45亿人口(超过全球人口总数的六成)的巨大市场,沿线国家GDP占全球GDP总量超过三分之一,出口贸易额占全球出口贸易总额超过四分之一,进口贸易额占全球进口贸易总额超过五分之一,是世界上最长、最具潜力的经济大走廊。

表1-1-1 "一带一路"倡议涉及的65个国家列表

地区	个数	国家
东亚	1	蒙古国
东盟	10	新加坡、马来西亚、印度尼西亚、缅甸、泰国、老挝、柬埔寨、越南、文莱和菲律宾
西亚/北非	17	伊朗、伊拉克、土耳其、叙利亚、约旦、黎巴嫩、以色列、巴勒斯坦、沙特阿拉伯、也门、阿曼、阿拉伯联合酋长国、卡塔尔、科威特、巴林、塞浦路斯和埃及
南亚	8	印度、巴基斯坦、孟加拉国、阿富汗、斯里兰卡、马尔代夫、尼泊尔和不丹
中亚	5	哈萨克斯坦、土库曼斯坦、乌兹别克斯坦、塔吉克斯坦和吉尔吉斯斯坦
独联体	7	俄罗斯、乌克兰、白俄罗斯、格鲁吉亚、阿塞拜疆、亚美尼亚和摩尔多瓦
中东欧	17	波兰、希腊、立陶宛、爱沙尼亚、拉脱维亚、捷克、斯洛伐克、匈牙利、斯洛文尼亚、克罗地亚、波黑、黑山、塞尔维亚、阿尔巴尼亚、罗马尼亚、保加利亚和北马其顿

"一带一路"倡议逐步得到了国际上的积极响应。围绕"一带一路"倡议，充分利用和发挥相关组织与平台的作用，如上海合作组织、中国与中东欧"16+1合作"、中国—东盟"10+1"、中国—海合会、澜沧江—湄公河合作五年行动计划（2018—2022）等，使"一带一路"的国际合作理念逐步得到相关各方的充分理解和接纳，带动更多国家和地区参与"一带一路"倡议。

"一带一路"沿线国家自身的发展战略与"一带一路"倡议兼容对接，如俄罗斯"欧亚经济联盟"、蒙古国"发展之路"、哈萨克斯坦"光明之路"、欧盟"欧洲投资计划（容克计划）"、沙特阿拉伯"2030愿景"和"2020国家转型计划"、环孟加拉湾经合组织"环孟加拉湾多领域经济技术合作倡议"、越南"两廊一圈"、孟加拉国"金色孟加拉"愿景、印度尼西亚"全球海洋支点"、巴基斯坦"愿景2025"等，为实现地区国家间的利益融合和共同发展提供了重要基础。

第二节 "一带一路"油气合作基础

一、"一带一路"油气合作的意义

习近平主席曾指出："能源需求压力巨大、能源供给制约较多、能源生产和消费对生态环境损害严重、能源技术水平总体落后等挑战"，并且要"务实推进'一带一路'能源合作，加大中亚、中东、美洲、非洲等油气的合作力度。加大油气资源勘探开发力度，加强油气管线、油气储备设施建设，完善能源应急体系和能力建设，完善能源统计制度"。由于我国是能源消费大国，即便国内生产能力呈持续上升态势，依然满足不了国内旺盛的能源消耗和需求（图1-2-1）。能源合作是"一带一路"建设和发展中不可或缺的重要部分。

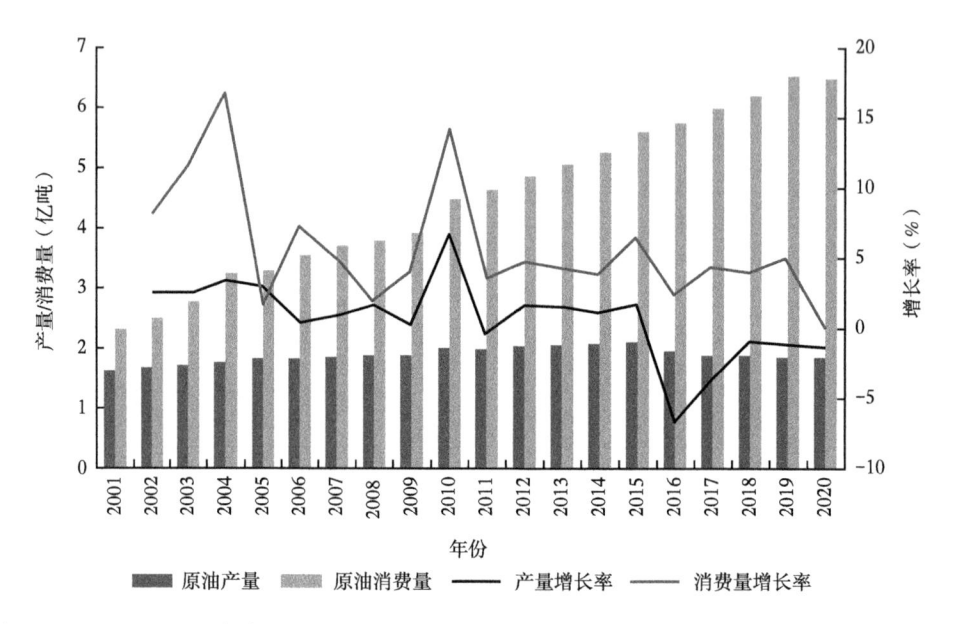

图1-2-1 2001—2020年中国原油产量及消费量变化（数据来源：WOOD、BP、智研咨询，2021）

能源运输通道关乎能源供给的稳定性和安全性。"一带一路"中"海上丝绸之路"沿线的能源运输通道主要包括我国的南海、南太平洋、北印度洋和马六甲海峡。丝绸之路经济带也涵盖主要的陆上能源运输通道，包括中哈原油管道、中俄原油管道、中亚天然气管道和中缅油气管道。因此，不论是丰富的油气资源储量，还是多元的能源运输通道都体现了"一带一路"重要能源战略地位。

与"一带一路"区域内资源国开展油气合作是中国油气进口最现实的选择。随着中国经济的持续发展和能源消费结构的调整，作为世界第一大能源消费国、第二大油气消费国的中国，2020年原油对外依存度达到73%，天然气对外依存度达到45%，保障国内能源安全刻不容缓。"一带一路"沿线国家财政收入多以油气资源为主，"一带一路"油气合作的主要基调是互惠互赢。

目前全球油气消费中心正逐渐转移至能源需求快速增长的亚太地区，国际油气供需格局也在逐步发生变化，围绕能源安全的国际政治博弈日趋激烈。世界经济增速放缓，全球油气需求走低，欧洲走在寻求能源供应多元化的前端，中国也愈发重视新能源与清洁能源，使得"一带一路"区域内资源国的油气经济面临挑战。

油气及相关产业是"一带一路"建设中最具先发优势、规模最大的产业，目前已拥有雄厚的油气合作基础。中国从"一带一路"沿线国家进口原油占进口总量的67%，进口天然气占进口总量的85%。中国在"一带一路"沿线国家参与运营多个炼厂合作项目，在"一带一路"沿线国家的工程技术与建设队伍超过1500支。未来的"一带一路"油气合作需要多元开放、共同投资、共担风险、共享收益的合作模式，"一带一路"区域内的大中型油气勘探开发项目以及跨境油气通道、贸易与产能合作项目依旧是重中之重。

二、"一带一路"油气合作发展历程

自20世纪90年代初期利用两种资源、两个市场"走出去"后，我国已经同"一带一路"沿线各国开展油气合作。从里海之滨到阿拉伯半岛，从撒哈拉沙漠到印度尼西亚丛林，从中东酷暑到亚马尔严寒，中国的石油人用三十载春秋诉说海外业务变化历程。从无到有、从小到大，中国石油企业的国际油气合作形成了涵盖勘探、开发、管道和炼化的完整产业链，在为保障国家油气供应安全作出重要贡献的同时，自身不断壮大，油气合作俨然成为我国"一带一路"合作的主要领域。

多年来，我国石油企业通过推动科技创新，持续加强国内先进适用技术在海外的推广应用，以及重点技术的自主攻关和成果转化，创新集成了涵盖地质勘探、油气田开发和新项目评价等领域的优势技术系列。稠油开发技术、二次开发技术已广泛应用，所属油田实现了多年持续稳定生产；大型碳酸盐岩油藏注水开发技术、钻完井工厂化作业技术等重点科技项目已逐步攻克。

随着多年来"走出去"步履的延伸，"一带一路"油气合作国际化水平不断提高，探索形成了一套有自身特色的、专业化的"立足本地+法人治理+中方管理"投资与运营管理模式。这一模式的内容主要体现为：遵守资源国法律，尊重当地宗教与文化，积极实行本地化策略；按照合同模式、国际规则进行国际化管理，高效发挥合资公司股东会、联合作业委员会等治理机构的作用；组建地区公司、国别公司等中方机构，加强中方内部党建、人事、安保后勤等事务管理，对项目公司提供支持与服务，形成业务线、职能线、区域线和支持线四位一体管控体系。

我国石油企业海外油气上游合作跨越式发展，离不开七个方面的长期坚持和不懈努力：一是坚持低成本发展战略。低成本发展是海外业务安身立命的法宝，是核心竞争力的最直接体现，未来长期中低位油价形势下更是企业生存和发展的必由之路。二是坚持技术和管理创新。技术发展和现行管理审批制度的不断完善，促进了海外业务优质高效发展。三是坚持资产结构优化。坚持"有进有出"发展策略，通过退出处置一批项目，置换优化一批项目，减股转让一批项目，使海外资产结构得到系统优化，创效能力得到大幅提升，实现整体价值最大化。四是加大勘探新项目的获取力度。加大勘探投入，夯实可持续发展资源基础。五是考虑业务发展不确定性。科学研判外界形势，做好不同情景规划和风险分析。六是考虑全产业链效益创造。从全产业链评价上游项目，减少因评价不合理造成的后期运营困境，力争全产业链创效。七是坚持甲乙方一体化"走出去"，服务油气勘探开发主业，跟随上游走向海外，择机拓展外部市场，形成油田生产运维服务、国际贸易、大型装备投资三大核心业务。

（一）中亚—俄罗斯地区油气合作历程

中国与大多中亚—俄罗斯地区的国家接壤或毗邻，有较为深入的油气合作基础，同时中亚—俄罗斯地区也是目前中国极其重要的天然气进口来源地，巩固并加强同中亚—俄罗斯地区的油气合作对中国保障能源安全具有重要意义。中国从该地区进口的矿物燃料、矿物油及其蒸馏制品金额从2001年的10亿美元左右增长至2020年的450亿美元（图1-2-2）。

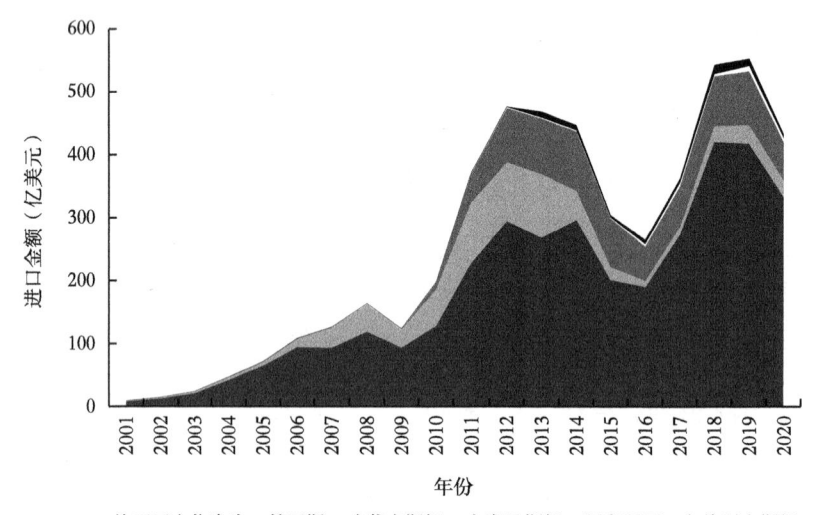

从下至上依次为：俄罗斯、哈萨克斯坦、土库曼斯坦、阿塞拜疆、乌兹别克斯坦

图1-2-2　我国进口中亚—俄罗斯地区矿物燃料、矿物油及其蒸馏制品金额变化趋势
（数据来源：联合国数据库）

1997年中国石油天然气集团有限公司获得哈萨克斯坦阿克纠宾公司股份，拉开了我国石油企业在哈萨克斯坦发展的序幕。我国石油企业在哈萨克斯坦的业务历经20多年的艰苦创业和奋力拼搏，目前已形成集油气勘探开发、管道建设与运营、工程技术服务、炼油和销售于一体的上中下游完整业务链；建立了一套符合当地法律法规和国际惯例的公司制法人治理结构及管控体系；中国石油始终坚持"互利共赢、共同发展"的合作理念，在企业获得良好经济效益的同时，也为资源国当地经济与社会发展作出了重大贡献。自2006年开始，我国开始与哈萨克斯坦建立石油贸易合作关系，成功建设并启运了中哈原

油管道，我国自此打通了连接里海的能源通道。2017年4月，哈萨克斯坦南线天然气管道正式达到60亿立方米的年输气能力。

在天然气方面，我国与土库曼斯坦合作较为深入。1994年，我国与土库曼斯坦的能源合作正式开启。2006年，双方在天然气领域签署的《关于实施中土天然气管道项目和土库曼斯坦向中国出售天然气的总协议》表示，2009—2039年期间，土库曼斯坦每年向中国输送天然气300亿立方米，代表着双方的油气合作进入实质性阶段。2013年9月，中国石油承建的土库曼斯坦复兴气田100亿立方米年产能建设项目投产。2014年5月，中国石油土库曼斯坦巴格德雷合同区第二天然气处理厂竣工投产。2015年9月，土库曼斯坦阿姆河鲍坦乌气田投产。2017年11月，土库曼斯坦阿姆河天然气项目A区萨曼杰佩气田增压工程一期一阶段4台压缩机组投产。

2005年7月，中国石油化工集团有限公司与俄罗斯石油公司签署关于建立合资企业共同开发俄罗斯远东油气田的协议，获得俄罗斯萨哈林3号油气田25%的股份。中国石油与俄罗斯石油公司于2006年10月合资成立中俄东方石化（天津）有限公司，于2014年10月签署《关于进一步深化战略合作的协议》，将在油气上游勘探开发、下游炼厂建设和贸易领域开展一体化合作，同时将合作范围拓展至工程技术服务、装备制造和科技研发等领域。2015年9月，中国石化从秋明油气公司和东西伯利亚油气公司分别购入近半数股权，共同开发鲁斯科耶油气田和尤鲁勃切诺—托霍姆油气田。

2017年3月，在阿尔汉格尔斯克举行的国际北极论坛上，俄罗斯总统普京表示对北极地区建设性合作持开放态度，愿为北极地区的有效发展和国际合作创造一切条件。2018年1月，中国发布首个官方北极政策文件《中国的北极政策》白皮书，明确指出与各方共建"冰上丝绸之路"，促进北极地区互联互通和经济社会可持续发展。2019年中国海洋石油集团有限公司与中国石油共同进入北极LNG2合作项目，北极LNG2合作项目将与亚马尔LNG项目共同成为"冰上丝绸之路"的两个重要支点。

2009年中俄两国签署石油运输管线建设协议，合同约定从2011年开始，俄罗斯每年向中国输送1500万吨原油；2011年，中俄两国又签署了扩大协议，从2018年起俄罗斯将每年输送3000万吨原油到中国。2014年5月，中俄就天然气管道建设正式签署相关协议，俄罗斯每年向我国输送天然气380亿立方米。2014年9月，中俄东线天然气管道俄罗斯境内段开工。2015年6月，中俄东线天然气管道中国境内段开工。2017年11月，中俄原油管道二线工程实现整体贯通。2018年，普京访华期间，中俄两国发表了《中华人民共和国和俄罗斯联邦联合声明》。

（二）中东地区油气合作历程

中东地区油气资源最为丰富，但安全形势最为动荡，地处欧亚非三大洲结合部，特殊地缘区位及复杂的民族宗教形势决定了该地区长期处于能源博弈的漩涡中。自20世纪90年代中国成为石油净进口国后，中东地区各国便成为我国主要的油气进口来源地。目前我国与中东地区各国合作关系良好，合作稳定性较高。中国从中东地区进口矿物燃料、矿物油及其蒸馏制品金额从2001年的63亿美元增长至2020年的1000亿美元左右（图1-2-3）。

2003年中国石化中标沙特阿拉伯勒巴阿地区的一大型天然气田开发，总投资约19亿美元。2007年、2008年中国石化和中国海油与伊朗国家石油公司展开合作，分别签署亚达瓦兰油田和北帕斯油气项目合作协议。2008年中国石油与伊拉克合作开发艾哈代布油田。2009年中国石油与英国石油公司联合开发伊拉克鲁哈迈油田。2010年中国海油以作业者

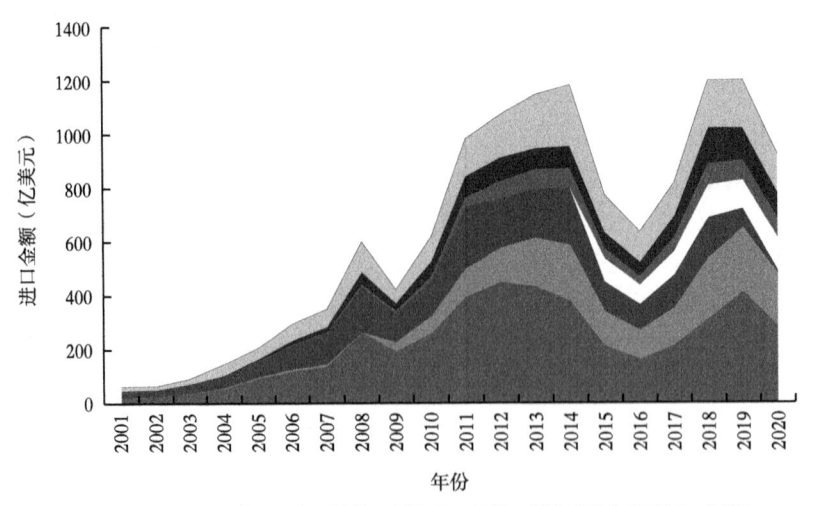

从下至上依次为：沙特阿拉伯、伊拉克、伊朗、阿拉伯联合酋长国、卡塔尔、科威特、阿曼、叙利亚

图 1-2-3 我国进口中东地区各国矿物燃料、矿物油及其蒸馏制品金额变化趋势
（数据来源：联合国数据库）

身份中标伊拉克米桑油田群开发项目。2012 年中国石化与沙特阿拉伯国家石油公司合资建设沙特阿拉伯延布炼厂项目，合作投资近 100 亿美元，该项目是中国在沙特阿拉伯历史上最大的投资项目。2012 年 7 月，中国石油总承包的陆海一体、年输油能力 7500 万吨的阿布扎比原油管线项目投产，同月伊拉克哈法亚油田投产。2016 年 4 月，中国石油伊朗北阿扎德甘项目正式投产，实现原油外输；10 月，北阿扎德甘项目第一船 200 万桶、第二船 100 万桶原油先后离港发运。2017 年 2 月，中国石油与阿布扎比国家石油公司签署阿布扎比 ADCO 陆上油田开发项目相关购股协议；7 月，由中国石油、法国道达尔公司及当地伙伴组成的联合体，与伊朗国家石油公司签署南帕斯 11 期天然气开发合同。2020 年，中国海油从中国石油手中购买了阿布扎比下扎库姆和乌姆沙伊夫 & 纳斯尔两个项目各 6% 的股权，从而打开了中国海油在阿拉伯联合酋长国的油气合作市场。

（三）东南亚油气合作历程

东南亚地区油气资源稀少，但占据油气贸易的地缘优势。目前，我国石油企业在东南亚地区的油气业务已从传统油气国家扩展到一般国家，从陆上发展到海洋，从单一石油发展到油气并举。东南亚国家既是我国的陆海邻邦，也在能源合作中占据关键地位。中国从东南亚进口矿物燃料、矿物油及蒸馏制品金额由 2001 年的 22 亿美元增长至 2020 年的 256 亿美元（图 1-2-4）。

1994 年，中国海油在印度尼西亚投资了公司的第一个海外项目，收购美国阿科公司在印度尼西亚马六甲海峡产品分成合同的部分权益，刻下了中国海油海外征程的第一个脚印。2002 年，中国海油东南亚有限公司正式成立，并首次在海外印度尼西亚东南苏门答腊油气区块担任作业者。2003 年 4 月，中国石油收购美国赫斯公司印度尼西亚股份公司 Jabung 区块 50% 的权益；7 月，中国石油与泰国能源部签订 L32/43 项目特许权协议。2005 年 9 月，中国海油与泰国国家石油公司和泰国石油勘探开发有限公司签署合作备忘录，协议在泰国境内及海外的部分地区合作勘探、开发油气资源。2006 年 6 月，中国石油

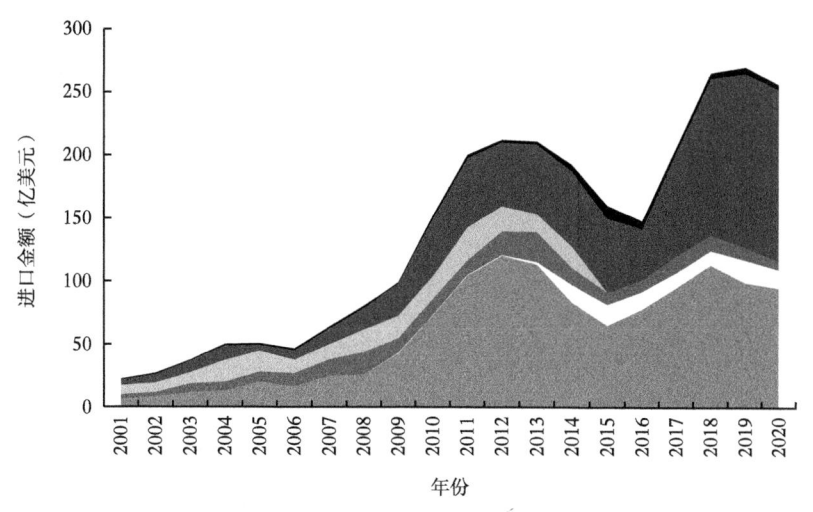

从下至上依次为：印度尼西亚、缅甸、泰国、越南、马来西亚、菲律宾

图1-2-4 我国进口东南亚地区各国矿物燃料、矿物油及其蒸馏制品金额变化趋势
（数据来源：联合国数据库）

获得泰国能源部批准，取得BYW-NS区块权益。2007年1月，中国石油与缅甸石油天然气公司签订合同，获得缅甸若开邦近海AD-1、AD-6和AD-8H 3个深水区块油气勘探开采权。2008年12月，中国石油与韩国大宇国际公司联合签署为期30年的缅甸海上A1、A3区块天然气购销协议，通过输气管道从缅甸引进天然气资源，并在缅甸境内沿途分流部分天然气，满足当地用气需求。2013年7月，中缅天然气管道正式通气。2016年10月，中国石油与孟加拉国石油公司签署《孟加拉国单点系泊及双管道项目EPC合同》。2017年4月，中缅原油管道投运。

三、"一带一路"油气合作资源基础

"一带一路"沿线含油气盆地主要发育时代为晚古生代的石炭纪—二叠纪，中生代的三叠纪、侏罗纪和白垩纪，新生代的古近纪和新近纪。从世界及"一带一路"范围看，大型含油气盆地以古生代—中生代海相沉积盆地为主，如阿拉伯盆地、西伯利亚盆地为典型的超大型海相沉积盆地，分别发育在阿拉伯地台和西伯利亚地台区，发育在克拉通边缘。这些盆地具有古老的结晶基底，沉积层从古生代就开始发育，持续到新生代，具有较长的沉积发育史，发育巨厚的沉积层；常常发育多套有利的生储盖组合，油源充足，高孔、高渗的优质储层发育，常常发育大型长垣构造（平缓背斜），有利于形成超大型油气田。这些超大型沉积盆地由于发育多种类型的烃源岩，具有较长的生、排烃史，既能形成大型油田，也可能形成大型天然气田。

中亚—俄罗斯地区2020年原油剩余可采储量588.6亿吨，占全球总原油剩余可采储量的13.8%；天然气剩余可采储量85.9万亿立方米，占全球总天然气剩余可采储量的24.8%。中东地区2020年原油剩余可采储量1594.9亿吨，占全球总原油剩余可采储量的37.5%；天然气剩余可采储量102.6万亿立方米，占全球总天然气剩余可采储量的29.6%。东南亚地区2020年原油剩余可采储量75.8亿吨，占全球总原油剩余可采储量的1.8%；

天然气剩余可采储量13.4万亿立方米，占全球总天然气剩余可采储量的3.9%。以上三个"一带一路"主要大区2020年原油剩余可采储量2259.3亿吨，占全球总原油剩余可采储量的53.1%；天然气剩余可采储量201.9万亿立方米，占全球总天然气剩余可采储量的58.3%（表1-2-1）。

表1-2-1　2020年"一带一路"主要大区剩余油气可采储量（数据来源：WOOD，2021）

地区	原油剩余可采储量（亿吨）	占全球比重（%）	天然气剩余可采储量（万亿立方米）	占全球比重（%）
中亚—俄罗斯	588.6	13.8	85.9	24.8
中东	1594.9	37.5	102.6	29.6
东南亚	75.8	1.8	13.4	3.9
小计	2259.3	53.1	201.9	58.3

中亚—俄罗斯地区2020年原油产量6.53亿吨，占全球总原油产量的15.0%；天然气产量8362亿立方米，占全球总天然气产量的21.6%。中东地区2020年原油产量13.95亿吨，占全球总原油产量的32.1%；天然气产量7357亿立方米，占全球总天然气产量的19.0%。东南亚地区2020年原油产量0.89亿吨，占全球总原油产量的2.0%；天然气产量2040亿立方米，占全球总天然气产量的5.3%。以上三个"一带一路"主要大区2020年原油产量21.37亿吨，占全球总原油产量的49.1%；天然气产量17759亿立方米，占全球总天然气产量的45.8%（表1-2-2）。

表1-2-2　2020年"一带一路"主要大区油气产量（数据来源：WOOD，2021）

地区	原油产量（亿吨）	占全球比重（%）	天然气产量（亿立方米）	占全球比重（%）
中亚—俄罗斯	6.53	15.0	8362	21.6
中东	13.95	32.1	7357	19.0
东南亚	0.89	2.0	2040	5.3
小计	21.37	49.1	17759	45.9

截至2020年底，"一带一路"主要大区不在产油气田共3445个（油田2284个，气田1161个）。不在产油气田中，废弃油气田21个（油田14个，气田7个）；已停产油气田297个（油田220个，气田77个）；不经济油气田2495个（油田1567个，气田928个）；技术原因暂不能开发油气田165个（油田98个，气田67个）；建设中油气田439个（油田375个，气田64个）；投产准备阶段油气田28个（油田10个，气田18个）(表1-2-3）。

截至2020年底，全球油气技术剩余可采储量前十大盆地中，位于"一带一路"区域的有5个，且前两大盆地均位于"一带一路"区域，分别为鲁卜哈利盆地（865.02亿吨油当量）、维典—北阿拉伯湾盆地（651.12亿吨油当量）、扎格罗斯盆地（231.88亿吨油当量)、西西伯利亚(中部)盆地(212.36亿吨油当量)和西西伯利亚(南喀拉海/亚马尔)盆地(160.26亿吨油当量)(表1-2-4)。

表1-2-3 "一带一路"主要大区不在产油气田

停产类型	东南亚地区(个)			中亚—俄罗斯地区(个)			中东地区(个)			小计(个)		
	油田	气田	油气田	油田	气田	油气田	油田	气田	油气田	油田	气田	油气田
废弃油气田	8	2	10	5	4	9	1	1	2	14	7	21
已停产油气田	67	14	81	134	49	183	19	14	33	220	77	297
不经济油气田	220	316	536	1087	486	1573	260	126	386	1567	928	2495
技术原因暂不能开发油气田	13	22	35	26	31	57	59	14	73	98	67	165
建设中油气田	33	7	40	287	54	341	55	3	58	375	64	439
投产准备阶段油气田	1	2	3	7	9	16	2	7	9	10	18	28
合计	342	363	705	1546	633	2179	396	165	561	2284	1161	3445

表1-2-4 全球油气技术剩余可采储量前十大盆地

序号	盆地	地区	原油(亿吨)		天然气(万亿立方米)		总油气剩余可采储量(亿吨油当量)	
			经济	技术	经济	技术	经济	技术
1	鲁卜哈利盆地	中东	150.29	313.09	15.80	65.36	283.75	865.02
2	维典—北阿拉伯湾盆地	中东	361.48	544.88	6.54	12.58	416.68	651.12
3	马图林次盆地	美洲	15.83	305.32	0.04	1.68	16.17	319.48
4	加拿大西部—艾伯塔盆地	美洲	67.14	224.01	4.50	5.08	105.11	266.87
5	扎格罗斯盆地	中东	41.78	123.95	1.22	10.65	52.05	213.88
6	西西伯利亚(中部)盆地	中亚—俄罗斯	62.18	107.85	8.34	12.38	132.62	212.36
7	西西伯利亚(南喀拉海/亚马尔)盆地	中亚—俄罗斯	7.71	19.33	9.79	16.69	90.39	160.26
8	阿巴拉契亚盆地	美洲	14.73	14.73	11.36	11.36	110.69	110.69
9	特拉华盆地	美洲	59.95	59.95	3.60	3.60	90.37	90.37
10	尼日尔三角洲盆地	非洲	12.47	35.77	0.84	5.09	19.53	78.73

截至2020年底,全球油气技术剩余可采储量前十大国家中有7个位于"一带一路"沿线,分别为俄罗斯、卡塔尔、沙特阿拉伯、伊朗、阿拉伯联合酋长国、伊拉克和科威特,油气技术剩余可采储量总计占全球的51.6%(表1-2-5)。

表 1-2-5　全球油气技术剩余可采储量前十大国家

序号	国家	地区	经济剩余可采储量（亿吨油当量）	技术剩余可采储量（亿吨油当量）
1	俄罗斯	中亚—俄罗斯	303.31	562.45
2	美国	美洲	530.19	547.49
3	卡塔尔	中东	92.97	524.53
4	沙特阿拉伯	中东	300.28	397.96
5	委内瑞拉	美洲	17.27	358.22
6	伊朗	中东	93.29	309.43
7	加拿大	美洲	111.14	292.07
8	阿拉伯联合酋长国	中东	101.96	197.77
9	伊拉克	中东	87.92	195.43
10	科威特	中东	64.30	90.48

截至 2020 年底，全球技术剩余可采储量前十大油田均位于"一带一路"沿线，其中前 9 名位于中东地区，第 10 名位于俄罗斯（表 1-2-6）。可见中东地区是名副其实的世界石油王国。

表 1-2-6　全球技术剩余可采储量前十大油田

序号	油田	地区	原油（亿吨）经济	原油（亿吨）技术	天然气（万亿立方米）经济	天然气（万亿立方米）技术	总油气剩余可采储量（亿吨油当量）经济	总油气剩余可采储量（亿吨油当量）技术
1	加瓦尔油田	中东	64.42	64.42	1.72	1.72	78.92	78.92
2	萨法尼亚油田	中东	24.54	44.90	0.08	0.11	25.24	45.83
3	大布尔甘油田	中东	28.33	44.62	0.10	0.10	29.21	45.50
4	祖卢夫油田	中东	20.40	40.75	0.07	0.14	20.97	41.89
5	阿布扎比陆上油田	中东	29.19	32.18	0	0.01	29.19	32.28
6	谢拜油田	中东	25.30	25.30	0	0.57	25.30	30.08
7	库阿斯油田	中东	28.54	28.54	0.10	0.10	29.40	29.40
8	北部油田	中东	19.41	23.30	0.42	0.53	22.96	27.76
9	西古尔纳油田	中东	8.05	25.59	0	0	8.05	25.59
10	乌连戈伊油田	中亚—俄罗斯	0.93	3.10	1.30	2.14	11.92	21.16

截至 2020 年底，全球技术剩余可采储量前十大气田前 8 名均位于"一带一路"沿线，其中 4 个位于中东地区（表 1-2-7），分别是南帕斯气田、贾夫拉气田、北方气田、阿布扎比国家石油公司天然气项目；4 个位于中亚—俄罗斯地区，分别是南约罗坦气田、鲍瓦

年科气田、亚姆堡气田、阿斯特拉罕气田。

表 1-2-7 全球技术剩余可采储量前十大气田

序号	气田	地区	原油（亿吨） 经济	原油（亿吨） 技术	天然气（万亿立方米） 经济	天然气（万亿立方米） 技术	总油气剩余可采储量（亿吨油当量） 经济	总油气剩余可采储量（亿吨油当量） 技术
1	南帕斯气田	中东	11.12	17.84	4.39	8.19	48.21	87.03
2	南约罗坦气田	中亚—俄罗斯	0.19	0.67	1.58	5.61	13.55	48.09
3	贾夫拉气田	中东	11.21	30.21	0.77	2.01	17.71	47.21
4	北方气田	中东	4.23	4.23	4.46	4.46	41.89	41.89
5	阿布扎比国家石油公司天然气项目	中东	12.21	12.21	0.82	1.45	19.16	24.41
6	鲍瓦年科气田	中亚—俄罗斯	0.43	0.43	2.26	2.26	19.50	19.50
7	亚姆堡气田	中亚—俄罗斯	0.29	0.65	1.77	1.87	15.26	16.48
8	阿斯特拉罕气田	中亚—俄罗斯	1.16	3.26	0.52	1.45	5.57	15.49
9	曼巴气田	非洲	0.07	0.16	0.60	1.47	5.11	12.61
10	澳大利亚高庚项目	亚太	0.41	0.49	1.11	1.27	9.78	11.23

2020年油气产量前十大国家中，有7个位于"一带一路"沿线，分别为俄罗斯、沙特阿拉伯、伊朗、中国、阿拉伯联合酋长国、伊拉克和卡塔尔，产量合计31.22亿吨油当量（表1-2-8）。

表 1-2-8 全球油气产量前十大国家

序号	国家	在产油气田（个）	原油（亿吨）	天然气（亿立方米）	总油气产量（亿吨油当量）
1	美国	1151	8.09	9216.29	15.87
2	俄罗斯	269	5.12	6636.04	10.73
3	沙特阿拉伯	25	5.39	1164.55	6.38
4	伊朗	45	1.58	2744.36	3.90
5	加拿大	189	2.64	1436.44	3.86
6	中国	93	1.82	1576.93	3.15
7	阿拉伯联合酋长国	49	2.02	206.69	2.39
8	伊拉克	20	2.19	437.48	2.36
9	卡塔尔	21	0.74	1855.35	2.31
10	挪威	85	1.00	1101.72	1.93

2020年原油产量前十大油田中，有9个油田位于"一带一路"沿线。其中中东地区有7个，分别是加瓦尔油田、大布尔甘油田、阿布扎比陆上油田、库阿斯油田、谢拜油田、鲁迈拉油田和北部油田；中亚—俄罗斯地区有2个，分别是尤甘斯克油田、乌连戈伊油田（表1-2-9）。

表1-2-9 全球产量前十大油田

序号	油田	国家	初产年份	产量（万吨）
1	加瓦尔油田	沙特阿拉伯	1951	23424
2	大布尔甘油田	科威特	1946	7892
3	阿布扎比陆上油田	阿拉伯联合酋长国	1963	7875
4	库阿斯油田	沙特阿拉伯	1963	6584
5	尤甘斯克油田	俄罗斯	1977	6415
6	乌连戈伊油田	俄罗斯	1978	6405
7	谢拜油田	沙特阿拉伯	1998	5597
8	卢拉—伊拉希马油田	巴西	2009	5390
9	鲁迈拉油田	伊拉克	1954	4516
10	北部油田	科威特	1960	4305

2020年天然气产量前十大气田中，有7个气田位于"一带一路"沿线，且前4名均是"一带一路"沿线国家。这7个气田分别是南帕斯气田、扎波利亚尔气田、亚姆堡气田、阿布扎比国家石油公司天然气项目、阿曼6区、南塔姆别伊斯凯气田、海豚能源项目（表1-2-10）。

表1-2-10 全球产量前十大气田

序号	气田	国家	初产年份	产量（亿立方米）
1	南帕斯气田	伊朗	2002	2305.10
2	扎波利亚尔气田	俄罗斯	2001	917.54
3	亚姆堡气田	俄罗斯	1983	646.89
4	阿布扎比国家石油公司天然气项目	阿拉伯联合酋长国	1981	643.37
5	哈西鲁迈勒油气田	阿尔及利亚	1961	449.55
6	特罗尔气田	挪威	1995	357.99
7	马塞勒斯西弗尼亚页岩气安特罗资源公司区带	美国	—	346.66
8	阿曼6区	阿曼	1979	313.46
9	南塔姆别伊斯凯气田	俄罗斯	2017	311.89
10	海豚能源项目	卡塔尔	2007	300.64

根据WOOD资料显示，截至2020年底，全球原油剩余可采储量超过5亿桶的未建产油田有35个，其中位于"一带一路"区域的有18个，占比超过一半；全球天然气剩余可

采储量超过3万亿立方英尺的未建产气田有57个，其中位于"一带一路"区域的有44个，占比达77%。

四、"一带一路"油气合作管输基础

中俄原油管道二线工程于2018年正式投产，中国从东北进口的俄罗斯原油增加到3000万吨/年（表1-2-11）。中俄东线天然气管道于2019年投产，年输气量380亿立方米（表1-2-12）。中国石油收购诺瓦泰克持有的亚马尔液化天然气股份公司20%股份，项目全部投产后，每年将有超过400万吨LNG运往中国。

表1-2-11 中国进口原油管道建设情况

原油管道名称	管输能力（万吨/年）	总里程（千米）	投产时间
中哈原油管道	2000	2800	2009年7月
中俄原油管道	3000	999	2011年1月
中缅原油管道	2000	2402	2017年4月
小计	7000	6201	

表1-2-12 中国进口天然气管道建设情况

天然气管道名称		管输能力（亿立方米/年）	总里程（千米）	投产时间
中国—中亚天然气管道	A线	300	1833	2009年12月
	B线	300	1833	2010年10月
	C线	250	1830	2014年5月
	D线	300	1000	论证阶段
中缅天然气管道		120	2520	2013年10月
中俄东线天然气管道		380	6420	2019年开始供气
中俄西线天然气管道		300	2800	在建
小计		1950	18236	

中亚天然气管道和中哈原油管道逐步完善，新的能源运输通道不断开辟。中哈原油管道是中国第一条战略级跨国原油进口管道，规划年输油能力为2000万吨。中亚天然气管道A线、B线、C线均已投产，A线、B线设计输气能力为300亿立方米/年，C线设计输气能力250亿立方米/年，D线塔吉克斯坦段2017年开工，预计2022年底建成，将新增输气能力300亿立方米/年。

中国与缅甸原油/天然气管道建成投产。中缅原油管道中国境内段全长1631千米，设计输油能力2000万吨/年。中缅天然气管道中国境内段全长1727千米，设计输气能力120亿立方米/年。2013年10月，中缅天然气管道全线贯通，2017年4月，中缅原油管道工程在缅甸马德岛正式投运。

另外，马来西亚马六甲皇京深水港、中国—马来西亚"港口联盟"、巴基斯坦瓜达尔港—中巴经济走廊、缅甸皎漂马德岛深水港—中缅油气管道、斯里兰卡科伦坡港等海陆重点港口将进一步促进油气产业合作。

第三节 "一带一路"油气合作宏观环境

一、全球油气开发形势

全球油气产量持续保持增长。2010—2019 年，全球油气总产量逐年增长，年均增长率为 2.3%；2020 年伴随着全球新冠肺炎疫情暴发及原油价格战等因素，全球油气总产量下降 3.73 亿吨油当量，下跌 4.6%。陆上常规油气仍然是全球油气开发领域的核心，但随着深水油气的逐步开发及非常规油气的异军突起，海域及非常规油气在开发对象中占据越来越重要的地位，产量占比从 1990 年的 27.95% 上升至 2020 年的 54.78%。

全球非常规原油增长势头放缓。非常规原油产量的升降趋势与国际油价的走势密切相关。自 2014 年国际油价断崖式下跌以来，非常规原油的产量增长率从 2014 年的 14.38% 直线降至 2016 年的 0.74%。随着油价的缓慢回升，非常规原油经历两年的持续上产后，2019 年增长趋势逐步放缓，增长率由 2018 年的 15.52% 降至 2019 年的 9%。2020 年油价再度暴跌，非常规原油产量随之降低 5.9%。

全球海域油气产量持续增长。海域油气储量在 2019 年急剧增加，2020 年略有下降，近三年增长率分别为 1.24%、32.52% 和 –1.31%。海域油气产量持续增长，近五年来产量年均增量为 0.3 亿吨油当量，年均增长率为 1.37%。预计 2021—2040 年中东海域依然是主要产区，但在 2027 年产量达到峰值 9.59 亿吨油当量，之后产量将呈现下降趋势。预计 2040 年中东地区海域油气产量为 7.5 亿吨油当量，占海域油气总产量的 55.05%。

全球油气上游投资持续低位。2014 年油价大跌以来，全球油气勘探开发投资总体呈大幅下降趋势。2018 年、2019 年随着油价回升，勘探开发投资小幅回升。2020 年石油公司纷纷削减投资应对超低油价。预计至 2025 年，上游投资仍将保持 3000 亿~4000 亿美元低位。勘探开发投资的大幅下降，将影响未来 5~10 年油气储量、产量的增长幅度及新油气田产能建设节奏。

2020 年全球油气储采比保持高水平。2020 年全球油气技术剩余可采储量为 4428.59 亿吨油当量，储采比为 58.94，储采比呈现稳中有升的态势。2020 年技术可采储量采油速度为 1.06%，技术剩余可采储量采油速度为 1.73%，采油速度放缓，低于 2018 年、2019 年采油速度。全球油气储量转换比例不高的主要原因在于技术和经济。

2020 年上半年，新冠肺炎疫情导致各国经济活动停摆，全球经济陷入严重衰退，大国博弈激烈，国际环境不稳定、不确定性因素增加，全球贸易受到巨大冲击。2020 年下半年，伴随各国封锁政策逐步解除，全球经济有所回暖，但各国受疫情冲击程度不同导致经济恢复状况各异。

2020 年 4 月国际油价跌入谷底，OPEC+ 达成史上最大规模减产协议，此次减产分为三个阶段：2020 年 5—7 月预计减产 970 万桶 / 天，实际减产执行率为 96.2%，超过历史上历次减产规模；2020 年 8—12 月预计减产 770 万桶 / 天，实际减产执行率为 96.2%；2021 年 1 月—2022 年 4 月预计减产 580 万桶 / 天（表 1-3-1）。

另外，除 OPEC 国家外，俄罗斯、哈萨克斯坦、马来西亚等国家参与减产，美国、加拿大、挪威等国家协同减产，2020 年 5 月至今 OPEC+ 平均减产执行率接近 103%，2021 年 2—4 月沙特阿拉伯自愿额外减产 100 万桶 / 天，5—7 月缩减超额减产幅度 25 万桶 / 天、

35万桶/天、40万桶/天。实施减产后，随着新冠疫苗上市，疫情整体好转，原油需求逐步好转，供需形势扭转，油价快速恢复。

表1-3-1　2020年4月以来OPEC+减产协议

会议时间	主要内容
2020年4月	2020年5—6月减产970万桶/天 2020年6月沙特阿拉伯额外减产100万桶/天 2020年7—12月减产770万桶/天 2021年1月—2022年4月减产580万桶/天
2020年6月	将970万桶/天减产延长至2020年7月 达成减产补偿机制，未履行额2020年9月前补足
2020年12月	2021年1月减产720万桶/天 未履行减产额延期至2021年3月前补足
2021年1月	2021年2月减产712.5万桶/天 2021年3月减产705万桶/天 沙特阿拉伯2—4月额外减产100万桶/天

二、"一带一路"油气合作的转变

近年来，油气合作在"一带一路"倡议推动下，步伐加快，向纵深发展，发生了三个方面的转变。

（一）由重上游向全产业链合作转变

自20世纪90年代中国成为石油净进口国以来，我国石油企业"走出去"与油气资源国的合作均是以保证中国石油安全为重要驱动，以上游勘探开发合作为重心，尽快掌控资源，中下游合作是为上游合作服务。在中国与油气资源国的合作中，上游领域合作项目占总项目数的绝大多数。随着"一带一路"建设的推进，油气合作正在向包括炼化、管道、工程技术服务在内的全产业链合作方向迈进，同时带动了装备、仪器、材料出口。特别是在"一带一路"倡议的推动下，合作朝着科技研发、人才交流和教育培训等领域发展，向更深层次扩展。2016年，中国石油与莫桑比克国家石油公司签署合作框架协议，中国石油将参与莫桑比克国内的油气勘探开发和生产，推动在其气田服务领域的合作，并为当地提供培训。2016年中国石油与俄气公司签署《中国石油与俄气公司标准及合格评定结果互认合作协议》，实现中俄标准对接，将更好地支撑中国产业、产品、技术、工程和服务"走出去"。

（二）由国企为主向民企角色逐渐重要转变

"一带一路"倡议提出之前，中国参与国际油气合作主要是以三大油公司为代表的国有企业。近年来，国企仍是"一带一路"油气合作的主力军，在一些战略型油气合作中发挥着主导作用。而同时，民营资本"走出去"步伐明显加大，成为"一带一路"油气合作不可忽视的重要力量。2014年，洲际油气股份有限公司以5.25亿美元收购哈萨克斯坦马腾石油公司95%股权，又于2015年以3.5亿美元收购克山公司100%股份。2015年，中国华信能源有限公司获得俄罗斯东西伯利亚地区贝加尔项目3个油田区块股权，收购哈萨克斯坦国家石油国际公司欧洲子公司51%权益，并通过定增扩股与设立能源投资开发基金，进一步收购欧洲黑海、地中海区域加油站，拓展下游物流体系及上游资源股权，与国内市场形成联动互补。新疆准东技术有限公司获得 Galaz 油田资产。新疆广汇石油有限公司计划投资哈萨克斯坦 LNG 清洁能源一体化项目。民营企业充分利用其机制灵活的优势，在海外油气合作中获得了一些合作机会，不过目前民营企业"走出去"首先要保证还能"走回来"，要走得平稳，低风险、低利润的项目较为适宜。

（三）油气合作由先行者向重要一极转变

油气合作在中国与周边国家经贸合作中的重点地位与作用发生了重大变化。"一带一路"倡议实施前，中国与周边资源国的合作以油气为主，油气合作在经贸合作中具有先行地位和基础作用。"一带一路"倡议实施以来，中国与沿线资源国的经贸合作全面展开，油气合作完成了先行示范的历史作用。中国石油石化企业较早在"一带一路"沿线国家开展投资合作，随着油气合作规模的不断扩大，以及通道建设的建成投用，极大地满足了内陆资源国出口多元化的战略诉求，极大地促进了中国与周边资源国的关系，带动了双边经贸关系发展，发挥了先行和示范作用。随着"一带一路"合作的全面展开，高铁、电力、核能、通信等产业"走出去"步伐加快，油气合作先行使命已经完成，成为中国与沿线国家大经贸合作、大产业融合中的重要一极。

三、"一带一路"油气合作机遇与挑战

（一）机遇

"一带一路"区域内主要资源国经济对油气资源及其贸易高度依赖。沙特阿拉伯国家经济收入超过 70% 来源于油气工业；环里海 8 国油气出口贸易额占其出口总额的 70% 以上，其中土库曼斯坦约 75%、哈萨克斯坦高达 96%。尽管"一带一路"区域内主要资源国油气上游合作存在差异性，但各国经济对油气行业的高度依赖以及亚太国家特别是东亚国家对油气的进口需求使得双方油气贸易合作成为必然的选择。而且，中亚国家处于内陆，其油气流向相对单一；俄罗斯受乌克兰事件和美欧制裁影响，其向西油气流向通道受到巨大影响，向东扩大通道能力诉求强烈；中东国家主要通过波斯湾（阿拉伯湾）进行油气外输，受"海峡咽喉"限制的风险长期存在，也迫切希望多元化其油气出口方式。

（二）挑战

一是地缘政治更加复杂多变。"一带一路"沿线国家众多，区域性矛盾时有发生。中东政局动荡不安、恐怖主义威胁持续，依然是能源争夺的重点；中亚民族内外矛盾重重；俄罗斯、印度等地区大国存在不同的利益诉求；资源国本身的政局、政策变动风险也很大。

二是大国利益关系格局变化。目前中美关系已发生重要转变，美国视中国为主要竞争对手，中美贸易摩擦短期内难以避免，美国将会联手相关国家在"一带一路"制造麻烦，对中国在"一带一路"地区的合作设置障碍，干涉中国从沙特阿拉伯、伊朗等主要进口来源国的原油进口，对我国油气进口来源和运输通道安全造成重大影响。

三是油气市场格局变化带来的风险。油气供需形势总体上仍是供大于求，美国"页岩气革命"引发世界油气格局的重大调整，2015 年 12 月，美国解除了长达 40 年的原油出口禁令，开始从石油消费大国逐渐演变为石油输出国，生产中心向西半球移动，回归到委内瑞拉—加拿大—美国；消费中心向东移至亚太地区。

四是全球能源结构的转型。全球能源结构正向低碳化、清洁化的趋势发展，未来可再生能源占比将持续提高、成本将不断下降，清洁能源替代作用日益凸显，将给传统油气行

业的转型发展带来巨大挑战。

五是法律商务风险巨大。"一带一路"沿线国家众多，其政治、经济、历史文化差异巨大，投资环境错综复杂，在海外经营过程中，做好安保、法律、财税等方面的风险防控工作尤为重要。

六是腐败问题依然严重。无论什么国家都存在腐败问题，缓解或消除腐败问题也是全世界所有国家在任何阶段的头等大事。事实上"一带一路"沿线国家存在更加突出的腐败问题，腐败不仅直接影响到本国民众的生活与企业经营发展，"一带一路"背景下也直接影响到他国企业的投资活动，极有可能因为腐败的存在而让投资项目流产，资本没收。

七是军事冲突从未中断。中东仍是全球军事冲突风险最高的地区。美国主导势力与伊朗在2020年的高度对抗直接或间接导致叙利亚、也门、伊拉克等国家的军事冲突事件数量居高不下，是中东局势持续动荡的重要成因。据不完全统计，叙利亚2020年全年武装冲突事件共计1.2万起，死亡总人数接近7900人；也门武装冲突事件将近1.2万起，死亡总人数约2万人；伊拉克武装冲突事件约5800起，死亡人数2700人左右

八是新冠肺炎疫情影响将长期存在。（1）对于海外油气开发投资而言，此次新冠肺炎疫情所带来的企业停工停产、经济运行停摆都直接影响到全球石油需求的下降，进一步导致世界原油供大于求的严峻局面。（2）企业生产经营、投资活动受到直接影响，同时打击了投资者的信心，加剧了投资者的担忧情绪，从而造成海外油气开发投资风险进一步增加。（3）新冠肺炎疫情与油价疲软带来资源国政权波动风险。（4）新冠肺炎疫情影响下的仇华暴力事件增多。（5）新冠肺炎疫情造成的社交隔离、出行限制及远程办公等现象使得全球范围内能源供应和交通基础设施使用率出现较大波动。

第二章 "一带一路"沿线国际石油公司动向及未来合作方向

第一节 国际石油公司"一带一路"合作现状

一、英国石油公司（BP）

英国石油公司全球油气总产量从2018年的约360万桶油当量/天上升至2019年的373万桶油当量/天，这是2010年该公司实施资产剥离计划以来的最高产量，其中原油占59%。2019年的产量中有19.8%（约114万桶油当量/天）来自其在俄罗斯石油公司的权益产量。

2010—2019年间，英国石油公司在全球范围内新钻评价井452口，每年新钻评价井33~62口；其中，在"一带一路"沿线国家新钻评价井89口，每年新钻评价井2~16口。英国石油公司在"一带一路"沿线国家新钻评价井数占其全球范围的20%，主要分布在埃及、阿拉伯联合酋长国和印度。

英国石油公司油气业务范围所涉及的"一带一路"沿线国家有阿塞拜疆、阿拉伯联合酋长国、埃及、阿曼、伊拉克、印度尼西亚和俄罗斯。根据IHS Markit数据预测，2029年左右，英国石油公司在"一带一路"沿线国家产量约占其总产量的55%；如果不包含其在俄罗斯石油公司的权益产量，该比例为三分之一左右；来自俄罗斯的产量可占英国石油公司在"一带一路"国家产量的六成。按照当前场景预测英国石油公司在"一带一路"沿线国家产量将于2025年达到峰值，约220万桶油当量/天；如果不包含其在俄罗斯石油公司的权益产量，该数值降低至90万桶油当量/天。

英国石油公司在"一带一路"沿线国家动向如下。俄罗斯：英国石油公司最大的产量份额就是来自俄罗斯石油公司（Rosneft）19.75%的股权。中国：2019年退出了两个四川盆地的页岩气勘探区块。印度：与信实工业（Reliance Industries）合作深水天然气项目。印度尼西亚：运营着Tangguh液化天然气项目，第三列设备预计在2022年投入运营。阿塞拜疆：运营着阿塞拜疆Chirag Guneshli和Shah Deniz两个开发项目。中东和北非：埃及（西尼罗河三角洲、佐尔、环礁）、阿曼（Khazzan Makarem）和阿拉伯联合酋长国（ADNOC陆上特许权）油气产量保持增长。

二、壳牌公司（Shell）

壳牌公司深水产量来自"一带一路"区域的国家主要有菲律宾、马来西亚、埃及和塞浦路斯，这些"一带一路"沿线国家深水产量占壳牌总深水产量的比重很小。

根据IHS Markit数据预测，壳牌公司新投产原油产量将从2020年的40万桶/天逐步上升到2029年的120万桶/天。美国和巴西是其最大的新投产原油生产国，在这两个国家的新投产原油产量占比达一半以上，且比例呈升高趋势。从新投产原油产量增长率来说，巴西和尼日利亚的增长率最大。"一带一路"区域并不是壳牌公司原油生产的主要来源。壳牌公司新投产原油生产位于"一带一路"区域的国家有马来西亚、哈萨克斯坦、阿曼、文莱和埃及。预计2029年壳牌公司在"一带一路"沿线国家的原油产量只占其原油总产量的12%。

壳牌公司新投产天然气产量将从2020年的2亿立方英尺/天上升到2029年的10.7亿立方英尺/天，未来10年增长4.35倍。澳大利亚一直都是其最大的新投产天然气生产国，从2020年的1亿立方英尺/天上升到2029年的2.8亿立方英尺/天，未来10年增长1.8倍。壳牌公司新投产天然气生产位于"一带一路"区域的国家有马来西亚、哈萨克斯坦、阿曼、文莱、埃及、中国和塞浦路斯。预计2029年壳牌公司在"一带一路"沿线国家的天然气产量占其天然气总产量的17%。

壳牌公司在"一带一路"沿线国家动向如下。俄罗斯：产量来自萨哈林二期液化天然气和萨莱姆合资公司，勘探工作进行中。哈萨克斯坦：产量来自卡沙甘和卡拉恰甘纳克油田。印度尼西亚：壳牌公司宣布拟撤资阿巴迪液化天然气项目。

三、雪佛龙（Chevron）

雪佛龙的油气业务在"一带一路"范围内的国家有哈萨克斯坦、泰国、印度尼西亚、孟加拉国、以色列、塞浦路斯、缅甸和中国。预计到2029年雪佛龙在"一带一路"范围内国家的总产量将占其总产量的18%左右，其中泰国是最主要的"一带一路"生产国，占其在"一带一路"沿线国家总产量的七成。

根据IHS Markit数据预测，未来雪佛龙新投产的原油产量从2020年的30万桶/天增长到2029年的155万桶/天，10年增长4.2倍，其中四分之三以上产量都来自美国本土，其余国家占比都比较小，这也从另一个角度反映了其高勘探集中度。哈萨克斯坦是雪佛龙在"一带一路"沿线国家中新投产的原油产量占比最大的国家。

未来雪佛龙新投产的天然气产量从2020年的15亿立方英尺/天增长到2029年的60亿立方英尺/天，10年增长3倍。新投产的天然气产量主要来自澳大利亚和美国。雪佛龙新投产天然气生产位于"一带一路"区域的国家主要包括以色列、哈萨克斯坦、塞浦路斯、印度尼西亚和泰国，其在这些国家的天然气产量从2020年的2亿立方英尺/天增加到2029年的19亿立方英尺/天，增幅达到8.5倍，占比也升至32%。

雪佛龙在"一带一路"沿线国家动向如下。哈萨克斯坦：美国之外的最大生产国，主要依靠田吉兹和卡拉恰干纳克两个项目。中国：未来可能退出川东北天然气项目。泰国：2019年雪佛龙全球第三大天然气产量来源地。印度尼西亚：由于2021年Rokan PSC到期，产量将下降；雪佛龙正在为Gendalo Gehem枢纽做市场营销。孟加拉国：持有三个陆上天然气区块的经营权益。以色列：通过收购诺贝尔能源公司进入以色列，包括Leviathan和Tamar两个深水天然气田。塞浦路斯：Aphrodite深水气田具有长期增长潜力。

四、埃克森美孚（Exxon Mobil）

埃克森美孚2020年的产量平均为380万桶油当量/天，其中60%为原油，IHS Markit预测到2025年复合增长率将达到2.9%，这将是同类公司中增长最快的，2025年产量将达到470万桶油当量/天。

埃克森美孚新投产油田产量将从2020年的70万桶/天增长到2029年的235万桶/天，增长2.4倍。埃克森美孚的大本营仍然是北美地区，"一带一路"沿线国家并非是埃克森美孚新投产油田产量的主要来源。到2029年，埃克森美孚在"一带一路"沿线国家的新投产油田产量占比不到十分之一。

埃克森美孚新投产气田产量将从2020年的17亿立方英尺/天增长到2029年的69亿立方英尺/天，增长3倍。埃克森美孚新投产气田产量来自"一带一路"区域国家更少，2029年仅占5%左右。

埃克森美孚在"一带一路"沿线国家动向如下。马来西亚：2018年扩张至沙巴近海三个前沿深水区块。俄罗斯：萨哈林一期液化天然气开发项目具有长期优势。哈萨克斯坦：卡沙甘和田吉兹油田增产。阿拉伯联合酋长国：上扎库姆油田增产。卡塔尔：埃克森美孚LNG项目最大的天然气生产国。伊拉克库尔德地区：2018年发现Baeshika油田，在Zartik油田也有勘探工作。

五、埃尼公司（Eni）

埃尼公司的油气业务在"一带一路"范围内的国家有印度尼西亚（与Bontang LNG相关的深水生产项目）、越南、哈萨克斯坦。

根据IHS Markit数据预测，埃尼公司新投产油田产量将从2020年的14万桶/天增长到2029年的50万桶/天，10年增长2.6倍。"一带一路"区域国家是埃尼公司新投产油田产量的主要来源，包括哈萨克斯坦、伊拉克、阿拉伯联合酋长国、印度尼西亚和埃及。到2029年，埃尼公司在这五个"一带一路"沿线国家的新投产油田产量占比可达50%。

埃尼公司新投产气田产量将从2020年的13.5亿立方英尺/天增长到2029年的31亿立方英尺/天，10年增长1.3倍。"一带一路"沿线国家是埃尼公司新投产气田产量的主要来源，包括埃及、印度尼西亚、哈萨克斯坦和阿拉伯联合酋长国。到2029年，埃尼公司在这四个"一带一路"沿线国家的新投产气田产量占比可达43%。

埃尼公司在"一带一路"沿线国家动向如下。哈萨克斯坦：通过卡沙甘和Karachaganak项目获得油气产量。阿拉伯联合酋长国：2018年投资上涨，产量上升。巴林、阿曼和越南：勘探工作进行中。印度尼西亚：投资支持印度尼西亚成为该地区唯一产量增长国家。埃及：2019年埃尼公司产量最大的国家，深水产量主要来自深水Zohr油田。

第二节 国际油气上游合作主要合同模式

国际石油合作是资源国与国际石油公司间的较长期的石油经济技术协作活动，是油气资源生产要素的优化组合，在当代国际石油经济生活中发挥着重要的作用。国际石油合作的产生与发展有其深刻的社会历史原因。国际石油合作的基础是各方之间签订的协议，即国际石油合同。

石油合同的产生是石油市场发育和健全的产物与需要。国际石油合同是指资源国政府（或资源国国家石油公司为代表）与外国石油公司为合作开采本国油气资源，依法订立的包括油气勘探、开发、生产和销售等方面在内的一种国际合作合同。国际石油合作在勘探和开发方面主要有矿费税收制合同、产品分成合同、服务合同和联合经营等模式。

一般来说，国际石油合同主要发挥以下几个方面的作用：

（1）国际石油合同是资源国政府与合同者之间实施石油资源勘探和开发的纽带，是资源国政府合理开发和利用其石油资源、实现其石油资源开发战略规划的法律保证。

（2）国际石油合同是规范和约束资源国政府与国际石油合同者之间经济权利义务的法律文件，它是国际石油合同者进行石油资源勘探和开发投资与实施生产作业的法定依据。

（3）通过国际石油合同，可以有效保障和调节油气资源生产总收益在资源国政府和国际石油合同者之间的合理分配，保障石油合同者的投资收益，有效降低石油合同者油气勘探开发风险。

一、石油合同发展历程

国际石油合作在多年的实践中，形成了一套行之有效的工作程序，并在此基础上产生了多种合作模式。这些合作模式与各国的国情、法律体系、国际关系、石油工业发展等因素都有密切关系。不同合作模式最终是通过不同的合同模式来体现的，资源国的对外油气合作是通过石油合同的签订和履行来完成的。

国际石油合作的内容不断丰富，方式也越来越灵活多样，有力地促进了资源国的国民经济与世界石油工业的发展。国际石油合作日益受到有关国家政府、国家石油公司、国际石油经济组织和跨国石油公司的普遍重视，并逐渐形成了有利于各方的诸多合作方式和国际上通行的运作程序。经过长期石油合作进程和石油合同演变，资源国对合同研究越来越透彻，总体来看，合同条款是朝着逐渐有利于资源国和不利于国际石油公司的方向进行。

石油合同已经有将近百年的历史。国际上最早的石油合同是1901年在波斯（现在的伊朗）签订的，属于传统的许可证制合同。其特点包括租让地面积很大、租让期限很长（通常为60~70年，最长可达99年）、没有规定承租者在合同期内必须逐步退出部分租让区、资源国不参加经营管理、资源国只能从产量中得到矿区使用费、承租者具有从事石油开采一切活动的专有权等。资源国政府从合同中获利程度较小、获利途径较少，对合同条款的控制程度较弱，该时期的合同对合同者一方更加有利，对资源国有失公允。

那个时代，赴资源国开采油气的外来国家大多是殖民主义国家。随着20世纪五六十年代殖民制度开始瓦解，资源国政治经济地位逐步升高，资源国政府对本国油气资源开始加大控制，对资源国政府不利的传统许可证制合同基本不再签订，并逐渐演变为现代许可证制合同，即矿费税收制合同。同时，还出现了产品分成、服务和联合经营等合同模式。

随着世界各国石油工业的快速发展，国际石油合同从形式、内容等各方面都有了实质性的变化。20世纪50年代末，阿根廷政府最早与外商签订了涉及钻井、开发和风险勘探等一批服务合同；1957年合资经营合同首先在埃及和伊朗出现，而且随着发展中国家的对外开放，许多国家开始采用合资经营合同；1966年伊朗与法国埃尔夫—阿奎坦公司签订了服务合同；1968年，印度尼西亚国家石油公司与IIAPCO公司签订了世界上第一个产品分成合同，之后，产品分成合同得到了世界各石油资源国的广泛推广和使用，尤其在发展中国家实行石油资源国有化和对外开放后，越来越多的国家用产品分成合同代替了租让制合同。另外还产生了回购合同等多种合同模式。

二、石油合同的法律与经济特征

国际石油合同既具有合同的一般法律特征:(1)合同是一种法律约束关系,合同关系受合同法律规范和调整,合同权利受法律保护,不履行合同义务需要承担法律责任;(2)合同是双方或多方的法律行为,是资源国政府(或国家石油公司)与外国石油公司意见一致的文字表现;(3)合同各方法律地位平等;(4)合同各方的行为只有具备合法性时,才能得到成立,并得到国家的承认和保护。

国际石油合同又具有合同的一般经济特征:(1)合同各方必须是具有法定资格并从事生产和经营活动的法人或其他经济组织;(2)合同具有经营管理的内容;(3)合同等价有偿,各方权利义务对等;(4)合同订立必须采用书面形式。

与此同时,国际石油合同也具有不同于一般合同的法律和经济特性:现代国际石油合同一般被认为是国际公法和各资源国法律的混合体,各资源国法律成分是合同协议和商业属性的必然结果。

三、石油合同基本条款

国际石油合同中的条款根据其内容和属性的不同,一般可分为经济条款、管理条款和法律条款三大类。其中经济条款和管理条款是国际勘探开发合同中具有鲜明石油特色的合同条款,而且随着国际石油合同类型的不同而有所变化,但其调节和规范的对象与发挥的作用则基本相同。

(一)经济条款

合同的经济条款是指与合同经济性相关的合同规定,其作用主要是规范和调整油气资源收益在资源国国家石油公司与合同者之间的分配,决定了各方收益分配比例。通常,经济条款包含如下内容:

1. 合同基本条款

合同基本条款反映了该石油勘探开发合同的目的和宗旨,确定了合同的基本概念和合作的基本方式,规定了合同区面积、合同期限、义务工作量或最低投资支出等内容。

2. 合同财税条款

合同财税条款包括资金筹措及成本费用回收、税费确定和征缴,油气田商业价值的确定、油气产品的生产和分配以及产品的定价与流向等,合同财税条款涉及合同各方关键利益,是合同核心部分。合同类型的划分主要就是由财税条款所涉及的财税制度不同而确定的。

3. 资源国享有的优惠条款

资源国享有的优惠条款是根据资源国自身实际需求而产生的,是国家石油公司作为资源国代表所享有的权利,是国家资源效益的间接体现,包括优先使用本国人员、物资和服务,对本国人员的培训和技术转让,资产和资料的所有权等。

(二)管理条款

合同管理条款规定了执行合同的代表机构——联合管理委员会和作业者的机构及职权,规定了对年度工作计划和预算的审查、批准。这些条款规定了合同者、作业者和国家公司之间的合作与制约、执行与监督、权利与义务的关系,建立了执行合同的管理机制。

（三）法律条款

合同法律条款是合同各方在执行合同过程中所受到的内外部约束和保护的综合表述。主要内容包括会计、审计和人员费用，保险，保密，转让，HSE，不可抗力，合同生效和终止，适用法律与争议解决等条款。

四、石油合同主要类型

海外油气投资项目合作模式不尽相同，在不同国家、同一国家的不同区块、石油与天然气、陆上与海上之间的合同条款各有异同。

国际石油合同发展至今，合同模式主要有两大类型：一种是租让制合同（又称许可证协议）模式；一种是合同制模式。其中合同制模式下又分产量分成合同和服务合同；与此同时还形成了一类混合型合同。国际石油合同的基本分类如图 2-2-1 所示。

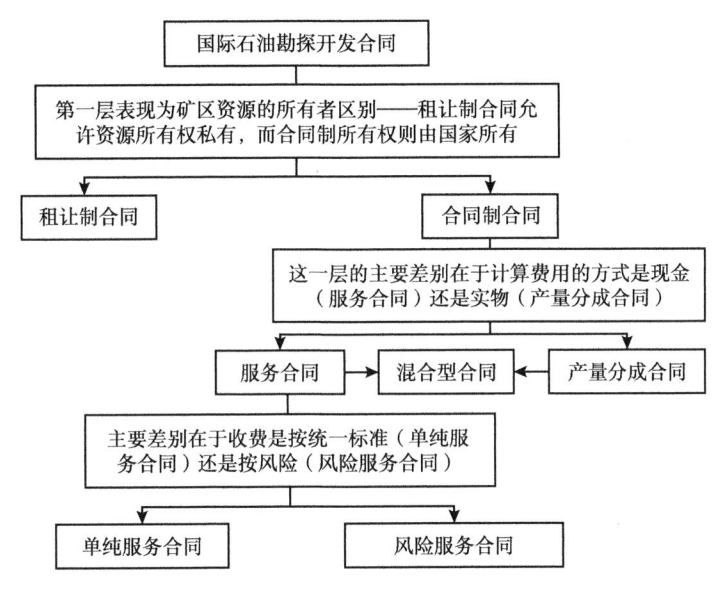

图 2-2-1 国际石油合同基本分类

除上述传统合同类型外，国际石油合作实践中还有被统称为非传统类型的石油合同，这类合同数量很少。采用这些合同形式的主要是那些原来没有对外开放，全部上游作业都由本国国家石油公司经营的国家、地区或项目。这类合同主要有以下几种：

（1）石油生产合同，即资源国与外国石油公司签订合同，将一个油气田（或其中一部分）交给外国石油公司来进行生产，例如阿根廷、阿尔及利亚。

（2）石油开发合同，即资源国与外国石油公司签订合同，由外国石油公司来开发那些国家石油公司发现的但尚未开发的油气田，例如印度、土库曼斯坦。

（3）恢复开发生产合同，即资源国与外国石油公司签订合同，由外国石油公司对那些已经开发但又停产的油气田进行重新开发生产，例如委内瑞拉、缅甸。

（一）租让制（矿税制）合同

1. 概述

租让制合同模式是世界石油勘探开发合作实践中最早出现的合同模式，主要可描述为：资源国政府赋予外国石油公司在一定的地区和时期内实施各种油气作业的权利，包括勘探、开发、生产、运输和销售等；资源国政府通常只征收矿区使用费和与油气作业有关的特种税费。根据发展变化，租让制合同可分为传统租让制和现代租让制。

传统租让制合同又称许可证协议（License Agreement），是世界上最早在国际石油勘探开发合作中产生的一种合同形式。外国石油企业在租让区内享有资源所有权，享有进行勘探、开发和销售的权利，单独承担该过程中的所有风险，向资源国政府交付矿区地租，产出石油后需要以实物或者现金的形式交付一定的矿区使用费和所得税等。传统租让制合同区域大、租让期限长，外国石油企业在资源国享受相关权利相对过高，导致资源国失去了对矿产资源的所有权、生产作业的指导监督权、超额收益下的利益分配权等，总体对资源国不利，所以该合同模式早已停用。

现代租让制合同是在传统租让制合同的基础上增加了按照产量规模改变收益分成的条款，限制了合同区域的范围，缩短了合同期限，外国石油企业承包商拥有对合同区内石油资源进行勘探、开采和生产经营的管理权以及油气生产的所有权，资源国具有参股的权力，并且具有可以对油气合作中的决策进行审查和监督的权利。现代租让制合同强调了资源国对矿产资源拥有所有权，资源国效益会随着销售收入的增加而提高，并且可以获得多种税费。相对于传统租让制合同，现代租让制合同对于资源国来说更有利一些。

由于在现代租让制合同形式下，资源国政府的收益主要来自外国石油公司交纳的矿区使用费和税收，因此这种合同模式被称作矿费税收制合同（Tax and Royalty Contract），简称矿税制合同（值得注意的是，在实际表述或使用过程中，经常发生将矿费与矿税混淆的情况。矿税是两个概念的合称，即矿费与税收）。

目前采用矿税制合同的国家主要有：哈萨克斯坦、突尼斯、乌兹别克斯坦、委内瑞拉、秘鲁、加拿大、阿拉伯联合酋长国、文莱、澳大利亚、俄罗斯和挪威等。

2. 资源国与合同者优劣势分析

矿税制合同模式中合同双方是一种租让关系，所追求的是税后油气利润收入，风险与效益并存。在这种模式下，投资者必须承担产量或油价过低导致成本不能完全回收而引起的风险，同样也可以享受到产量或油价高于预期而带来的超额利润。

1）资源国优势

对资源国政府而言，这种合同最有利的方面在于经济风险小，管理简便。如果采用竞争性招标，资源国还可以获得高额定金或矿区使用费，并且可以通过参股加大对油气生产项目的介入程度。

2）资源国劣势

对资源国而言，矿税制合同条款相对缺乏灵活性，对油价变化的适应性不强，外国石油公司享有权利偏大，政府早期获取的收益保障会影响到合同者收益，从而降低收益分配的合理性。对一些潜力巨大的油气生产项目，资源国收益不会随着项目盈利水平提高而等比例升高。

3）合同者优势

矿税制合同中合同者具有更大的经营自主权和作业控制权，获取超额收益的潜力最大，理论而言是对合同者最有利的一种合同模式。税后利润分配收入是核心内容也是合同者追求的目标。对于合同者效益影响最大的是产量与价格，高产或高价能够保证合同者获得足够的销售收入，用来回收成本、缴纳税金和税后利润分配。

4）合同者劣势

合同者需要承担所有风险。一旦国际油价低迷或产量达不到预期，就可能出现亏损，会使得合同者很可能在合同期满时无法分配到税后利润。在一些边际区块和油气潜力较差区域，由于矿税制合同中矿区使用费存在一定的递减税性质，会较大地抑制合同者勘探积极性。

3. 收入分配流程

矿税制合同规定了政府与合同者的收益如何分配。二者之间的平衡对于油气合作活动至关重要。矿税制合同下典型收入分配模式见图 2-2-2。绝大多数情况下，在总销售收入中首先扣除矿区使用费交付给资源国政府，之后计算应纳税所得（即应税收入或所得税税基）。总销售收入扣除矿费、其他抵扣项和历史亏损弥补后的剩余即为应纳税所得。其他抵扣项包括操作费（OPEX）、折旧损耗和摊销（DD&A）等。合同者净利润为应纳税所得减去所得税。其中：

总收入 = 石油和天然气产量 × 商品率 × 售价

净收入 = 总收入 – 矿费

应纳税所得 = 总收入 – 矿费 – 操作费 – 无形钻井成本 – 折旧、损耗和摊销（DD&A）– 投资激励 – 财务费用 – 亏损结转 – 其他支出

净利润 = 应纳税所得 – 所得税

税后净现金流 = 总收入 – 矿费 – 操作费 – 投资 – 其他支出 – 所得税

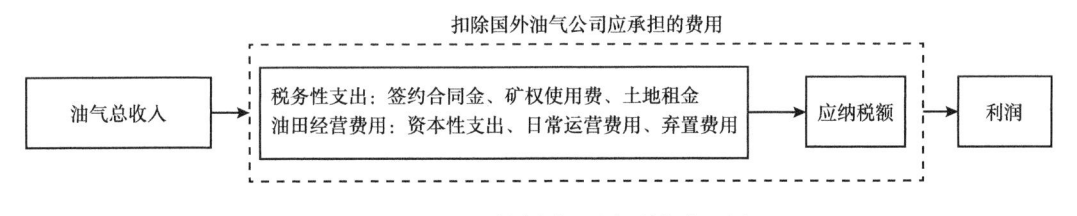

图 2-2-2 矿税制合同下油气利润流程图

（二）产品分成合同

1. 概述

产品分成合同的英文名称为 Production Share Contract 或者 Production Share Agreement，简称 PSC 或 PSA，其本质是资源国保留矿产资源的所有权，承包商通过作业服务，利用生产出的油气进行成本回收和获得产品的分成。该合同模式诞生于 1966 年，由印度尼西亚国家石油公司与 IIAPCO 公司签订，现已成为世界上采用最多的一种合同模式。

从合同者的角度来看，产品分成合同最基本的特点是投资者获得原油、天然气实物，并与资源国分享"利润油"。产品分成合同规定了投资及成本回收的范围与上限、利润油气分成比例，一般对于当期未回收的成本允许转到后续年度回收；合同者承担勘探成本和风险，政府可在获得油气发现后参股；政府的收入包括定金、矿区使用费和利润油分成等；合同者通过成本回收和利润油分成获得收益。

目前使用该合同模式的国家有苏丹、南苏丹、尼日尔、乍得、土库曼斯坦、阿塞拜疆、阿曼、印度尼西亚、缅甸、蒙古等。

2. 主要概念

1）成本回收

合同者根据合同规定当年可从"成本油"中回收的勘探投资、开发投资及操作费用。成本回收一般包括以前年度结转的未回收成本、操作费用（OPEX）和投资（CAPEX）等。合同中对成本回收顺序一般都有规定。

2）成本回收上限

大多数情况下都会规定成本回收的上限，有些国家采用固定回收比例，有些国家采用滑动比例，影响滑动比例的指标有累计产量、年产量和油价等，不同国家间该比例的差别很大。

苏丹：某项目成本回收上限为45%。叙利亚：随产量升高，回收上限比例从25%降至20%。塞内加尔：陆上成本回收最高限额是70%，浅水区为70%，深水区为75%。

3）结余成本油（超额成本油）

如果当年回收的成本没有达到成本回收上限，二者之间的差额就会形成结余成本油。结余成本油可以按照一定比例在资源国政府和石油公司之间分配，有些国家结余成本油全部归资源国政府。

4）利润分成

净收入进行成本回收后，剩下部分由合同者与政府进行分成。

利润油分配比例有些为固定比例；有些根据油藏类型，取不同的固定比例，如印度尼西亚多采用该方法。有些采用滑动台阶，影响滑动台阶的因素包括日产量、累计产量、R因子、油价等。大部分情况利润分成比例由单因素决定，也有些合同是由两个甚至两个以上因素共同决定：如卡塔尔某区块，利润油分成比例由R因子、天然气日销售量共同决定；哈萨克斯坦某项目，利润分成比例由三个因素即R因子、IRR和合同者份额产量系数共同控制。

$$R 因子 = 合同者累计收入 / 合同者累计支出$$

其中，合同者累计收入为成本油气回收、超额成本油气分成、利润油气分成及其他收入所得等；合同者累计支出为生产成本、贡金等。

5）头份油

头份油在成本回收及利润油分配之前，在政府和合同方之间按照一定比例进行分配。该概念一般出现在印度尼西亚，其项目头份油比例一般为20%。

6）国内义务油

生产出的原油按照一定比例供给资源国，满足其国内市场。一般供国内市场的价格比国际价格低不少。例如在哈萨克斯坦，供国内市场的价格一般为国际价格的40%~50%。

3. 主要内涵

产品分成合同模式的核心内涵是对生产出来的油气产品进行分配。产量与价格的高低对于项目及合同者效益影响很大。投资者面临因产量与价格低于预期而带来的风险，同时也可能享受高产或高油价带来的超额利润。不过大部分情况下，产量与价格对产品分成合同的影响小于对矿税制合同的影响。

产品分成合同模式的最大特点是资源国政府拥有资源的所有权和与所有权相应的经济利益。勘探开发的最初风险由合同者承担，但是一旦有油气商业发现，就可以收回成本，并与资源国一起分享利润油。这是对外国石油公司来说最有吸引力的地方。

产品分成合同模式的优点在于较好地处理资源国政府与合同者之间风险和利润分配

关系，使得双方处在一个较理想的平衡点，利益分配平衡性优于矿税制合同和服务合同，另外该合同模式具有一定的灵活性。缺点在于合同框架和内容较为复杂多变，影响因素较多，而这往往使合同者收益的实现面临诸多不确定性，同时合同实施过程中所要求的技巧性更高。

4. 收入分配流程

与其他合同类型相比，产品分成合同最鲜明的特征是成本回收限制和利润油分成。概括起来可以分为以下步骤（图 2-2-3）：

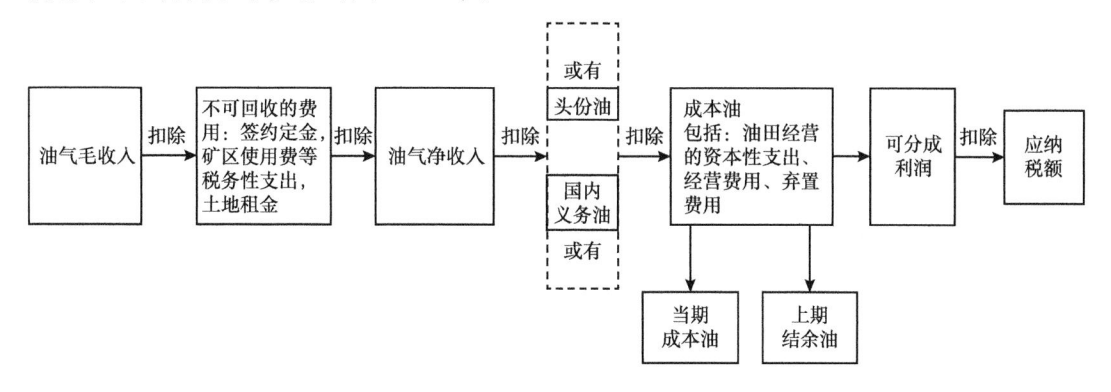

图 2-2-3　产品分成合同下油气利润流程图

第一步：支付矿费。合同者按照约定的计算方式向政府支付矿区使用费。

第二步：成本回收。产品分成前，合同者从净收入中回收成本。多数情况对成本回收有上限要求，超出部分结转到以后回收。

第三步：利润油分配。扣除矿区使用费和回收成本后的收入称为利润油，合同者与政府按规定比例分配。

第四步：交纳所得税。合同者分成的利润油按法定税率交纳所得税。

（三）服务合同

1. 概述

服务合同（Service Contract）是资源国与国际石油公司签订的确立双方关系的合同框架，由国际石油公司代表资源国进行油气资源的勘探开发，资源国对国际石油公司支付服务费，国际石油公司通过回收成本和赚取报酬费来获得收益。服务合同主要用于在产油田、废弃油田进行油田恢复、提高采收率项目。

$$服务费 = 石油成本 + 补充成本 + 报酬费$$

即　　　　Service Fee = Petroleum Cost + Supplement Cost + Remuneration Fee

以伊拉克为例，每生产 1 桶原油，合同者可以获取 1.4~2 美元的报酬，这笔费用就叫作报酬费。补充成本支出一般出现在伊拉克的项目里，主要是指合同内容规定之外的服务，一般是一些政府不想做的或者做不了的事宜，例如排雷、建设地面设施等，然后再从收入里面按照上限回收该部分支出。

这里特别要强调，在实际表述与使用中，经常会出现将服务费与报酬费混淆的情况，应当特别注意。

越来越多的资源国倾向采用服务合同开发本国油气资源，主要原因在于该合同模式并不出让资源所有权，同时还可以有效利用国际石油公司的资金、技术和人才。在早期的国际油气合作中，矿税制合同和产品分成合同为主流合同模式，服务合同很少使用，但自1966年伊朗等国家发明服务合同以来，该合同模式陆续被多个国家使用。服务合同包括纯服务合同和风险服务合同。

服务合同具备以下特点：

（1）油田权益及原油所有权归属于资源国。

石油服务合同均规定了油气资源所有权归属于资源国，投资者获得的经济效益来自政府支付的报酬费。

（2）合同者提供资金与技术。

合同者作为承包商提供技术、金融等服务，并担当作业者；合同者要提供勘探资金，并在风险服务合同中承担勘探风险，如果发现油气，还要提供后续的开发和生产费用。

（3）投资效益敏感性差。

服务合同的成本回收、报酬费取得一般都在签订合同时已明确规定，一般无法因油价、产量的变动而对投资效益产生较大影响。

2. 风险服务合同

20世纪60年代后期，中东和拉美等地区产油国开始推出比较标准的风险服务合同，当前在阿根廷、巴西、智利、厄瓜多尔、秘鲁、委内瑞拉、菲律宾、伊朗、伊拉克等国仍采用该类合同。

风险服务合同的基本模式与内涵是：

（1）资源国享有对合同区块的专营权和对产品的支配权，外国石油公司只是一个纯粹的作业者。全部的产品属于资源国政府，合同者不参加产品分成。在勘探开发过程中，合同者所建、所购置的资产也归资源国所有。

（2）合同者提供全部资金，承担最低义务工作量和投资额要求，并承担全部勘探和开发风险。如果没有商业发现，合同者承担勘探投资失败的风险。如果勘探获得商业发现，合同者还要承担后续的开发和生产费用，相当于在开发过程中为资源国提供有息贷款。

（3）资源国通过出售油气产品在规定的期限内偿还合同者的投资与各项费用支出，并按照一定的计算方法向合同者支付一笔酬金作为报酬。合同者获得的报酬既可能是现金形式，也可能是产品形式。

风险服务合同对资源国政府来说是有利的，但对合同者来说是风险最大的一种合同模式。合同者要承担全部的勘探风险，但是获得收益却相对固定，与其承担的风险不匹配，而且不能享受到超额生产和油价上涨带来的额外收益。这类合同对外国石油公司的吸引力不大。因此，迄今为止这类合同只有在世界上一些勘探风险相对小的地区才被采用，在这些地区，例如伊朗、尼日利亚和巴西等，国外石油公司有较大概率获得与其风险相匹配的收益。

3. 纯服务合同

纯服务合同又称无风险服务合同或技术服务合同（Technical Service Contract，简称TSC）。与风险服务合同相比，在这种合同形式下，资源国雇佣外国石油公司作为承包商提供技术服务，并向承包商支付服务费，承包商不承担投资风险，风险由资源国承担，任何发现都归资源国所有（图2-2-4）。纯服务合同在国际石油合同中相对少见，中东各国由于资金充裕而经验和技术缺乏，所以这一合同类型在中东地区个别国家采用，例如伊拉克。这类合同项目一般发生在开发阶段，比较适合较小的公司投资，它为石油公司提供了发挥技术专长的低风险机会。

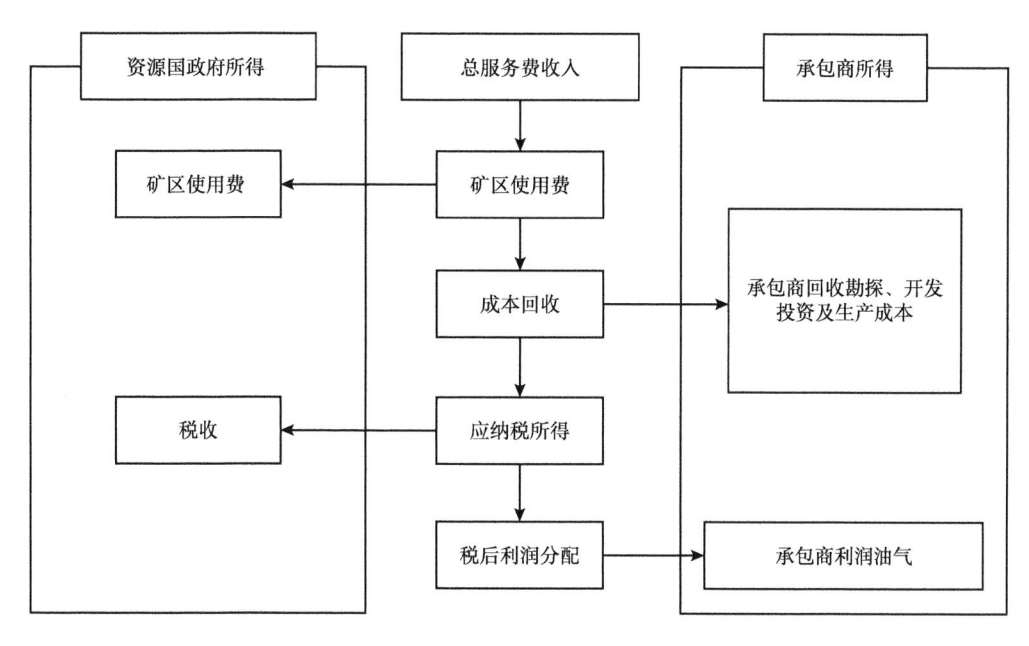

图 2-2-4　服务合同收入流程图

4. 回购合同

回购合同（Buy-Back）是服务合同的一个变种，首先由伊朗在 1997 年使用，后来也被伊拉克政府采用。在回购合同中，外国石油公司承担勘探开发全部费用和技术服务，直至油田按合同要求建成后交回给资源国政府。油田投产后，从销售收入中回收投资、费用并获得报酬（图 2-2-5）。报酬计算方法一般跟其他服务合同相似。

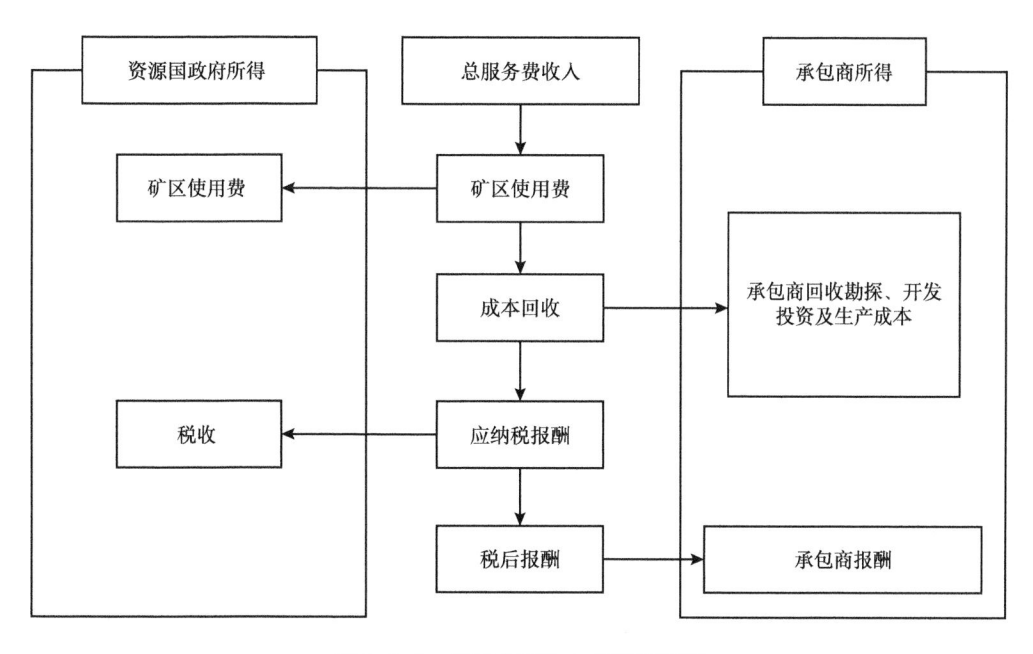

图 2-2-5　回购合同收入分配流程图

合同者的报酬由总投资额乘以固定的报酬指数确定，但实际报酬又不能超报酬天花板（例如不超过产量的一定比例），未支付的报酬可以结转到下一个周期。合同者收益主要由投资大小和报酬指数影响。在回购合同中，合同者不存在投资无法回收的情况，只有投资回收之外报酬大小的区别。

回购合同的合同期限一般较短，难以获得油田开发中后期的收益。在回购合同中，产量与油价只是影响报酬天花板，不影响报酬总额，这是与矿税制合同及产品分成合同的最大区别。

回购合同中，合同者只要按约履行好合同规定事项，回收成本和获取报酬基本没有什么风险。特别是在油价处于低迷的市场环境中，预先规定回报率使石油公司即使在油价暴跌的情况下，仍然能够确保收益率。另一方面，对于油气资源落实程度较高的油田，回购合同的风险相对较小，但不可能获得暴利。

5. 报酬费类型

（1）固定报酬费：报酬费单价固定。

国际石油公司根据提供的服务进行成本回收，除此之外每生产1桶石油（一般为超过基础产量的部分）资源国将给外国石油公司支付一定的报酬费，该报酬费是固定的（若干美元/桶），以伊拉克为例，每生产1桶原油，合同者可以获取1.4~2美元的报酬。这种类型的服务合同主要应用于尼日利亚、阿拉伯联合酋长国以及科威特的操作服务合同，伊拉克2008年启动的石油技术服务合同也采取了这一形式。

（2）固定报酬费：根据投资成本的一定比例确定报酬费。

伊朗的回购合同就是采取类似方式支付报酬费，即国际石油公司在该类合同中是产能建设承包者，在承担了勘探、开发建设投资后，资源国根据投资成本的一定比例支付给国际石油公司一笔报酬费。

（3）可变报酬费：根据原油收入的一定比例确定报酬费。

资源国规定了合同者的原油收入分享比例，并要求合同者从该比例中回收其投资成本和获得利润，这种模式一般称之为"秘鲁模式"，菲律宾也曾采用过类似合同模式。

6. 主要国家服务合同区别

目前世界范围内采用服务合同的国家中具有代表性的主要有伊拉克、伊朗和厄瓜多尔。两伊的石油服务合同主要面向国际石油公司，而厄瓜多尔油田增产技术服务合同主要面向国际石油工程技术服务公司，因而承包商在油田技术服务中的话语权不同。这三个国家的石油合同在收入分配、成本回收、报酬费等方面都存在异同之处。相比之下，厄瓜多尔油田增产服务合同产量风险较大，法律财税条款风险与政治环境风险较小。

1) 伊拉克石油生产服务合同

2009—2018年，伊拉克政府先后推出了5轮次合同招标，合同模式均为技术服务合同。在这个过程中，投标参数、评标模式、报酬费计提、收益限制等方面均在不断演变，主要导向是提高资源国政府对油田作业的控制权和话语权，与承包商分摊油价风险，鼓励作业者降低勘探开发生产及管理费用支出。

伊拉克技术服务合同收入分配分为三个层次：第一层次为成本回收，回收上限一般为超出基础产量部分的50%×官价；第二层次为补充成本回收，回收上限一般为基础产量的10%×官价；第三层次为报酬费的收取。

伊拉克前期服务合同通过P因子和R因子来控制承包商收益率，后期改为与伊拉克当地平均销售官价相挂钩的成本回收额度比来控制承包商收益率，承包商自行支付所得税等税费，不可回收。早期伊拉克服务合同的桶油报酬费是在项目投标时即确定的，后期改为与伊拉克当地石油销售价格挂钩，有地板价和天花板价的限制。

2）伊朗新国际石油合同

伊朗回购合同是世界上独树一帜的石油合同，主要是为规避伊朗宪法和石油法"禁止外商直接持有伊朗境内油气开发权益"的规定而创造的。过去伊朗的回购合同由于过于苛刻，从2017年开始，伊朗在回购合同的基础上，吸纳了伊拉克等国家的服务合同特点，推出了新的国际石油合同（International Petroleum Contract，IPC），以提升对国际石油公司的吸引力。

伊朗回购合同主要通过固定开发期、投资上限、成本回收上限和既定收益率来对承包商的收益进行控制，新的国际石油合同规定所得税可以回收。伊朗回购合同中的桶油报酬费与布伦特油价相挂钩，没有地板价限制，但有天花板价限制。

3）厄瓜多尔油田增产服务合同

厄瓜多尔石油合同最早为特许经营合同（Concession Contract），后转变为产品分成合同。2010年，为进一步强化对石油资源的控制，厄瓜多尔政府将境内所有产品分成合同改制为服务合同。2012年，厄瓜多尔政府为克服资金和技术不足，进一步提高原油产量，推出了油田增产服务合同，并与斯伦贝谢等国际知名技术服务公司签约；2013年，推出了16个勘探区块的技术服务合同；2014年，推出了16个老油田增产综合服务合同；2017年，推出了15个油田的成熟油田增产综合服务合同。

在厄瓜多尔开展勘探开发工作的国际石油公司有：中国石油、中国石化、西班牙雷普索尔公司和意大利埃尼公司等。从事油气工程技术服务的公司有：斯伦贝谢、哈里伯顿、中国石油和中国石化下属的工程技术服务公司以及中国民营企业海隆公司等。

厄瓜多尔油田增产服务合同通过承包商的工作量和投资额对合同投资上限进行控制，对承包商收益未做限制，承包商自行支付相关税费。桶油报酬费与WTI油价挂钩，有地板价和天花板价限制。

第三节 "一带一路"油气合作方向

"一带一路"在地域分布上跨越了世界上油气最富集的特提斯油气区，东起中国中西部，经中亚、中东到欧洲，集中了全球超过一半的油气储产量。

以勘探开发、管道建设、下游炼厂为纽带，中国三大油企以及民营企业已在"一带一路"沿线国家开展了卓有成效的油气合作，并形成了以中亚管线、中俄管线和哈萨克斯坦、伊拉克等油气合作项目为代表的油气合作规模优势。同时，油气合作也对当地资源国的社会发展作出重大贡献，中国公司已在主要资源国家提供了超过4万个就业岗位，上缴税收300多亿美元，实现数十亿美元的公益投入。

当前，全球油气地缘格局发生剧烈变化、地区冲突加剧、新冠肺炎疫情发展态势不明确、国际油价起伏不定、资源国社会环境动荡、消费国经济增长乏力等因素均对全球油气合作产生深远影响。虽然经过将近30年的发展，中国公司在"一带一路"区域内的油气合作已经具有一定规模和经验，但未来若要进一步深化，必须优选重点油气合作方向，打造油气合作突破点和制高点。

一、三个主要大区合作潜力分析

（一）中亚—俄罗斯地区

中亚—俄罗斯地区资源前景可观，是中国油企最重要的陆上油气进口区和投资合作区之一，中国油企在该地区业务稳步推进，合作机遇大于挑战。中亚地区应坚持油气并举，充分利用中国公司已有的精细勘探技术，积极进入油气勘探新领域。

未来中亚—俄罗斯地区可朝着三个方向重点发展：中国北部重要的油气进口战略区；以里海、北极和东西伯利亚为重点的大型油气项目合作区；中国油企海外投资的核心区。

优势与机会："新丝绸之路经济带战略"为该地区合作奠定了坚实政治基础；能源合作始终是该地区的核心内容并稳步推进，能源合作在各国综合影响力不断提升；地区资源基础雄厚，开发前景可观，上下游一体化优势较为显著，对外资需求较为迫切，油气合作国际化趋势日益明显；新时期美国对中俄两大竞争对手打压升级的大背景下，中俄战略契合度有望进一步提升；"新普京时代"俄罗斯能源战略重心东移。勘探主要目标区域有：滨里海西扎尔卡梅斯 II 区块、阿姆河盆地穆尔加勃坳陷盐下侏罗系生物礁、滨里海盆地南部及西南部盐下泥盆系—石炭系碳酸盐岩、楚河—萨雷苏盆地和锡尔河盆地。

挑战与困难：中国油企在极地、深海等领域技术储备不足，综合竞争力与西方油公司尚存一定差距；现有项目资源基础仍不够扎实，已开发油田稳产难度增大；需谨慎处理大国之间的战略博弈关系；"后强人政治时代"或引发地区、国家局势动荡；部分资源国政策法规趋紧，例如资源国政府要求外国石油公司将一部分产量以低于国际油价较多的价格销售给其国内市场，保证其国内市场供应，且比重逐渐加大，使得外国石油公司盈利空间下降；主要货币贬值（俄罗斯卢布、哈萨克斯坦坚戈等）给外国石油公司带来汇兑损失；该地区社会清廉指数普遍不高；远期政治与经济风险不容忽视。

（二）中东地区

油气合作是中国与中东地区最现实的利益契合点。由于全球油气市场正在从资源主导转向市场主导，中东资源国寻求与中国合作的意愿更加强烈。因普遍面临加快经济社会发展的巨大压力，中东地区油气合作对外开放程度将逐渐提高。中东地区油气资源丰富，且以陆上整装巨型老油田居多，中国油企具备较为丰富的地区油气合作经验，但仍面临国际制裁、战争风险和基础设施老化等诸多挑战；中东地区是中国油企重要的贸易伙伴地区、潜在的油气生产区和主要的产能合作区。

可优先考虑合作环境较好、合同条款较优的阿拉伯联合酋长国、阿曼、卡塔尔等国家，先从已有项目周边区块入手，逐渐滚动发展；伊拉克的技术服务合同项目可作为必要的资产类型补充，毕竟在低油价时期技术服务合同项目是各公司利润和现金流的稳定来源，从这个角度其已被广泛认可，且已被认为是石油企业国际业务的"压舱石"。

优势与机会：中国与伊朗、伊拉克、叙利亚具备良好的双边政治关系；中国油企在两伊地区已具备长期较大规模的合作基础，占有先发优势；中国油企具备明显的甲乙方一体化优势；伊拉克政府正寻求进一步改造开发基尔库克等北部油气田；2021年3月，中国与伊朗正式签署一项为期25年的协议，其中包括政治、战略和经济合作，这将进一步推动双方在油气领域的合作。

挑战与困难：伊朗遭受制裁使得项目运营面临资金、技术服务、设备采购等诸多挑战，中国油企在与伊朗的合作中多少存在顾虑；伊拉克油气基础设施年久失修，上产到合同约定产量存在挑战；伊拉克油气合作"诸侯割据"减弱中央政府掌控力，进入库尔德地区机会仍然不大；叙利亚内战使得中方项目重新接管面临极大困难。

（三）东南亚地区

东南亚各国是"21世纪海上丝绸之路"沿线离中国最近且最主要的国家，均处于经济快速发展阶段，原油与天然气需求强劲；中国与东盟建立对话关系达30年，双方建立了良好的互信互利基础，中国东盟合作已成为亚太区域中最成功、最具活力的典范；东南亚地区油气合作合同模式规范，法律环境相对较好；东南亚地区是重要的能源运输通道和油气贸易合作区，可作为重要的天然气合作区和油气贸易中心。当前在该地区油气合作前景较好，但仍面临诸多挑战。

优势与机会：中国与东南亚大部分国家政治、经济交往密切，双边关系良好；可充分发挥中国油企在老油田增产技术方面及资金方面的优势，参与东南亚国家油气田增储稳产工作，参与海域油气共同开发；马来西亚油气发现不断，正在推行全产业链对外开放。

挑战与困难：东南亚地区与多条海上要道相连，是相关利益国家竞相争夺的地区；资源碎片化程度较高，经济效益不高；工程技术、装备制造市场分散，单个市场容量小；民族、政治问题使中缅油气管道长期面临安全挑战，社区问题或影响政府决策。

二、三类重要支点国家合作潜力分析

（一）以油气贸易为基础、拓展全方位合作：俄罗斯和沙特阿拉伯

沙特阿拉伯和俄罗斯是中国两个最大的原油进口国。根据中国海关总署的数据，一方面，虽然我国从沙特阿拉伯进口原油占年度总进口的比重从2013年的22.0%降至2020年的15.7%，但从绝对数量上来说，2020年我国从沙特阿拉伯进口原油约8492万吨，仍是我国最大的原油进口来源国；另一方面，受乌克兰事件和美欧制裁的影响，俄罗斯油气出口重心逐渐从西向欧洲转为东向亚太。俄罗斯凭借与我国陆路接壤的优势，2020年向我国出口原油8357万吨，占中国进口原油总量的15.4%，已经非常接近第一位的沙特阿拉伯。与中国建立更加密切的政治经济往来和油气合作，将是沙特阿拉伯和俄罗斯缓解低油价压力、推动经济发展的关键。

1. 俄罗斯不断加大油气上游合作开放力度

在俄罗斯油气贸易向亚太倾斜的同时，俄罗斯不断加大其国内油气上游的对外合作力度。一方面，西西伯利亚和伏尔加—乌拉尔地区老油田原油产量占俄罗斯全国的八成，以肯高—佐夏（Kynsko—Chasel）、LUKOIL West Siberia、苏古特（Surgut）、北坡尔奥波（Priobskoye North）、万科尔（Vankor）、萨莫特洛尔（Samotlor）、奥伦堡（Orenburg）等为代表的一批老油田提高采收率合作空间巨大；另一方面，东西伯利亚和远东地区油气储量占俄罗斯的四分之一，由于两地区油气田开发较晚，待开发储量较大，是俄罗斯未来油气新建产能的主要地区，其中以东西伯利亚下寒武统有利储层为代表的勘探潜力巨大。

2. 俄罗斯政策不确定性是其上游合作的最大风险

俄罗斯虽然加大了上游合作开放力度，但有关油气投资的财税政策变化频繁，财税风险较大；而且俄罗斯严格限制外资进入战略性资源领域，包括限制外国公司参与开发储量超过1.5亿吨的油田以及储量超过1万亿立方米的天然气田；另外，俄罗斯油气合作项目还面临较高的货币汇率贬值、地面工程投资和环境保护风险。

3. 沙特阿拉伯通过转让油气股权、成立主权基金改善经济困境

这一轮低油价严重影响了沙特阿拉伯的经济发展。尽管沙特阿拉伯在过去高油价时代

积累了庞大外汇储备,但是为应对财政赤字已从外汇储备中支取了大量美元。2021年沙特阿拉伯政府财政总收入预计约为2264亿美元,总支出估计为2640亿美元,预算赤字达到约376亿美元,虽然比2020年的预算赤字明显降低,但这也是沙特阿拉伯财政连续第八年出现赤字。沙特阿拉伯为增加收入、缓解财政压力,计划转让沙特阿拉伯阿美公司的部分股份,成立规模超过2万亿美元的主权财富基金(PIF),这也是沙特阿拉伯长期以来首次放开其国内油气合作市场,加瓦尔(Ghawar)、胡赖斯(Khurais)等世界级巨型老油田以及Wasit Gas Project、Zuluf等近海海域气田的合作开发将极具吸引力。另外,沙特阿拉伯国内工程装备制造和石化炼厂等基础建设市场需求也较大。

(二)以上游合作为基础、拓展一体化油气合作:伊拉克和伊朗

当前,中国公司在两伊合作经营着数个油气合作项目。两伊合作项目是中国公司海外权益原油储量的重要来源,是低油价以来海外利润和现金流的主要贡献地区。同时,两伊油气合作"本地含量"要求相对于其他资源国较低、国际化程度高,有利于通过甲方油气上游合作促进乙方技术服务、工程装备、工程建设一起"走出去"。

1. 伊拉克待建产油气田项目多,合作潜力大

当前,伊拉克已探明但未建产油气田储量约15亿吨油当量,主要分布在伊拉克北部库尔德地区。中央政府与库尔德自治政府关系有缓和迹象,西方公司开始逐步进入北部地区,我国公司可密切关注西方公司在该地区的动向,适时拓展伊拉克油气合作规模。

2. 伊朗政策利好,全方位油气合作机会大

根据中国石油经济技术研究院数据,截至2019年,伊朗原油剩余探明可采储量为213.7亿吨(世界第四),天然气剩余探明可采储量为32.0万亿立方米(世界第二)。油田集中分布在伊朗扎格罗斯褶皱带北部,气田集中分布在伊朗扎格罗斯褶皱带南部,油气南北分异大。

近年来,欧美核制裁对伊朗油气工业影响深远。2016年1月,伊核问题部分解禁协议达成,美欧大幅放宽自2010年以来不断加码的对伊制裁措施。2015年11月底,伊朗公布新版石油合同(IPC),并计划举行新一轮对外招标,包括18个勘探区块和52个开发区块。伊朗经过长期的美欧制裁,其国内油气田近半数处于关停状态,伊朗若要短时间内提升油气产量,工程建设等合作市场潜力也将极为庞大。

3. 伊拉克和伊朗地缘政治、安保形势是油气合作的最大风险

两伊处于全球油气地缘博弈的中心,油气合作环境复杂。伊拉克地面安保形势仍然堪忧,恐怖组织活动频繁,中国企业独立承担合作风险的能力较差,一般作为小股东参与油气合作。此外,中央政府与库尔德地区政府关系不确定性较高,中国企业还没有西方公司高超的斡旋能力,目前只能二者之间取其一。伊朗油气制裁虽然解除,但是其他方面的制裁仍没有解除,而且制裁仍存在反复风险。沙特阿拉伯与伊朗的地区宗教冲突、伊朗新油气合同的执行力度仍存在不确定性。

(三)以上游合作为基础、拓展油气通道合作:哈萨克斯坦和土库曼斯坦

哈萨克斯坦和土库曼斯坦是我国在中亚地区油气合作最为重要的两个油气资源国,哈萨克斯坦以原油为主,土库曼斯坦以天然气为主。一方面,双方油气上游合作基础坚实。目前,9家中国公司在两国合作经营着约30个油气项目。以中国石油为例,其在两国的油气权益储量占中国石油海外油气储量的份额很大。另一方面,哈萨克斯坦和土库曼斯坦是我国西部油气引进通道的重要供给国,现已建成2000万吨/年的原油管输能力和600亿立方米/年的天然气管输能力。

我国公司在哈萨克斯坦油气上游合作比例已经较高，土库曼斯坦严控其陆上油气资源。但是，两国油气对外出口的多元化诉求高，其西向欧洲、南向南亚的通道建设合作市场潜力巨大，我国企业可凭借管道工程建设和钢材制造优势，密切关注未来合作机遇。

2014年7月国际油价下跌以来，哈萨克斯坦和土库曼斯坦经济受到巨大冲击。2015年8月，哈萨克斯坦放弃与美元挂钩，哈萨克斯坦坚戈汇率随即贬值逾50%。2015年1月，土库曼斯坦央行主动宣布降低汇率，跌幅也超过20%。期间受两国汇率贬值影响，我国公司利润几乎全部转负，油气合作经营压力巨大。未来这两个资源国货币汇率的不稳定性所带来的风险是不容忽视的。

三、中国油企"一带一路"油气合作策略

（一）合作原则

首先，必须坚持"层次递进"的原则。通过系统总结前期合作历程，预测资源国勘探开发潜力，结合现有合作项目规模和效益情况，就容易看出，当前项目合作基础已经相当雄厚，未来继续推进上游合作，不能贪图速度和规模，必须按照近中远情景，优选重点目标、拓展目标、战略目标，依次推进、逐步优化合作结构和布局，只有这样才能实现上游合作的可持续发展。

其次，必须坚持"就近通道"的原则。通道建设需要大量的资金投入，而且回收期长，这就为巨量投资的经济效益带来了巨大的风险；同时，管道设施分布在资源国境内，受到资源国的种种限制也将影响未来的长期经营管理。特别是在当前低油价逐渐成为常态的背景下，合理利用现有基础设施，围绕油气通道拓展上游业务，减少不必要资金投入就显得尤为重要。就近通道也可以加快上游合作成果进入市场流通的节奏，实现经济效益最大化。

（二）战略层面建议

第一，加强油气宏观战略研究，特别是突出非技术条件风险的评价和预测，争取尽可能降低"一带一路"油气合作中的非技术因素影响。当前，国际地缘政治和油气供需格局均发生重大变革、国际原油价格大幅波动、资源国经济急剧恶化、汇率大幅下降、税费提升等对海外项目经济效益影响巨大，非技术条件风险带来的影响越来越大，对此类风险的持续评估和预测对合理及时地规避风险极为重要。

第二，加强与国际大石油公司、国内投资资本、国内民营企业等多方利益体的战略合作，完善国内油公司发展的合理战略布局。回顾将近30年的海外油气合作历程，中国国有油公司在海外习惯性争当作业者，承担着几乎全部的经营风险，在当前多变的油气市场中，应该多与国际大石油公司合作，分担合作风险。同时，从更高层面加强对"走出去"的中国企业的协调，避免局部地区恶性竞争。

第三，制定和完善国家资金与税收鼓励政策，尤其加强对非常规和低产井等低品位油气资源的财税扶持政策。同时，区分国有资产流失与国有资产正常市场化买卖的界限，推进海外资产健康有序的"有进有出"，在海外油气市场做到资产的合理优化。

第四，积极争取亚投行、丝路基金、金砖国家开发银行等资金的支持，呼吁国家加大对能源合作领域的资本注入及其他资金扶持力度，探索引入民营资本和外国资本。同时，谋划"一带一路"区内人民币结算平台的建设，争取油气合作项目实现人民币结算，避免资源国汇率变化及过多依赖美元体系带来的经济损失。

第五，加强风险防控。一是国家层面风险防控：应加快投资争议解决机制建设；加快

"一带一路"沿线国家担保机制与组织建立。二是企业层面风险防控:强化风险防控机制;积极推进投资布局调整与产业升级;加快建立突发性安全卫生公共事件应急机制。

(三)具体做法建议

1. 资源共采,构建区域性油气资源体系

油气资源是各方利益博弈的主要工具和利益交会点,与本土含量较重的资源国共商,按照"资源、工程、融资"捆绑模式调整油气合作方式,推动在油气资源丰富的"一带一路"沿线国家内油气产区建设,着力建设长期可靠、安全稳定的油气生产合作基地,构建统一、协商的区域性油气资源体系。

2. 通道共筑,推动海陆协同、互联共保

通道是资源与市场融通的纽带,加强油气基础设施互联互通合作,扩大中亚—俄罗斯、中东油气进口,促进泛亚油气管网建设,加快中亚—俄罗斯资源通过中国向东北亚延伸,支持中东油气资源向南亚、东南亚延伸,关注中亚油气资源通过阿富汗向南亚延伸,加强我国陆基口岸和海基口岸基础设施建设,构建海陆协同、互联共保的泛亚油气运输体系。在国内形成横跨东西、纵贯南北、覆盖全国、连通海外的油气管网格局,以及健全完善的油气储备体系,提高"一带一路"资源国和消费国的油气进、出口能力及多元化水平,共同维护资源国市场安全和消费国供应安全。

3. 市场共建,深度参与区域油气治理

市场体系是建立油气新秩序的关键,建设东北亚市场,促进东北亚、东南亚和南亚次区域市场的建立与融合,逐步形成信息开放、市场联通、储备共享、交易联动、规则共建的泛亚油气市场体系,提高泛亚消费中心在国际油气价格形成中的影响力和话语权,实现区域内消费国的利益共保。未来亚太地区将形成20亿吨油当量市场规模,占世界油气贸易量的30%,围绕油气贸易的"五通"建设将成为中国以自身方式推动全球化的源动力和重要抓手,重铸"一带一路"地缘政治格局,提高我国在油气合作中的话语权。

4. 经验共用,积极学习伙伴合作经验

积极学习国际油公司的合作经验,逐步创新与资源国的合作模式和项目经营管理模式。例如,英国石油公司某项目包括技术支持机构和作业现场执行机构两部分(中国公司只有作业现场执行机构一部分),英国石油公司凭借技术支持中心的成立与运营使其每年获得现场作业之外的高额稳定的转移支付,有效提高了合同方的经济效益。2013年,英国石油公司从某项目获得的技术支持费用达2亿美元,且费用逐年攀升。

5. 技术共享,充分发挥我方技术优势

"一带一路"主要资源国油气工业基础较为薄弱,勘探开发技术水平不够发达,工程技术服务能力和工程装备制造能力较弱,我国企业应该充分发挥优势,继续加强超前技术、先导性试验等科技投入力度,为规模开发潜在领域奠定基础;开展国内油气勘探开发技术的海外适应性研究,加快国内先进、成熟技术及其工程装备"走出去"。

四、"一带一路"主要资源国油气合作综合环境

根据IHS Market发布的E&P Attractiveness Ratings数据,针对30个主要资源国,从3个维度和17个指标对每个资源国油气合作环境进行打分并排名(表2-3-1)。3个维度分别为勘探开发(权重50%,4个指标)、经济收益(权重35%,8个指标)和风险(权重15%,5个指标)。

表 2-3-1 "一带一路"主要资源国油气合作环境评分与排名

排名	国家	综合分数 权重	勘探开发 维度 50%	产量 10%	剩余可采储量 10%	近5年工作量 10%	近5年成功率 70%	经济收益 维度 35%	州政府所得 5%	国家政府所得 5%	每桶净现值 20%	每桶现金流 5%	内部收益率 20%	项目净现值 10%	项目现金流 5%	估值/融资率 30%	风险 维度 15%	政治风险 20%	经济风险 20%	进入难度 20%	运营难度 25%	不确定事件 15%
1	阿拉伯联合酋长国	6.23	7.27	9.00	9.20	2.00	7.50	3.88	2.32	4.51	4.31	4.56	4.58	2.88	2.33	3.78	8.22	8.25	8.85	6.40	9.30	7.95
2	伊朗	5.68	8.91	9.40	10.00	1.75	9.70	1.65	1.36	1.32	1.95	1.33	1.89	1.56	1.32	1.52	4.33	5.00	4.35	1.50	5.20	5.70
3	沙特阿拉伯	5.52	8.59	10.00	9.60	1.50	9.25	1.00	1.00	1.00	1.00	1.00	1.00	1.00	1.00	1.00	5.84	6.25	6.20	1.80	8.00	6.60
4	土库曼斯坦	5.33	6.71	6.00	7.60	1.00	7.50	3.78	3.26	2.95	3.67	2.93	5.34	3.79	3.20	3.27	4.38	5.50	3.55	3.30	3.55	6.80
5	越南	5.24	6.07	5.20	6.00	2.25	6.75	4.06	3.56	3.86	4.07	3.90	4.94	3.71	3.54	3.80	5.23	5.75	5.90	3.60	4.40	7.20
6	伊拉克	5.12	8.32	8.60	9.20	2.75	8.95	1.14	1.00	1.00	1.55	1.02	1.01	1.05	1.00	1.08	3.74	3.00	5.35	3.10	2.75	5.05
7	印度尼西亚	5.03	5.35	7.20	6.00	7.75	4.45	4.51	4.17	4.08	4.38	4.13	5.56	4.34	4.11	4.22	5.15	7.00	4.90	4.60	4.20	5.35
8	巴林	4.99	6.65	5.20	6.00	1.00	7.75	2.24	2.02	1.88	2.42	1.87	2.82	2.12	1.96	1.98	5.92	4.75	3.55	6.20	7.40	7.80
9	乌兹别克斯坦	4.91	4.25	4.80	6.00	3.00	4.10	5.71	5.79	5.13	5.42	5.14	6.83	5.93	5.76	5.25	5.27	5.00	5.00	5.10	4.45	7.60
10	埃及	4.88	5.66	7.20	6.40	9.75	4.75	3.31	3.26	2.95	3.29	3.00	4.10	3.16	3.18	2.98	5.96	6.00	5.15	5.20	6.35	7.35
11	马来西亚	4.76	5.26	7.20	7.00	5.75	4.75	3.18	2.44	2.67	3.27	2.62	4.42	2.83	2.28	2.86	6.77	7.50	6.05	4.60	8.30	7.10
12	阿曼	4.60	4.71	7.40	6.00	10.00	3.85	3.37	2.70	2.94	3.41	2.97	4.52	3.04	2.67	3.06	7.08	7.75	5.85	3.80	8.05	8.45
13	俄罗斯	4.58	6.33	10.00	10.00	5.75	4.75	1.42	1.57	1.49	1.57	1.43	1.48	1.08	1.30	1.38	6.11	6.25	7.95	2.30	5.45	7.65
14	科威特	4.12	5.91	8.20	8.20	10.00	5.95	1.00	1.00	1.00	1.00	1.00	1.00	1.00	1.00	1.00	5.48	6.50	6.20	2.30	5.85	6.80
15	卡塔尔	4.10	2.64	8.80	8.80	1.75	1.00	4.52	4.29	3.84	4.34	3.85	5.85	4.61	4.26	4.03	7.97	8.75	8.35	5.00	8.90	8.85
16	塔吉克斯坦	4.10	1.04	1.00	1.40	1.00	1.00	8.33	8.91	7.82	7.88	7.81	9.01	9.09	8.90	7.89	4.47	2.75	3.50	6.90	3.55	6.35
17	哈萨克斯坦	4.09	4.25	8.40	8.60	4.50	3.00	2.99	1.89	2.97	3.22	3.02	3.83	2.43	1.85	2.83	6.15	6.50	5.90	5.60	6.40	6.30
18	巴布亚新几内亚	4.06	3.15	3.40	5.40	4.50	2.60	5.18	4.36	4.86	5.13	4.88	6.48	4.75	4.36	4.87	4.45	4.75	4.45	5.70	2.95	4.90
19	巴基斯坦	4.01	3.85	5.60	4.80	7.75	2.90	4.48	4.62	4.12	4.28	4.17	5.31	4.53	4.60	4.10	3.46	3.25	2.25	4.00	3.85	4.00
20	缅甸	3.84	3.58	3.40	4.80	3.75	3.40	3.98	3.21	3.49	3.98	3.49	5.20	3.65	3.20	3.70	4.38	3.25	3.25	5.30	4.40	6.10
21	阿塞拜疆	3.63	2.32	6.80	7.60	1.75	1.00	4.44	3.13	3.59	4.41	3.57	6.45	3.98	3.09	4.01	6.13	5.25	5.00	6.50	6.40	7.85
22	赤道几内亚	3.61	3.13	4.80	6.00	2.25	3.75	3.87	3.30	3.58	3.90	3.64	4.75	3.63	3.39	3.60	4.59	4.25	1.80	5.90	4.90	6.50
23	蒙古国	3.53	1.68	1.00	2.80	1.75	1.60	5.58	5.74	5.08	5.30	5.11	6.60	5.67	5.66	5.18	4.95	6.00	2.30	6.10	4.20	6.80
24	菲律宾	3.49	1.61	2.60	4.00	2.50	1.00	5.58	5.18	5.06	5.37	5.05	6.90	5.50	5.16	5.17	4.89	5.25	3.45	5.60	4.35	6.30
25	泰国	3.39	2.56	5.60	6.00	3.50	1.50	3.63	3.67	3.29	3.63	3.23	4.41	3.33	3.31	3.39	5.57	4.75	5.05	5.20	5.85	7.40
26	文莱	3.29	2.10	5.20	5.40	1.25	1.30	3.39	2.94	3.04	3.42	3.10	4.32	3.10	2.89	3.11	7.03	8.75	4.45	5.40	7.65	9.30
27	也门	2.99	2.61	1.40	6.00	2.25	2.35	3.87	3.74	3.71	3.88	3.71	4.71	3.70	3.71	3.47	2.16	1.00	2.10	3.30	2.65	1.45
28	柬埔寨	2.97	1.05	1.00	1.00	1.50	1.00	5.07	4.87	4.33	4.78	4.34	6.51	5.17	4.86	4.58	4.46	4.50	2.75	4.70	3.55	7.85
29	阿富汗	2.37	1.28	1.40	3.40	1.00	1.00	3.38	2.85	2.60	3.31	2.61	4.82	3.26	2.79	2.96	3.61	2.00	4.25	4.10	3.80	3.95
30	叙利亚	1.81	1.74	3.00	5.60	1.75	1.00	1.80	1.67	1.58	2.04	1.59	2.11	1.55	1.55	1.65	2.11	1.50	1.65	2.90	2.45	1.90

37

第三章　中亚—俄罗斯地区

中亚—俄罗斯地区横跨欧亚大陆，是"一带一路"陆路向西延伸的首个重要地区，该地区油气资源丰富，是世界油气"两大供给带"的重要产量区和出口区。根据油气资源、油气合作现状和合作潜力，本章涉及国家主要包括俄罗斯、哈萨克斯坦、土库曼斯坦和乌兹别克斯坦四国。

第一节　俄罗斯

俄罗斯位于欧亚大陆北部，地跨欧亚两大洲，国土面积为1709.82万平方千米，是世界上面积最大的国家，陆地邻国西北面有挪威、芬兰，西面有爱沙尼亚、拉脱维亚、立陶宛、波兰、白俄罗斯，西南面是乌克兰，南面有格鲁吉亚、阿塞拜疆、哈萨克斯坦，东南面有中国、蒙古和朝鲜。俄罗斯是一个由194个民族构成的统一多民族国家，主体民族为俄罗斯族，约占全国总人口的77.7%。

一、油气资源分布

俄罗斯作为中亚—俄罗斯地区最重要的油气富集资源国，油气资源丰富。同时，俄罗斯与中国陆上接壤，具备便利的油气合作和油气贸易条件。本节从资源国油气储量、油气产量、待发现资源、油气理论出口能力等方面展开系统分析。

（一）油气储量

1. 原油

2020年原油剩余探明可采储量约488.66亿吨，世界排名第二位，中亚—俄罗斯地区排名第一位，2020年原油储采比为95.4。

从原油储量的盆地分布看，俄罗斯原油储量集中分布在西西伯利亚（中部）盆地、伏尔加—乌拉尔盆地、提曼—伯朝拉盆地和西西伯利亚（南喀拉海/亚马尔）盆地等四个沉积盆地中，合计原油储量占比为86.43%。其中，西西伯利亚（中部）盆地占49.15%、伏尔加—乌拉尔盆地占28.42%、提曼—伯朝拉盆地占4.6%、西西伯利亚（南喀拉海/亚马尔）盆地占4.26%。

从原油储量的陆海地域分布看，原油储量以陆上分布为主，其中陆上占97.27%、海域占2.73%。海域原油储量主要分布在东萨哈林盆地、曼格什拉克—乌斯丘尔特盆地、提曼—伯朝拉盆地等，以东萨哈林盆地为主。海域水深一般在1~300米。

从原油储量变化情况看，2018年原油储量增长3.7亿吨，2019年略有下降，2020年俄罗斯原油储量大幅增长，增幅约13亿吨（图3-1-1）。

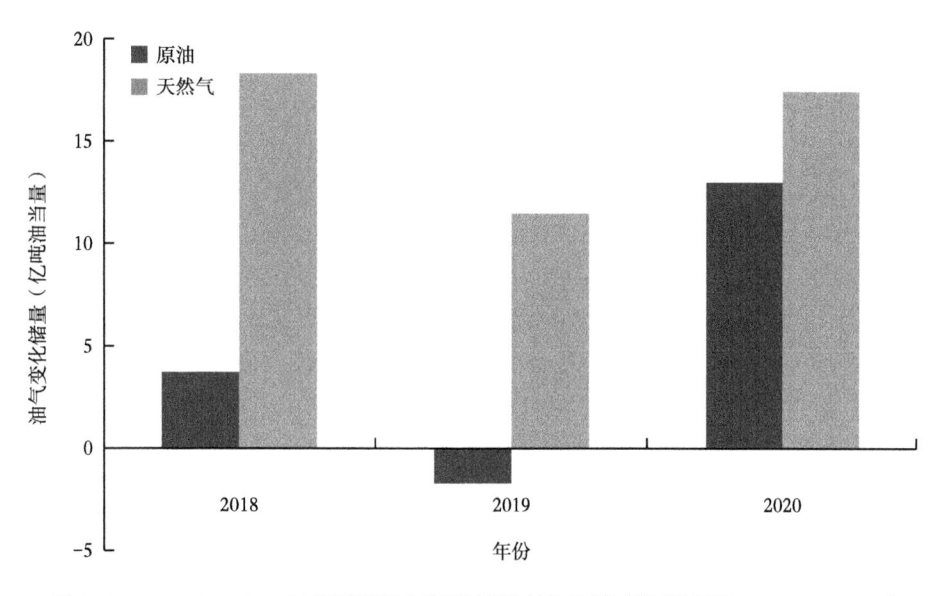

图 3-1-1　2018—2020 年俄罗斯油气年度储量变化情况（数据来源：WOOD，2021）

2. 天然气

2020 年俄罗斯天然气剩余探明可采储量约 67.18 万亿立方米，世界排名第一位，中亚—俄罗斯地区排名第一位。2020 年天然气储采比为 101.2。

从天然气储量的盆地分布看，俄罗斯天然气储量集中分布在西西伯利亚（中部）盆地、西西伯利亚（南喀拉海／亚马尔）盆地、滨里海盆地、东巴伦支海盆地四个沉积盆地中，合计天然气储量占比为 85.46%。其中，西西伯利亚（中部）盆地占 42.20%、西西伯利亚（南喀拉海／亚马尔）盆地占 33.02%、滨里海盆地占 5.19%、东巴伦支海盆地占 5.05%。

从天然气储量的陆海地域分布看，天然气储量仍以陆上分布为主，其中陆上占 86.08%、海域占 13.92%。海域天然气主要分布在西西伯利亚（南喀拉海／亚马尔）盆地、东巴伦支海盆地、东萨哈林盆地、曼格什拉克—乌斯丘尔特盆地等，以西西伯利亚（南喀拉海／亚马尔）盆地为主，海域水深一般在 1~300 米。

从天然气储量变化情况看，2018 年以来俄罗斯天然气剩余探明可采储量持续增长，年均增长量约 15.73 亿吨油当量，增长潜力强劲（图 3-1-1）。

（二）油气产量

1. 原油

俄罗斯是中亚—俄罗斯地区最重要的原油生产国，1965—2020 年俄罗斯已累计产出原油约 253 亿吨，2020 年原油产量约 5.12 亿吨，世界排名第三位，中亚—俄罗斯地区排名第一位。

从原油产量的盆地分布看，俄罗斯原油产量主要分布在西西伯利亚（中部）盆地、伏尔加—乌拉尔盆地、涅普—鲍图奥宾盆地、提曼—伯朝拉盆地、东萨哈林盆地和西西伯利亚（南喀拉海／亚马尔）盆地等六个沉积盆地中，占俄罗斯原油产量的 93.1%。其中，西西伯利亚（中部）盆地占 54.7%、伏尔加—乌拉尔盆地占 19.9%、涅普—鲍图奥宾盆地占 5.5%、提曼—伯朝拉盆地占 5.4%、东萨哈林盆地占 3.8%、西西伯利亚（南喀拉海／亚马尔）盆地占 3.8%。

从原油产量的油气田分布看，俄罗斯原油产量集中分布在 29 个油田中，2020 年俄罗斯前 29 大油田原油产量合计占原油总产量的 61.68%。其中千万吨级油田 10 个，其中尤甘斯克油田（Yuganskneftegaz）占 11.8%、西西伯利亚油田（卢克石油公司）（LUKOIL West Siberia）占 4.3%、苏尔古特石油天然气公司作业油田（SurgutNG Other）占 2.9%、彼尔姆油田（卢克石油公司）（LUKOIL-Perm）占 2.6%、万科尔油田（Vankorskoye）占 2.6%、萨哈林 1 号油气田（Sakhalin-1 Area）占 2.5%、萨莫特洛斯科耶油田（Samotlorskoye Main）占 2.5%、奥伦堡油田带（Orenburgneft）占 2.4%、罗马什金油田（Romashkinskoye）占 2.3%、萨马拉·内夫特加兹油田（Samaraneftegaz）占 2%。

从原油产量变化情况看，2010—2019 年俄罗斯原油产量年度平均增长约 1.24%，2020 年由于新冠肺炎疫情及油价暴跌导致产量下降 8.22%（图 3-1-2）。

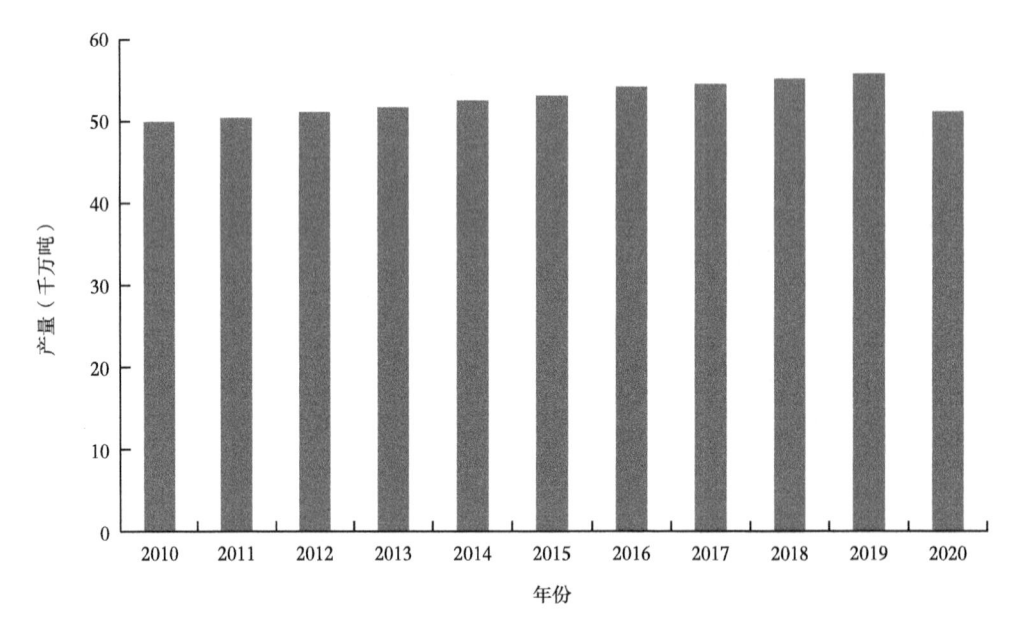

图 3-1-2　2010—2020 年俄罗斯油气年度产量变化情况（数据来源：WOOD，2021）

2. 天然气

俄罗斯天然气产量近年呈先降低后增长趋势，1965—2020 年俄罗斯已累计产出天然气约 253489 亿立方米，2020 年天然气产量约 6636 亿立方米，世界排名第二位，中亚—俄罗斯地区排名第一位。

从天然气产量的盆地分布看，俄罗斯天然气产量分布与储量分布相似，主要分布在西西伯利亚（中部）盆地、西西伯利亚（南喀拉海/亚马尔）盆地、东萨哈林盆地和滨里海盆地等 4 个沉积盆地中，合计占俄罗斯天然气产量约 96.2%。其中，西西伯利亚（中部）盆地占 55.5%、西西伯利亚（南喀拉海/亚马尔）盆地占 34%、东萨哈林盆地占 3.8%、滨里海盆地占 2.9%。

从天然气总开采量的油气田分布看，2020 年俄罗斯天然气产量集中分布在十大气田中，2020 年十大气田天然气开采量合计占俄罗斯天然气年度总开采量的 71.5%：鲍瓦年科气田（Bovanenkovskoye）占 15.6%、扎波利亚尔气田（Zapolyarnoye）占 13.5%、乌连戈伊气田（Gazprom dobycha Urengoi）占10.5%、亚姆堡气田（Yamburgskoye）占9.4%、南塔姆别伊斯凯气田（South Tambeiskoye）占4.4%、多比查纳迪气田（Gazprom dobycha Nadym）占4.4%、南罗斯克耶气田（South Russkoye）占3.7%、多比卡诺亚布尔斯克（Gazprom Dobycha Noyabrskr）占3.5%、尤尔哈洛夫斯克气田（Yurkharovskoye Fields）占3.5%和乌连戈伊北极气项目（Urengoi Arcticgas）占3%。俄罗斯开采量前十位的油气田均为百亿立方米级气田。

从天然气年度总开采量变化情况看，2014年之前俄罗斯天然气产量较为平稳，2014年油价暴跌后天然气产量随之降低。2017年后产量大幅上升（图3-1-3）。

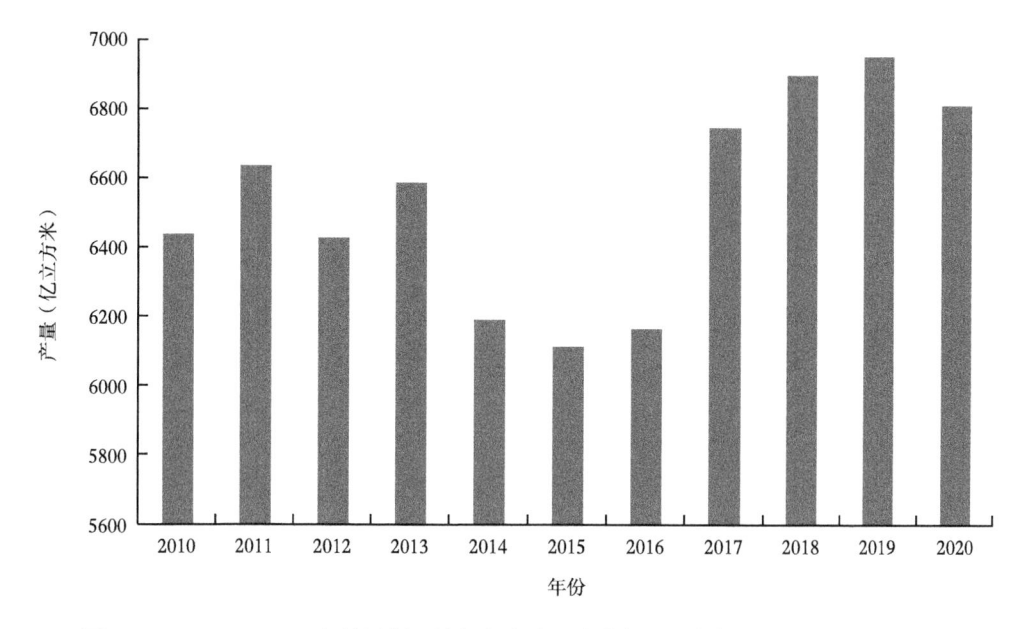

图3-1-3　2010—2020年俄罗斯天然气年度产量变化情况（数据来源：WOOD，2021）

（三）油气待发现资源

根据中国石油勘探开发研究院自主评价结果，俄罗斯原油待发现资源约153.1亿吨、占世界待发现资源总量的11.01%，世界排名第一位、中亚—俄罗斯地区排名第一位；天然气待发现资源约45.58万亿立方米、占世界待发现资源总量的21.6%，世界排名第一位、中亚—俄罗斯地区排名第一位。

（四）油气理论出口能力

从俄罗斯油气理论出口能力看，俄罗斯油气出口能力持续增加（图3-1-4、图3-1-5）。2019年，俄罗斯原油理论出口能力（产量减去消费量）约4亿吨，天然气理论出口能力约6300亿立方米。从油气理论出口能力变化趋势看，2001—2005年，原油出口能力快速上升，年均增长约15%，2005—2019年稳步增长，年平均增长率1.5%。整体来看，俄罗斯天然气出口能力基本保持稳定，其中2009年俄罗斯和乌克兰发生天然气争端与2014年的低油价对俄罗斯天然气理论出口能力有所影响，但影响不大。油气出口方向主要是输往欧洲和亚洲。随着中俄天然气管道东线的投入使用，使中国天然气整体流向在"自西向东"的基础上，增加了"北气南下"流向，完善了东部天然气管网，加大了中国天然气进口的多元化（中华人民共和国司法部，2019）。

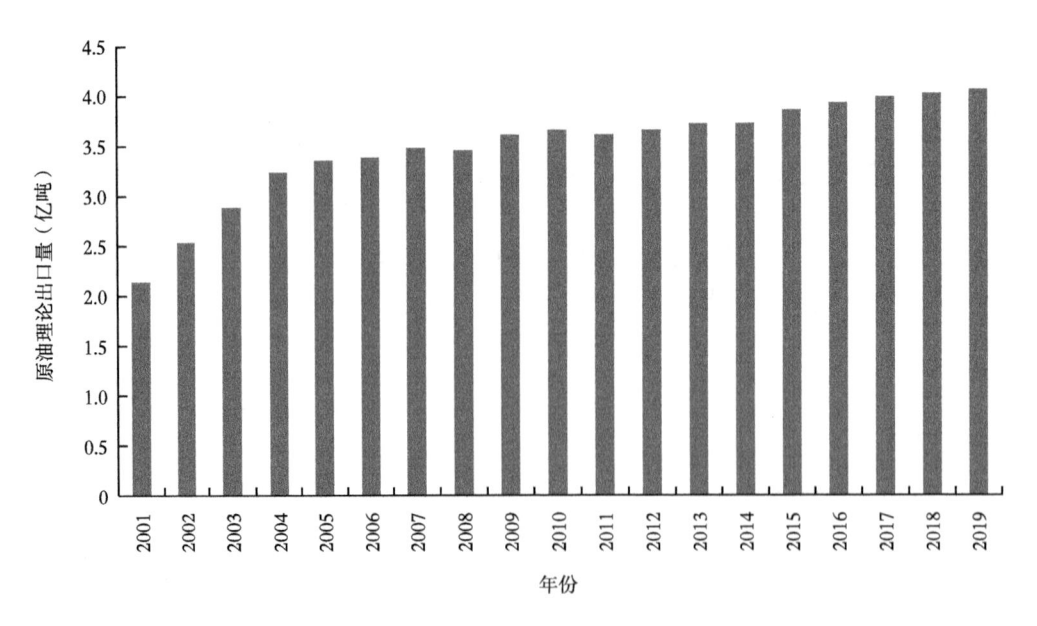

图 3-1-4　2001—2019 年俄罗斯原油出口能力变化图（数据来源：WOOD，BP，2020）

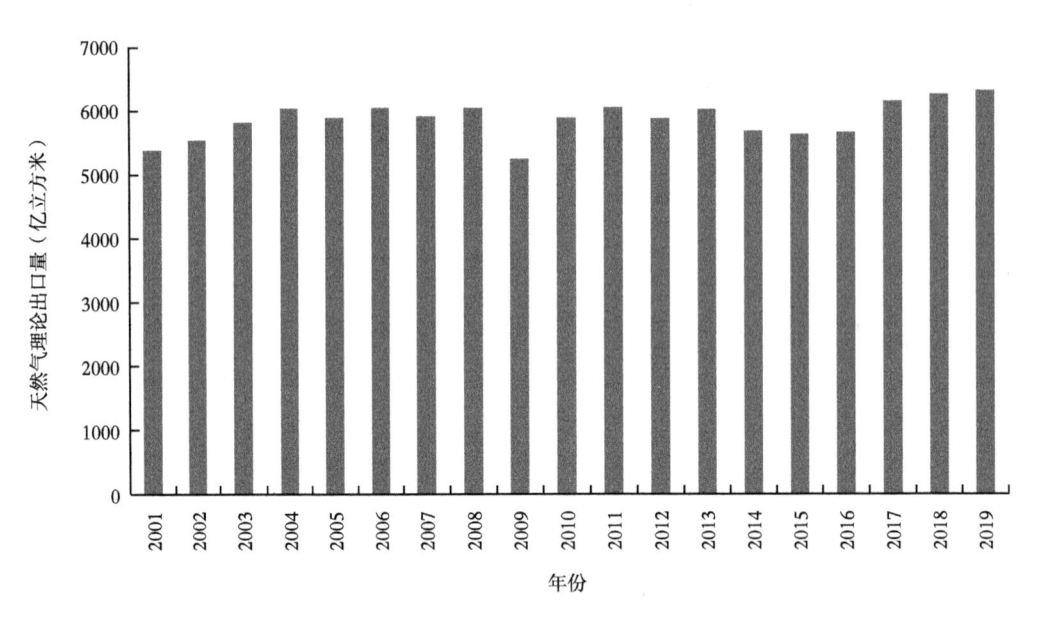

图 3-1-5　2001—2019 年俄罗斯天然气出口能力变化图（数据来源：WOOD，BP，2020）

二、油气合作环境（庞大鹏，2017）

（一）政治环境

俄罗斯实行总统制的联邦国家体制。宪法规定，各联邦主体（共和国、边疆区、州、直辖市、自治州和自治区）的权利、地位平等，只有在俄罗斯联邦和俄罗斯联邦主体根据联邦宪法进行相互协商后，才能改变俄罗斯联邦主体的地位。

1993年12月12日经全民投票通过俄罗斯独立后的第一部宪法，同年12月25日正式生效。宪法规定俄罗斯是共和制的民主联邦法治国家，确立了总统制的国家领导体制。

俄罗斯联邦总统是国家元首，是俄罗斯联邦宪法、人民和公民权利与自由的保障；总统按俄罗斯联邦宪法和联邦法律决定国家对内对外政策；总统任命联邦政府总理、副总理和各部部长，主持联邦政府会议；总统是国家武装力量最高统帅并领导国家安全会议；总统有权解散议会，而议会只有指控总统犯有叛国罪或其他十分严重罪行并经最高法院确认后才能弹劾总统。2008年12月30日签署的宪法修正案将总统任期由4年延长至6年。现任俄罗斯联邦总统弗拉基米尔·弗拉基米罗维奇·普京于2018年3月23日第四次当选，5月7日宣誓就职，其总统任期到2024年5月初。

俄罗斯联邦会议（议会）是俄罗斯联邦代表和立法机构，是常设机构，由联邦委员会（上院）和国家杜马（下院）两院组成。行使立法和监督职能，工作主要集中在三个方面：立法活动，对国家财政实施监督，对政府实施监督。联邦委员会目前共170名代表（议员），由每个联邦主体的权力代表机关和权力执行机关各一名代表组成。主要职能是批准联邦法律、联邦主体边界变更、总统关于战争状态和紧急状态的命令，决定境外驻军、总统选举及弹劾、中央同地方的关系问题等。联邦委员会主席瓦莲京娜·伊万诺芙娜·马特维延科（女），2011年8月31日当选。

国家杜马共450名代表（议员）席位，自2007年12月第五届国家杜马起按比例代表制原则从各党派中选举产生，规定得票率达到7%的政党可参与议员席位分配。2011年12月，国家杜马代表选举法再次修订，政党进入国家杜马的"门槛"没有改变，但规定得票率超过5%、不足6%的政党可获1个席位，得票率在6%至7%之间的政党可获2个席位；代表任期由4年延长至5年。主要职能是通过联邦法律、宣布大赦、同意总统关于政府首脑的任命等。

2016年9月18日俄罗斯第7届国家杜马选举结束，"统一俄罗斯"党获得343个议席，俄罗斯共产党、俄罗斯自由民主党、"公正俄罗斯"党分获42个、39个和23个议席，此外还有两名非党派代表以及一名自我提名者进入俄罗斯新一届国家杜马。10月5日俄罗斯总统办公厅原第一副主任维亚切斯拉夫·沃洛金当选第7届俄罗斯家杜马主席，并且成为俄罗斯联邦安全会议成员。

俄罗斯联邦政府是国家权力最高执行机关。俄罗斯联邦政府由俄罗斯联邦政府总理、副总理和部长组成；总理依据俄罗斯联邦宪法、联邦法律和俄罗斯联邦总统令，确定俄罗斯联邦政府活动的基本方针和组织政府的工作。2018年5月8日普京签署总统令，任命德米特里·阿纳托利.耶维奇·梅德韦杰夫为政府总理。2020年1月15日，政府总理梅德韦杰夫宣布政府全体辞职。次日，普京签署总统令，任命米哈伊尔·米舒斯京为新一任联邦政府总理。1月21日，俄罗斯新一届政府成立，设1名总理、9名副总理和21名部长。

俄罗斯联邦司法机构主要有联邦宪法法院、联邦最高法院、联邦最高仲裁法院及联邦总检察院。联邦委员会根据总统提名任命联邦宪法法院、联邦最高法院和联邦最高仲裁法院法官以及联邦总检察长。俄罗斯联邦境内的审判权由法院行使。法官是独立的，法官不可撤职，只服从俄罗斯联邦宪法和联邦法律。法官不可侵犯，不能追究法官的刑事责任。法院的经费只能来自联邦预算。俄罗斯联邦最高法院是民事、刑事、行政以及其他案件的最高司法机构。俄罗斯最高仲裁法院是解决经济争议和仲裁审理的其他案件的最高司法机构。俄罗斯联邦宪法法院根据总统、联邦会议、政府和其他最高司法机构的要求，对有关案件进行裁决。俄罗斯各级法院按照俄罗斯联邦宪法、共和国宪法、刑事和民事法、劳动法以及法院组织法，在各自管辖的范围内，对有关民事、刑事、行政以及其他案件进行审理。联邦宪法法院院长瓦列里·德米特里耶维奇·佐尔金，2003年2月起任该职。联邦最高法院院长维亚切斯拉夫·米哈伊洛维奇·列别杰夫，1989年7月起任该职。联邦最高仲裁法院院长安东·亚历山德罗维奇·伊万诺夫，2005年1月起任该职。总检察长伊戈尔·维克托罗维奇·克拉斯诺夫，2020年1月22日起任该职。

俄罗斯军队是在原苏联军队基础上组建的。俄罗斯联邦总统是国家元首和俄罗斯联邦武装力量的最高统帅，对武装力量和其他军事力量实施全面领导，并通过国防部长和总参谋长对武装力量实施作战指挥。俄罗斯联邦武装力量由管理机关、军团、兵团、部队、军事院校以及后勤部门组成。未编入武装力量的其他军事力量包括内卫部队，联邦安全总局、联邦警卫总局所属部队，民防部队等。总统兼武装力量最高统帅为普京（2018年5月7日就任）。国防部长绍伊古于2012年11月起任该职。

（二）经济环境

2000—2008年，俄罗斯经济快速增长。

这一时期俄罗斯经济实现高速增长，年增长率达6.97%。到2007年俄罗斯人均GDP达20204.31美元，比普京执政之初增长了91.99%，占世界经济的比重也从2%攀升到4%。人均收入翻了一番、半数以上贫困人口脱贫、提前偿还外债，2007年外债余额仅占GDP的5%。

这一时期经济发展取得成就主要有如下原因：一是原油价格持续上涨。国际市场原油价格从1999年每桶15.9美元上涨到2007年64.28美元，普京执政8年，油气出口带来的收入达万亿美元。原油等大宗商品价格急剧上扬，对俄罗斯经济的发展起到了很强的助推作用。俄罗斯原经济发展和贸易部部长格尔曼·格列夫表示：俄罗斯的经济增长，30%是国际能源价格上涨的结果。二是普京对叶利钦执政时期的经济政策进行调整与改革，颁布了一系列稳定经济的政策，如调整私有化战略、将战略性行业收归国有；提高国有资产管理效率；遏制寡头对国民经济的垄断和掠夺；颁布土地、财政、劳动法案；优化营商环境、参加加入世界贸易组织谈判，这些措施重振了投资者对于政府当局和经济前景的信心。

2008—2020年，俄罗斯经济发展跌宕起伏。

2008—2020年间，俄罗斯先后遭遇2008年金融危机、2014年经济危机和此次新冠疫情带来的经济危机。2008年普京就职总理后，国际经济环境突变，全球性金融危机爆发，给俄罗斯经济带来重创，俄罗斯GDP同比下降7.82%，这也是普京执政后经济首次出现负增长。2009—2013年，石油价格回暖，世界经济复苏，俄罗斯经济实现恢复性增长。然而俄罗斯经济在2014年遭受油价暴跌和欧美制裁的双重打击，经济再次陷入衰退，一直到2016年才有所缓解。2009—2018年，俄罗斯GDP年均增长率仅为1.09%，远低于3.2%的世界平均水平。在俄罗斯经济缓慢步入2020年之际，全球暴发了新冠肺炎疫情，随之而来的油价暴跌与政府实施的社交隔离措施，给本已低迷不振的俄罗斯经济带来又一轮冲击，2020年，俄罗斯GDP下降4.12%（图3-1-6）。

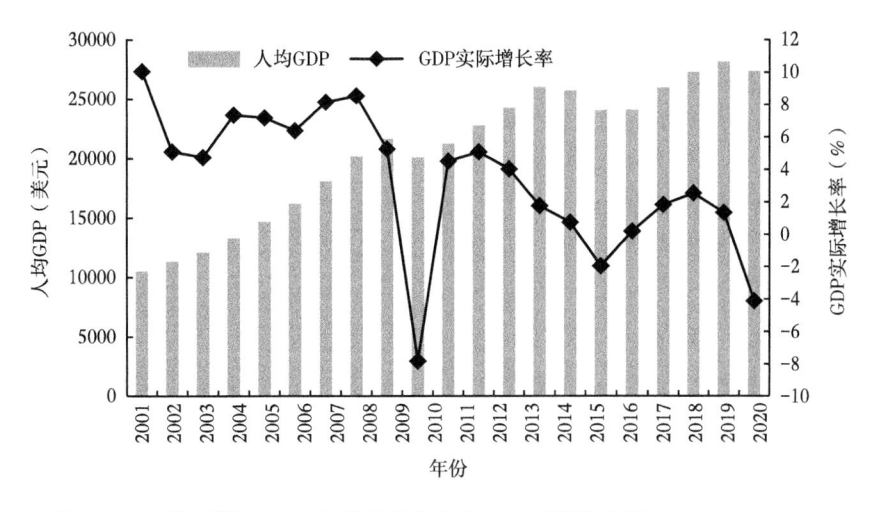

图 3-1-6 俄罗斯 GDP 实际增长率与人均 GDP（数据来源：Knoema，2021）

（三）油气基础设施

1. 石油管网系统

俄罗斯 Transneft 拥有和运营绝大部分石油管道，Transneft 的子公司 Transnefteprodukt 拥有绝大部分石油产品管道。Transneft 运输了俄罗斯大约 90% 的石油（表 3-1-1）。

截至目前，俄罗斯已建成世界上最发达的油气管道网，油气管道总里程超过 25 万千米，其中天然气管道 17.8 万千米，原油管道 5.4 万千米，成品油管道 1.7 万千米，分别占世界相应管道总里程的 14%、14%、7%（表 3-1-1）。

表 3-1-1　俄罗斯主要石油管网基本信息表（资料来源：WOOD，2021）

主要石油管道	作业者	起点	终点	长度（千米）	直径（英尺）	运输能力（千桶/天）
Druzhba	Transneft	Lopatino PS	Various	5098	20/48	2200
Baltic Pipeline System	Transneft	Various	Primorsk	3262	28/40	980
Caspian Pipeline Consortium（CPC）	Caspian Pipeline Consortium	Tengiz	Novorossiisk	1511	42	1400
ESPO	Transneft	Taishet	Kozmino Bay	4740	48	1600
Zapolyarye – Purpe – Samotlor	Transneft	Pyakyakhinskoye	Samotlorskoye	923	40	900
Kuyumba – Taishet	Transneft	Kuyumbinskoye	Taishet	695	20/28	172

海运码头出口量约占俄罗斯原油总出口的 70%，其中大部分出口来自普里莫尔斯克、新罗西斯克、科兹米诺湾和乌斯特卢加四个港口。西部原油管道出口的主要动脉是德鲁日巴（友谊管道）、波罗的海管道系统（BPS）和里海管道联盟（CPC），少量原油也通过铁路和公路出口。通往亚洲的主要管道原油出口路线是东西伯利亚—太平洋（ESPO）管道。

2. 铁路交通

铁路通常用于在没有管道或可用容量不足的情况下运输液体和液体产品。

俄罗斯 85300 千米铁路中，大部分铁路从莫斯科延伸至欧洲，并连接里海地区和中亚的主要城市、港口和工业区。在伏尔加河地区，有广泛的铁路网络。奥伦堡（Orenburg）地区由于没有连接管道，因此生产的部分石油通过铁路交通输送到了奥尔斯克（Orsk）炼厂。

3. 公路运输

尽管在20世纪70年代和80年代俄罗斯全天候道路里程翻了一番，达到130万千米，但整个俄罗斯的公路运输网络依旧发展不佳。由于缺乏养护，大多数道路已失修。大多数道路和桥梁并不是为重型车辆建造的，因此，公路沉降现象在俄罗斯很常见。大多数质量较好的长途公路都从莫斯科延伸到欧洲，连接了欧洲的主要城市、港口和工业区，并形成了通往里海地区和中亚的洲际网络。

4. 炼厂

俄罗斯目前拥有39个炼厂（表3-1-2）。

表3-1-2 俄罗斯主要炼厂基本信息表（资料来源：WOOD，2021）

作业者	炼厂名称	位置	处理能力（千桶/天）
Gazpromneft	Omsk Refinery	Omsk, Omsk Oblast	458
Surgutneftegas	Kirishi Refinery	Kirishinski, Leningradskoye Oblast	410
RN Holding	Ryazan Refinery	Ryazan, Ryazanskaya Oblast	342
LUKOIL	Nizhni Novgorod Refinery	Nizhni Novgorod	337.1
Slavneft	Yanos Refinery	Yaroslavl	300
LUKOIL	Volgograd Refinery	Krasnoarmeyski rayon Volgograd	287
Tatneft	Taneco Refinery	Nizhnekamsk, Tartarstan	280
Salavatnefteorgsintez	Salavat Refinery	Salavat, Bashkortostan	266
LUKOIL	Perm Refinery	Southwest Perm, Perm	259.5
Moscow Oil Refinery Co.	Moscow Refinery	Kapotnya, Moscow	243
Rosneft	Tuapse Refinery	Tuapse, Krasnodar	240
Angarsk Petrochemical	Angarsk Refinery	Angarsk, Irkutsk	204
Bashneft	Ufaneftekhim Refinery	Ufa, Republic of Bashkorstan	190
Antipinsky Refinery Company	Antipino Refinery	Tyumen Region	180
Rosneft	Syzran Refinery	Syzran, Samara	170
Komsomolsk Oil Refinery	Komsomolsk Refinery	Komsomolsk-na-Amure, Khabarovsk	166
Rosneft	Novo-Kuibishev Refinery	Samara, Volga Federal District	158
Achinsk Oil Refinery	Achinsk Refinery	Achinsk, Krasnoyarsk	150
Bashneft	Ufa Refinery	Ufa, Republic of Bashkorstan	150
NOVATEK	Ust-Luga Refinery	Baltic Coast；NPS-8 133km	148
Tatneft	Nizhnekamsk Refining Complex-TANECO	Nizhnekamsk, Tatarstan	146.88
Bashneft	Novo-Ufa Refinery	Ufa, Republic of Bashkorstan	142

续表

作业者	炼厂名称	位置	处理能力（千桶/天）
RN Holding	Saratov Refinery	Saratov	140
Rosneft	Samara–Kuibishev Refinery	Samara	140
Private Investors	Orsk Refinery	Orsk SE of Orenburg Oblast	132
NefteGazIndustria	Afipski Refinery	Afipski r-n, Krasnodar	120
NK Alyans	Khabarovsk Refinery	Khabarovsk, Khabarovsk krai	100
Private Investors	Novoshakhtinsk Refinery	Novoshakhtinsk, Rostov Oblast	100
LUKOIL	Ukhta Refinery	Ukhta, center of Komi	83
Gazprom	Surgut Refinery	Surgut	80
Private Investors	Slavyansk-Eco Refinery	Slavyansk-na-Kubani, Krasnodar	70
Private Investors	Krasnodar Refinery	Tsentralni Okrug, Krasnodar	62.4
Private Investors	Ilski Refinery	Ilski, Severski, Krasnodar	60
NeftekhimService	Yaya Refinery	Yaya, Kemerevo Oblast	60
Gazprom	Astrakhan Refinery	Krasnoyarski r-n Astrakhan	59.33
Mari El Refinery	Mari El Refinery	North of Yoshkar Ola, Marii El	34
RN Holding	Nizhnevartovsk Refinery	Nizhnevartovsk, Khanty-Mansiisk	28
Tomskneft	Tomsk Refinery	Tomsk Oblast	20
Yenisey	Usinsk Refinery	Usinsk, Komi Republic	20

5. 天然气管道

俄罗斯的天然气综合运输和供应网络是世界上最大的，被称为统一天然气供应系统（UGSS）。UGSS 占俄罗斯天然气传输基础设施的 98%（除 Norilsk 和 Yakutsk 的远东地区以外），由俄罗斯天然气工业股份公司（Gazprom）拥有和运营。UGSS 全长约 175200 千米，拥有 254 个压缩机站（CS），总容量超过 46GW（表 3-1-3）。

该系统通过使用大直径（>40 英寸）的多条并行管道、互联器和地下存储设施而高度集成。UGSS 主要将天然气从俄罗斯天然气工业股份公司的西西伯利亚大油田输送到俄罗斯和欧洲的主要需求中心。

天然气主要通过俄罗斯天然气工业股份公司广泛的管道网络出口，俄罗斯天然气工业股份公司对欧洲的主要出口路线是兄弟会、联盟号和北极光管道系统以及亚马尔—欧洲管道，北溪和蓝溪管道。俄罗斯天然气工业股份公司正在建造 TurkStream 和 Nord Stream 2 管道，这些管道完工后，将使该公司能够转移一些目前正经乌克兰运输的天然气。此外，2019 年，俄罗斯天然气股份公司启动了"西伯利亚力量"天然气管道项目，对中国天然气输送能力大幅提高（表 3-1-3）。

表 3-1-3　俄罗斯主要天然气管网基本信息表（资料来源：WOOD，2021）

主要天然气管道	作业者	起点	终点	长度（千米）	直径（英尺）	运输能力（百万立方英尺/天）
Brotherhood System	Gazprom Ukrtransgaz	Urengoiskoye	Various	8562	20/56	9700
Bovanenkovo – Ukhta – Torzhok	Gazprom	Bovanenkovs koye	Torzhok	1240	56	5800
Nord Stream	Nord Stream	Vyborg（Gas）	Greifswald	1224	48	5321
Northern Lights System	Gazprom	Punga	Various	7377	40/56	5000
Soyuz System	Gazprom KazTransGas Ukrtransgaz	Various	Various	2755	48/56	3200
Yamal – Europe	Gazprom	Yamal Bialystock	Polish–German Border（Yamal）	662.99	56	3200
Blue Stream	Blue Stream Pipeline Co	Dzhugba	Samsun	396	24	1550
Sakhalin – Khabarovsk – Vladivostok	Gazprom transgaz Tomsk	Chaivo 陆上 Processing Facility	Vladivostok	1837	27.56/48	532

三、油气合作现状

（一）油气上游对外开放程度

俄罗斯的外国投资和石油法规正在不断完善，对外合作门槛也在降低。俄罗斯有关外国投资油气的法律主要有《俄罗斯联邦外国投资法》《俄罗斯联邦产量分成协议法》《俄罗斯联邦租赁法》，以及关于保护有价证券市场投资者权利和合法利益的联邦法、土地法、税法和私有化法等。涉及油气勘探与生产经营的主要适用法律是《第 2395 号联邦地下资源法》及其补充法规。近年来，俄罗斯正在修改相关法律，降低对外合作门槛。主要表现在提高外国公司参与俄罗斯战略性油田开发的控股比例，放宽特定能源领域的进入条件，允许非国有公司和外国公司参与其海上大陆架的勘探开发，简化外资收购俄罗斯经济领域战略企业股权的程序，降低石油公司的税赋等。

在俄罗斯石油剩余可采储量排名前三位的石油公司分别是尤甘斯坦公司、鞑靼石油公司和萨莫特洛尔天然气公司，天然气剩余可采储量排名靠前的主要为俄罗斯天然气工业公司，剩余可采储量均超过 30 亿吨油当量（图 3-1-7、图 3-1-8）；俄罗斯石油天然气公司和俄罗斯天然气工业公司在俄罗斯油气产量中占比最大，分别占 31% 和 74%（图 3-1-9、图 3-1-10）。

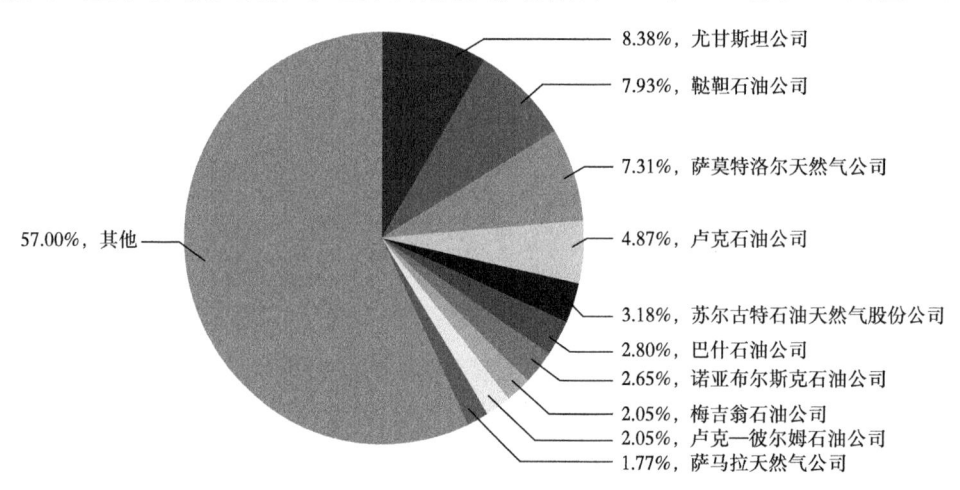

图 3-1-7　2020 年俄罗斯各石油公司石油储量占比（数据来源：WOOD，2021）

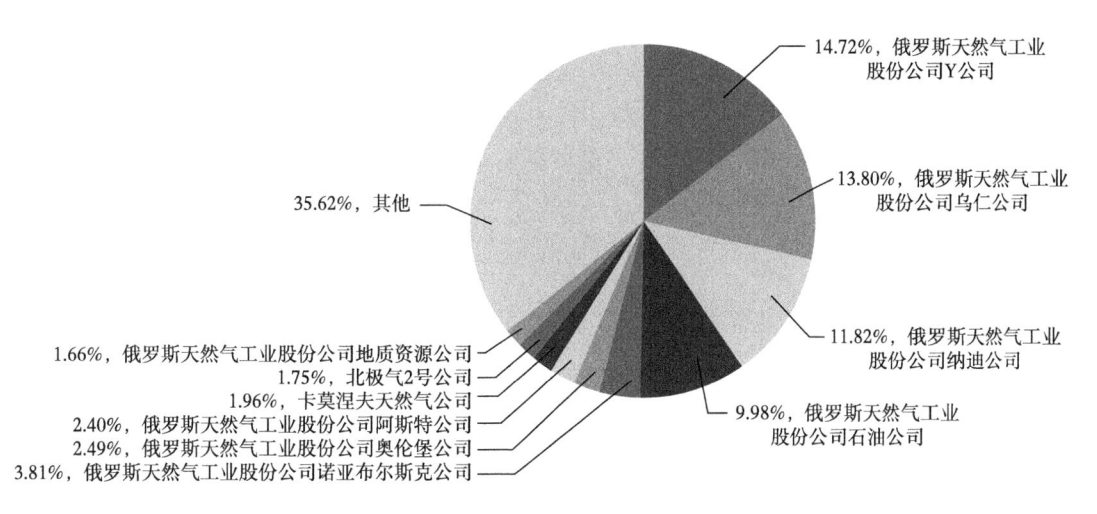

图 3-1-8 2020年俄罗斯各石油公司天然气储量占比（数据来源：WOOD，2021）

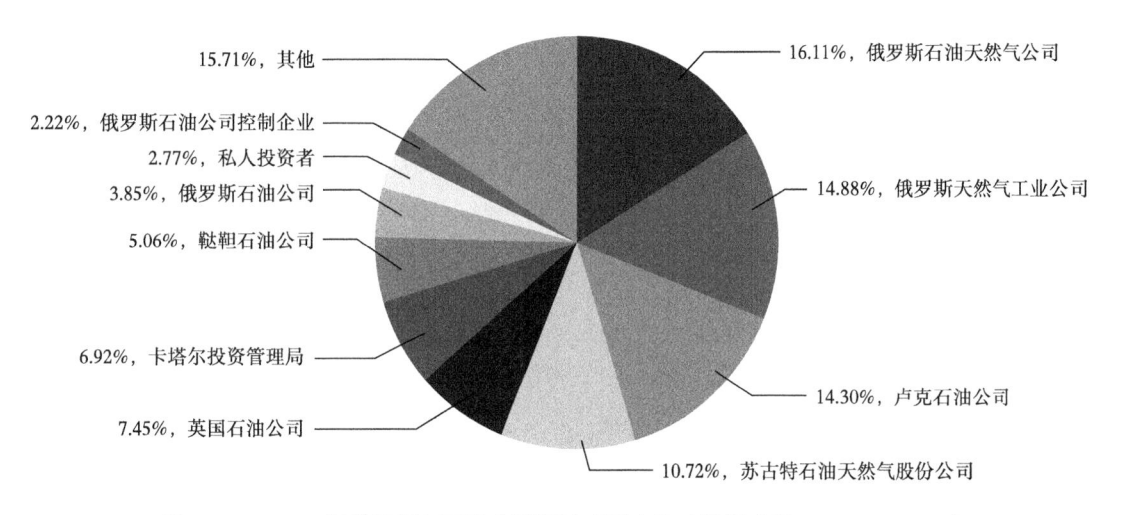

图 3-1-9 2020年俄罗斯各石油公司石油产量占比（数据来源：WOOD，2021）

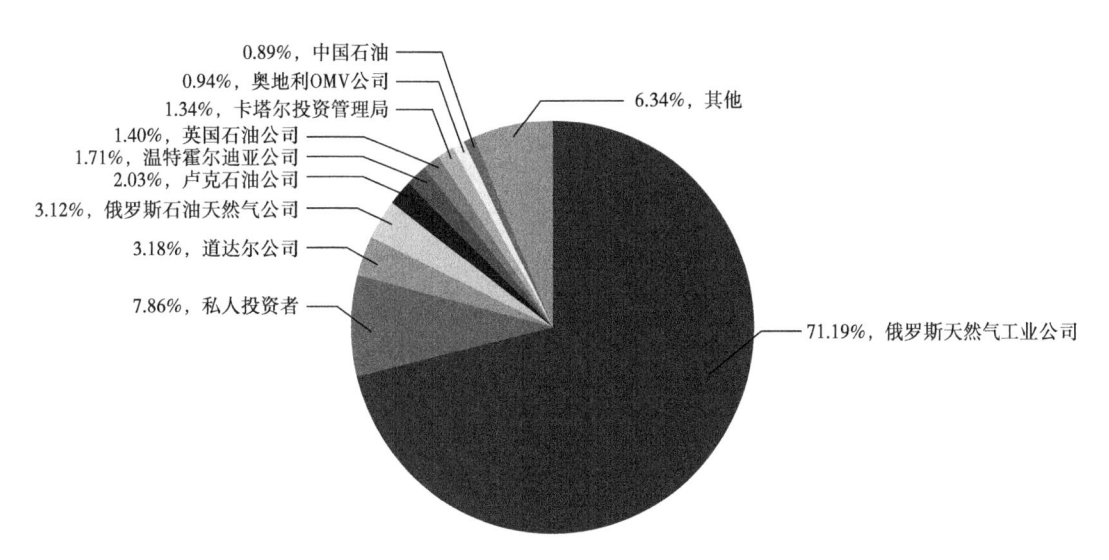

图 3-1-10 2020年俄罗斯各石油公司天然气产量占比（数据来源：WOOD，2021）

（二）油气上游收并购形势

从 2001—2019 年，俄罗斯的收并购交易共计 363 笔，金额共计 3062.19 亿美元（在披露的 363 笔交易中，有 253 笔披露交易金额）。2012 年全年收并购交易金额共计 583.94 亿美元，为历年最高水平，这主要归功于俄罗斯石油公司以 280 亿美元现金从 AAR 手中收购秋明英国石油公司 50% 的股份（图 3-1-11）。

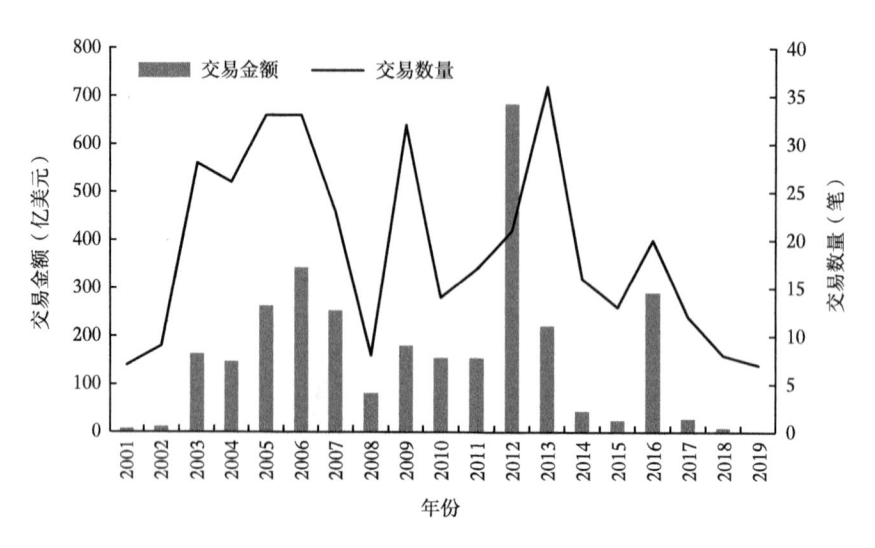

图 3-1-11　俄罗斯油气上游收并购交易总体情况（数据来源：WOOD，2020）

1. 陆上常规原油资产一直是主要交易类型

从 2001 年起至 2019 年，俄罗斯陆上常规油气交易金额共计 1835.17 亿美元，占所有交易金额的 59.93%，居所有资产类型首位（图 3-1-12）。

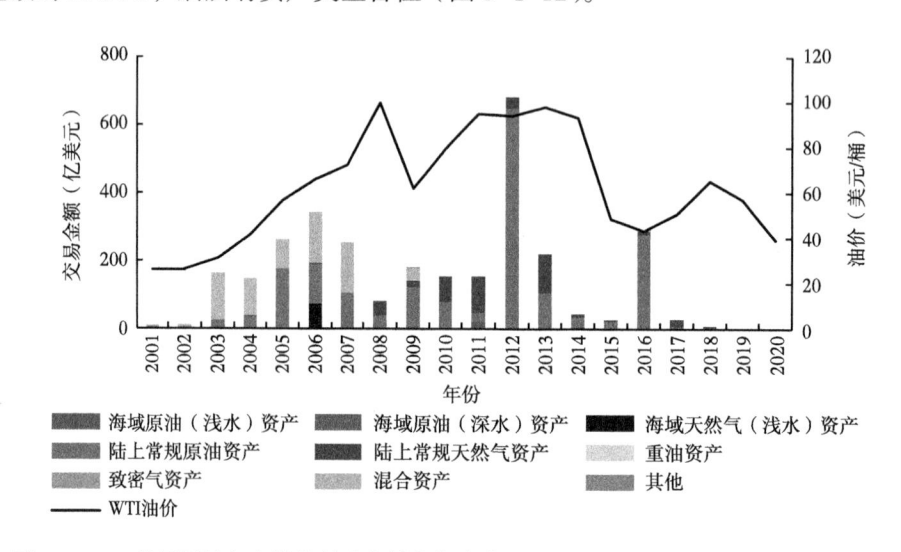

图 3-1-12　俄罗斯油气上游收并购交易按资产类型分类情况（数据来源：WOOD，2021）

2. 石油巨头剥离资产较多

七大石油公司中有埃克森美孚公司、英国石油公司、壳牌公司、道达尔公司、挪威石油公司和埃尼石油公司六个公司在俄罗斯进行买入，英国石油公司、壳牌公司、道达尔公司、雪佛龙公司和埃尼石油公司五个公司在俄罗斯进行卖出。

六大公司共买入资产共计301.86亿美元，其中陆上常规原油资产金额为109.88亿美元，占比36.40%；陆上常规天然气资产金额为62.23亿美元，占比20.62%；浅水域原油资产金额为21.18亿美元，占比7.02%；混合资产金额为108.57亿美元，占比为35.97%。

五个公司共剥离资产共计416.89亿美元，其中陆上常规原油资产金额为328.55亿美元，占比78.81%；浅水域天然气资产金额为40.97亿美元，占比9.83%；陆上常规天然气资产金额为35.87亿美元，占比8.60%；混合资产及其他资产类型金额为11.50亿美元，占比2.76%（图3-1-13）。

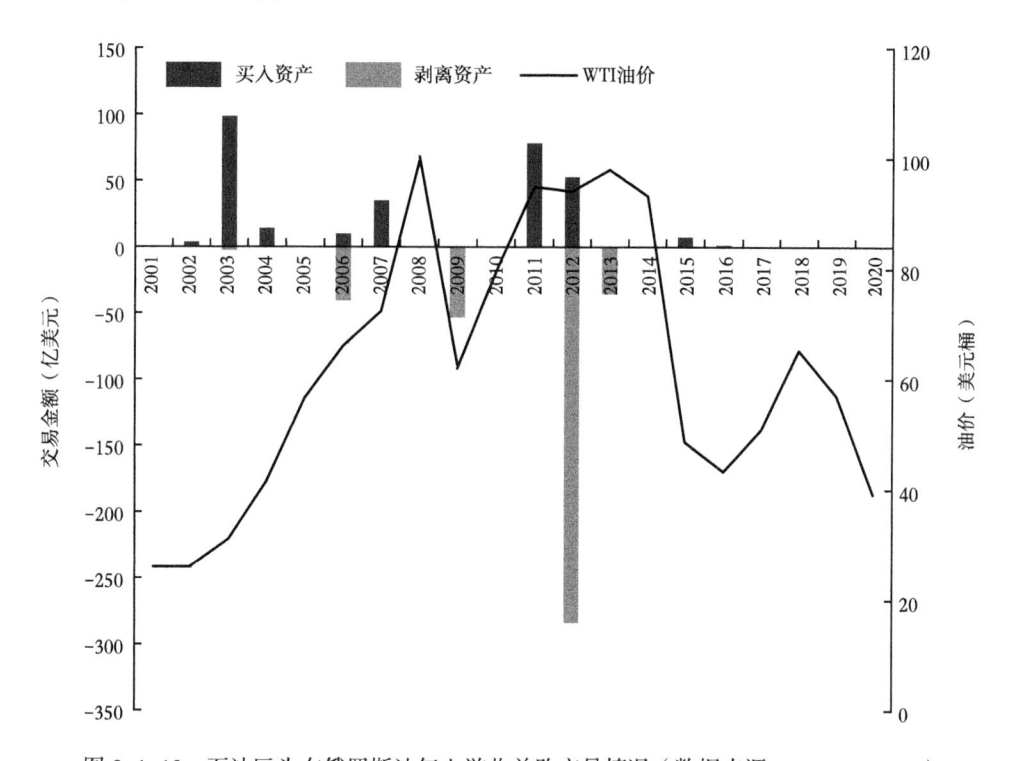

图3-1-13 石油巨头在俄罗斯油气上游收并购交易情况（数据来源：WOOD，2021）

3. 国家石油公司为主要的买入主体

从2001—2019年，国家石油公司的收并购交易金额共计2204.59亿美元，占油气上游收并购交易金额的71.99%。其中作为买方共买入资产1780.33亿美元，作为卖方共剥离资产424.26亿美元。

2010年之前，国家石油公司的交易类型主要为混合资产，2001—2009年混合资产交易总金额为589.99亿美元，占这一阶段油气上游收并购资产交易额的52.61%；2009年之后，交易类型主要为陆上常规原油资产，2010—2019年陆上常规原油资产交易总金额为837.61亿美元，占这一阶段油气上游收并购资产交易额的77.33%（图3-1-14）。

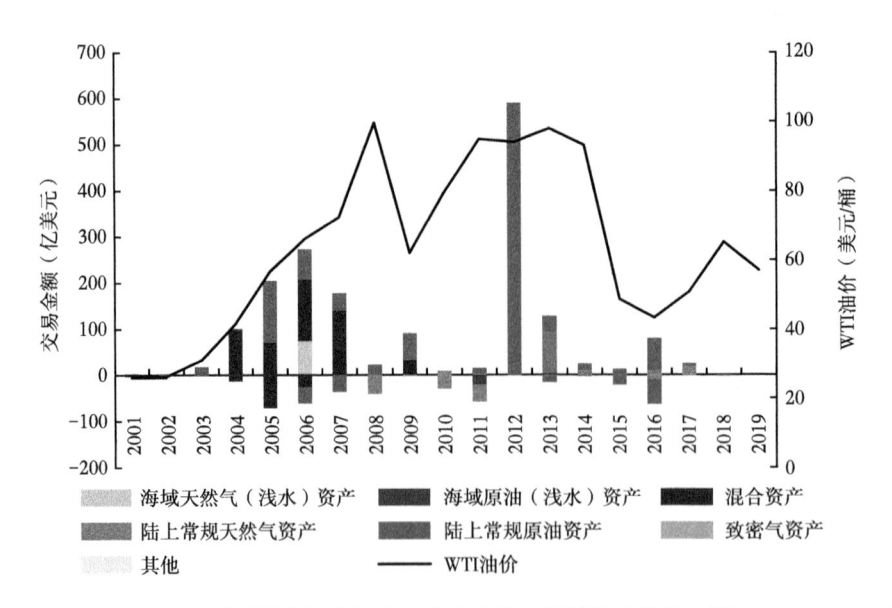

图 3-1-14 国家石油公司在俄罗斯油气上游收并购交易情况（数据来源：WOOD，2020）

4. 中国企业交易以陆上常规油气资产为主

2001—2019 年，中国企业在俄罗斯的收并购交易金额共计 97.87 亿美元，其中买入资产共计 49.67 亿美元，剥离资产共计 48.2 亿美元。

从资产类型来看，常规资产为主要交易类型，2001—2019 年交易常规资产类型金额共计 89.87 亿美元，占这一阶段全部资产交易额的 91.82%；其他交易类型为重油和混合资产（图 3-1-15）。

2001 年至今，中国企业进行的资产买入交易共计 8 笔，其中中国石化是中国企业中最大的买方，金额共计 27.51 亿美元。同期，中国企业作为卖方共进行了 2 笔资产的剥离，均为中国石化，共剥离资产 2 笔，金额共计 48.20 亿美元。

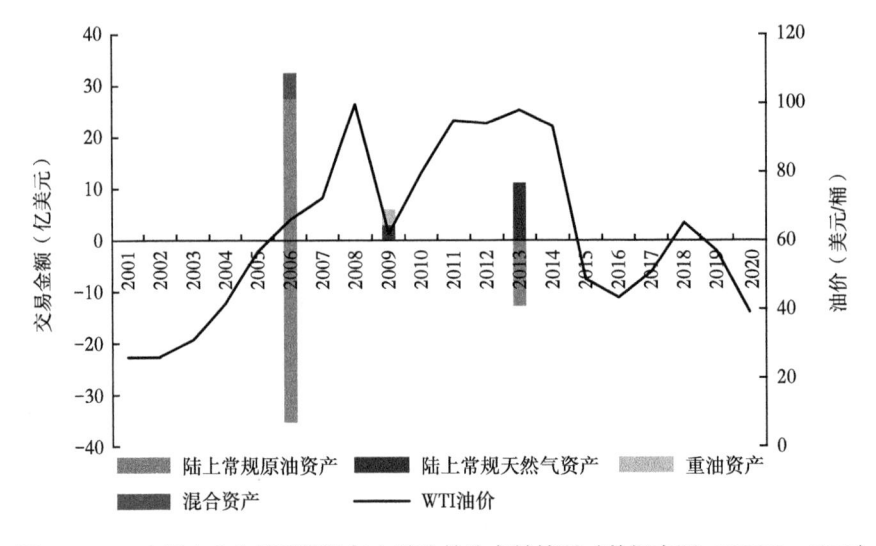

图 3-1-15 中国企业在俄罗斯油气上游收并购交易情况（数据来源：WOOD，2020）

5. 重大交易实例——萨莫特洛斯科耶油田

在苏联时期，萨莫特洛斯科耶油田（Samotlorskoye）由国有生产公司 Nizhnevartovskneftegaz 管理。当时 Chernogorneft 公司一直是 Nizhnevartovskneftegaz 的一部分，直到 1991 年它成为一家独立公司，并划出了该地区北部的一些区域。1995 年，Samotlorskoye 的许可证分别授予了 Nizhnevartovskneftegaz 和 Chernogorneft：

油田主要区域（约 1500 平方千米）的许可授予了 Nizhnevartovskneftegaz。

北部区域（约 500 平方千米）的许可授予了 Chernogorneft。

在 2003 年 2 月 11 日的一项战略举措中，BP、Alfa Group 和 Access Renova（AAR）宣布将组建一家合资企业 Joint Venture（JV），合并他们在 TNK、Sidanko 及其他俄罗斯油气田中的权益。该交易是俄罗斯石油行业最大的一笔国际投资，同时创建了俄罗斯境内第三大石油公司。2003 年 6 月 26 日该公司的几家合作公司签署协议，成立了后来的 TNK-BP。在获得反垄断批准后，整项交易于 2003 年 8 月 29 日完成。TNK-BP 于 2004 年 11 月成立。

从那时起，Samotlorskoye 油田的两个部分都归合并后的实体所有，这使得开发更加一体化。2006 年 7 月，TNK-BP Holding 获得了 Samotlorskoye（Main）和 Samotlorskoye（North）油田的许可证，并且时间延伸至 2038 年。

TNK-Nizhnevartovsk 持有的 Gun-Yoganskoye、Lor-Yoganskoye、Novomolodezhnoye 和 Tyumenskoye 的许可证于 2013 年 3 月过期。在俄罗斯石油公司收购 TNK-BP 后，Samotlorneftegaz 最终获得了这些许可证。

俄罗斯石油公司于 2013 年 3 月 21 日从 AAR 和 BP 手中收购了 TNK-BP 的 95% 股份。TNK-BP Holding 随后更名为 RN-Holding。RN-Holding 剩余 5% 的股份由私人投资者持有，直到俄罗斯石油公司于 2014 年 3 月将其彻底收购。Samotlorneftegaz 目前是俄罗斯石油公司继 Yugansknefteqaz 和 Vankorneft 之后的第三大生产部门。

（三）油气上游勘探开发历史

1872 年，在 Baku（现为阿塞拜疆）开始生产石油。之后，开始在北高加索地区开始进行勘探活动。Starogroznenskoye 油田于 1893 年在格罗兹尼（Grozny）附近发现，证实了俄罗斯的油气存在。在接下来的 40 年中，勘探集中在 Baku 和北高加索地区。

1916 年，在科米共和国发现了一块浅焦油床。1932 年，发现了 Yaregskoye 油田，证实了 Timan-Pechora 盆地的含油前景。直到 20 世纪 60 年代后期，该位置的深层勘探才获得成功。

Ishimbayevskoye 油田于 1932 年在巴什科尔托斯坦共和国发现的，不久之后发现巨大的 Arlanskoye 油田和 Tuizaminskoye 油田。这些发现证实了第二个世界级的含油气盆地伏尔加河—乌拉尔盆地。20 世纪 30 年代和 40 年代在鞑靼斯坦开始勘探作业，1943 年首次探明。1948 年，发现了 Romashkinskoye 巨型油田。

西西伯利亚的勘探始于 20 世纪 50 年代。1953 年发现天然气，1957 年发现 Megionskoye 油田和 Ust-Balykskoye 油田。在 20 世纪 60 年代和 70 年代，勘探工作集中在西西伯利亚的北部，发现了一个富集的省份（纳迪姆—普尔—塔兹和纳马尔半岛）。共发现了五个气田，其中最大的发现是 1966 年发现的 Urengoiskoye 油田。

西西伯利亚的勘探继续发现了大油田，包括俄罗斯最大的油田 Samotlorskoye 油田，该油田于 1965 年被发现，储藏了超过 270 亿桶石油。巨大的 Priobskoye 气田于 1982 年发现。如今，西西伯利亚的石油产量约为 620 万桶/天，天然气产量为 60 立方英尺/天，是世界上最大的油气盆地之一。近年来，勘探范围日趋广阔。

1957年，Kirikilinskoye气田的发现证实了里海盆地富集大量油气。在随后的20年中发现了许多油田，并于1976年在盐下钻探发现了超大型的Astrakhanskoye凝析气田。Velikoye油田于2013年发现，深度约为5000米，证实了深层中存在石油。

在20世纪30年代有限的勘探之后，偏远的东西伯利亚盆地直至70年代才开始进行深层钻探。Kuyumbinskoye油田，Srednebotuobinskoye油田和Kovyktinskoye油田取得重大的勘探成果。但是，这些油田地质条件复杂，位置较为偏僻，增加了开发成本。此外，直到2009年ESPO管道完工后，俄罗斯公司才能够将石油从西伯利亚东部运输到出口市场。

远东地区的勘探集中在萨哈林岛。自1880年，岛上就已发现地表有油渗漏，早期的勘探钻探是由Sakhalinmorneftegaz进行的。第一个商业发现是20世纪20年代初位于该岛北部的Okhinskoye油田。随后陆续在其东部和东北部发现了许多其他油田。

苏联解体后，俄罗斯的勘探速度大大下降。如今的钻探水平大约是20世纪80年代后期水平的十分之一，勘探支出也有所下降。由于苏联政府对各大含油气盆地的勘探较为深入，导致近年来，陆上的重大发现相对较少。

四、油气合作风险与潜力

（一）油气产量发展趋势

从原油产量发展趋势看，俄罗斯原油将于2023年达到7.7亿吨/年的产量峰值，随后产量逐年递减。尤甘斯克油田（Yugansknefegaz）仍是原油产量的主要贡献者，其原油产量占俄罗斯原油总产量持续稳定在7.6%左右（图3-1-16）。

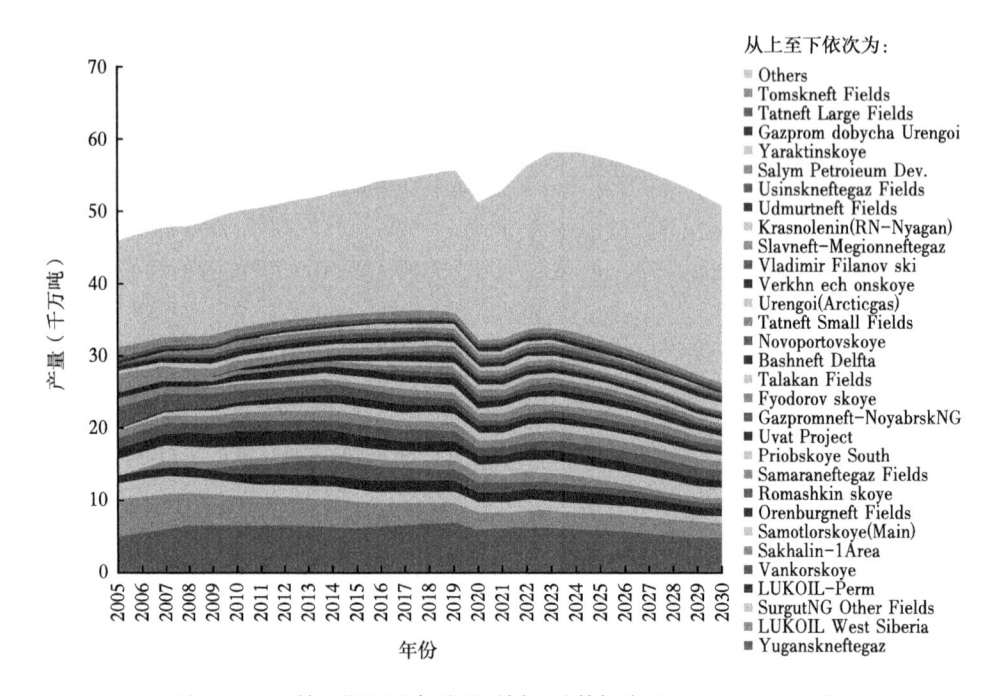

图3-1-16 俄罗斯原油产量预测剖面（数据来源：WOOD，2021）

从天然气产量发展趋势看,俄罗斯天然气将于2025年达到8500亿立方米/年左右的产量峰值,随后保持稳定。未来俄罗斯天然气产量增长的原因主要是由于新项目的投产,目前的前十大气田中鲍瓦年科气田(Bovanenkovskoye)增加部分天然气产量外,其他油气田天然气产量增长乏力(图3-1-17)。

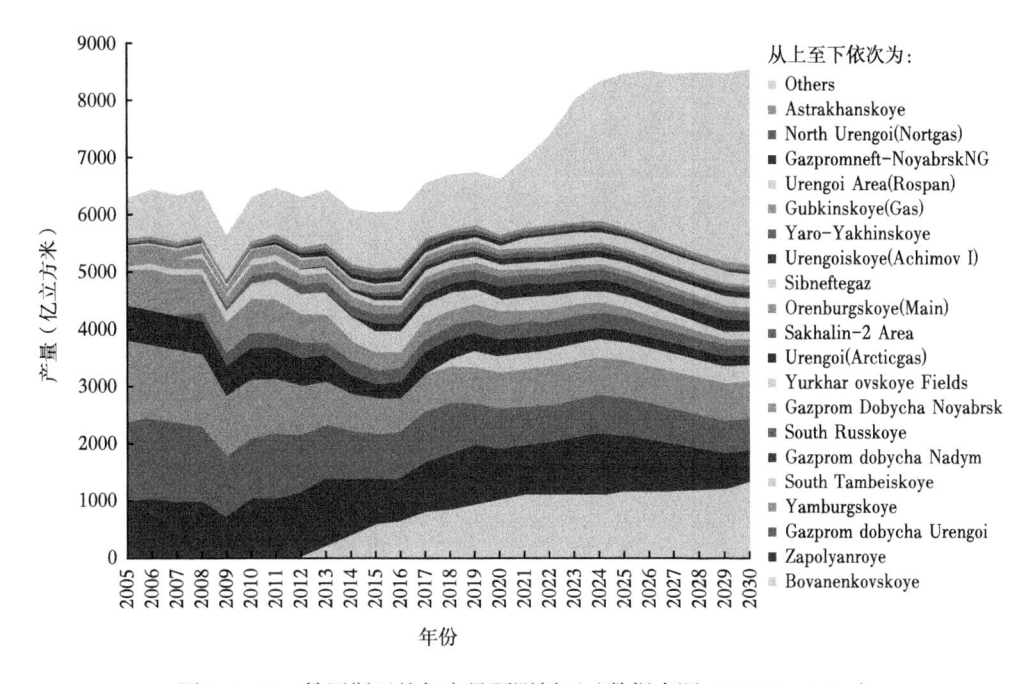

图 3-1-17 俄罗斯天然气产量预测剖面(数据来源:WOOD,2021)

(二)油气合作风险

1. 经济结构风险

俄罗斯的经济结构中,能源业占绝对优势地位。2020年俄罗斯能源业贡献了财政预算收入的40%,出口额的三分之二。对能源行业的严重依赖,使俄罗斯无可避免地陷入了资源陷阱,经济本身存在较大的系统风险(图3-1-18、图3-1-19)。

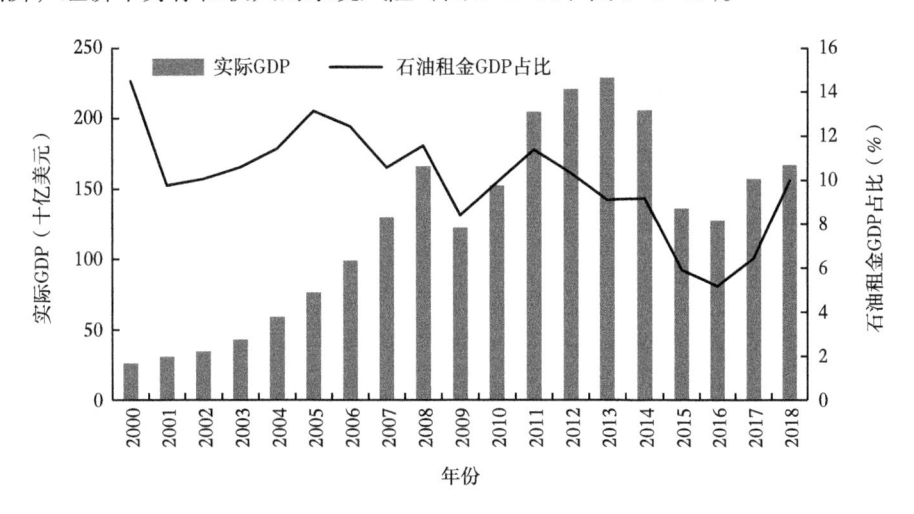

图 3-1-18 俄罗斯实际GDP与石油租金(数据来源:World Bank,2019)

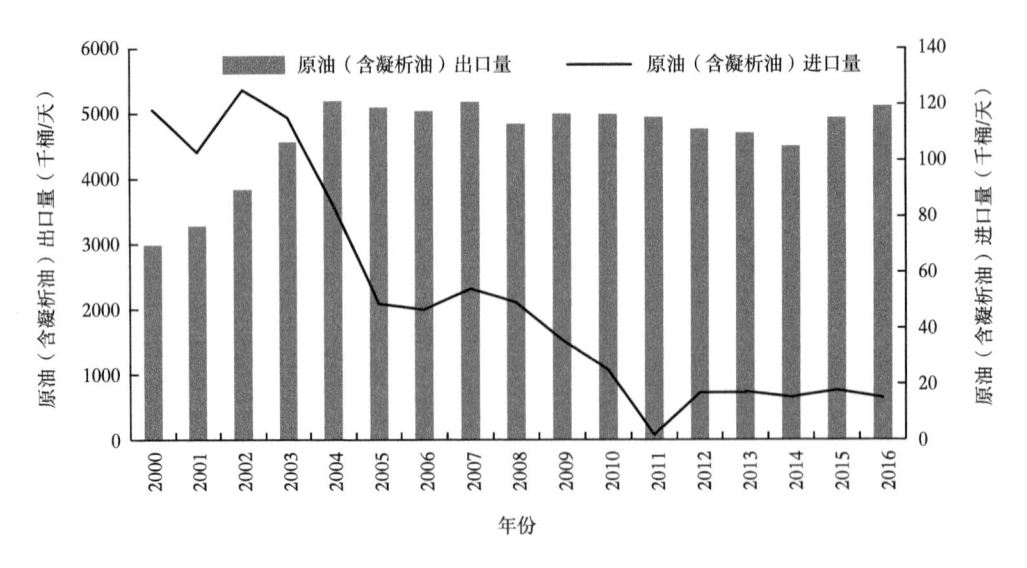

图 3-1-19 俄罗斯原油出口量与进口量（数据来源：EIA，2017）

2. 通货膨胀与货币风险

2014年，美国等西方国家对其实施制裁，限制其进出口贸易，叠加原油价格"腰斩"，俄罗斯经济进入寒冬，物品稀缺，价格被恶意推高，通货膨胀率在2015年一度涨至15.53%。2016年以来宏观经济形势逐步趋稳，特别是制造业出现较快增长，通货膨胀率降至历史新低。2020年受新冠肺炎疫情的影响，俄罗斯的经济衰退没有诸多发达国家和发展中国家严重，但通货膨胀有所加剧（图3-1-20、图3-1-21）。

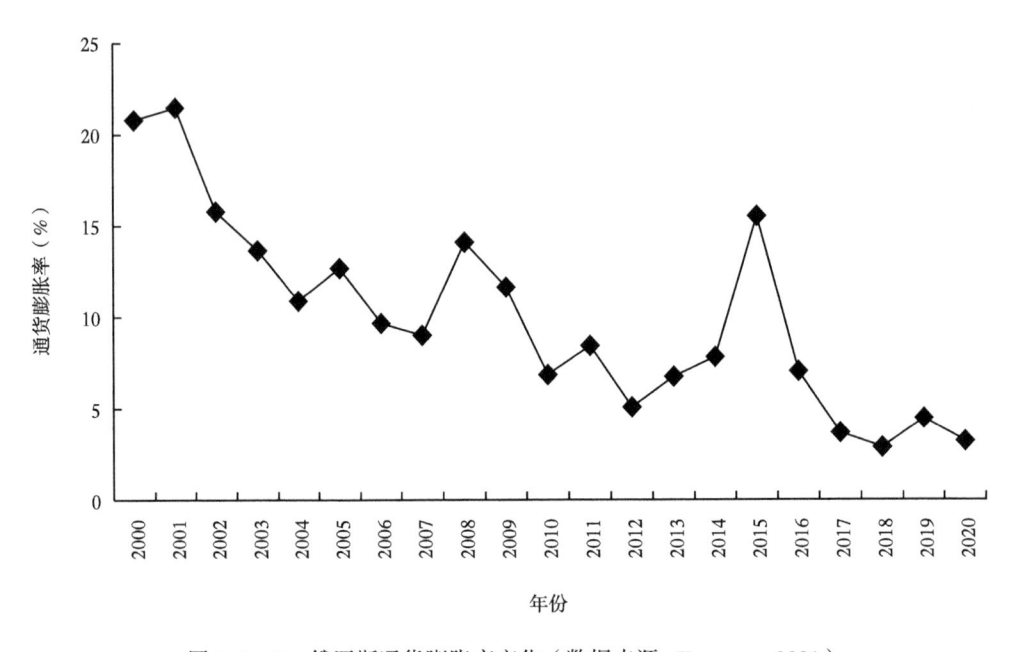

图 3-1-20 俄罗斯通货膨胀率变化（数据来源：Knoema，2021）

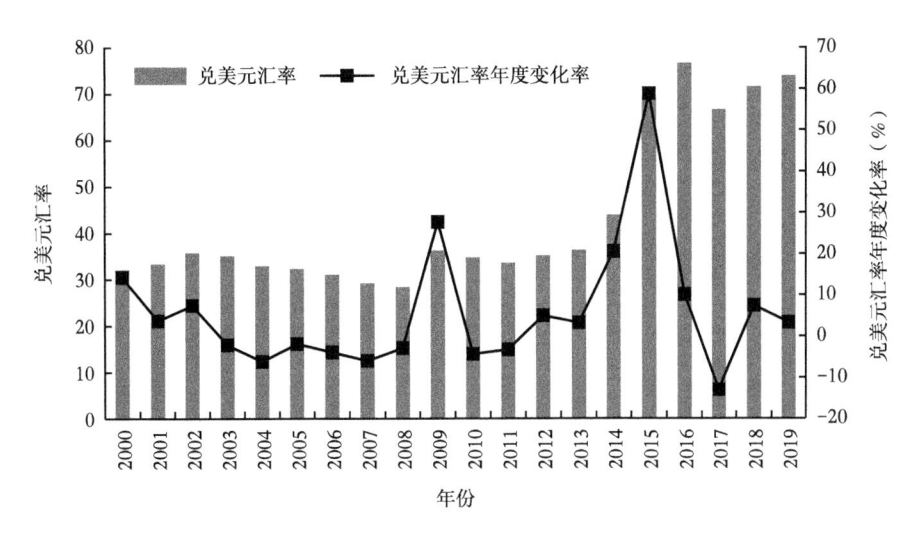

图 3-1-21 俄罗斯汇率变化（数据来源：World Bank，2020）

3. 法律与合同财税风险

特许权制度构成了俄罗斯几乎所有上游许可证和合资企业的基础。合资企业是指包括俄罗斯石油与天然气公司和/或国际石油公司（IOC）的企业。政府通过其对俄罗斯天然气工业股份公司和俄罗斯石油公司的所有权间接参与管制。俄罗斯只有三个 PSA（Kharyaginskoye、Sakhalin-1 和 Sakhalin-2）继续在运作，且目前政府不会再签署该类协议。

俄罗斯石油业的税收负担是世界上最高的税收负担之一。特许权制度基于两个主要要素：矿藏开采税（MET）和出口税。加上石油产品出口关税，它们总和约占国家预算收入的 40%~45%。此外，运营商还需缴纳 20% 的公司所得税和 2.2% 的财产税（图 3-1-22，表 3-1-4）。

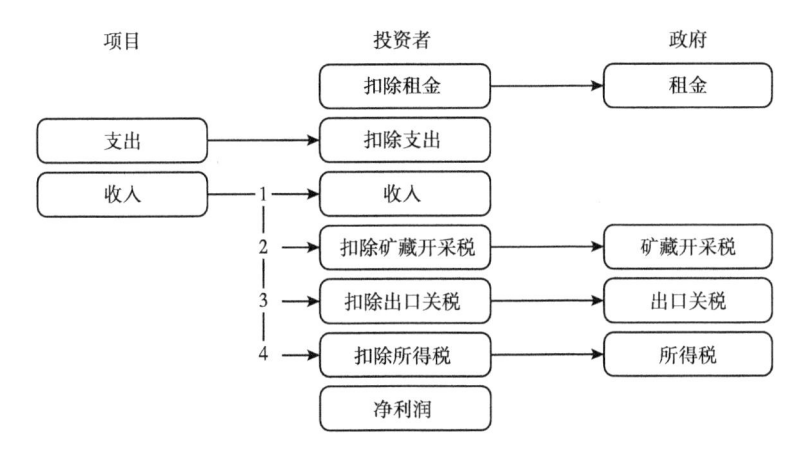

图 3-1-22 俄罗斯特许经营权收入流程图（资料来源：WOOD，2021）

为促进油田的高效开发，俄罗斯已为非常规、海域和边境项目引入了多项税收优惠政策，这使财政系统更加复杂，有时甚至含糊不清。为了减少财政系统的复杂性和频繁干预性，俄罗斯近年来已经考虑了一种更加灵活的基于利润的税收制度。

2018 年 7 月，普京总统签署了的附加利得税（APT）制度，自 2019 年开始生效，新

57

制度适用于101个单独领域。后来，APT制度扩展到了西西伯利亚的所有领域。新制度包括新的50%附加利得税（APT）并且降低了MET。

表 3-1-4 俄罗斯主要油气财税条款

类型	内容
签字费	100万~1.3亿美元
生产定金	根据首次生产产量、生产率或累计产量可谈判
地域租赁费	5000~20000卢布/平方千米/年
增值税	20%
进口税	5%~20%
分包商预扣税	20%
土地租赁税	1.50%
公益基金	30%

（三）油气合作潜力和方向

从油气田建产与待建产分布看，俄罗斯已探明油气可采储量大于1亿吨油当量的油气田109个，占总油气探明可采储量83.6%。其中，已建产油气田99个，合计探明可采储量占总油气探明可采储量75.4%，而未建产油气田还有10个，合计探明可采储量仅占总油气探明可采储量8.2%（图3-1-23）。

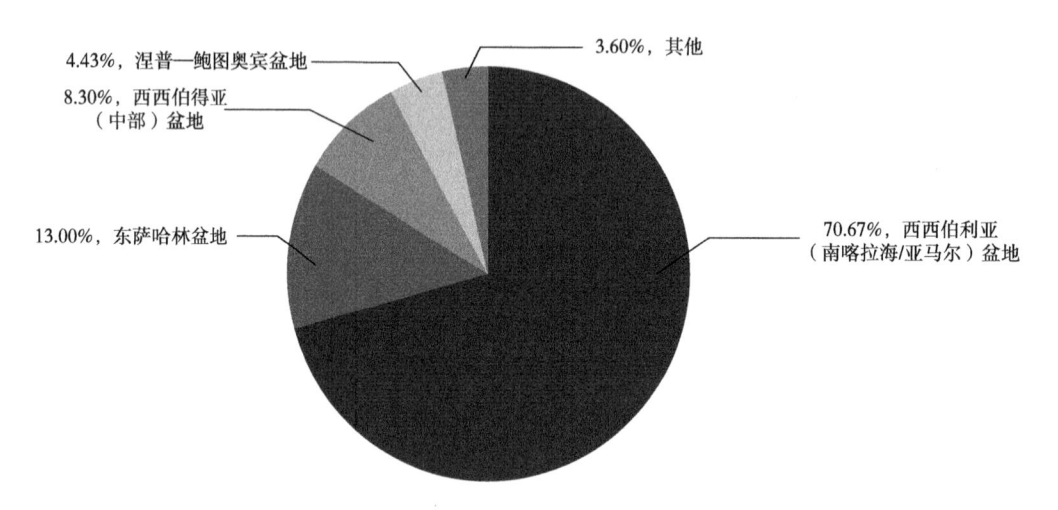

图 3-1-23 俄罗斯待建产储量盆地分布图（数据来源：WOOD，2021）

未来俄罗斯勘探潜力集中在西西伯利亚（南喀拉海/亚马尔）盆地，包含着众多大型气田和部分油田，目前主要分布在切诺曼尼亚和新科摩尼亚的砂岩和粉砂岩储层中，主要以背斜构造的形式出现。该盆地一直延伸到Novaya Zemlya的北端，亚马尔（Yamal）以东的吉丹半岛（Gydan Peninsula）尚未开发，卡拉海相较于其他盆地勘探开发程度也较低，未来有一定勘探潜力。

结合资源评价和开发现状研究，未来俄罗斯油气合作方向包括俄罗斯境内远东及北极地区的油气合作，俄罗斯联邦政府早在 2008 年就已发布《俄罗斯北极地区发展战略和 2020 年前俄罗斯联邦国家安全》，提出了"拟订国家支持和鼓励在俄罗斯联邦北极地区活动的经济实体的建议，主要是利用碳氢化合物、其他矿产和水生资源"与"实现俄罗斯联邦与俄罗斯开发地区（包括巴伦支海大陆架、约朝拉和喀拉海大陆架及提曼—伯朝拉石油和天然气省的油气田）之间的北极地区一体化"等借助油气资源开发的北极振兴规划纲领，而目前待建产的西西伯利亚盆地（南喀拉海/亚马尔）盆地的数个项目预示着俄罗斯北极地区的开发战略正稳步实现。中俄政治、经济互补性高，合作方向较明确。此外，尽早展开北极资源合作开发有利于增加北极地区国际政治战略回旋空间（中华人民共和国司法部，2019）。

第二节 哈萨克斯坦

哈萨克斯坦位于亚洲中部，是世界上领土面积第九大国家，也是世界上最大的内陆国。北邻俄罗斯，南与乌兹别克斯坦、土库曼斯坦、吉尔吉斯斯坦接壤，西濒里海，东接中国。属典型大陆性气候，1 月平均气温零下 19 至零下 4 摄氏度，7 月平均气温 19 至 26 摄氏度。人口 1685 万，境内有 140 个民族，其中哈萨克族、俄罗斯族为主。50% 以上居民信奉伊斯兰教（逊尼派），此外还有东正教、天主教、佛教等。哈萨克语为国语，哈萨克语和俄语为官方语言（中华人民共和国外交部，2014）。

一、油气资源分布

哈萨克斯坦作为中亚—俄罗斯最重要的油气富集资源国，油气资源较为丰富。同时，哈萨克斯坦与中国陆上接壤，具备便利的油气合作和油气贸易地理条件。本节从资源国油气储量、油气产量、油气待发现资源、理论出口能力等方面展开系统分析。

（一）油气储量

1. 原油

哈萨克斯坦是中亚—俄罗斯最重要的原油资源富集国，2020 年原油剩余探明可采储量约 57.85 亿吨，世界排名第 17 位，中亚—俄罗斯地区排名第 2 位，仅少于俄罗斯，2020 年原油储采比为 64.11。

从原油储量的盆地分布看，哈萨克斯坦原油储量集中分布在滨里海盆地（哈萨克斯坦部分）、曼格什拉克—乌斯丘尔特盆地、图尔加伊盆地和北乌斯丘尔特盆地等四个沉积盆地中，合计原油储量占比为 99.9%。其中，滨里海盆地占 77.4%、曼格什拉克—乌斯丘尔特盆地占 15.5%、图尔加伊盆地占 4.9%、北乌斯丘尔特盆地占 2.10%。

从原油储量的陆海地域分布看，原油储量以陆上分布为主，其中陆上占 69.17%、海域占 30.83%。海域原油储量主要分布在滨里海盆地、曼格什拉克—乌斯丘尔特盆地和北乌斯丘尔特盆地中，以滨里海盆地为主。海域水深一般在 1~300 米。

从原油储量变化情况看，近三年中 2019 年原油可采储量大幅增长，约 3.44 亿吨。其余年份略有上涨，幅度不大（图 3-2-1）。

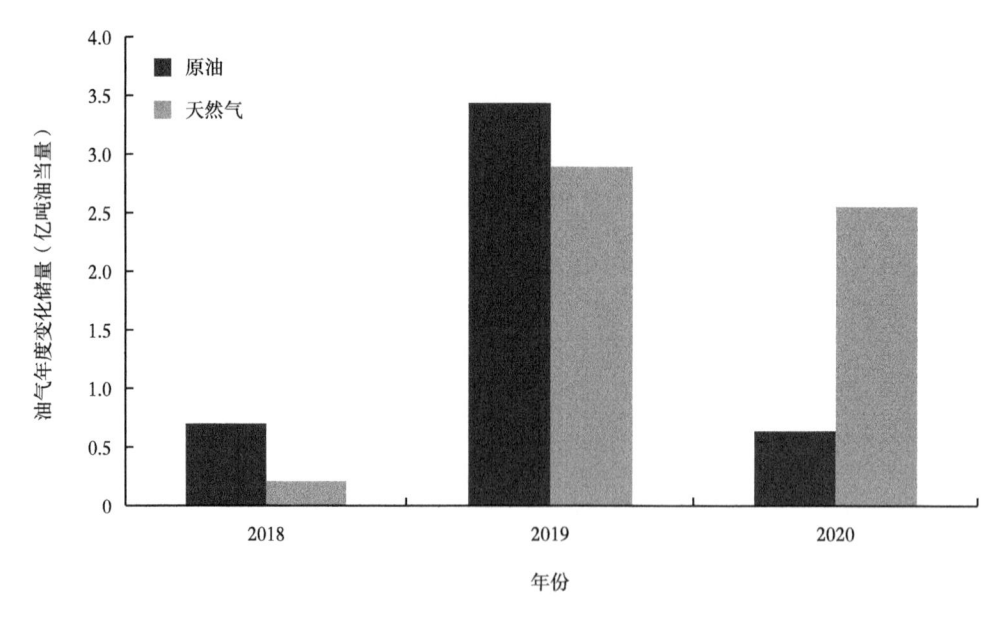

图 3-2-1　2018—2020年哈萨克斯坦油气年度储量变化情况（数据来源：WOOD，2021）

2. 天然气

哈萨克斯坦天然气资源富集程度不高，2020年天然气剩余探明可采储量约1.86万亿立方米，世界排名第25位，中亚—俄罗斯地区排名第5位，少于俄罗斯、土库曼斯坦、乌兹别克斯坦和阿塞拜疆。2020年天然气储采比为63.5。

从天然气储量的盆地分布看，哈萨克斯坦天然气储量集中分布在滨里海盆地（哈萨克斯坦部分）、曼格什拉克盆地、北乌斯丘尔特盆地、朱萨里苏盆地和图尔加伊盆地等五个沉积盆地中，合计天然气储量占比为99.88%。其中，滨里海盆地占91.89%、曼格什拉克盆地占3.54%、北乌斯丘尔特盆地占2.08%、朱萨里苏盆地占1.31%、图尔加伊盆地占1.06%。

从天然气储量的陆海地域分布看，天然气储量仍以陆上分布为主，其中陆上占70.04%、海域占29.96%。海域天然气储量分布特征与原油储量分布相似。

从天然气储量变化情况看，2018年以来天然气可采储量持续增长，特别是2019年以来，天然气年度新增储量较2018年有较大增长率（图3-2-1）。

（二）油气产量

1. 原油

哈萨克斯坦是中亚—俄罗斯重要的原油产量国，哈萨克斯坦独立以来已累计产出原油约22亿吨，2020年原油产量约0.90亿吨，世界排名第13位，中亚—俄罗斯地区排名第2位，仅少于俄罗斯。

从原油产量的盆地分布看，哈萨克斯坦原油产量分布与储量分布相似，主要分布在滨里海盆地、曼格什拉克盆地、图尔盖盆地和北乌斯丘尔特盆地等四个沉积盆地中，几乎占哈萨克斯坦全部原油产量。其中，滨里海盆地占79.4%、曼格什拉克盆地占11.5%、图尔盖盆地占6.3%、北乌斯丘尔特盆地占2.8%。

从原油产量的油气田分布看，哈萨克斯坦原油产量集中分布在十个油田中，2020年哈萨克斯坦前十大油田原油产量合计占该国原油产量的84.4%。其中千万吨级油田三个，其中田吉兹油田（Tengizchevroil Area）占34.2%、卡沙甘油田（Kashagan）占17.86%和卡拉查加纳克气田（Karachaganak）占13.17%，其他大油田还包括Mangistaumunaigaz Area、UzenMunaiGas Fields、CNPC AktobeMunaiGas、EmbaMunaiGas Area、Kazgermunai Area、Karazhanbas、Buzachi North。

从原油产量变化情况看，2013年由于卡沙甘油田的开发，2014年后由于油价暴跌，直至2016年哈萨克斯坦原油产量都呈负增长态势、原油产量年度减少约1%，2017年由于卡沙甘大油田重新启动原油生产以及田吉兹油田扩建，哈萨克斯坦原油产量大幅增加，2020年由于新冠肺炎疫情及油价暴跌导致年度平均增长率下降8.22%（图3-2-2）。

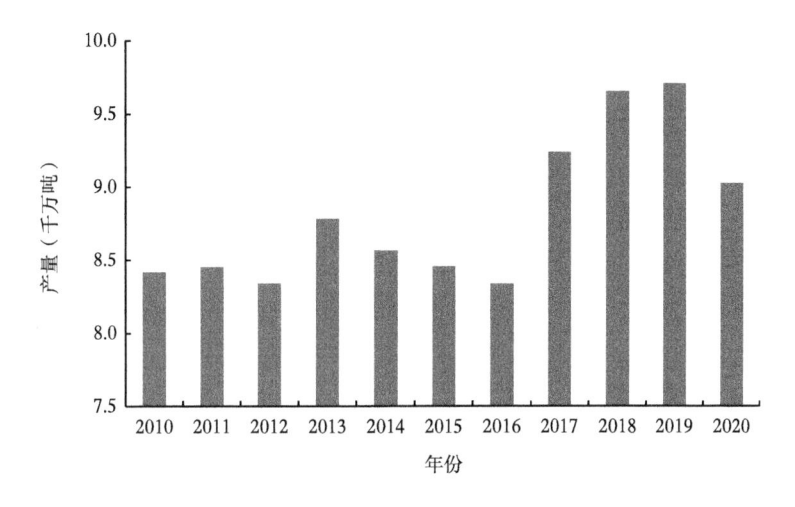

图3-2-2 2010—2020年哈萨克斯坦原油年度产量变化情况（数据来源：WOOD，2021）

2. 天然气

哈萨克斯坦天然气产量近年呈缓慢增长趋势，哈萨克斯坦独立以来已累计产出天然气约4786亿立方米，2020年天然气产量约294亿立方米，世界排名第23位，中亚—俄罗斯地区排名第4位，少于俄罗斯、土库曼斯坦和乌兹别克斯坦。

从天然气产量的盆地分布看，哈萨克斯坦天然气产量分布与储量分布相似，主要分布在滨里海盆地、北乌斯丘尔特盆地和曼格什拉克—乌斯丘尔特盆地中，合计占哈萨克斯坦天然气产量约97.3%。其中，滨里海盆地占90.8%、北乌斯丘尔特盆地占4.7%、曼格什拉克—乌斯丘尔特盆地占1.8%。

从天然气产量的油气田分布看，哈萨克斯坦天然气产量集中分布在十个气田中，2020年哈萨克斯坦前十大气田天然气产量合计占哈萨克斯坦天然气产量的97%，其中卡拉查加纳克气田（Karachaganak）占32%、田吉兹油气田（Tengiz）占25.4%、中国石油阿克多贝·穆纳伊天然气项目（CNPC AktobeMunaiGas）占15.6%、卡沙甘气田（Kashagan）占12.3%、沙格里—硕木齐勒气田（Shagirli-Shomishti）占4.1%、哈萨克斯坦石油公司阿克托比项目（Kazakhoil Aktobe）占1.8%，其余十大气田还包括Chinarevskoye、Mangistaumunaigaz Area、Sarybulak（Zaisan）和Amangeldi Area。

从天然气产量变化情况看，2010—2018年天然气产量增长较快，年度增长约7.8%，2018年后产量略有下跌（图3-2-3）。

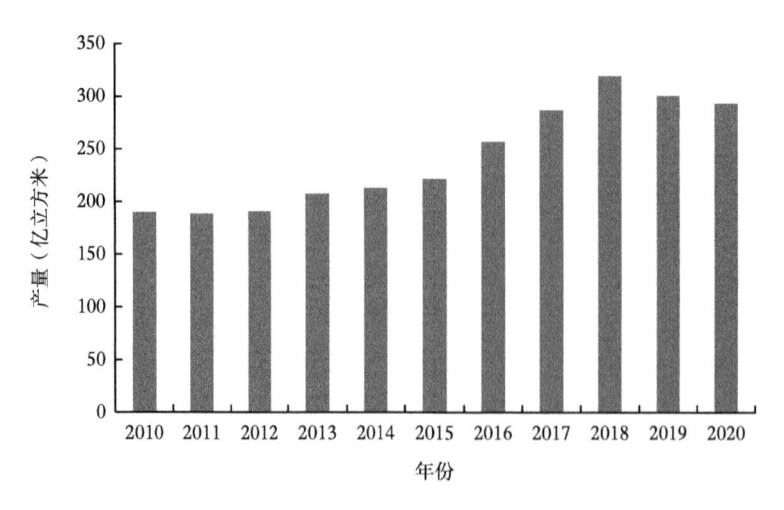

图 3-2-3 2010—2020 年哈萨克斯坦天然气年度产量变化情况（数据来源：WOOD，2021）

（三）油气待发现资源

根据中国石油勘探开发研究院自主评价结果，哈萨克斯坦原油待发现资源约 25.2 亿吨、占世界待发现资源总量的 1.81%，世界排名第九位、中亚—俄罗斯地区排名第二位；天然气待发现资源约 3.48 万亿立方米、占世界待发现资源总量的 1.65%，世界排名第八位、中亚—俄罗斯地区排名第三位。

（四）油气理论出口能力

从哈萨克斯坦油气理论出口能力看，哈萨克斯坦油气除自给外，仍具有出口能力。2019 年，哈萨克斯坦原油理论出口能力（产量减去消费量）约 0.83 亿吨，天然气理论出口能力约 282 亿立方米。从油气理论出口能力变化趋势看，2001—2019 年，原油出口能力稳步上升，年均增长约 5%（图 3-2-4）；天然气出口能力在 2009 年之前稳步增长，2010—2013 年基本保持稳定，2014—2018 年快速增长，2019 年略有下降，整体来看，天然气增长率为 10%（图 3-2-5）。油气出口方向主要是经管线汇入俄罗斯，再输往欧洲其他国家。同时，通向中国油气管线的建设，使得哈萨克斯坦出口更加多元化。

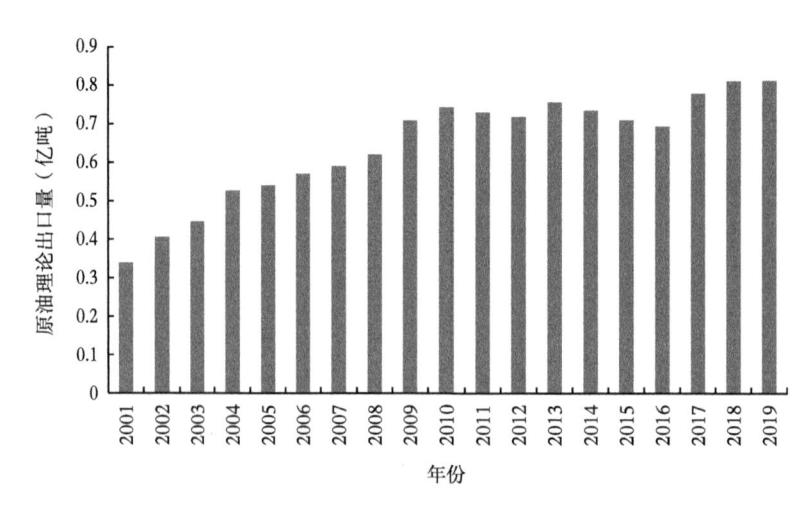

图 3-2-4 2001—2019 年哈萨克斯坦原油出口能力变化图（数据来源：WOOD，BP，2020）

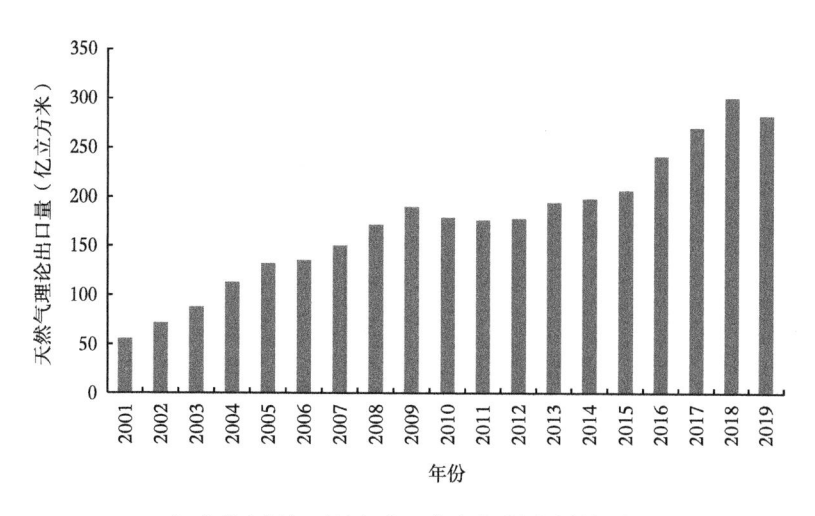

图 3-2-5　2001—2019 年哈萨克斯坦天然气出口能力变化图（数据来源：WOOD，BP，2020）

二、油气合作环境

（一）政治环境

宪法规定哈萨克斯坦为总统制共和国，总统为国家元首，是决定国家对内对外政策和基本方针，并在国际关系中代表哈萨克斯坦的最高国家官员，是人民和国家政权统一、宪法不可动摇性、公民权利与自由的象征和保证。国家政权以宪法和法律为基础，根据立法、司法、行政三权既分立又相互作用、相互制约、相互平衡的原则实现。2007 年 6 月中旬，哈萨克斯坦议会通过宪法修正案，确定哈萨克斯坦政体由总统制向总统一议会制过渡。

首任总统是努尔苏丹·阿比舍维奇·纳扎尔巴耶夫，1991 年 12 月 1 日当选哈萨克斯坦共和国独立后首任总统，1995 年 4 月以全民公决方式将其任期延至 2000 年。1999 年 1 月 10 日在提前举行的总统选举中再次当选。2005 年 12 月 4 日在提前举行的总统选举中获得连任。2015 年 4 月 27 日，纳扎尔巴耶夫再次当选，任期五年。2019 年 3 月 19 日，纳扎尔巴耶夫宣布辞职。原议会上院议长托卡耶夫任代总统。

现任总统是卡西姆若马尔特·克梅列维奇·托卡耶夫，2019 年 3 月 20 日宣誓就任哈萨克斯坦代总统。2019 年 6 月 9 日，托卡耶夫在哈萨克斯坦非例行总统大选中以 70.96% 的得票率胜出，当选哈萨克斯坦第二任总统，并于 6 月 12 日举行就职仪式，任期五年。

议会是国家最高立法机构。由参议院（议会上院）和马日利斯（议会下院）组成。议会上院 49 个席位，下院 107 个席位。议会上院议长是玛吾林阿什姆巴耶夫，2020 年 5 月当选，接替离任的达丽加纳扎尔巴耶娃。议会下院议长是努尔兰·扎伊卢拉耶维奇·尼格马图林，2016 年 6 月就任。议会的主要职能是：通过共和国宪法和法律并对其进行修改和补充；批准总统对总理、国家安全委员会主席、总检察长、中央银行行长的任命；批准和废除国际条约；批准国家经济和社会发展计划、国家预算计划及其执行情况的报告等。在议会对政府提出不信任案、两次拒绝总统对总理任命、因议会两院之间或议会与国家政权其他部门之间不可克服的分歧而引发政治危机时，总统有权解散议会。

政府是国家最高行政机关，其活动对总统负责。本届政府于 2019 年 2 月组成，阿斯卡尔·马明任政府总理。

司法机构有最高司法委员会、司法鉴定委员会、宪法委员会、最高法院和各级地方法院。2001年初，哈萨克斯坦通过了《司法体系与法官地位法》，规定法官独立司职，只服从宪法和法律。最高司法委员会由总统主持，现任主席为塔·多纳科夫，2018年4月就任。其他成员包括宪法委员会主席、最高法院院长、总检察长、司法部长、上院议员等。

哈萨克斯坦武装力量分为陆、海、空三军种和航空机动部队，火箭军和炮兵两个独立兵种，以及专业兵、后勤力量、军事院校和军事科学机构。另有共和国近卫军、内务部内卫部队、国家安全委员会边防军和紧急情况部部队人员。目前总兵力16万左右。总统为武装力量最高统帅。

（二）经济环境

自独立以来，哈萨克斯坦推行适应国情的改革政策，经济与社会稳步发展，经济总量稳居中亚五国首位。受益于油气行业发展，2000—2013年，哈萨克斯坦的GDP平均增长率达到了7.95%，2011年人均GDP突破了2万美元（2000年仅为7743.17美元）。

2014年以来，受国际油价下跌、俄罗斯经济下滑等因素影响，哈萨克斯经济增速放缓，2014年GDP实际增长率从2013年的6%下滑至4.2%，2015年下降至1.2%，2016年增长率仅1.1%。未来随着油价回暖以及油气产量的提升，总体经济向好。2016年下半年以来，随着欧佩克与俄罗斯等国减产协议的实施，以及低油价导致的全球产量减少，国际原油市场供大于求的矛盾逐步缓解，市场预期转向乐观，国际油价呈现缓慢回升趋势。此外，哈萨克斯坦巨型油田卡沙甘油田2016年10月正式投产，日产量超过7.5万桶。受产量和价格齐升刺激，哈萨克斯坦人均GDP稳步上升。2020年，全球暴发了新冠肺炎疫情，哈萨克斯坦GDP下降，实际降低率为2.69%（图3-2-6）。

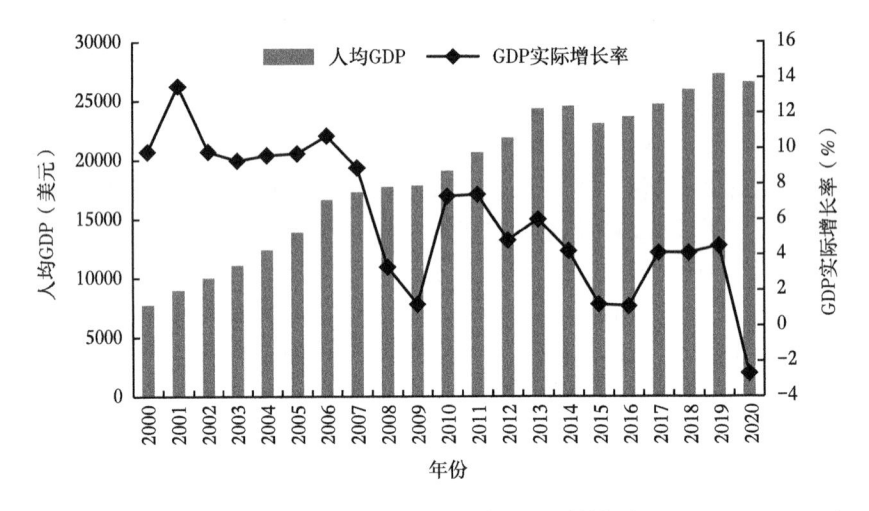

图3-2-6　哈萨克斯坦GDP实际增长率与人均GDP（数据来源：Knoema，2021）

（三）油气基础设施

1.油气管网系统

哈萨克斯坦同其他中亚国家一样，油气管网系统曾经是前苏联管网系统的一部分，因此主要方向是从俄罗斯输送或从俄罗斯进口油气，而不是针对哈萨克斯坦内部的油气管网运输。哈萨克斯坦独立初期，所有油气出口管线都需要途径俄罗斯。为了摆脱对俄罗斯的过度依赖，哈萨克斯坦积极推进中哈石油管线的建设以及跨里海游轮运输，不过大部分油气出口仍然需要通过里海管道（Caspian Pipeline Consortium，简称 CPC）和乌津—阿特劳—萨马拉（Uzen-Atyrau-Samara，简称 UAS）管道运往俄罗斯再出口到其他国家。CPC管线、UAS 管线以及中哈原油管线目前是哈萨克斯坦最主要的三条原油出口管线。

UAS 管线：由哈萨克斯坦国有石油管道系统由哈萨克斯坦石油管线公司（KazTransOil，简称 KTO）运营，哈萨克斯坦国家油公司（KMG）拥有该公司 90% 的股份。该管线将原油运往俄罗斯，再通过俄罗斯的管网系统运往欧洲市场。UAS 管线从 20 世纪 70—80 年代就开始运营，老化较为严重，管线维护对运营非常重要。

CPC 管线：建成于 2001 年，由俄罗斯石油运输公司（Tranneft）、哈萨克斯坦国家油公司、雪佛龙公司、卢克石油公司、埃克森美孚公司、俄罗斯石油—壳牌公司（Rosneft-Shell）、壳牌公司和埃尼石油公司等多家油公司组成的财团共同持有。该管线穿过哈萨克斯坦西部和俄罗斯，连接到黑海港口城市诺沃西比斯克附近的海上终端，使得哈萨克斯坦巨型油田——田吉兹油田同国际市场相连（表 3-2-1）。

表 3-2-1 CPC 管线概况（资料来源：WOOD，2021）

总长	1511 千米
管径	42 英尺
一般运输能力	110 万桶/天
运营方	俄罗斯石油运输公司（Tranneft），占股 31%；哈萨克斯坦国家油公司（KMG），占股 20.75%；雪佛龙公司，占股 15%；卢克石油公司，占股 12.5%；埃克森美孚公司，占股 7.5%；俄罗斯石油—壳牌公司（Rosneft-Shell），占股 7.5%；壳牌，占股 3.75%；埃尼石油公司，占股 2%

中哈原油管线：把哈萨克斯坦滨里海盆地及图尔盖盆地同中国相连，总体规划年输油能力为 2000 万吨，西起里海的阿特劳，途经阿克纠宾，终点为中哈边界阿拉山口，全长 2800 千米，是全球最长的原油管线之一。2004 年 7 月，中国石油天然气勘探开发公司（CNODC）和哈萨克斯坦国家石油运输股份公司（KTO）各自参股 50% 成立了中哈管道有限责任公司（KCP），负责中哈原油管道的项目投资、工程建设、管道运营管理等业务。管道的前期工程阿特劳—肯基亚克输油管线全长 448.8 千米，管径 610mm，已于 2003 年底建成投产，年输油能力为 600 万吨。中哈原油管道一期工程阿塔苏—阿拉山口段，西起哈萨克斯坦阿塔苏，东至中国阿拉山口，全长 962.2 千米，管径 32 英寸，于 2006 年 5 月实现全线通油。中哈原油管道二期一阶段工程肯基亚克—库姆克尔段，长 761 千米，于 2009 年 7 月建成投产，实现由哈萨克斯坦西部到中国新疆全线贯通，2010—2016 年连续七年输油超 1000 万吨/年。

目前，哈萨克斯坦天然气主要向俄罗斯出口，只有少量天然气出口中国，目前主要有四条出口管线：中亚天然气管线（CAC），布哈拉—乌拉尔管线（Bukhara-Ural），布哈拉—塔什干—阿拉木图管线（Bukhara-Tashkent-Almaty）和土库曼斯坦—中国管线。哈萨克斯坦国内天然气管网系统较为落后，大多建设于 20 世纪 60—70 年代，主要用于向俄罗斯输送土库曼斯坦和乌兹别克斯坦天然气。2016 年建成运营的 Beineu-Bozoi-Akbulak 管线（BBApipeline）首次把哈萨克斯坦西部天然气产区同东南部主要天然气消费市场相连，一定程度降低了哈萨克斯坦对乌兹别克斯坦进口天然气的依赖。

2. 炼厂情况

哈萨克斯坦主要有三座大规模石油炼厂，即 Atyrau 炼厂、Pavlodar 炼厂和 Shymkent 炼厂（表 3-2-2）。

表 3-2-2 哈萨克斯坦主要炼厂（资料来源：WOOD，2021）

炼厂	作业者	地理位置	处理能力（千桶/天）
Atyrau 炼厂	KMG	哈萨克斯坦西部	100
Pavlodar 炼厂	KMG	哈萨克斯坦东北部	102
Shymkent 炼厂	PK 石油公司	哈萨克斯坦东南部	105

三、油气合作现状

（一）油气上游对外开放程度

哈萨克斯坦是中亚—俄罗斯油气资源最丰富的国家之一，随着里海大陆架勘探工作的深入，哈萨克斯坦油气储量稳步增长，并仍具有较大增长潜力。通过统计分析可以看出，哈萨克斯坦参与油气上游作业的公司类型主要以资源国政府与公司、国际油气巨头公司、中国公司和俄罗斯公司为主体，四种公司类型占哈萨克斯坦原油和天然气剩余可采储量的 88%。

哈萨克斯坦是当前中亚—俄罗斯油气市场对外开放程度最高的国家，国际公司参与度最高，五大国际巨头油公司均有参与。1993 年哈萨克斯坦成立了首家合资公司，即哈萨克斯坦—土耳其石油公司。之后，以雪佛龙公司、BP 和俄罗斯 LUKOIL 合资的 LUKArco 公司为首的外资公司纷纷踏足哈萨克斯坦油气市场，表明国际公司对哈萨克斯坦市场有信心。中国公司参与度也较高、公司类型多样，以中国石油为主体，中国石油原油储量占比约占 6%，天然气储量占比约 5%。油气产量分别占 5% 和 13%。

在哈萨克斯坦剩余可采储量排名前二位的外国石油公司分别是雪佛龙和 ENI，原油储量均超过 3 亿吨，组成国际油公司第一梯队；中国石油紧随其后，储量 1.6 亿~1.8 亿吨（图 3-2-7 至图 3-2-10）。

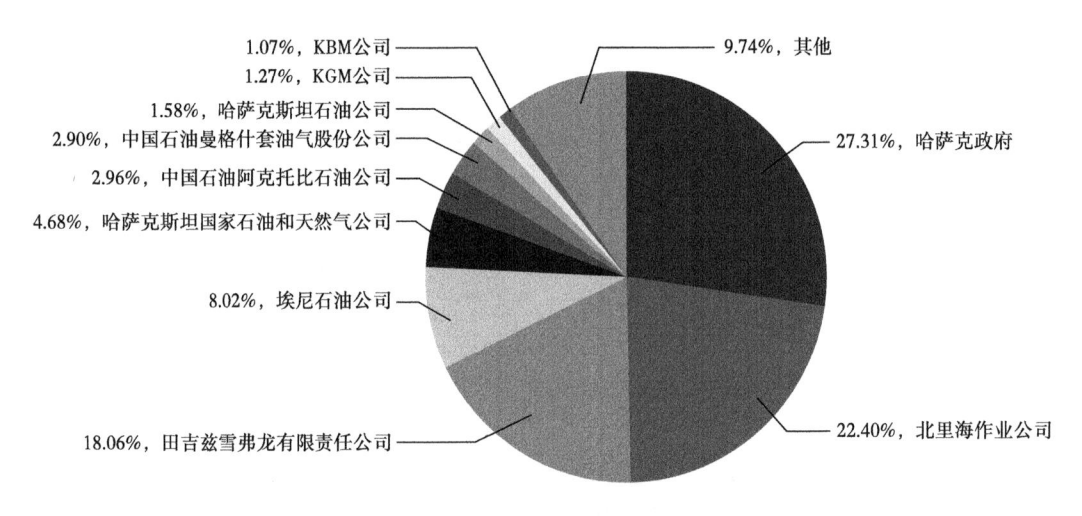

图 3-2-7 2020 年哈萨克斯坦前十大公司石油储量占比（数据来源：WOOD，2021）

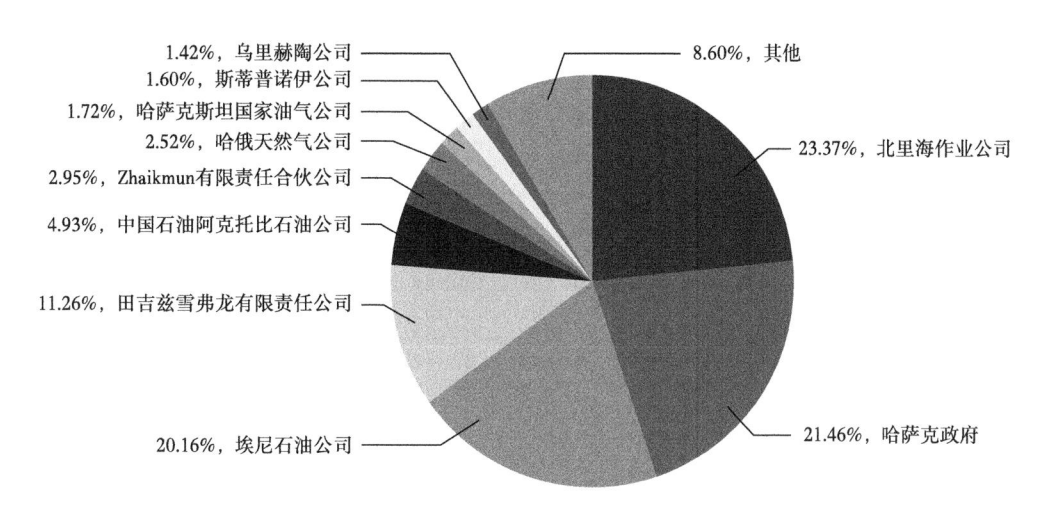

图 3-2-8 2020年哈萨克斯坦前十大公司天然气储量占比（数据来源：WOOD，2021）

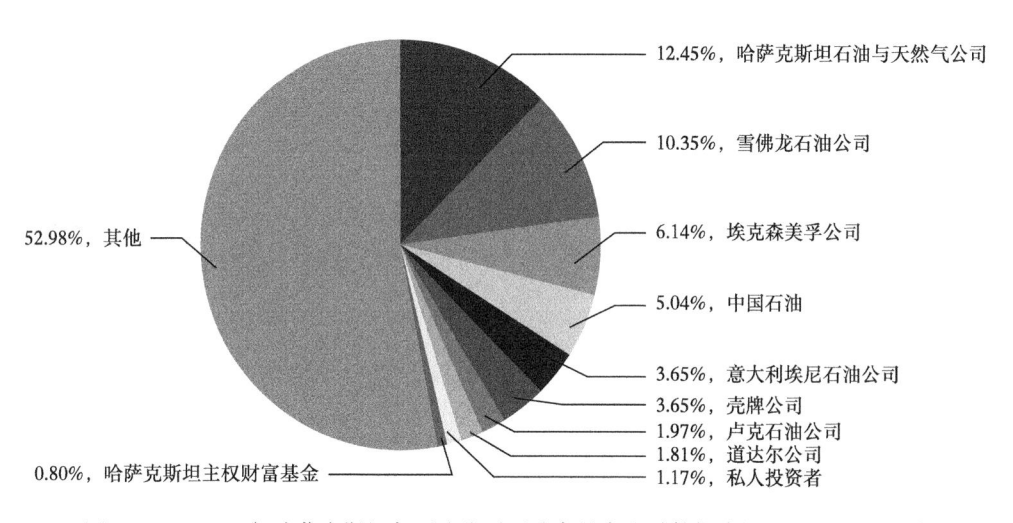

图 3-2-9 2020年哈萨克斯坦各石油公司石油产量占比（数据来源：WOOD，2021）

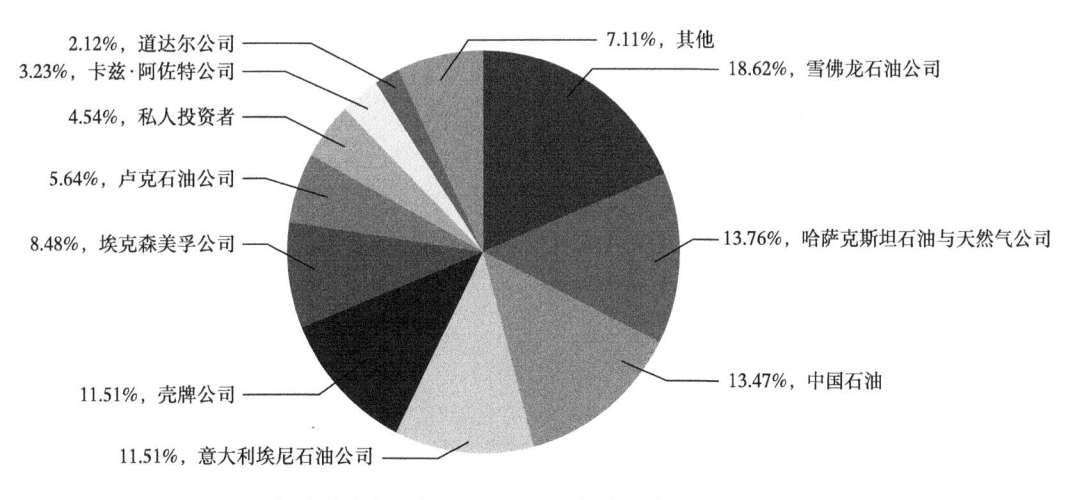

图 3-2-10 2020年哈萨克斯坦各石油公司天然气产量占比（数据来源：WOOD，2021）

（二）油气上游收并购形势

2001—2019年，哈萨克斯坦收并购交易共计139笔，金额共计508.1亿美元（在披露的139笔交易中，有119笔披露交易金额）（图3-2-11）。2009年全年收并购交易金额共计116.2亿美元，为历年最高水平，这主要归功于中国石油和哈萨克斯坦国家石油公司以33亿美元收购Mangistaumunaigaz。

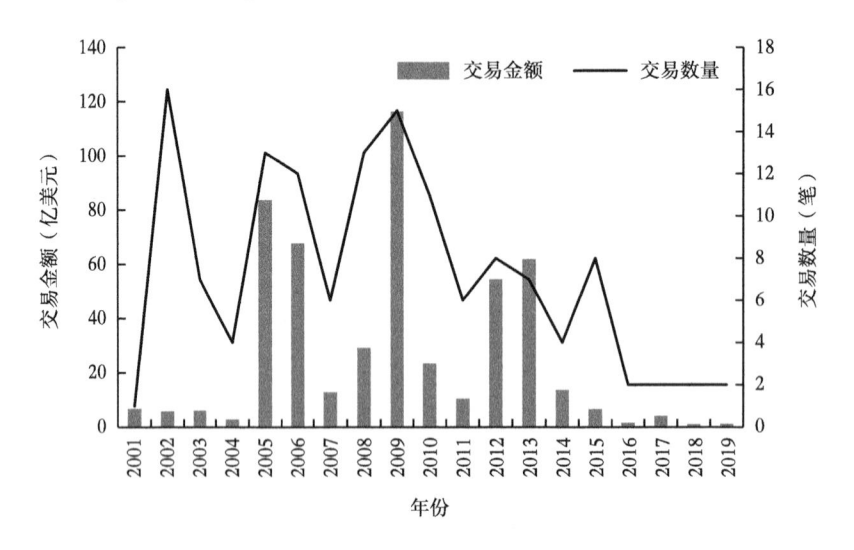

图3-2-11 哈萨克斯坦油气上游收并购交易总体情况（数据来源：WOOD，2020）

1. 浅水资产超越陆上常规原油资产成为主要交易类型

2001—2019年，哈萨克斯坦陆上常规油气资产交易额为274.75亿美元，占所有交易金额的54.07%，居所有资产类型首位；浅水资产交易共计151.69亿美元，占所有交易金额的29.85%。2012年之前，常规资产交易占绝对优势；然而从2012年起，浅水资产交易异军突起，超越陆上常规油气资产成为主要交易资产类型（图3-2-12）。

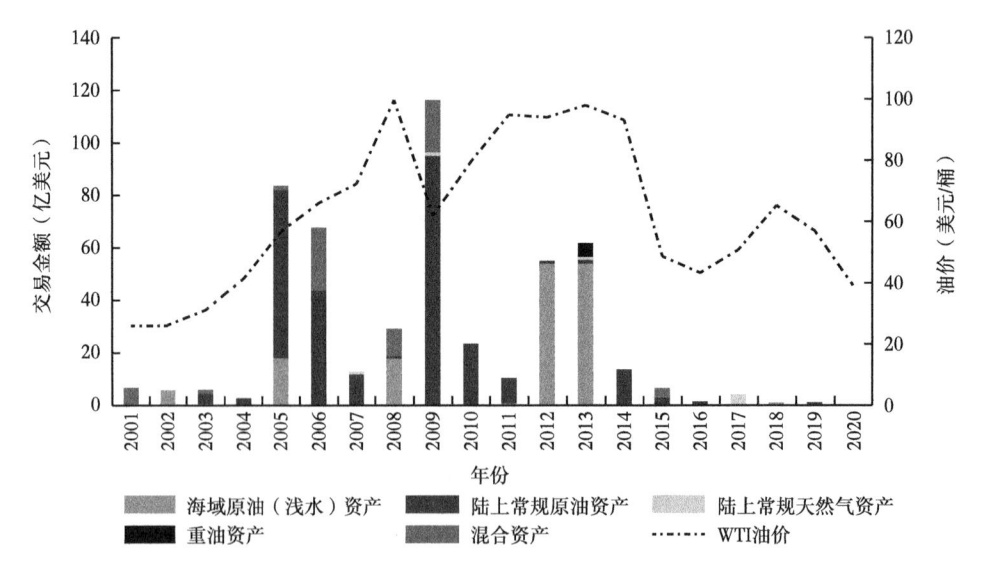

图3-2-12 哈萨克斯坦油气上游收并购交易按资产类型分类情况（数据来源：WOOD，2021）

2. 石油巨头剥离资产较多

七大石油公司均在哈萨克斯坦进行买入，埃克森美孚公司、壳牌公司、道达尔公司、雪佛龙公司和埃尼石油公司在哈萨克斯坦进行卖出。

七大石油公司买入资产共计20.25亿美元，其中浅水原油资产金额为11.80亿美元，占比58.26%；陆上常规原油资产金额为1.65亿美元，占比8.15%；混合资产交易额为6.8亿美元，占比33.59%。

五个石油公司共剥离资产共计40.01亿美元，其中浅水原油资产金额为20.08亿美元，占比50.18%；陆上常规原油资产金额为19.93亿美元，占比49.82%（图3-2-13）。

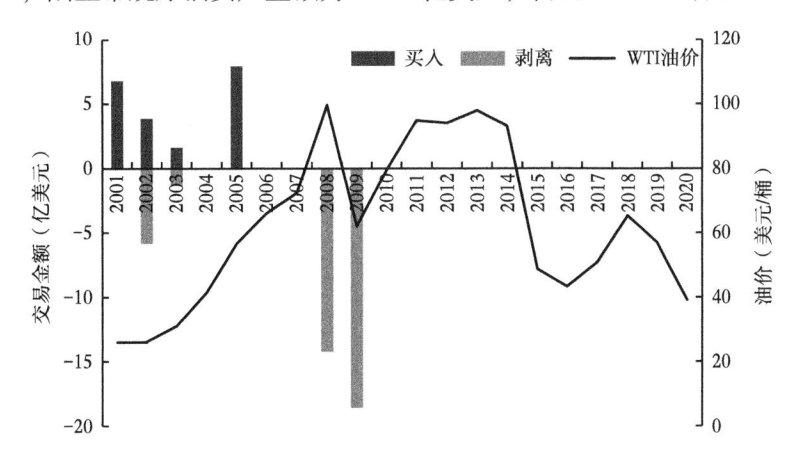

图3-2-13 石油巨头在哈萨克斯坦油气上游收并购交易情况（数据来源：WOOD，2021）

3. 国家石油公司各类资产类型均有买入

2001—2019年，国家石油公司的收并购交易金额共计493.90亿美元，占全交易金额的97.21%。其中作为买方共买入资产共计350.21亿美元，作为卖方共剥离资产143.69亿美元。

2012年之前，国家石油公司的交易类型主要为陆上常规原油资产，2001—2011年陆上常规原油资产交易总金额为208.34亿美元，占这一阶段全部资产交易额的65.38%；2012年之后，交易类型主要为浅水原油资产，2012—2019年浅水原油资产交易总金额为162亿美元，占这一阶段全部资产交易额的92.43%（图3-2-14）。

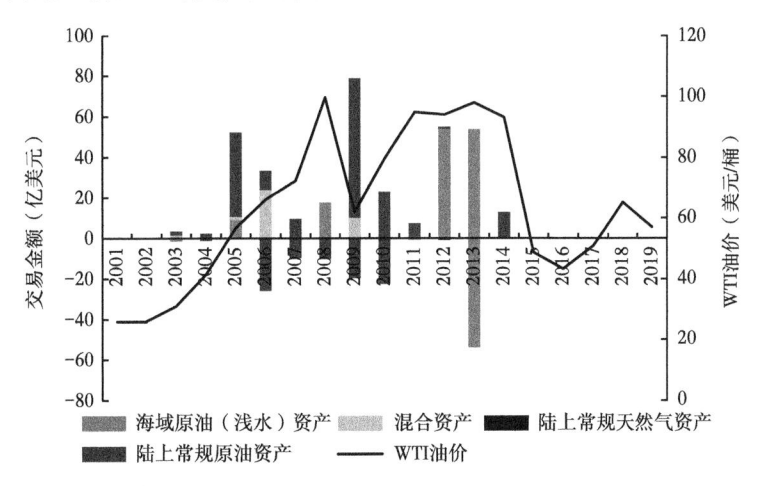

图3-2-14 国家石油公司在哈萨克斯坦油气上游收并购交易情况（数据来源：WOOD，2021）

4. 中国企业以买入为主

2001—2019 年，中国企业在哈萨克斯坦的收并购交易金额共计 236.78 亿美元，其中买入资产共计 199.3 亿美元，剥离资产共计 37.48 亿美元。

从资产类型来看，常规资产为主要交易类型，2001—2019 年常规资产交易金额共计 180.19 亿美元，占这一阶段全部资产交易额的 76.1%；其他交易类型为重油和混合资产（图 3-2-15）。

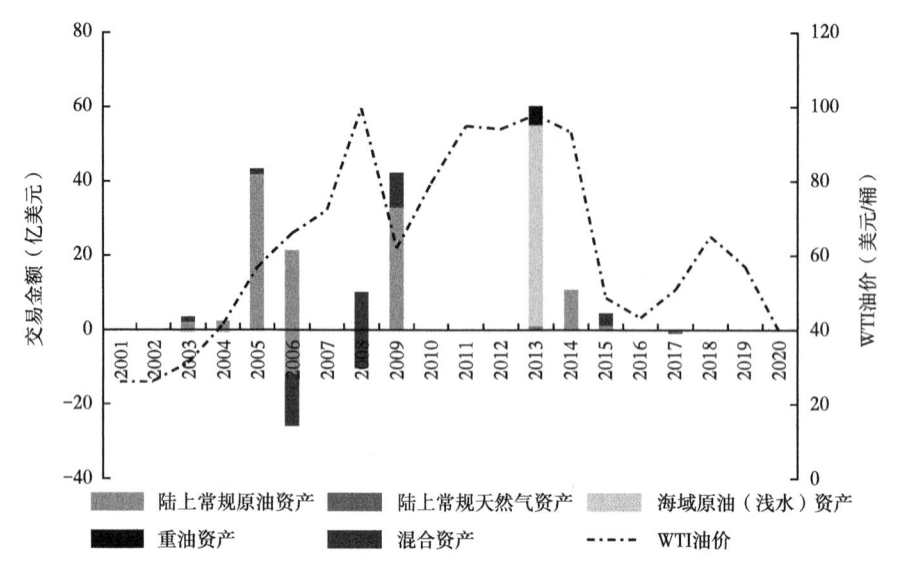

图 3-2-15　中国企业哈萨克斯坦油气上游收并购交易情况（数据来源：WOOD，2021）

2001 年起至今，中国企业进行的资产买入交易共计 71 笔，其中中国石油是中国企业中最大的买方，共进行资产收购交易 7 笔，金额共计 134.89 亿美元，占中国企业作为买方进行交易的 67.7%。同期，中国企业作为买方共进行了 6 笔资产的剥离，其中中国石油也是中国企业中最大的卖方，共剥离资产 4 笔，金额共计 26.78 亿美元，占所有中国企业剥离金额的 71.45%。

5. 重大交易实例——卡沙甘油田

卡沙甘油田位于里海北部，占地 890 平方千米，剩余油气可采储量为 196 亿桶油当量。1999 年开始进行勘探开发，2013 年 9 月投产，由于天然气泄漏事故导致生产中断，2016 年 9 月恢复生产，目前产能约为 20 万桶/天。项目计划建设三期，预计 2030 年高峰产能达到 94 万桶/天。卡沙甘油田与哈萨克斯坦境内另一油田——田吉兹油田一并被称为过去 30 年世界最大的石油发现，由于恶劣的天气条件及海上作业环境，卡沙甘油田也是最具开采挑战性的巨型油田之一。

经过多轮交易后，目前埃尼石油公司、壳牌公司、埃克森美孚公司、道达尔公司分别持股 16.81%，哈萨克斯坦国民福利基金（SK）持股 8.44%，哈萨克斯坦石油与天然气公司持股 8.44%，中国石油持股 8.33%，由日本石油勘探公司（JAPEX）、日本经济贸易与工业部及日本 INPEX 公司联合组成的 INPEX 北里海公司控股 7.55%。

（三）油气上游招标历史

哈萨克斯坦勘探区块对外招标集中在 20 世纪 90 年代，2000 年后招标数量大幅下降，主要原因是主要油气田和勘探区域已经招标完成，重点转入开发阶段。2006—2013年间，哈萨克斯坦没有举行大规模的招标活动。2008年，哈萨克斯坦宣布暂停颁发新的油气勘探许可证。2013年4月陆上勘探区块重新开放，在此之前，石油公司可以通过特别谈判获取许可证。2008—2013年间，几乎所有新区块均授予了哈萨克斯坦国有石油公司或本国其他公司（图3-2-16，表3-2-3）。

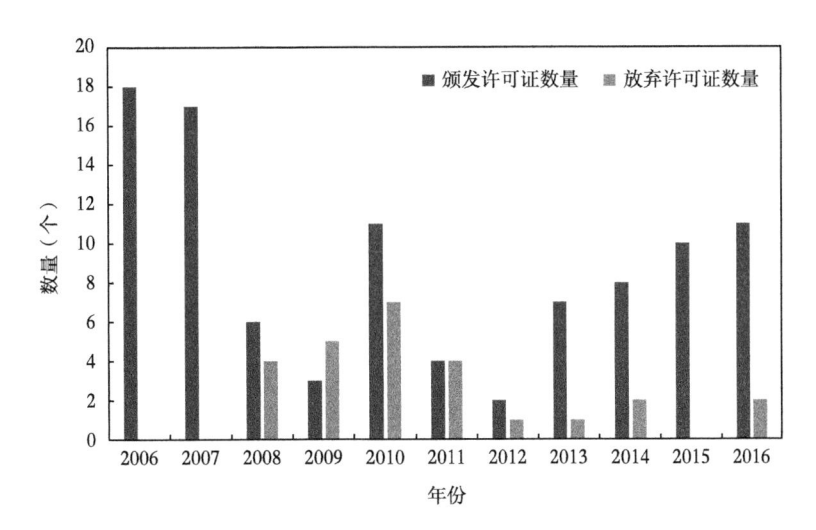

图 3-2-16　2006—2016 年哈萨克斯坦勘探许可证颁发情况（数据来源：WOOD，2021）

表 3-2-3　哈萨克斯坦勘探区块许可证颁发情况（数据来源：WOOD，2021）

盆地	许可证涵盖面积（千平方千米）	许可证主要持有者
Alakol	24.6	International Petroleum
Chu-Sarisu	21.4	Sozak Oil and Gas（Geo-Jade Petroleum）、NC KMG
Mangyshlak	33.3	NC KMG、KMG EP、3A-BestGroup、Emir Oil、Maersk Oil
North Turgai	9	Energoresursy、Sky Quest Exploration
North	57	Nursat-Bauir & K、Maksat、OIL GAS PROJECT、Tethys Petroleum
Ustyurt/East		
Aral		
Precaspian	148.6	Sinopec Group、North Caspian Oil Development、KMG EP、North Caspian Petroleum、Samek International
South Turgai	43.6	PetroKazakhstan、Kristall Management、Nursat-Bauir & K、Kumkol Trans Service（Equus Petroleum）、Sauts Oil、SSM Oil
Syrdarya	2.6	Amir、Gentech
Zaisan	7.2	Tarbagatai Munai（Guanghui Energy）
总计	347.3	

除陆上油气资源外，哈萨克斯坦的海域油气资源也有很大潜力，但是国际石油公司在海域领域受到限制。哈萨克斯坦没有进行过海域许可证招标，但为 NC KMG 颁发了特别许

可证。NC KMG 可以直接与国际石油公司谈判出让权益。通常情况下，NC KMG 在海上资产中最低持股比例为 50%，一般是通过其子公司 KazMunaiTeniz 参与持股（表 3-2-4）。

表 3-2-4 哈国海上许可证颁发情况（数据来源：WOOD，2021）

区块	授予时间	许可证主要持有者
North Caspian Sea	1997	国际财团
Kurmangazy	2005	NC KMG 和 Rosneft 各持股 50%
Pearls	2005	壳牌 55%，NC KMG 25%，阿曼石油公司 20%
Makhambet 和 Bobek	2006	NC KMG 和中国石油
Block N：	2007	2009 年 NC KMG 引入合作伙伴成立项目作业公司，康菲、Mubadala 各持股 24.5%，2013 年、2015 年康菲和 Mubadala 先后退出，目前 NC KMG 持有全部股份
Zhambyl	2008	KNOC 及其他韩国公司曾持有 27% 的股份，2016 年退出
Satpayev	2009	2011 年 ONGC 持股 25%，并承担所有勘探工作
Ustyurt	2008	2015 年颁发新勘探生产许可，UnionField Group 持有 50% 权益
Isatai	2009	NC KMG 和埃尼各持股 50%

四、油气合作风险与潜力

（一）油气产量发展趋势

虽然，哈萨克斯坦油气储采比较高，但随着主力油气田逐步进入开发中后期，油气未来产量发展趋势不宜过于乐观。

从原油产量发展趋势看，哈萨克斯坦原油将于 2030 年左右达到 1 亿吨/年的产量峰值，随后基本稳定在 0.95 亿~1.0 亿吨/年（图 3-2-17）。田吉兹油田仍是原油产量的主要贡献者，其原油产量占哈国全国原油产量占比将由 2016 年的 37.7% 增长至 2025 年的 42.5%；卡沙甘油田将是未来哈萨克斯坦原油产量增长的主体，随着卡沙甘油田逐步建产，2030 年其原油产量将占哈萨克斯坦全国原油产量的 25.8%。

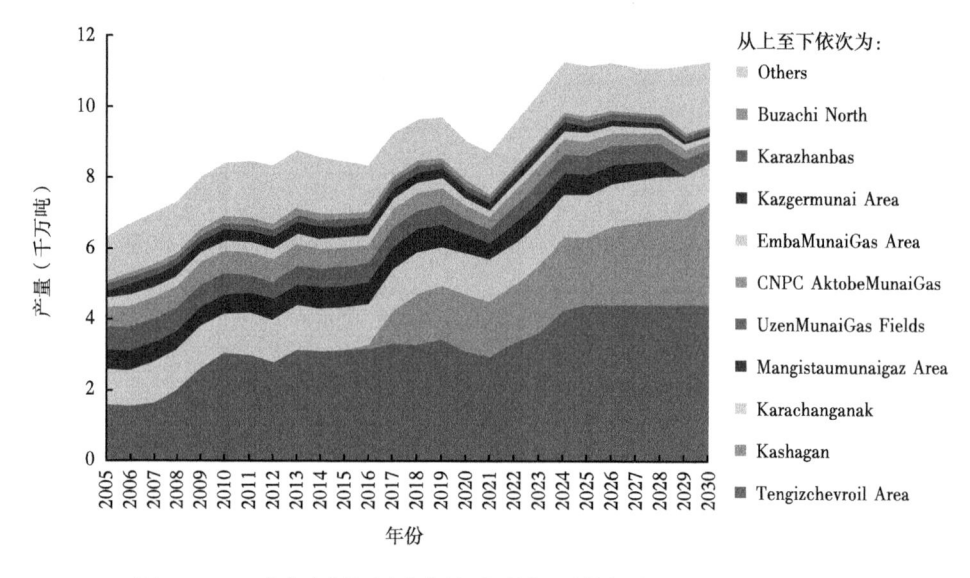

图 3-2-17 哈萨克斯坦原油产量预测剖面（数据来源：WOOD，2021）

从天然气产量发展趋势看,预计哈萨克斯坦天然气产量2030年将达到338亿立方米/年。未来哈萨克斯坦天然气产量贡献仍以主力老油气田为主,除卡沙甘油气田建产将增加部分天然气产量外,其他油气田天然气产量继续保持稳定(图3-2-18)。

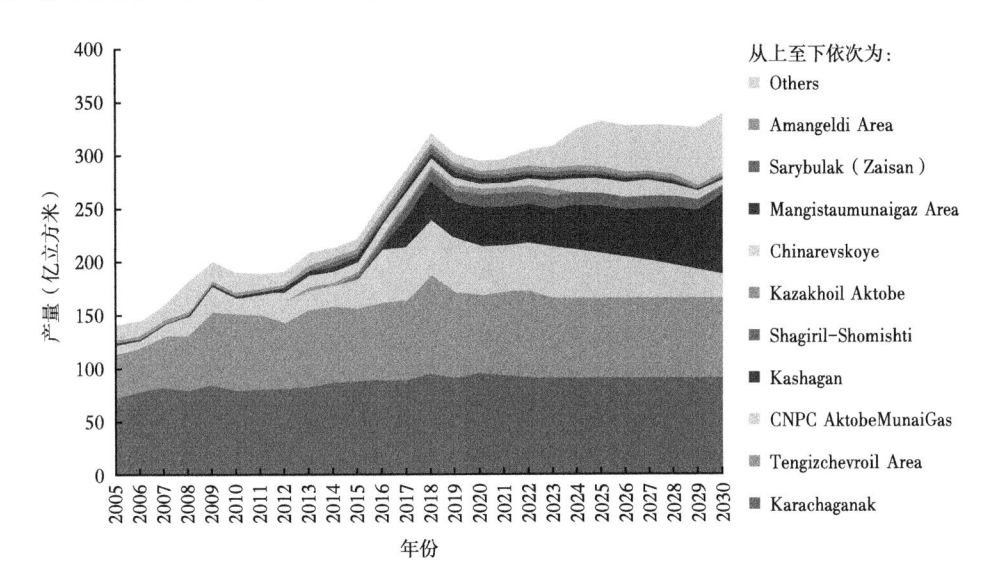

图 3-2-18 哈萨克斯坦天然气产量预测剖面(数据来源:WOOD,2021)

(二)油气合作风险

1. 经济结构风险

哈萨克斯坦是典型的资源型经济体,能源工业的一枝独秀使其经济增长过度依赖油气出口,其外汇收入与国际油价走势高度相关。油价对哈萨克斯坦经济增长的影响已经严重影响到其国内产业结构的布局和调整,高油价刺激了哈萨克斯坦国内资本继续投向石油开采和加工等利润丰厚的领域,而使其他工业部门,如电子、机械、医药、日用品等得不到充裕的发展资金;而油价低迷时,不仅整个工业生产出现停滞,国民经济和社会发展的各项支出都捉襟见肘(图3-2-19、图3-2-20)。

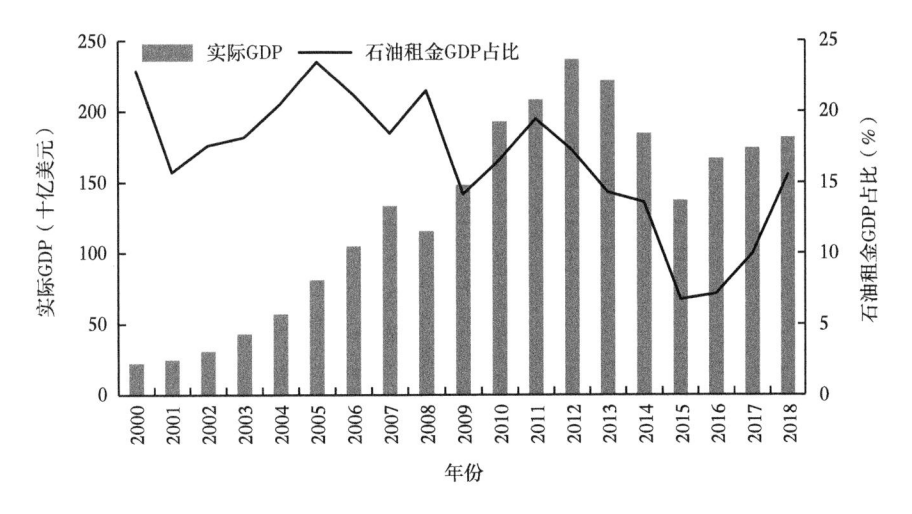

图 3-2-19 哈萨克斯坦实际 GDP 与石油租金 GDP 占比(数据来源:World Bank,2019)

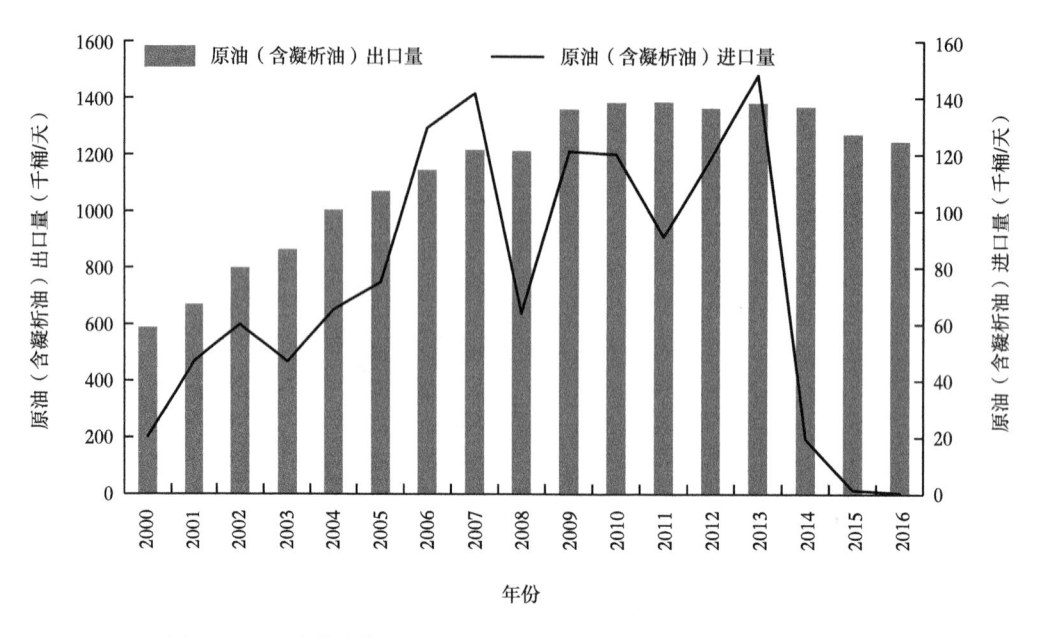

图 3-2-20 哈萨克斯坦原油出口量与进口量（数据来源：EIA，2017）

2. 通货膨胀与货币风险

2014年国际油价下跌以来，哈萨克斯坦经历了货币的大幅贬值和通货膨胀率持续攀升，2015年哈萨克斯坦央行取消了同美元挂钩的汇率制度，采用浮动汇率制，坚戈出现大幅贬值，2016年坚戈兑美元汇率342.16，同2013年相比，贬值幅度高达124.91%；2016年通货膨胀率14.56%，较2013年增长了8.9个百分点。2016年后，哈萨克斯坦央行下调利率，进而使通货膨胀率放缓。2020年，受新冠肺炎疫情的影响，哈萨克斯坦通货膨胀率再次上涨（图3-2-21、图3-2-22）。

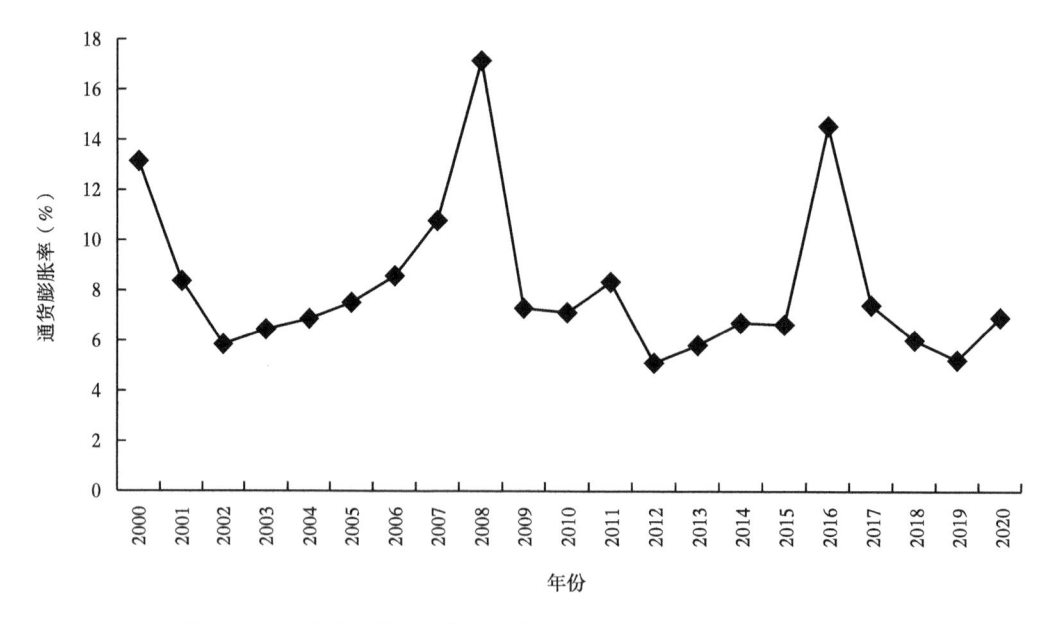

图 3-2-21 哈萨克斯坦通货膨胀率变化（数据来源：Knoema，2021）

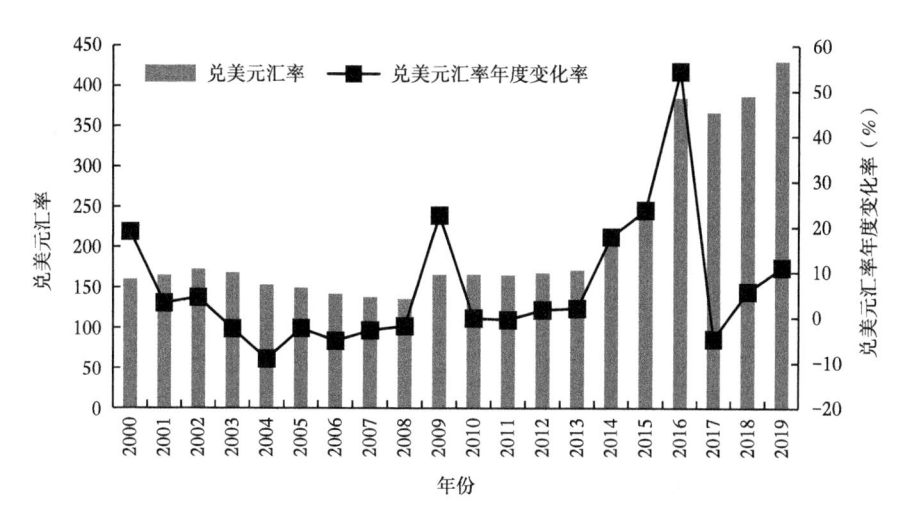

图 3-2-22 哈萨克斯坦汇率变化（数据来源：World Bank，2020）

3. 法律与合同财税风险

哈萨克斯坦的大多数许可证均受特许条款管辖。主要项目（Kashagan，Karachaganak 和 Tengiz）以及一些较小的项目均按照 PSC/特殊条款运营。但是，2010 年通过了一项法律，这意味着不能再授予 PSC 新许可证。

标准特许权条款包括五种主要税种——矿藏开采税（MET），原油出口租金税（RTE），超额利润税（EPT），石油出口关税（ECD）和公司所得税（图 3-2-23）。

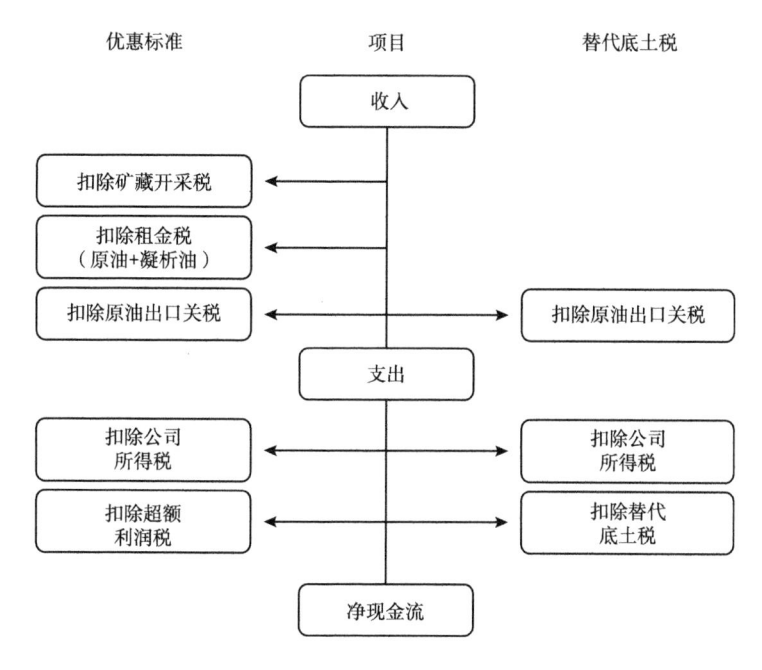

图 3-2-23 哈萨克斯坦特许经营权收入流程图（资料来源：WOOD，2021）

2017 年 12 月，哈萨克斯坦采用了一项新的税法，该税法于 2018 年 1 月生效，该法引入了可选的替代性财政条款——特许权制度中海上和深海岸油田的替代性底土税（AST），旨在激励对大陆架勘探的投资。选择开发 AST 的油田将免征 MET 税、出口租金税、EPT 税和历史国家费用的报销（表 3-2-5）。

表 3-2-5　哈萨克斯坦主要油气财税条款

类型	内容
签字费	1.5 万美元~8500 万美元
增值税	12%
进口税	16%
分包商预扣税	10%

（三）油气合作潜力和方向

从油气田建产与待建产分布看，哈萨克斯坦已探明油气储量大于 1 亿吨油气当量的油气田 7 个，占总油气探明储量的 74.3%。其中，已建产油气田三个，合计储量占总油气探明储量的 52.6%，而未建产油气田还有四个，合计储量仅占总油气探明储量的 21.7%。未探明储量基本均分布均分布在滨里海盆地中。

结合资源评价和开发潜力研究，未来哈萨克斯坦油气合作方向包括两个方面。一方面，油气勘探建议以滨里海盆地东南缘盐下油气成藏组合为潜在合作目标，加强环里海海域周缘勘探挖潜。另一方面，油气开发建议关注已建产油气田合同到期的延期动态，优选具有潜力的老油气田二次开发项目，新建产油气田建议重点拓展环里海潜力开发项目，但需要注意环里海地区油气田"高含硫"对油气开发和工程建设 / 油气田设施的影响。

第三节　土库曼斯坦

土库曼斯坦位于亚洲中部，位于伊朗以北，东南面和阿富汗接壤、东北面与乌兹别克斯坦为邻、西北面是哈萨克斯坦，西邻里海，是一个内陆国家。主要民族有土库曼族（94.7%）、乌孜别克族（2%）和俄罗斯族（1.8%），此外，还有哈萨克族、亚美尼亚族、鞑靼族、阿塞拜疆族等 120 多个民族（1.5%）。官方语言为土库曼语，俄语为通用语。绝大多数居民信仰伊斯兰教（逊尼派），俄罗斯族和亚美尼亚族居民信仰东正教。除首都阿什哈巴德为直辖市外，全国划分为阿哈尔、巴尔坎、达绍古兹、列巴普和马雷 5 个州（省），16 个市，46 个区。

土库曼斯坦矿产资源丰富，主要有石油、天然气、芒硝、碘、有色及稀有金属等。石油和天然气工业为土库曼斯坦的支柱产业（中华人民共和国外交部，2014）。

一、油气资源分布

能源与燃料行业是土库曼斯坦经济具有战略性的组成部分，中国是土库曼斯坦天然气的最大进口国。本节从资源国油气储量、油气产量、油气待发现资源、油气理论出口能力现状等方面展开系统分析。

（一）油气储量

1. 原油

2020年土库曼斯坦原油剩余探明可采储量约10.39亿吨、世界排名第30位，中亚—俄罗斯地区排名第4位，少于俄罗斯、哈萨克斯坦、阿塞拜疆，2020年原油储采比为84.29。

从原油储量的盆地分布看，土库曼斯坦原油储量集中分布在南里海盆地和阿姆河盆地中，合计原油储量占比为100%。其中，南里海盆地占86.23%、曼格什拉克盆地占13.77%。

从原油储量的陆海地域分布看，原油储量以陆上分布为主，其中陆上占71.38%、海域占26.82%。海域原油储量主要分布在南里海盆地。海域水深一般在1~300米。

从原油储量变化情况看，除2019年土库曼斯坦原油剩余探明可采储量增长0.7亿吨外，其他年份变化幅度较小（图3-3-1）。

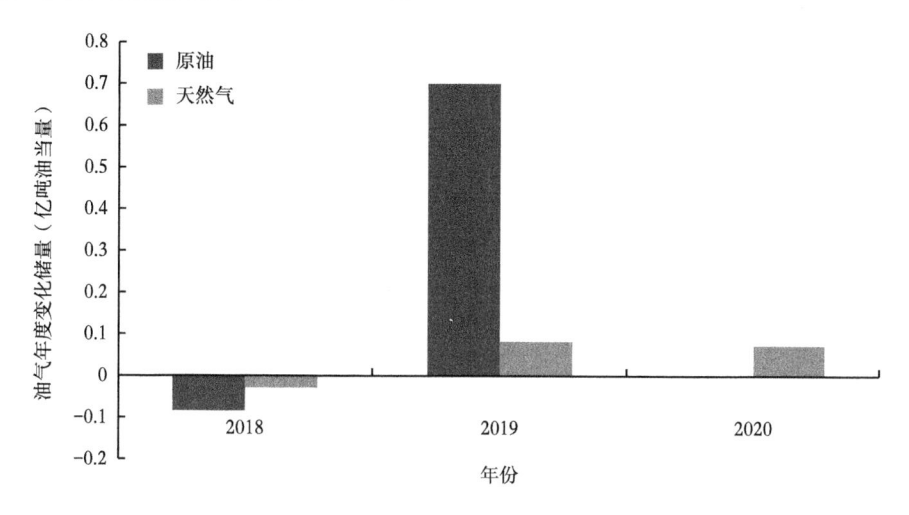

图3-3-1　2018—2020年土库曼斯坦油气年度储量变化情况（数据来源：WOOD，2021）

2. 天然气

土库曼斯坦天然气资源较为富集，2020年天然气剩余探明可采储量约11.21万亿立方米、世界排名第六位，中亚—俄罗斯地区排名第二位，仅少于俄罗斯。2020年天然气储采比为166.2。

从天然气储量的盆地分布看，土库曼斯坦天然气储量集中分布在阿姆河盆地、南里海盆地和曼格什拉克—乌斯丘尔特盆地三个沉积盆地中，合计天然气储量占比为100%。其中，阿姆河盆地占92.62%、南里海盆地占7.36%、曼格什拉克—乌斯丘尔特盆地占0.02%。

从天然气储量的陆海地域分布看，天然气储量基本分布在陆上，其中陆上占97.32%、海域占2.68%。

海域天然气储量分布特征与原油储量分布相似。

从天然气储量变化情况看，2018年以来土库曼斯坦天然气剩余探明可采储量变化不大，2019年以来天然气年度新增储量略有增加（图3-3-1）。

（二）油气产量

1. 原油

土库曼斯坦是中亚—俄罗斯重要的原油产量国，独立以来已累计产出原油约5.24亿吨，2020 年原油产量约 0.12 亿吨、世界排名第 32 位，中亚—俄罗斯地区排名第 4 位，少于俄罗斯、哈萨克斯坦和阿塞拜疆。

从原油产量的盆地分布看，主要分布在南里海盆地和阿姆河盆地两个沉积盆地中，占土库曼斯坦全部原油产量。其中，南里海盆地占 89.2%、阿姆河盆地占 10.8%。

从原油产量的油气田分布看，土库曼斯坦原油产量集中分布在三大油田中，2020 年土库曼斯坦前三大油田原油产量合计占该国原油产量的 69.63%。均为百万吨级油田，其中切勒肯合同区（Cheleken Contract Area）占 30.6%、巴尔萨—盖尔梅斯科图尔—特佩油田（Barsa Gelmes-Kotur Tepe）占 22.32% 和土库曼斯坦 I 区油田（Block 1）占 16.71%。

从原油产量变化情况看，2010—2020 年土库曼斯坦原油产量稳中有增，年度增长约 1.2%（图 3-3-2）。

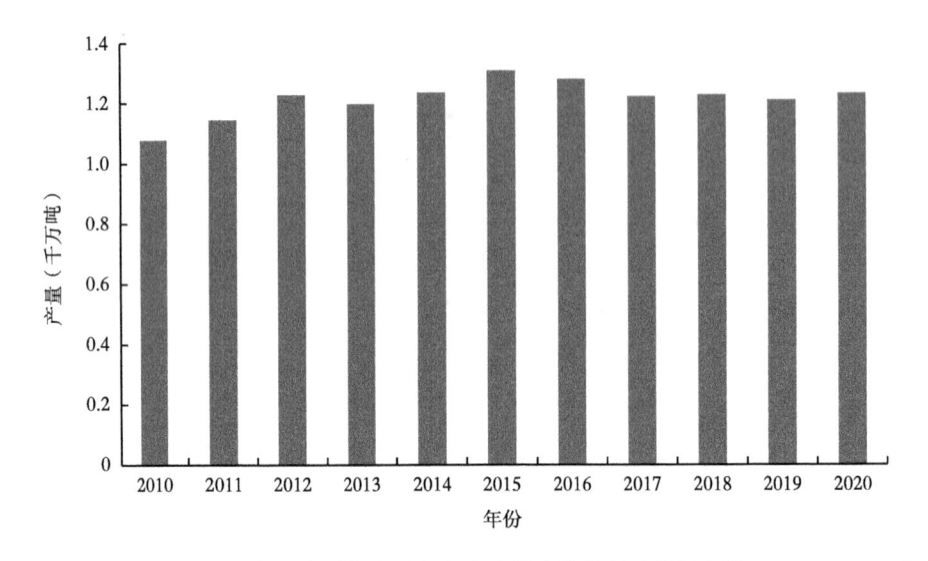

图 3-3-2 2010—2020 年土库曼斯坦油气年度产量变化情况（数据来源：WOOD，2021）

2. 天然气

土库曼斯坦独立以来已累计产出天然气约 22503 亿立方米，2020 年天然气产量约 674 亿立方米、世界排名第 11 位，中亚—俄罗斯地区排名第 2 位，仅少于俄罗斯。

从天然气产量的盆地分布看，土库曼斯坦天然气产量分布与储量分布相似，完全分布在阿姆河盆地和南里海盆地两个沉积盆地中。其中，阿姆河盆地占 85.9%、南里海盆地占 14.1%。

从天然气产量的油气田分布看，土库曼斯坦天然气产量集中分布在十个气田中，2020 年土库曼斯坦前十大气田天然气产量合计占该国天然气产量的 86.2%。其中百亿立方米气田三个，其中罗斯潘气田（Dauletabad-Donmez）占 22.3%、南约罗坦气田（South Iolotan）占 20.1%、巴吉亚里克区块（Bagtiyarlyk Area）占 19.5%，其余十大气田还包括 Block 1、Naip Area、Malai Area、Barsa Gelmes-Kotur Tepe、Shatlik、Darvasa-Zeagli 和 Bagaja。

从天然气产量变化情况看，2010—2014 年土库曼斯坦天然气产量增长较快，平均年度增长约 15.4%，2014—2017 年受低油价影响产量略有递减，2017 年后稳步增加，已恢复至历年最高水平（图3-3-3）。

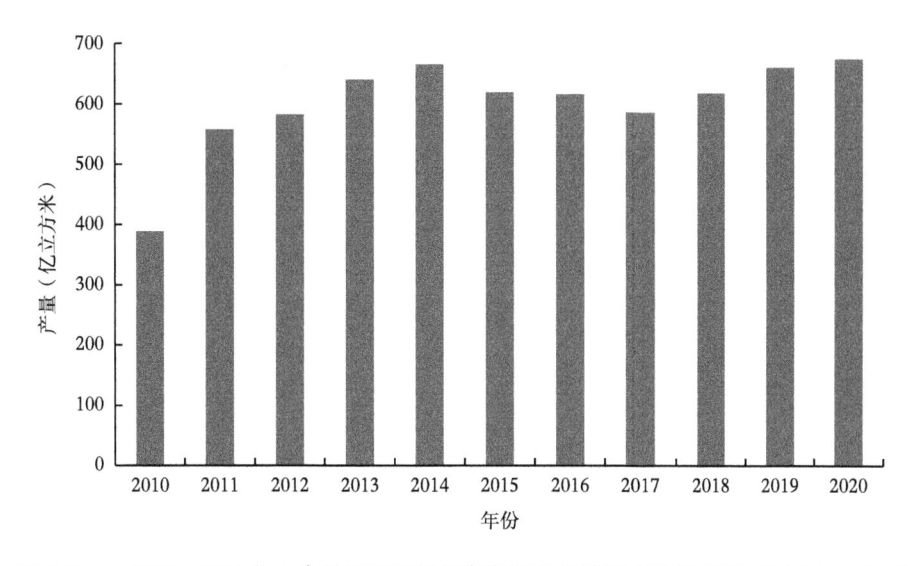

图3-3-3 2010—2020年土库曼斯坦油气年度产量变化情况（数据来源：WOOD，2021）

（三）油气待发现资源

根据中国石油勘探开发研究院自主评价结果，土库曼斯坦原油待发现资源约3.5亿吨、占世界待发现资源总量0.26%，世界排名第22位、中亚—俄罗斯地区排名第4位；天然气待发现资源约14.8万亿立方米、占世界待发现资源总量7.01%，世界排名第2位、中亚—俄罗斯地区排名第2位。

（四）油气理论出口能力

从土库曼斯坦油气理论出口能力看，土库曼斯坦原油出口能力较低，相比之下，天然气具有较大出口能力。2019年，土库曼斯坦原油理论出口能力（产量减去消费量）约0.05亿吨，天然气理论出口能力约630亿立方米。从油气理论出口能力变化趋势看，2001—2015年，原油出口能力波动上升，2015年达到顶峰，约0.065亿吨，2015年后开始下降，年平均减少率6.6%（图3-3-4）。土库曼斯坦天然气出口能力在2008年之前快速增加并达到顶峰的665亿立方米，年平均增长率约6.4%，其中2009年和2010年的出口能力下降，主要是由于2009年4月通往俄罗斯的中亚—俄罗斯天然气管道爆炸，随后俄罗斯大幅减少了从土库曼斯坦的天然气进口，2011年后恢复至正常水平（图3-3-5）。油气出口方向主要是输往欧洲和亚洲。自2007年中土签署天然气进口协议以来，使中国成为土库曼斯坦最大的天然气出口市场，中国—中亚天然气管道是土库曼斯坦天然气出口最为安全稳定的出口途径。与此同时，2014年9月，中国—中亚天然气管道的D线塔国段率先开工，根据规划，D线不同于前面已经建成使用的A/B/C线是以阿姆河右岸天然气田为起源地，D线是以复兴气田为气源地，经过土库曼斯坦、乌兹别克斯坦、塔吉克斯坦、吉尔吉斯斯坦四国，由中国石油与沿线各国合作建设，将与已建成的连接土库曼斯坦、乌兹别克斯坦、哈萨克斯坦的A/B/C线一道，形成中国—中亚天然气管道网，通过能源通道的构建，实现中亚五国与中国的互联互通，预计2023年建成并投入使用。目前中国在土库曼斯坦天然气年进口量约400亿立方米（央视网，2020）。

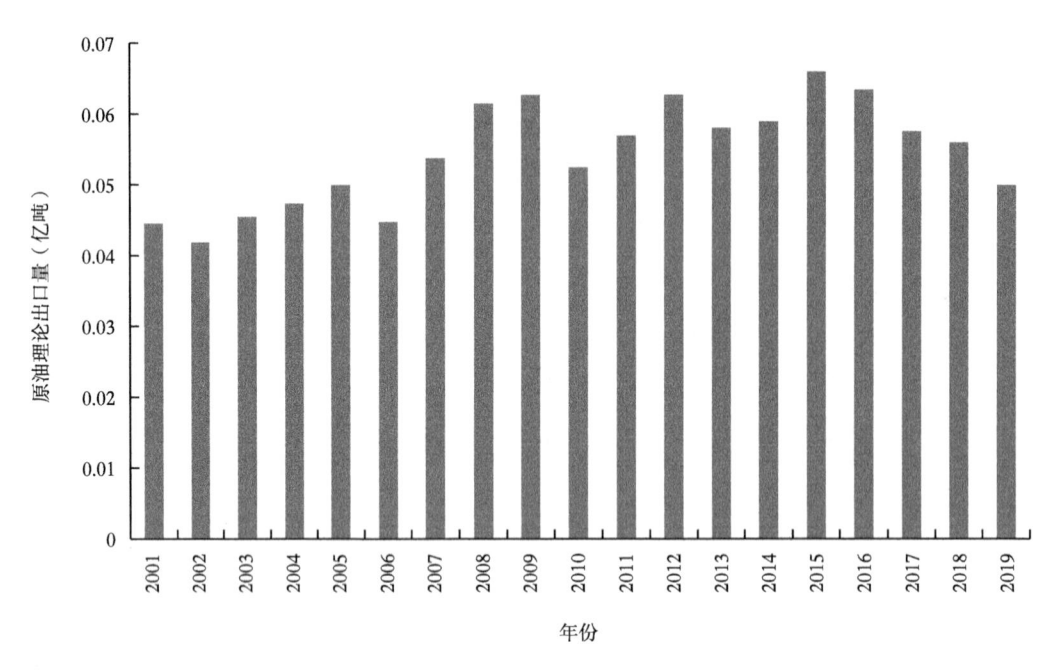

图 3-3-4 2001—2019 年土库曼斯坦原油出口能力变化图（数据来源：WOOD，BP，2020）

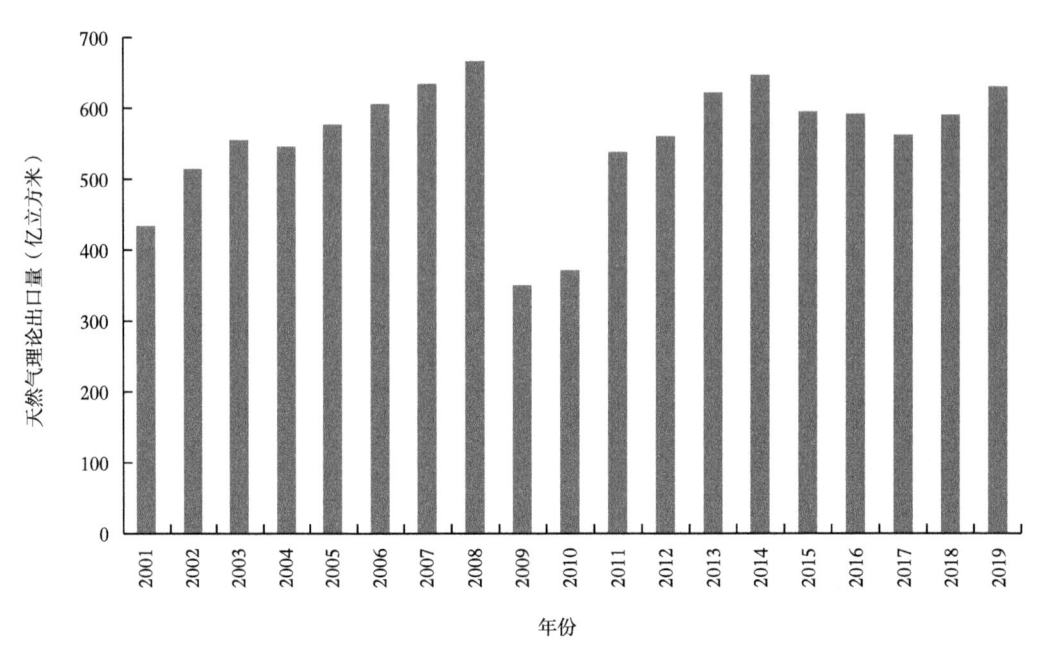

图 3-3-5 2001—2019 年土库曼斯坦天然气出口能力变化图（数据来源：WOOD，BP，2020）

二、油气合作环境

（一）政治环境

土库曼斯坦宪法规定，国家实行立法、行政和司法三权分立的政治制度，管理形式为总统制的共和国。独立后，土库曼斯坦始终将捍卫独立、主权和领土完整，发展经济，保持社会稳定作为基本国策；积极探寻适合本国国情的发展道路；提倡民族复兴精神，重视民族团结与和睦；奉行积极中立、和平友好的外交政策，致力于同其他国家发展建设性合作关系；主张宗教信仰自由，禁止宗教干预国家政治生活。

1992年5月18日通过第一部宪法，规定土库曼斯坦为民主、法制和世俗的国家，实行三权分立的总统共和制。总统为国家元首和最高行政首脑，由全民直接选举产生。人民委员会为国家最高权力代表机关。立法权和司法权分属国民议会和法院。1995年12月，土库曼斯坦修改宪法，将永久中立国地位写入宪法。1999年12月再次修宪，对宪法中有关人民委员会、议会职能的条款进行修改和补充，明确规定尼亚佐夫作为首任总统，其任期无时间限制。2003年，土库曼斯坦通过第二部宪法，规定人民委员会为常设最高权力代表机构，设立主席一职，同时规定总统当选年龄不得超过70岁。2006年12月26日再次修宪，规定总统候选人年龄在40至70岁之间，总统因故不能行使职权时，根据国家安全会议决议，任命一位副总理临时代理总统职权。2008年9月，土库曼斯坦通过第三部宪法，取消人民委员会，实行全国长老会议制度。

2014年别尔德穆哈梅多夫总统提出宪法改革，修订后的宪法首次增加了经济和信贷体系章节，阐述土库曼斯坦经济的市场关系原则，明确土库曼斯坦金融信贷、预算和银行体系；增加土库曼斯坦货币单位规定，体现本国货币单位的宪法象征意义等。2016年9月，土库曼斯坦将总统任期从5年延长至7年，取消原宪法参选总统年龄上限70岁的规定，并将组建人民委员会等内容写入宪法。2017年10月，土库曼斯坦取消长老会，重新组建人员委员会作为国家大政方针决策的最高机构，别尔德穆哈梅多夫总统亲任人民委员会主席，广泛吸纳社会各阶层代表参政。2019年第二届人民委员会会议期间，别尔德穆哈梅多夫总统提议设立议会两院制，并针对议会改革问题进行修宪。2020年1月，别尔德穆哈梅多夫总统主持召开宪法委员会会议，研究两院制改革和相关修宪问题，要求尽快公布宪法修正案，供全民讨论。2月24日，《中立土库曼斯坦》报刊载宪法修正案全文。2020年9月，土库曼斯坦将举行第三次人民委员会会议，最终审议和通过宪法修正案。

总统为国家元首、内阁主席、武装部队最高统帅，由全民直接选举产生，每届任期7年，可连任。2006年12月21日，首任总统尼亚佐夫去世后，土库曼斯坦于2007年2月11日举行总统大选，别尔德穆哈梅多夫高票胜出，成为土库曼斯坦独立后第二任总统。土库曼斯坦于2017年2月12日举行了总统大选，总统别尔德穆哈梅多夫高票再次连任，开始了第三个任期。下一次大选将于2024年举行。

（二）经济环境

土库曼斯坦在复杂多变的国际经济形势下，社会经济发展一直保持良好状态。2014年，在全球经济增长速度整体放缓，国际货币组织三次下调全球经济增长预期的情况下，土库曼斯坦经济能够逆势上扬，国内生产总值增速达10.35%，在中亚五国中占据领先地位。在经济形势复杂的国际大背景下，2015—2019年，土库曼斯坦GDP平均增长6.32%。

即使在2020年受到新冠肺炎疫情的影响，土库曼斯坦GDP依然呈现正增长，增长率为1.78%（图3-3-6）。

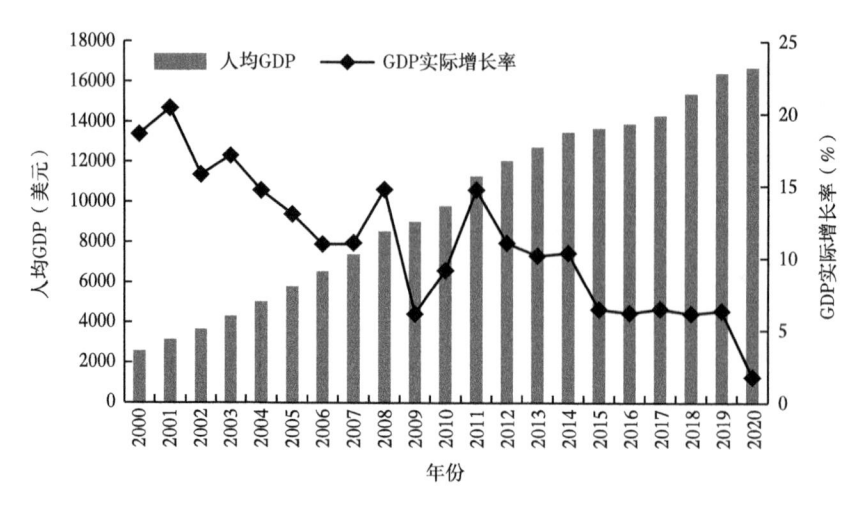

图3-3-6 土库曼斯坦GDP实际增长率与人均GDP（数据来源：Knoema，2021）

（三）油气基础设施

1. 油气管网系统

目前，中亚—俄罗斯已建成主要有俄罗斯、伊朗、中国三个方向共四条天然气出口管道。并且全部经过土库曼斯坦。

（1）中亚—中央天然气管道（简称CACP）。由三条1220毫米、两条1420毫米直径的输气管道组成该管线，设计压力为5.5兆帕，原设计输出量可达到600亿立方米/年，但近年来输量只有400亿~600亿立方米/年。由于该管道始设于20世纪60—80年代，设备早已年久失修，特别是沿里海岸边的中亚—中央Ⅲ线，年输量不到5亿立方米。所以，目前正对该管道维修改造，使之最大年输气能力达到800亿立方米。

（2）科尔佩杰—库尔特—库伊天然气管道。该天然气管道全长150千米，20世纪末开始运行，年最大输气能力70亿~80亿立方米。管道以土库曼斯坦科尔佩杰为源头，以伊朗北部库伊为终点。但是在运行过程中，由于加压站数量少、加压能力不足，导致运行过程中管道年输量低于65亿立方米。伊朗南部地区的油气资源丰富，天然气年开采量超过1000亿立方米。该天然气管道的建立，解决了伊朗北部地区天然气的供应问题。

（3）多夫列塔巳德—罕格兰天然气管道。土库曼斯坦到伊朗的第一条管线是从土库曼斯坦西部科尔别哲气田到伊朗境内古尔特古依，该管道全长约200千米，土库曼斯坦境内覆盖140千米，年输气量达80亿立方米千米，设计的最大年输气量为280亿立方米千米。多夫列塔巳德—罕格兰天然气管道是第二条土伊输气管线，长30.5千米，2010年1月开始通气，设计年输气量达60亿立方米。

（4）中亚—中国输气管线。该管道全长约1792千米，主要由两条直径为1067毫米的管道构成。起点位于格达依姆市，途径乌兹别克斯坦、哈萨克斯坦等国，最终到达霍尔果斯口岸。于2009年12月单线通气，设计年输量可达300亿立方米。根据2007年中土两国共同签署的协议，在协议中表明：在2010年10月26日，中亚天然气管道开始双线贯通。土库曼斯坦每年向中国出口约 300 亿立方米的天然气并持续 30 年。

2. 炼厂

查尔朱炼厂：1991 年在土库曼纳巴德市为了加工西伯利亚石油，以便为驻阿富汗苏军提供成品油而建造的全国最大的炼厂和石化工业基地——查尔朱炼厂。主要用于生产柴油、汽油、丙烯、沥青、重油、电极焦炭和液化气等多种产品。炼厂年加工能力可达 600 万吨（改造后可达 900 万吨），加工深度约为 90%。

土库曼巴希市石油加工综合体：1943 年在土库曼巴希市建成了可用于生产重油、柴油、沥青、汽油、液化气等多种产品的加工能力约 600 万吨的全国第二大石油加工企业——克拉斯诺沃茨克炼厂。

内比特达格炼厂：在巴尔坎纳巴特市建立主要用于生产成品油和液化气的年加工能力可达 300 万吨的内比特达格炼厂。

切列肯炼厂：德拉贡石油公司于 2007 年 6 月在切列肯市独资建立的主要用于生产柴油和石油，同时还能加工本公司开采石油的炼厂。其年产量约 250 万吨成品油。

三、油气合作现状

（一）油气上游对外开放程度

油气行业是土库曼斯坦对外开放和鼓励外资进入的行业之一。1991—2000 年，连续进行八轮油气区块招标，并采用具有吸引力的产量分成合同吸引外国石油公司进入。土库曼斯坦是一个非常重视对陆上油气资源控制的国家，对于重要油气资源（主要为陆上大型气田），土库曼斯坦采用服务合同模式，外国石油公司不能获得任何权益。除此以外，土库曼斯坦的油气对外合作采用的是产量分成合同模式。2020 年土库曼斯坦国家石油公司分别占据原油储产量的 57% 和 38%（图 3-3-7、图 3-3-8），土库曼斯坦国家天然气公司占据土库曼斯坦天然气储产量的 90% 和 64%（图 3-3-9、图 3-3-10）。中国石油公司中中国石油在土库曼斯坦参与度最高，占原油储产量的 1% 和 2%，天然气储产量的 3% 和 20%。

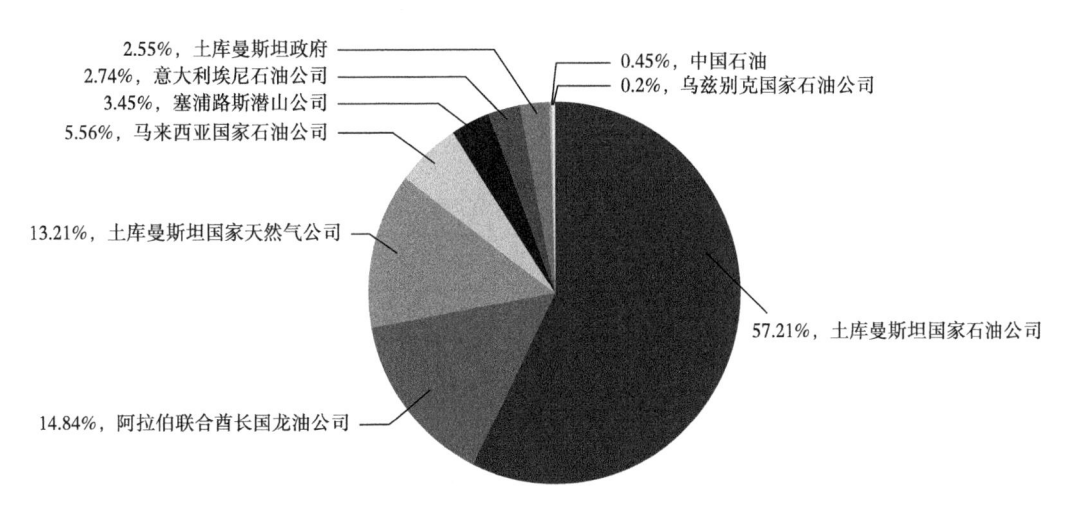

图 3-3-7　2020 年土库曼斯坦各石油公司原油储量占比（数据来源：WOOD，2021）

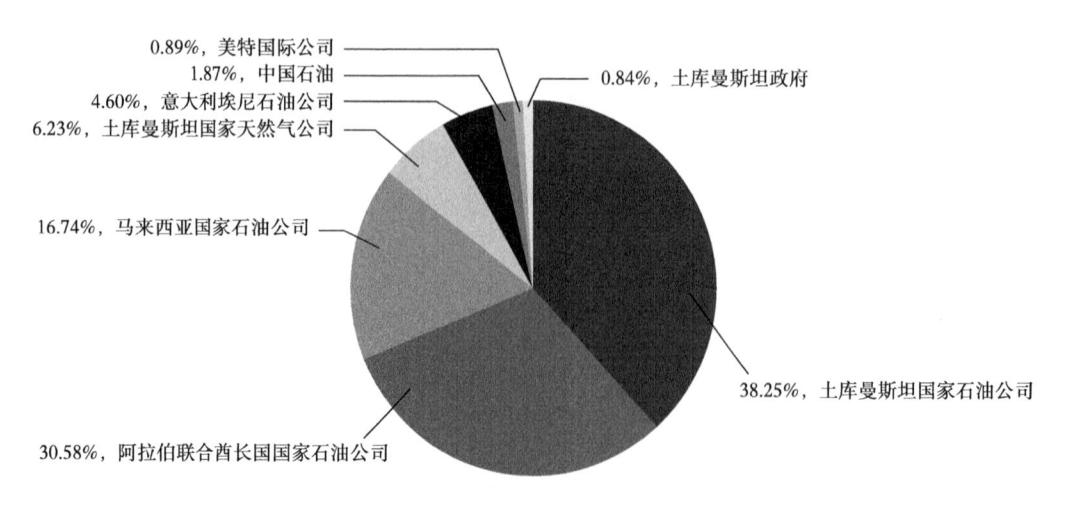

图 3-3-8　2020 年土库曼斯坦各石油公司石油产量占比（数据来源：WOOD，2021）

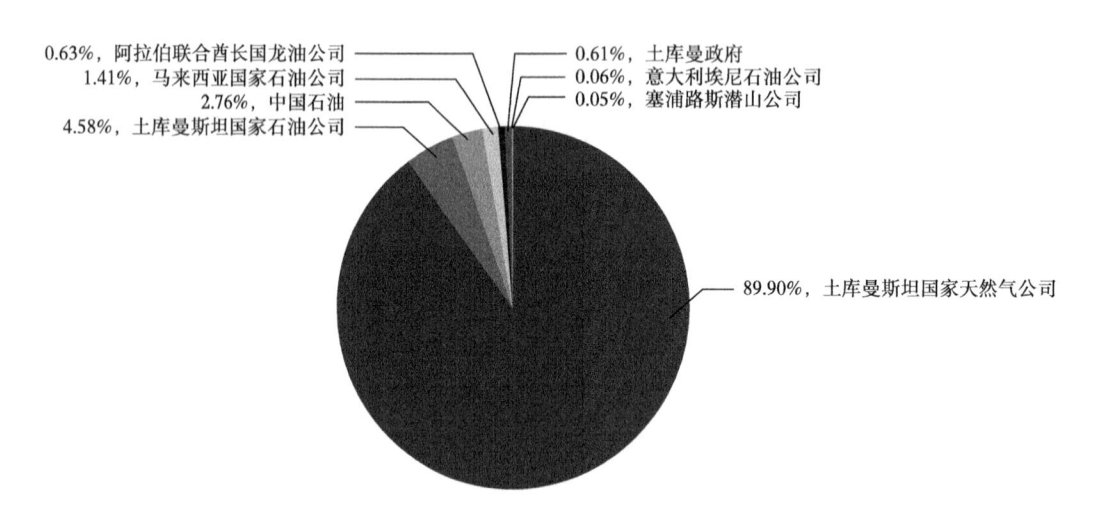

图 3-3-9　2020 年土库曼斯坦前十大公司天然气储量占比（数据来源：WOOD，2021）

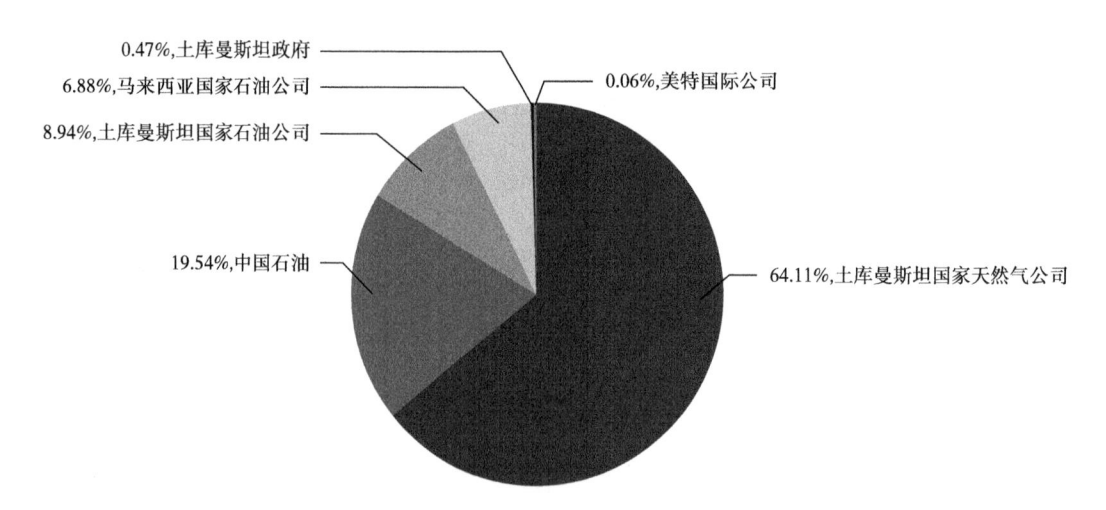

图 3-3-10　2020 年土库曼斯坦各石油公司天然气产量占比（数据来源：WOOD，2021）

（二）油气上游收并购形势

2001—2019 年，哈萨克斯坦的收并购交易共计两笔，金额共计 54.63 亿美元（图 3-3-11）。2007 年全年收并购交易金额共计 35.16 亿美元，为历年最高水平，这主要归功于埃尼石油公司以 35.16 亿美元的全现金交易收购伯伦能源公司。

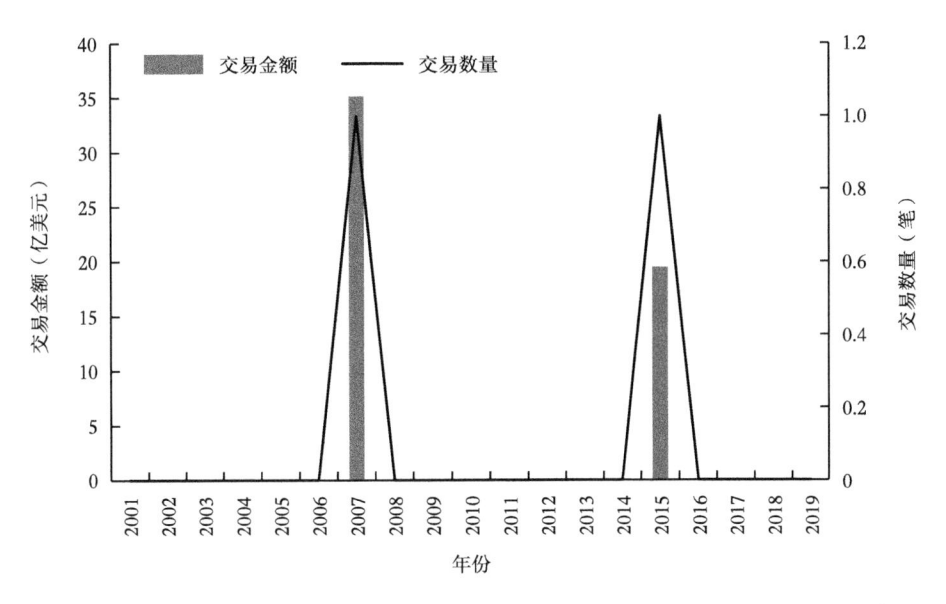

图 3-3-11　土库曼斯坦油气上游收并购交易总体情况（数据来源：WOOD，2020）

1. 交易类型均为陆上常规原油资产

2001—2019 年，土库曼斯坦境内经披露的陆上常规油气资产的收并购交易额为 54.63 亿美元，均为陆上常规原油资产（图 3-3-12）。

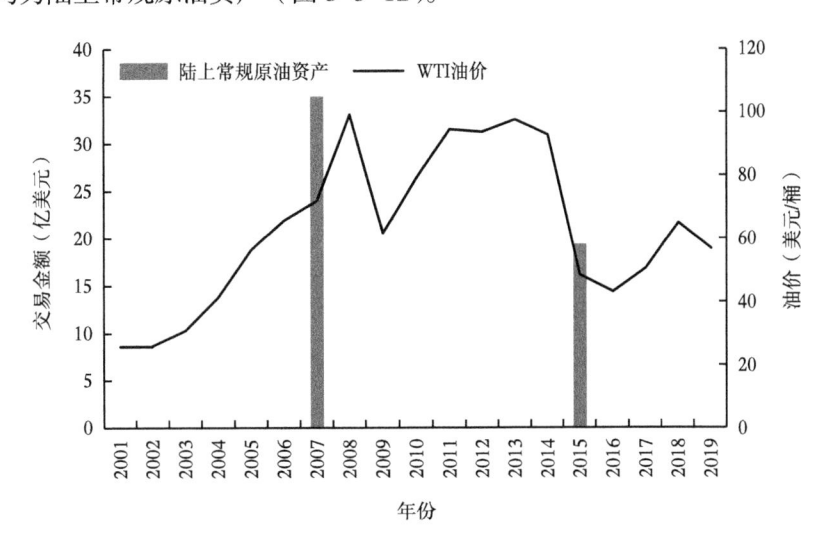

图 3-3-12　土库曼斯坦油气上游收并购交易按资产类型分类情况（数据来源：WOOD，2020）

2. 仅埃尼石油公司进行买入

七大石油公司中仅有埃尼石油公司在土库曼斯坦进行买入，且没有巨头公司在土库曼斯坦进行卖出。

埃尼石油公司共买入资产共计35.16亿美元，且买入资产类型为混合资产（图3-3-13）。

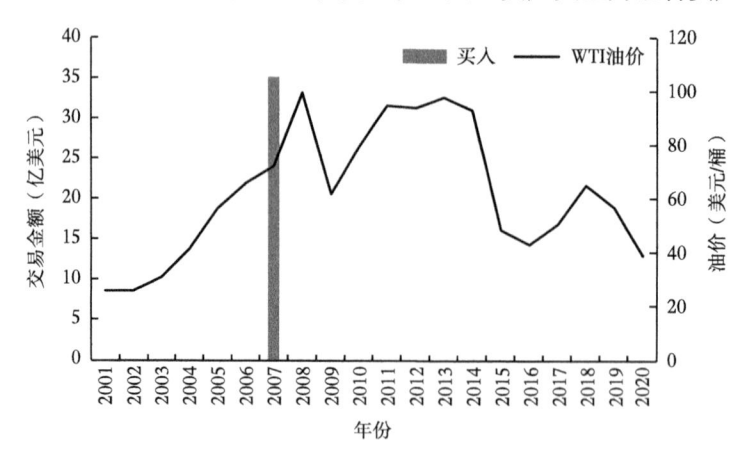

图3-3-13 石油巨头收并购交易情况（数据来源：WOOD，2021）

3. 国家石油公司未参与收并购交易

2001—2019年内未有国家石油公司在土库曼斯坦进行收并购活动。

4. 中国企业未参与收并购交易

2001—2019年内未有中国企业在土库曼斯坦进行收并购活动。

四、油气合作风险与潜力

（一）油气产量发展趋势

从原油产量发展趋势看，土库曼斯坦原油将于2020—2028年前后产量基本稳定在0.2亿~0.25亿吨/年，2028年后，除切勒肯合同区（Cheleken Contract Area）和巴尔萨·盖尔梅斯—科图尔·特佩油田（Barsa Gelmes-Kotur Tepe）外，其他油田产量递减较快，后劲不足（图3-3-14）。

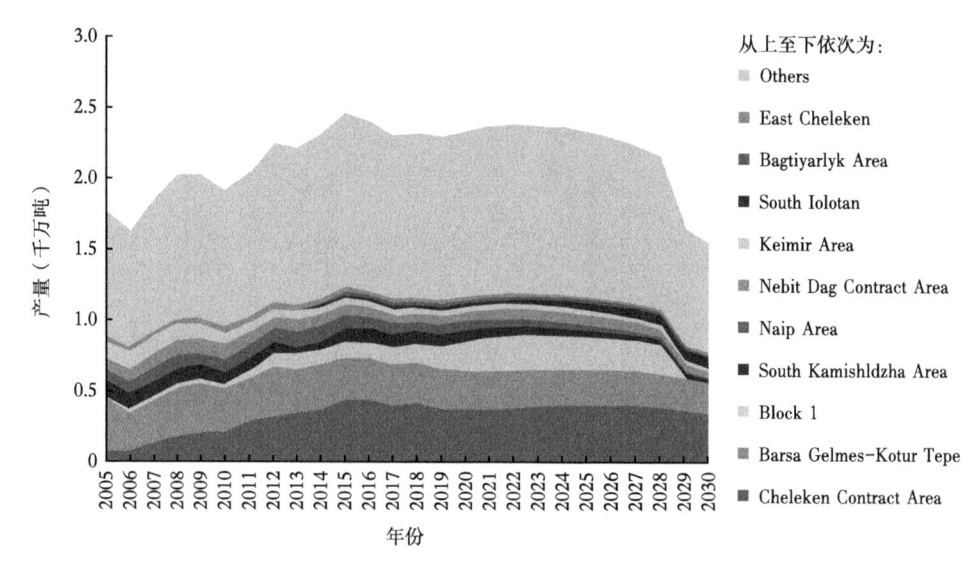

图3-3-14 土库曼斯坦原油产量预测剖面（数据来源：WOOD，2021）

86

从天然气产量发展趋势看，土库曼斯坦天然气将于未来十年内持续增长，预计在2030年达到1170万亿立方米/年。南约罗坦气田（South Iolotan）产量上升空间巨大，是土库曼斯坦主要的天然气产量贡献气田，占土库曼斯坦比例将由2020年的20.1%上升至2030年的53.9%（图3-3-15）。

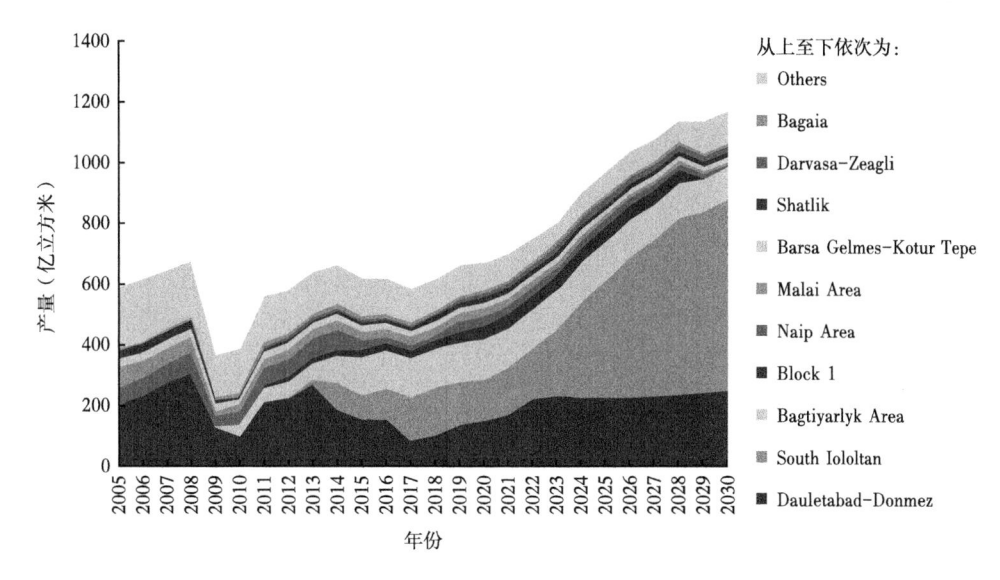

图 3-3-15　土库曼斯坦天然气产量预测剖面（数据来源：WOOD，2021）

（二）油气合作风险

1. 经济结构风险

土库曼斯坦经济在很大程度上依赖石油和天然气，油气出口占国家出口总额的85%。近年来，随着国际能源市场油气价格下跌，土库曼斯坦政府外汇收入迅速减少（图3-3-16、图3-3-17）。

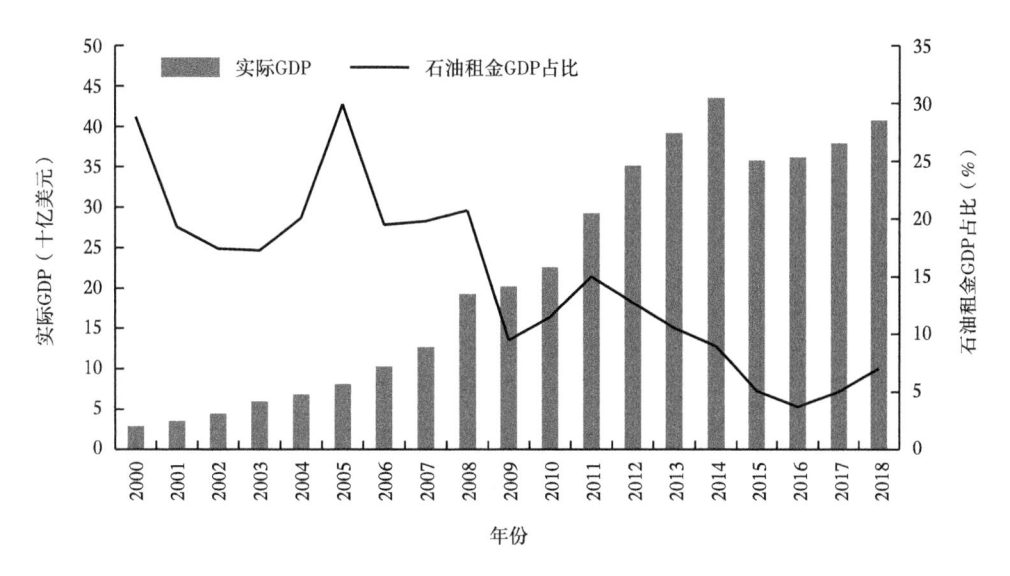

图 3-3-16　土库曼斯坦实际GDP与石油租金GDP占比（数据来源：World Bank，2019）

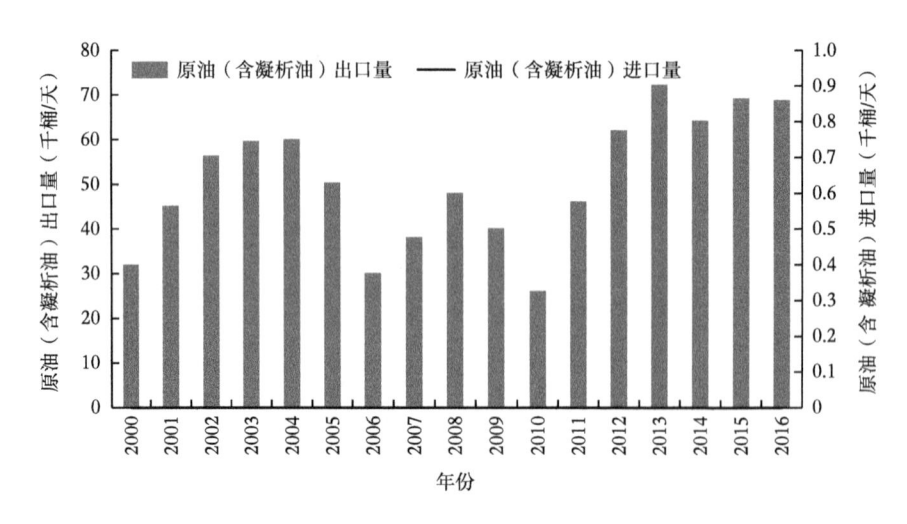

图 3-3-17　土库曼斯坦原油出口量与进口量（数据来源：EIA，2017）

2008年以前，俄罗斯是土库曼斯坦天然气的主要进口国。2008年以后，俄逐年削减购买天然气的数量，自2016年1月开始，俄罗斯天然气工业股份公司完全停止购买土库曼斯坦天然气，这使土库曼斯坦处于非常困难的境地。

由于政府财政收入减少，一些依靠财政拨款的项目被搁置，甚至取消。2015年1月30日，库尔班古力·别尔德穆哈梅多夫总统在部长委员会会议上表示"鉴于世界油气价格急剧下滑引发的经济危机，我们迫不得已采取了非常规措施，稍微提高了一些商品和服务的价格，稍微降低了马纳特兑换外币的汇率。"2016年以来，土库曼斯坦国内很多机构裁员，国有企业和私有企业均出现拖欠工资现象。

2. 通货膨胀与货币风险

伴随着1991年土库曼斯坦的独立，土库曼斯坦中央银行于1993年11月1日正式发行本国货币马纳特并执行马纳特新的货币制度，建立了实行马纳特盯住美元的固定汇率制度，确定马纳特与美元的官方汇率为1美元兑换2马纳特。后来，在经历了大幅度贬值和新旧马纳特兑换之后，土库曼斯坦中央银行于2009年1月1日宣布发行新货币马纳特，并确定马纳特的官方汇率为1美元兑换2.85马纳特，并继续实施马纳特盯住美元的、单一的、有管理的固定汇率制度。在面对国际油价大幅度下跌、乌克兰战争、俄罗斯遭遇西方国家制裁以及俄罗斯、哈萨克斯坦、吉尔吉斯斯坦、塔吉克斯坦和乌兹别克斯坦等独联体国家的货币竞相大幅度贬值的、复杂严峻的国际经济金融形势下，2015年1月1日土库曼斯坦政府对外宣布将实施了6年的1美元兑换2.85马纳特的官方汇率调整为1美元兑换3.5马纳特，继续实施马纳特盯住美元的、单一的、有管理的固定汇率制度。

3. 法律与合同财税风险

土库曼斯坦根据陆上服务合同条款和海上项目的生产共享合同条款（PSC）授予上游许可证（图3-3-18）。

由于谈判的即席性质以及一些条款为可协商项目，因此PSC条款因合同而异。协商的政府份额水平通常反映出所涉及的支出和风险水平（表3-3-1）。

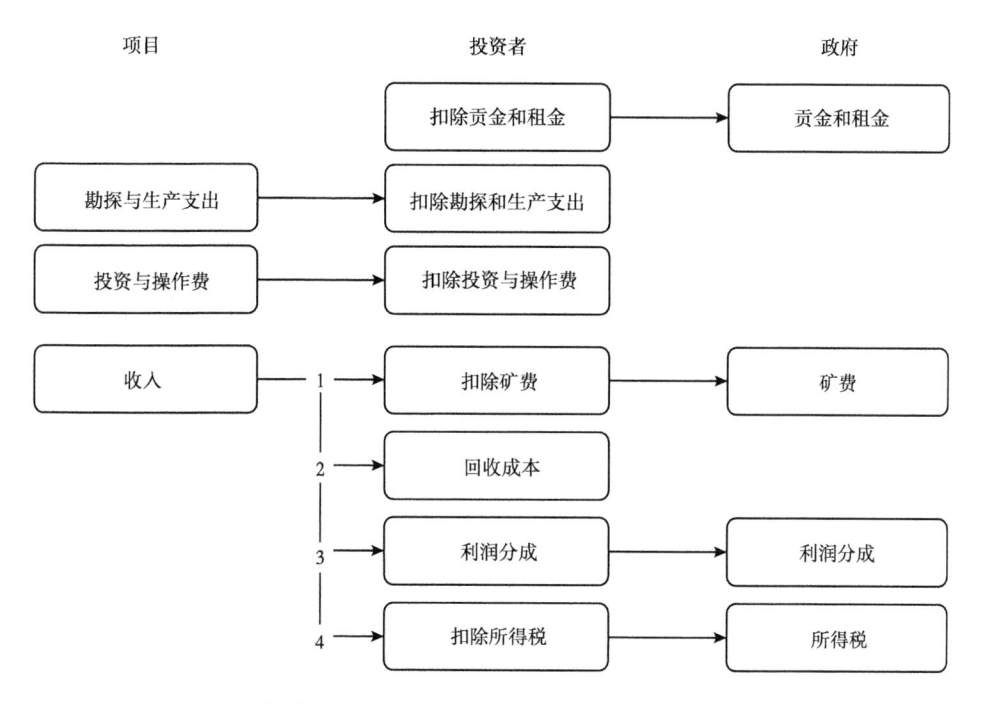

图 3-3-18 土库曼斯坦特许经营权收入流程图（资料来源：WOOD，2021）

表 3-3-1 土库曼斯坦主要油气财税条款

类型	内容
签字费	500 万美元~1500 万美元
生产定金	在每个项目中都需要竞标
地域租赁费	按合同规定支付
培训费	合同中规定了对土库曼斯坦人员进行培训的最低投资额，在勘探阶段和商业生产开始后的金额会有所不同
增值税	PSC 承包商免征增值税
进口税	PSC 承包商免征进口税

PSC 中没有强制国家参与。但是，在某些合同中，国家通过全资拥有的 Turkmenneft 参与，该公司通常在勘探阶段持有 10%~50%的股份。另一家国有公司 Turkmengaz 目前拥有大多数陆上天然气项目的 100%股权，IOC 公司仅提供服务。

财政制度的最新变化是在 2008 年对现有《石油法》基础上进行修订的。新版法律增加了对本地内容的重视，并赋予了政府对交易的优先购买权。

（三）油气合作潜力和方向

从油气田建产与待建产分布看，土库曼斯坦已探明油气储量大于 1 亿吨油气当量的油气田六个，占总油气探明储量87.4%，均已投产。未来的合作方向可以选择在南里海盆地的天然气勘探与开发和油气中下游配套设备的合作中（图3-3-19）。

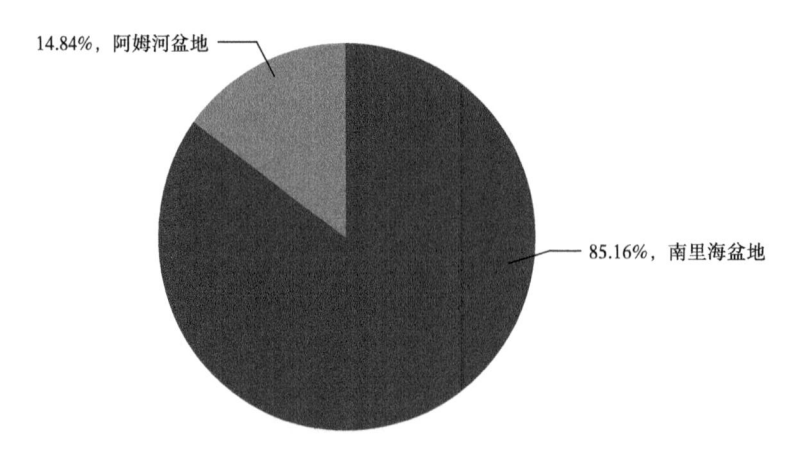

图3-3-19 土库曼斯坦待建产储量盆地分布分布图（数据来源：WOOD，2021）

第四节 乌兹别克斯坦

乌兹别克斯坦，是一个位于中亚的内陆国家，是世上两个双重内陆国之一（另一个为列支敦士登）。乌兹别克斯坦是一个由130个民族组成的多民族国家。其中，乌孜别克族占80%，俄罗斯族占5.5%，塔吉克族占4%，哈萨克族占3%，卡拉卡尔帕克族占2.5%，鞑靼族占1.5%，吉尔吉斯族占1%，朝鲜族占0.7%。此外，还有土库曼、乌克兰族、维吾尔族、亚美尼亚族、土耳其族、白俄罗斯族等。全国分为1个自治共和国（卡拉卡尔帕克斯坦自治共和国）、1个直辖市（塔什干）和12个州：安集延州、布哈拉州、吉扎克州、卡什卡达里亚州、纳沃伊州、纳曼干州、撒马尔罕州、苏尔汉河州、锡尔河州、塔什干州、费尔干纳州、花拉子模州。乌兹别克斯坦境内资源丰富，矿产资源储量总价值约为3.5万亿美元。现探明有近100种矿产（中华人民共和国外交部，2014）。

一、油气资源分布

乌兹别克斯坦是中亚—俄罗斯地区油气资源大国之一，油气资源较为丰富。本节从资源国油气储量、油气产量、油气待发现资源、油气理论出口能力等方面展开系统分析。

（一）油气储量

1. 原油

乌兹别克斯坦是中亚—俄罗斯地区油气资源大国之一，2020年原油剩余探明可采储量约2.96亿吨、世界排名第48位，中亚—俄罗斯地区排名第5位，2020年原油储采比为118.08。

从原油储量的盆地分布看，乌兹别克斯坦原油储量集中分布在阿姆河盆地、费尔干纳盆地、阿富汗—塔吉克盆地、北乌斯丘尔特盆地和曼格什拉克—乌斯丘尔特盆地等五个沉积盆地中，合计原油储量占比为100%。其中，阿姆河盆地占75.30%、费尔干纳盆地占16.33%、阿富汗—塔吉克盆地占4.82%、北乌斯丘尔特盆地占3.53%、曼格什拉克—乌斯丘尔特盆地占 0.02%。从原油储量的陆海地域分布看，原油储量完全分布在陆上。

从原油储量变化情况看，近三年除 2019 年储量下降 0.19 亿吨外，乌兹别克斯坦原油剩余探明可采储量变化不大（图 3-4-1）。

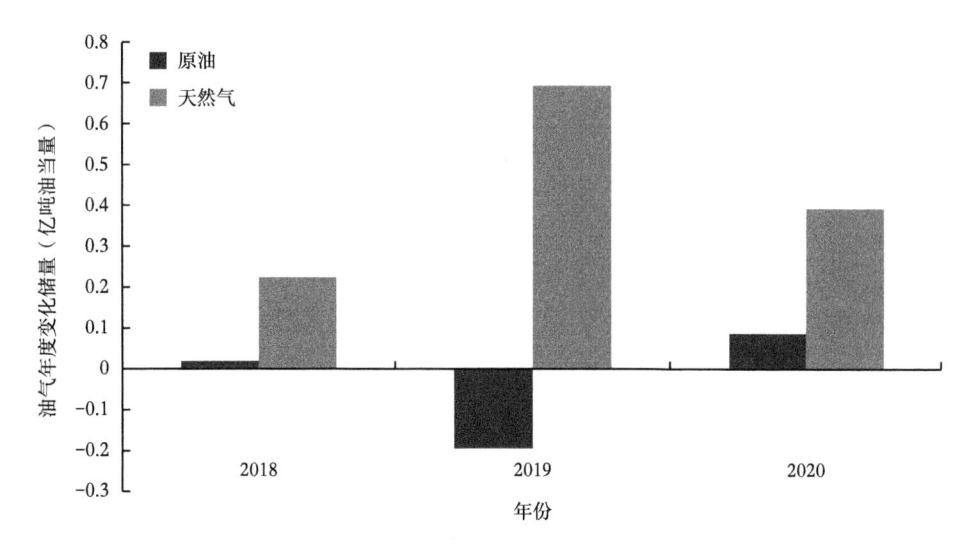

图 3-4-1　2018—2020 年乌兹别克斯坦油气年度储量变化情况（数据来源：WOOD，2021）

2. 天然气

2020 年乌兹别克斯坦天然气剩余探明可采储量约 3.59 万亿立方米，世界排名第 16 位，中亚—俄罗斯地区排名第 3 位。2020 年天然气储采比为 73.8。

从天然气储量的盆地分布看，乌兹别克斯坦天然气储量集中分布在阿姆河盆地、北乌斯丘尔特盆地、阿富汗—塔吉克盆地、曼格什拉克—乌斯丘尔特盆地和费尔干纳盆地五个沉积盆地中，合计天然气储量占比为 100%。其中，阿姆河盆地占 90.20%、北乌斯丘尔特盆地占 5.65%、阿富汗—塔吉克盆地占 2.55%、曼格什拉克—乌斯丘尔特盆地占 1.34%、费尔干纳盆地占 0.26%。从天然气储量的陆海地域分布看，天然气储量完全分布在陆上。

从天然气储量变化情况看，2018 年以来乌兹别克斯坦天然气剩余探明可采储量持续增长，年均增长量约 0.44 亿吨油当量（图 3-4-1）。

（二）油气产量

1. 原油

乌兹别克斯坦已累计产出原油约 1.82 亿吨，2020 年原油产量约 0.02 亿吨，世界排名第 52 位，中亚—俄罗斯地区排名第 5 位，少于俄罗斯、哈萨克斯坦、阿塞拜疆和土库曼斯坦。

从原油产量的盆地分布看，乌兹别克斯坦主要分布在阿姆河盆地和北乌斯丘尔特盆地中，占乌兹别克斯坦原油产量的 94%。其中，阿姆河盆地占 84.6%、北乌斯丘尔特盆地占 9.4%。

从原油产量的油气田分布看，乌兹别克斯坦原油产量集中分布在十个油田中，2020 年乌兹别克斯坦前十大油田原油产量合计占该国原油产量的 83.44%。十大油田中杜马拉克油田（Kokdumalak）产量最高，占该国原油产量的50%，其余油田为加兹利油田（Gazli Area）、西南吉萨尔油田（Southwest Gissar）、苏尔盖油田（Shurtan、Surgil）、吉萨尔石油天然气公司作业油田（Gissarneftegaz）、南町町油田（South Kemachi）、南帕慕克油田（South Pamuk）、库姆丘克油田（Kumchuk）和艾伦油田（Alan）。

从原油产量变化情况看，2010—2020年乌兹别克斯坦原油产量基本处于下降趋势，年度降低约3.3%（图3-4-2）。

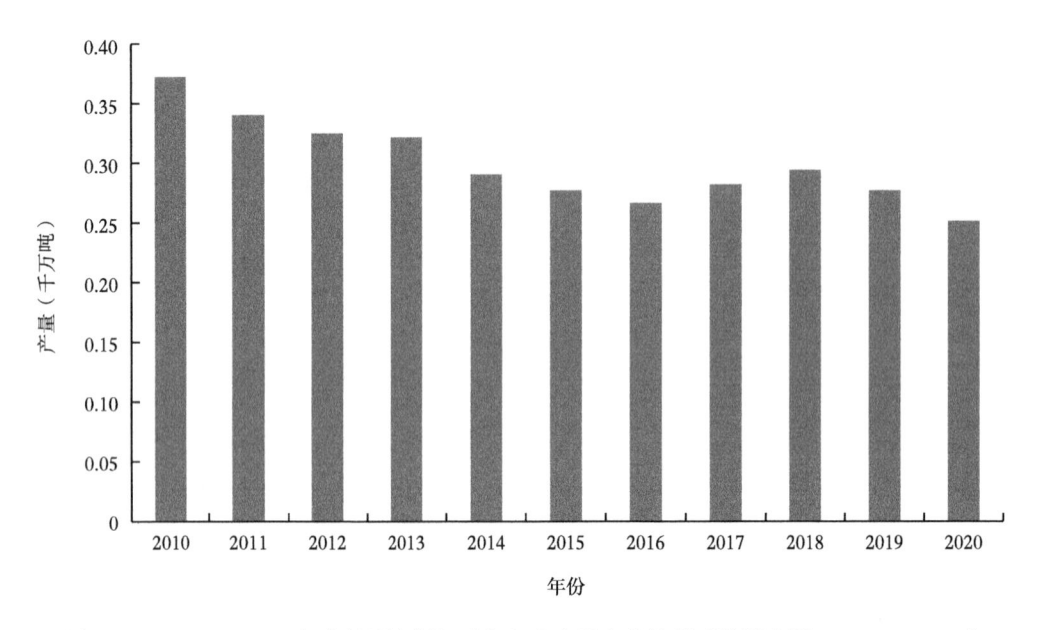

图3-4-2　2010—2020年乌兹别克斯坦油气年度产量变化情况（数据来源：WOOD，2021）

2. 天然气

乌兹别克斯坦独立以来已累计产出天然气约24111亿立方米，2020年天然气产量约486亿立方米、世界排名第15位，中亚—俄罗斯地区排名第3位，少于俄罗斯和土库曼斯坦。

从天然气产量的盆地分布看，乌兹别克斯坦天然气产量分布与储量分布相似，主要分布在阿姆河盆地、北乌斯丘尔特盆地和曼格什拉克—乌斯丘尔特盆地等三个沉积盆地中，合计占乌兹别克斯坦天然气产量约99.9%。其中，阿姆河盆地占88.2%、北乌斯丘尔特盆地占11.2%、曼格什拉克—乌斯丘尔特盆地占0.5%。

从天然气产量的油气田分布看，乌兹别克斯坦天然气产量集中分布在十个气田中，2020年乌兹别克斯坦前十大气田天然气产量合计占天然气总产量的72%。均为亿立方米级气田，其中舒尔坦气田（Shurtan）占16.4%、加兹利区块（Gazli Area）占13%、坎迪姆—豪扎克—沙迪区块（Kandim-Khauzak-Shadi Area）占9.5%、艾伦气田（Alan）占8.4%、苏吉尔气田（Surgil）占5%、南町町气田（South Kemachi）、南帕慕克气田（South Pamuk）占3.8%、泽瓦尔第气田（Zevardi）占3.6%和西南吉萨尔气田（Southwest Gissar）占3.6%。

从天然气产量变化情况看，乌兹别克斯坦天然气产量受油价波动较大，2014年、2020年伴随油价暴跌乌国天然气产量下跌严重（图3-4-3）。

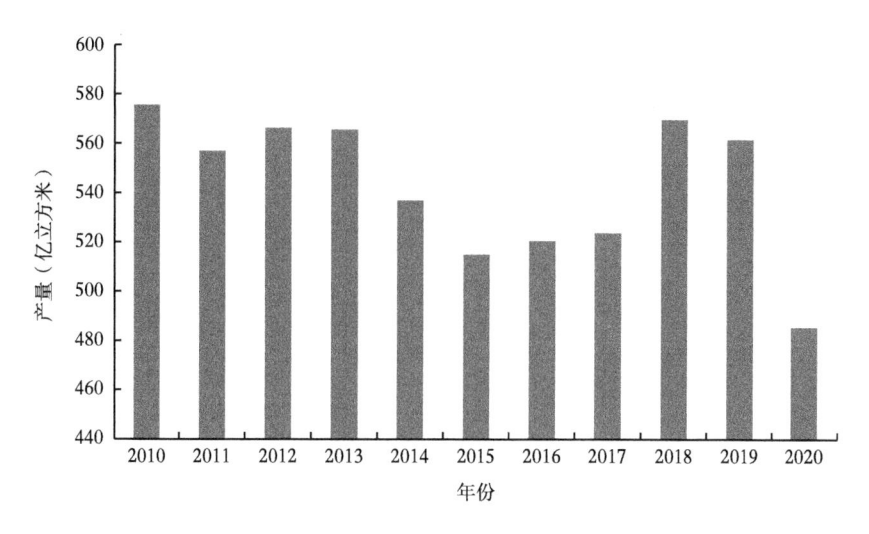

图 3-4-3　2010—2020 年乌兹别克斯坦天然气年度产量变化情况（数据来源：WOOD，2021）

（三）油气待发现资源

根据中国石油勘探开发研究院自主评价结果，乌兹别克斯坦原油待发现资源约 1.2 亿吨，占世界待发现资源总量 0.08%，世界排名第 34 位，中亚—俄罗斯地区排名第 5 位；天然气待发现资源约 2.85 万亿立方米，占世界待发现资源总量 1.35%，世界排名第 10 位，中亚—俄罗斯地区排名第 4 位。

（四）油气理论出口能力

从乌兹别克斯坦油气理论出口能力看，乌兹别克斯坦仅天然气除自给外具有出口能力，原油产量在 2001—2017 年内基本能保持自给，2018—2019 年稍有增加（图 3-4-4），天然气出口能力一直较为稳定，保持在 500 亿~630 亿立方米（图 3-4-5），但 2020 年乌兹别克斯坦总理阿里波夫表示计划到 2025 年停止出口天然气，转为在国内进行加工。中国作为乌兹别克斯坦最大的天然气出口国，届时可能对中国天然气进口有所影响。

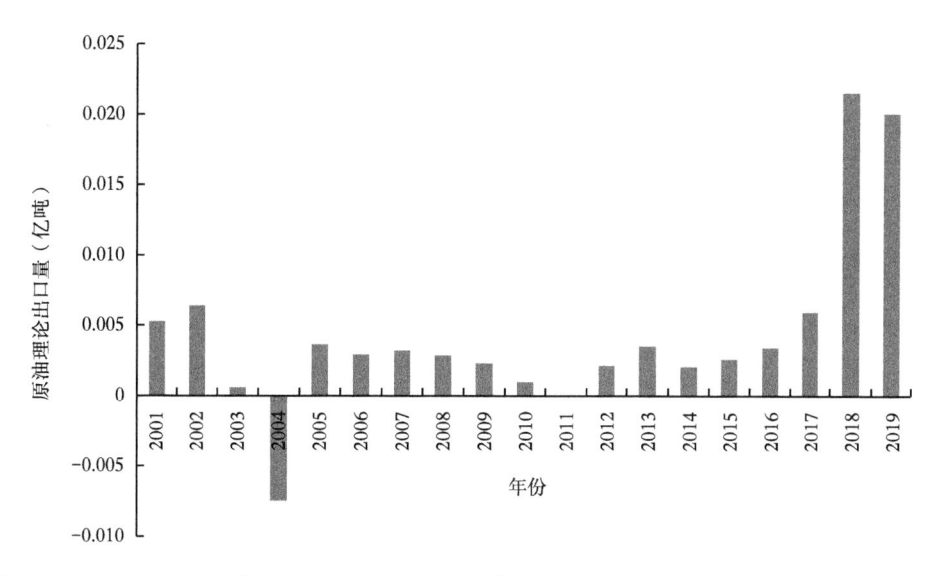

图 3-4-4　2001—2019 年乌兹别克斯坦原油出口能力变化图（数据来源：WOOD，BP，2020）

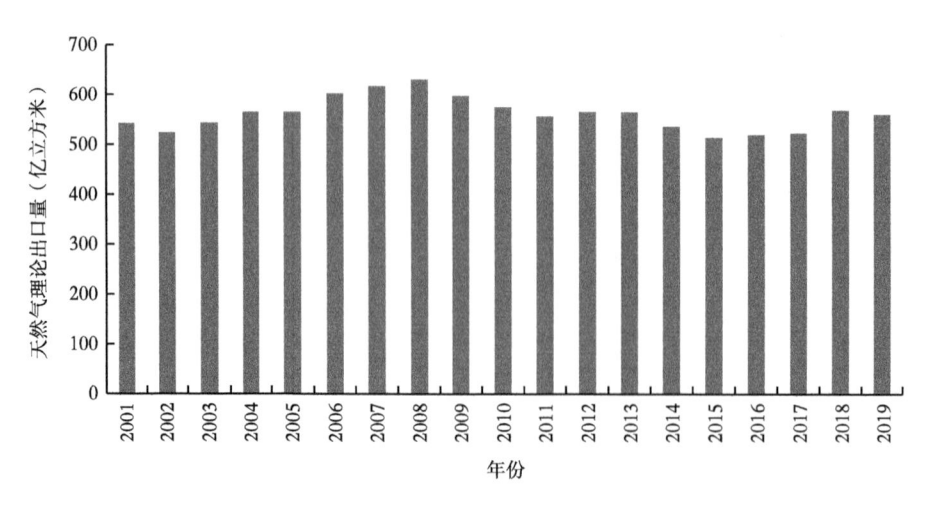

图 3-4-5　2001—2019 年乌兹别克斯坦天然气出口能力变化图（数据来源：WOOD，BP，2020）

二、油气合作环境

（一）政治环境

1991年独立之初，乌兹别克斯坦首任总统卡里莫夫提出"乌兹别克斯坦发展模式"建设国家的"五项原则"：经济优先、国家调控、法律至上、循序渐进和社会保障。在"五项原则"指导下，乌兹别克斯坦致力于复兴民族精神和宗教传统，提高社会宽容度，增进族际互容，对弱势阶层和群体实施社会保障，采取切实措施保障国家安全和社会稳定。同时，卡里莫夫总统提出乌兹别克斯坦面临的七大威胁：地区冲突、宗教极端主义、大国沙文主义、民族矛盾、贪污腐败、地方主义和生态问题，将保障国家安全作为国家主要任务之一。乌兹别克斯坦政治体制的特点：保持秩序、权威主义、控制较严和坚持政权的世俗性质。

乌兹别克斯坦于1992年12月8日通过第一部宪法，规定乌兹别克斯坦是主权、民主国家，实行立法、行政、司法分立；总统为国家元首、武装部队最高统帅；经济以多种所有制为基础。1993年、2003年、2007年、2008年、2011年3月和12月、2012年共7次修改宪法：2011年3月修宪扩大议会和政党权力；2011年12月将总统任期由七年减少至五年。

现任总统为沙夫卡特·米罗莫诺维奇·米尔济约耶夫，2003年12月起任乌兹别克斯坦政府总理，2016年9月2日，乌兹别克斯坦首任总统卡里莫夫突发中风逝世后，米尔济约耶夫担任卡里莫夫治丧委员会主席、代总统，高票赢得当年12月4日举行的总统大选，成为乌兹别克斯坦独立以来的第二位总统。

议会是行使立法权的国家最高代表机关。乌兹别克斯坦议会为两院制，由最高会议参议院（上院）和最高会议立法院（下院）组成。上院共有议员100人，下院150人，均由职业议员组成。两院议员的任期均为五年。

参议院设一位议长，一位第一副议长和两位副议长（其中一位是卡拉卡尔帕克斯坦共和国的代表）。参议院的主要职权有：选举本院议长及副议长、各委员会主席及副主席；按总统提名选举宪法法院和最高法院成员；按总统提名任命或罢免国家环境保护委员会主席，批准总统关于任命和罢免总检察长、副总检察长、国家安全总局局长的命令；按总统提议任命或罢免乌兹别克斯坦驻外外交及其他代表；按总统提议任命或罢免国家银行行长；按总统提议颁布大赦令；按总检察长提议剥夺参议院成员的豁免权，听取总检察长、国家环境保护委员会主席、国家银行行长的工作报告，通过有关乌兹别克斯坦政治、经济、内政、外交问题决议。本届参议院于2020年1月产生，议长为坦济拉·卡玛洛夫娜·纳尔巴耶娃，第一副议长为萨法耶夫，主管对外交流合作和招商引资事务。

立法院主要从事立法工作，解决涉及立法院工作的有关问题及其他乌兹别克斯坦内政、外交问题，并按照乌兹别克斯坦总检察长的建议剥夺立法院议员的豁免权；根据总统提名投票产生宪法法院与最高法院院长和副院长。立法院的常设机构是常设委员会。立法院下设12个专门委员会，分别负责预算与经济改革，反腐败与司法，劳动与社会问题，国防与安全、国际事务与议会间关系，工业、建设与贸易，农业与水利，科教文体，民主制度、非政府组织与公民自治机构，创新发展，信息政策与信息技术，公民健康保护，生态与环保等方面的立法工作。最高会议还设有秘书处，负责处理日常事务。本届立法院于2020年1月选举产生，包括自由民主党议员团53人、"民族复兴"民主党议员团36人、"公正"社会民主党议员团24人，人民民主党议员团22人、生态党议员团15人。立法院主席为努尔丁江·姆伊金哈诺维奇·伊斯莫伊洛夫。

政府又称内阁。内阁由乌兹别克斯坦共和国总理、副总理、各部部长及各国家委员会主席组成。根据乌兹别克斯坦宪法第98条规定，卡拉卡尔帕克斯坦自治共和国部长会议主席进入乌兹别克斯坦共和国内阁担任相关职务。本届政府于2016年12月15日组成，2020年1—2月，乌总统对内阁设置进行调整，目前设1名总理、1名第一副总理、4名副总理、24个部、11个国家委员会，总理为阿卜杜拉·尼格马托维奇·阿里波夫。

乌兹别克斯坦司法权由法院和检察机关执行。宪法规定，各级法院和检察机关只服从宪法和法律，独立行使职责，不受其他任何人干扰。司法人员不能参加政党活动，不能从事经营活动，不得担任其他有酬职务。

1992年1月建军。总统为武装力量最高统帅。武装力量总人数为4.8万人，下设五个军区，分别是西南特别军区（卡尔希）、东部军区（费尔干纳）、中部军区（撒马尔罕）、西北军区（努库斯）和塔什干军区（塔什干市）。实行义务兵役制和合同制结合的混合兵役制，军人服役期为12个月。

（二）经济环境

全球经济危机前，乌兹别克斯坦政府财政收入和经常项目多年保持盈余，实现较多的积累，为应对外需下降提供了较好的缓冲，使乌兹别克斯坦在2008年国际金融危机后仍保持了较高的经济增速。

乌兹别克斯坦长期执行的货币低估和抑制进口政策加之侨民汇款使经常账户存在大幅盈余。由于乌兹别克斯坦仍实行较为严格的对外贸易管制使经常账户盈余主要反映在政府财政的盈余和公共部门的积累上。2008年以来面对外需下降的局面，政府采取较大规模的扩张性财政政策，在出口总额与国内生产总值（GDP）的比例明显下降的情况下，通过消费和投资扩张仍维持了7%以上的较高经济增速。2012年GDP增长7.38%，得益于国外工作人员汇款和工资增长。2013年政府加强公共设施投资方案的实施，在国家重建和发展基金支持下继续加强农村地区住宅、公路、铁路运输等基础设施建设投入，使2013

年的实际经济增长率为7.59%。2015年乌兹别克斯坦继续深化改革，经济稳速增长，GDP实际增长率达7.45%。受国际和地区经济形势的影响，2016年度乌兹别克斯坦经济结构性矛盾进一步凸显，经济增速放缓。政府采取的反危机综合举措取得部分成效，经济基本保持平稳发展态势。2016年乌兹别克斯坦经济发展较为稳健，实现了中高速增长，GDP实际增长率达6.09%。2020年，受新冠肺炎疫情影响，人均GDP小幅上升，实际增长率为0.7%（图3-4-6）。

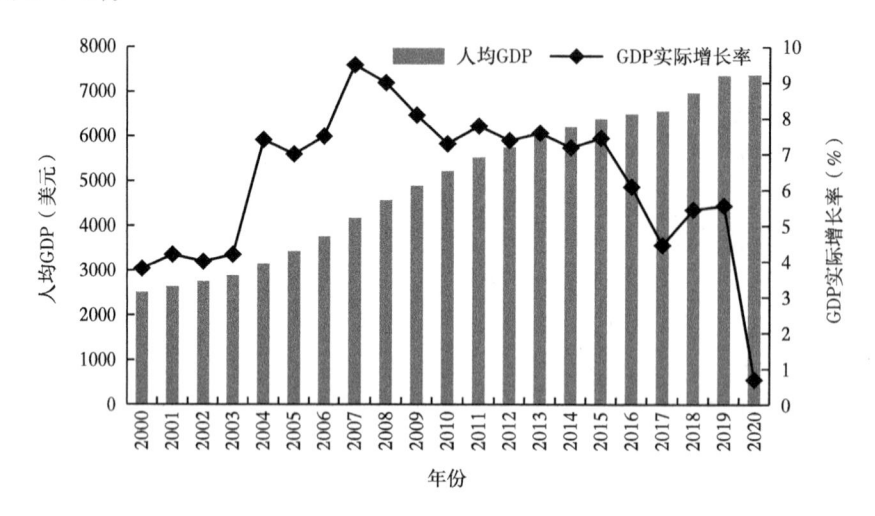

图3-4-6　乌兹别克斯坦GDP实际增长率与人均GDP（数据来源：Knoema，2021）

（三）油气基础设施

1. 油气管网系统

乌兹别克斯坦拥有一个较为完备和发达的天然气运输干线和支线网，全长约1.3万千米。干线管径通常为1200毫米和1420毫米，管压为7.5兆帕。普通管网的管径通常为700毫米、800毫米和1020毫米，管压为5.5兆帕。城市内的管网全长约11.8万千米，管径通常为32~320毫米。

乌兹别克斯坦是一个典型的"双内陆国家"，其周边邻国也是内陆国。这样的地理位置使得乌兹别克斯坦的天然气进出口主要通过管道。目前的出口管道方向主要有四个：

向北俄罗斯方向：

1）"布哈拉—乌拉尔"管道

干线全长约2000千米，管径1020毫米，设计年输送能力为150亿立方米天然气。但由于设备及管道耗损严重，早已不能正常运行，据俄罗斯天然气工业公司资料显示，该管道每年只能输送75亿立方米天然气，据乌兹别克斯坦方面提供的资料显示则不足35亿立方米。

2）"中亚—中也"管道

向东吉尔吉斯斯坦方向：

"布哈拉—塔什干—比什凯克（吉）—阿拉木图（哈）"管道。该管道把乌兹别克斯坦的天然气送到吉尔吉斯斯坦北部和哈萨克斯坦南部。

向东南塔吉克斯坦方向：

"舒尔坦—谢拉己德—杜尚别"管道。该管道年输气量30亿立方米，长度约193千米，可将乌兹别克斯坦天然气输送到南部地区卡什卡河州和苏尔汉河州（需要经过土库曼斯坦）及塔吉克斯坦，并向阿富汗出口。此管线于2003年9月建成后替代了原先的"穆巴列克—杰里夫—杜尚别"天然气管道（旧管线不仅漏气现象比较严重，而且有一段管道需要经过土库曼斯坦领土）。

2. 炼厂

乌兹别克斯坦现有阿尔马雷克、费尔干纳和布哈拉三座炼厂，均隶属于乌兹别克油气总公司。该公司是乌兹别克石油和天然气勘探、开采、运输、加工和销售的国有企业集团。三个炼厂设计加工能力为1440万吨/年。

1）阿尔马雷克炼厂

该厂是乌兹别克斯坦建设最早的石油加工企业，早在1905年在费尔干纳盆地南部建成了万诺夫斯基（现称阿尔马雷克）炼厂，年加工能力为320万吨，主要加工来自奇米昂的原油，20世纪30年代开始生产汽油和重油。卫国战争结束后进行了技术改造，可以生产拖拉机用柴油。1958年增设了液化气装置，1967年安装了催化重整装置。

2）费尔干纳炼厂

阿尔马雷克炼厂的产品由于不能满足本国需求，因而乌兹别克斯坦1959年在费尔干纳油气区建成费尔干纳炼厂，加工能力为870万吨/年原油和凝析油。1996年该厂和美国得克萨斯公司联手成立合资企业，可生产发动机油、变压器油和液压油等高级油品和其他油品35种。该厂邻近阿尔马雷克炼厂，两厂进行协作生产。由于费尔干纳属于高硫原油产区，主要装置运行已超过40年。1999年该厂进行了技术改造与扩建，购买脱硫装置，扩建焦化装置，更换部分管线等。因本国原料不足，不能满负荷运行，从2003年5月，加拿大一家公司开始从哈萨克斯坦南部通过火车向该厂运送原油。

3）布哈拉炼厂

该厂建在南部布哈拉—希瓦油气区，由法国Technip公司于1995年底投资4亿美元兴建，1997年11月投产，设计加工能力为年产250万吨原油和凝析油。布哈拉炼厂是在苏联解体后建造的第一座有通信与仪表系统的炼厂，拥有常压蒸馏、石脑油加氢脱硫、汽油加氢脱硫、航煤脱硫、催化重整和硫磺回收等装置，可以生产符合国际标准高质量的汽油、柴油、航煤和重油等油品。目前生产十种产品，包括三种品牌的汽油、柴油和航空燃料。每年加工凝析气250吨。乌兹别克斯坦石油天然气公司计划于2013—2016年间建设布哈拉炼厂二期，项目总额4.8亿美元，包括建设年产欧三标准汽油96万吨，柴油70.6万吨，航空燃料25万吨的生产线，以及为一期建设年产30万吨的异构化装置。项目将通过乌兹别克斯坦石油天然气公司自有资金和外国贷款融资。该项目将使轻质油产率提高至95%。

三、油气合作现状

（一）油气上游对外开放程度

乌兹别克斯坦油气行业对外开放程度较低，受到国家的严格控制。目前，乌兹别克斯坦政府允许外国投资者参与当地基础设施投资，油气领域的开发主要由合资公司的形式进行开发，乌兹别克斯坦国家石油天然气公司控制油气储量均达79%（图3-4-7、图3-4-8），油气产量的82%和80%（图3-4-9、图3-4-10），其余公司也是乌兹别克斯坦与其他石油公司的合资公司。中国石油在乌兹别克斯坦油气产量占比较少，只占1%。

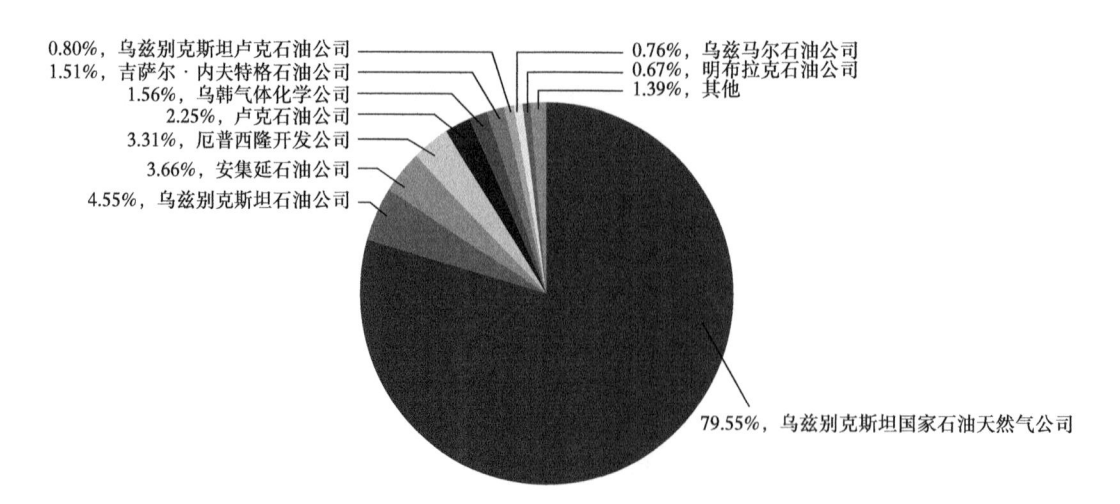

图 3-4-7　2020 年乌兹别克斯坦前十大公司石油储量占比（数据来源：WOOD，2021）

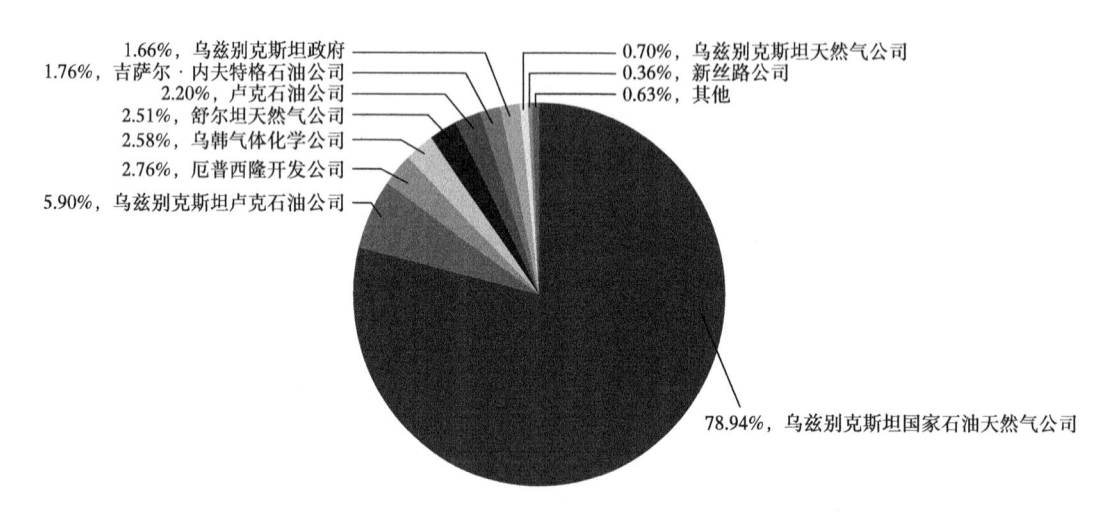

图 3-4-8　2020 年乌兹别克斯坦前十大公司天然气储量占比（数据来源：WOOD，2021）

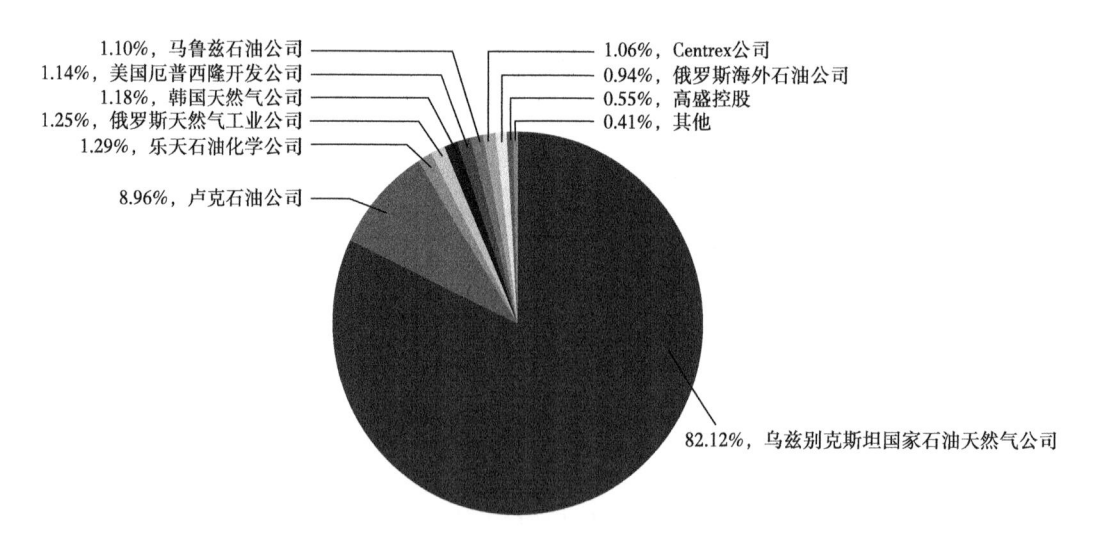

图 3-4-9　2020 年乌兹别克斯坦各石油公司石油产量占比（数据来源：WOOD，2021）

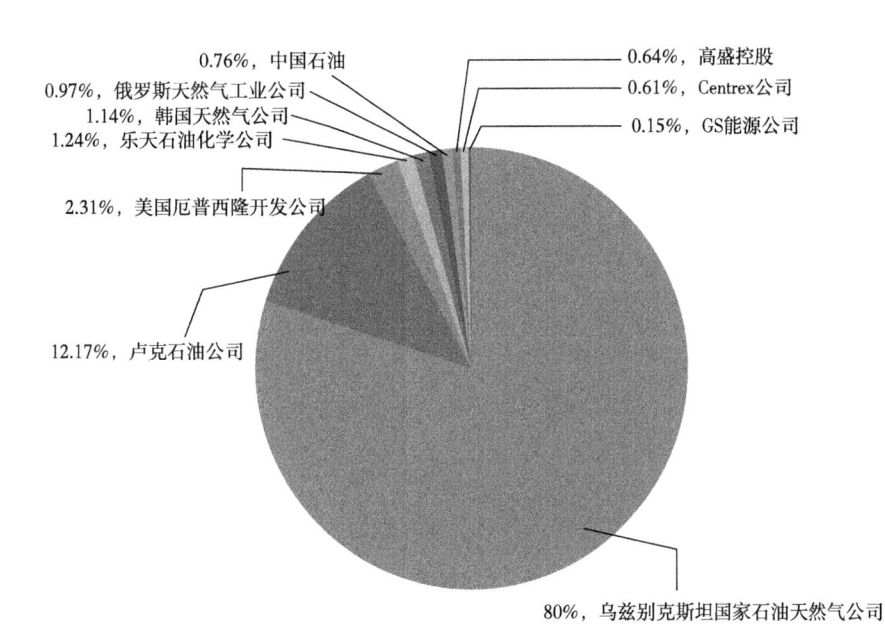

图 3-4-10 2020年乌兹别克斯坦各石油公司天然气产量占比（数据来源：Woodmac，2021）

（二）油气上游收并购形势

2001—2019年，乌兹别克斯坦的收并购交易共计六笔，金额共计5.8亿美元（在披露的六笔交易中，仅有一笔披露交易金额）（图3-4-11）。2008年全年收并购交易金额共计5.8亿美元，为历年最高水平，这主要归功于LUKOIL从ZAO MGNK-SoyuzNefteGaz收购SNG100%股权。

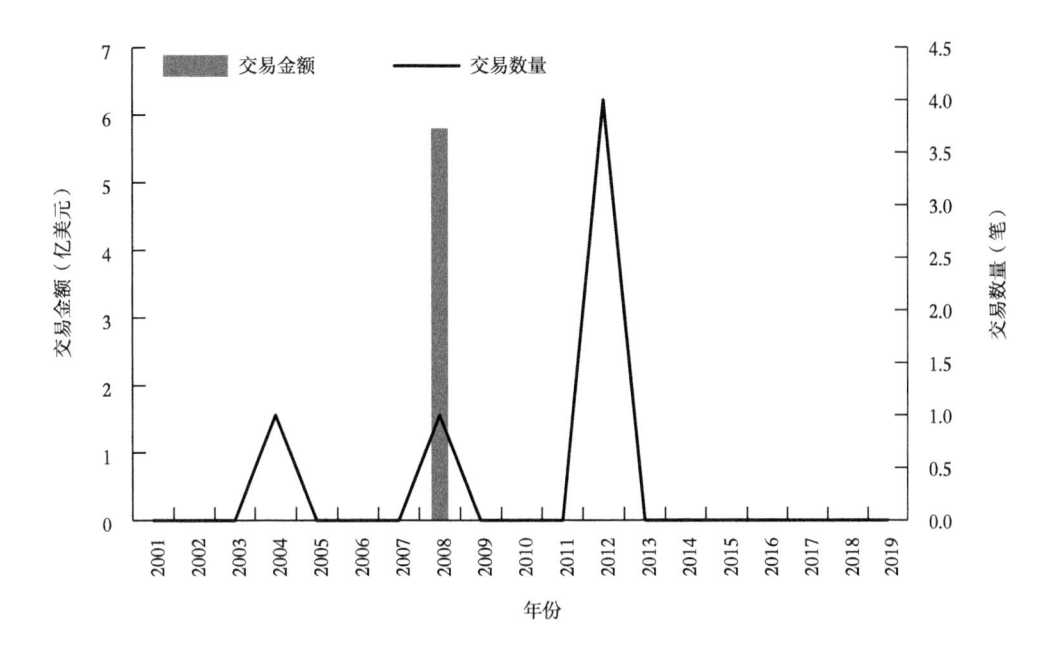

图 3-4-11 乌兹别克斯坦油气上游收并购交易总体情况（数据来源：WOOD，2020）

1. 交易类型为陆上常规天然气资产

2001—2019年，乌兹别克斯坦境内经披露的收并购交易额为5.8亿美元，均为陆上常规天然气资产（图3-4-12）。

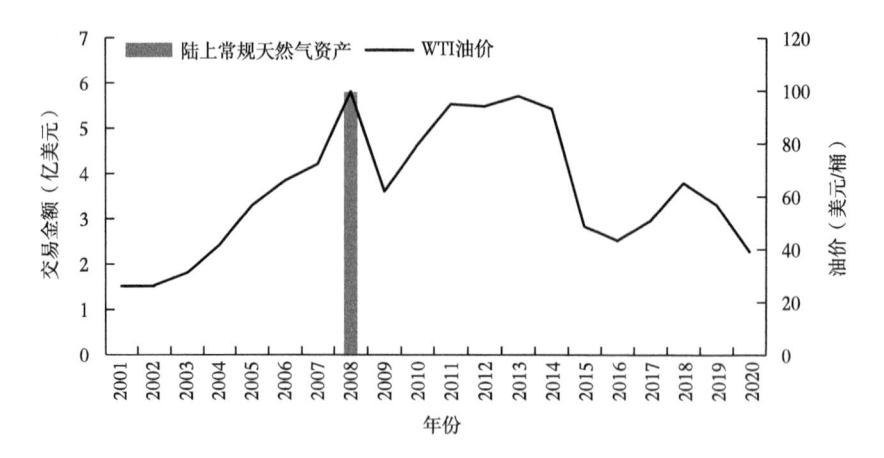

图3-4-12 乌兹别克斯坦油气上游收并购交易按资产类型分类情况（数据来源：WOOD，2021）

2. 石油巨头未进行资产收并购

七大石油公司均未在乌兹别克斯坦进行收并购。

3. 国家石油公司为收并购交易主体

2001—2019年，国家石油公司的收并购交易金额共计5.8亿美元，占全国交易金额的100%。其中作为买方未披露交易金额，作为卖方共剥离资产5.8亿美元（图3-4-13）。

国家石油公司交易类型为混合资产及陆上常规天然气资产。其中，陆上常规天然气资产交易金额为5.8亿美元，混合资产类型未披露交易金额。

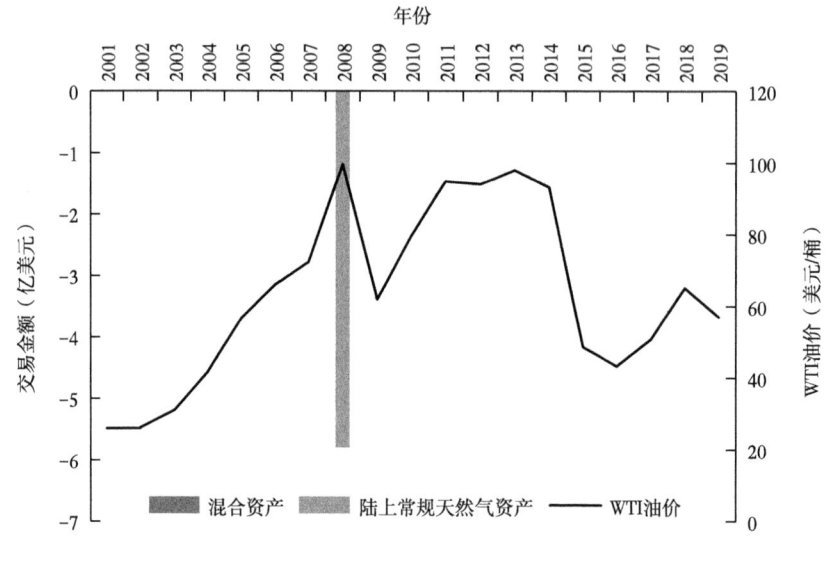

图3-4-13 国家石油公司收并购交易情况（数据来源：WOOD，2020）

4. 中国企业参与程度低

2001—2019年间，中国企业于2012年在乌兹别克斯坦收并购交易一笔，为买入资产，未披露金额。

四、油气合作风险与潜力

（一）油气产量发展趋势

从原油产量发展趋势看，乌兹别克斯坦原油将于2020年后稳定增长达至约300吨/年的产量，随后开始快速下降（图3-4-14）。

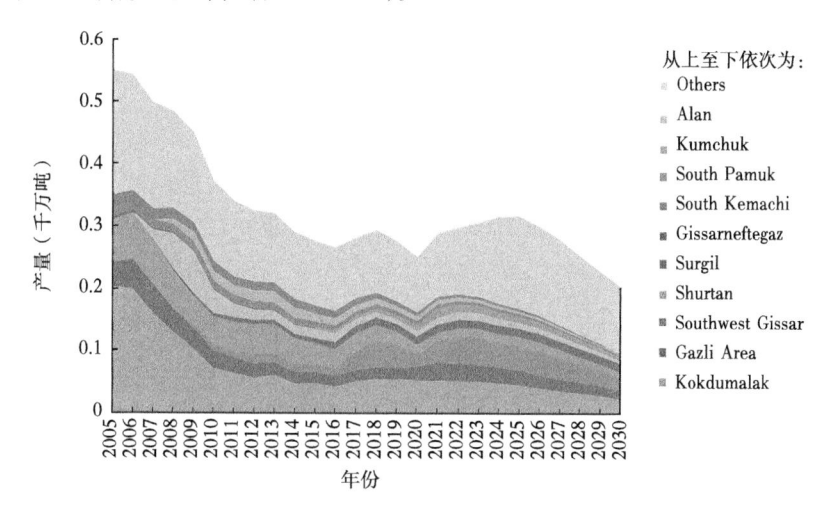

图3-4-14　乌兹别克斯坦原油产量预测剖面（数据来源：WOOD，2021）

从天然气产量发展趋势看，乌兹别克斯坦天然气将于2024年达到642亿立方米/年的产量峰值，随后开始下降。未来乌兹别克斯坦天然气产量不能持续稳定的原因主要是由于天然气产量贡献仍以主力老油气田为主，除坎迪姆·豪扎克·沙迪区块（Kandim-Khauzak-Shadi Area）建产将增加部分天然气产量外，其他油气田天然气产量增长乏力（图3-4-15）。

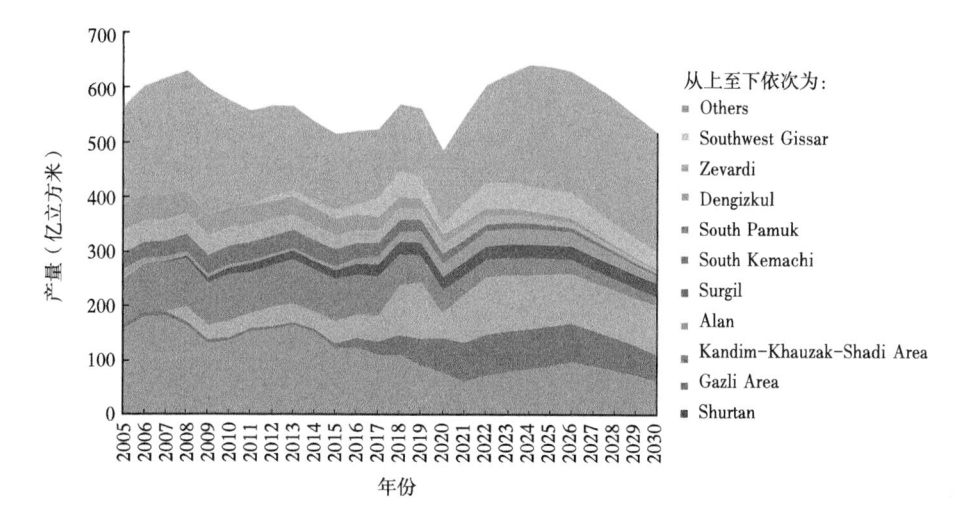

图3-4-15　乌兹别克斯坦天然气产量预测剖面（数据来源：WOOD，2021）

（二）油气合作风险

1. 经济结构风险

乌兹别克斯坦经济结构性问题突出。从经济结构上分析，乌兹别克斯坦经济结构单一，严重依赖天然气、黄金等初级产品出口，工业基础较为薄弱（图3-4-16、图3-4-17）。乌兹别克斯坦正在实施进口替代战略和产业本地化计划，努力提高工业在国家经济中所占的比重，以及促进出口商品多元化。但经济结构调整短期内难以取得明显成效，国际大宗商品价格未来如长期保持低位，将使乌兹别克斯坦未来经济增长承压。

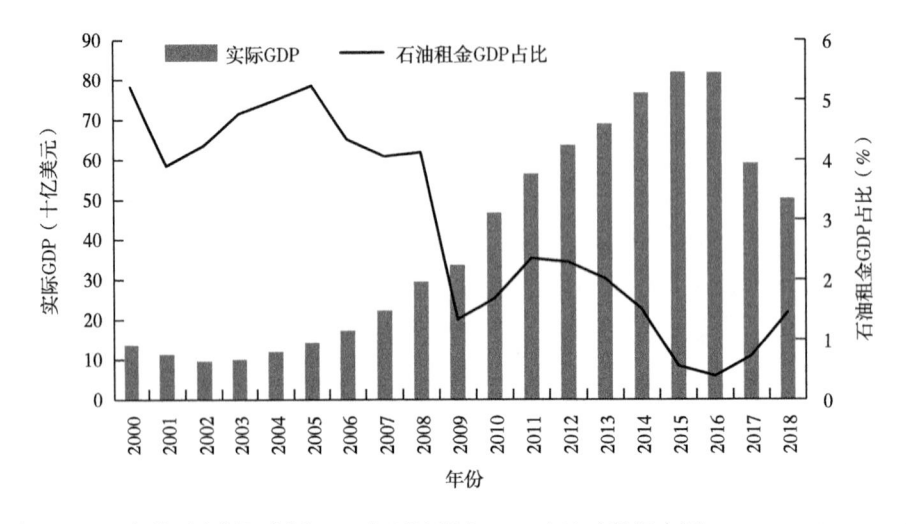

图3-4-16 乌兹别克斯坦实际GDP与石油租金GDP占比（数据来源：World Bank，2019）

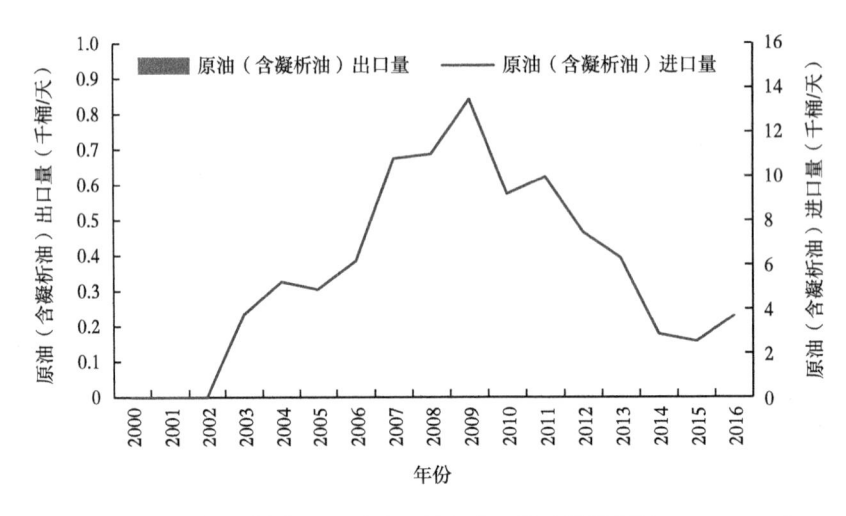

图3-4-17 乌兹别克斯坦原油出口量与进口量（数据来源：EIA，2017）

2. 通货膨胀与货币风险

2006—2016年，乌兹别克斯坦的货币政策保持宽松，通货膨胀率常年保持在11.31%左右。在2017年乌兹别克斯坦为实现外汇自由化，引发大幅通货膨胀，到2019年，乌兹别克斯坦的通货膨胀率基本保持在14%~17%，其目的是使国有企业改革和商品价格平稳对接国际市场。2020年，受新冠肺炎疫情影响，乌兹别克斯坦通货膨胀率小幅下跌（图3-4-18）。

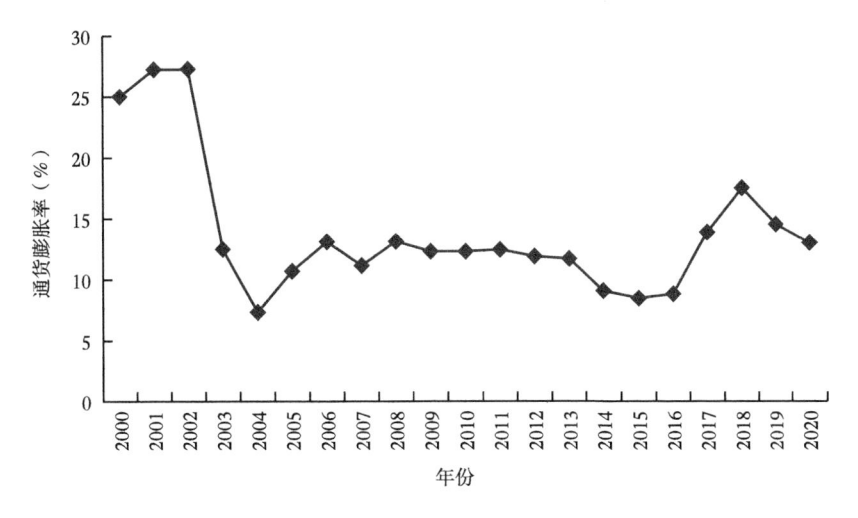

图 3-4-18　乌兹别克斯坦通货膨胀率变化（数据来源：Knoema，2021）

3. 法律与合同财税风险

在乌兹别克斯坦的大多数外国公司都是按照生产分成合同（PSC）条款运作的，这些条款仍然可根据具体情况进行谈判（图 3-4-19，表 3-4-1）。

国家（通过全资拥有的乌兹别克斯坦国家石油天然气公司）通常会在与外国投资者的联合项目中获得 10%~50% 的股权。

2020 年税法修改将企业所得税提高到 15%，将亏损结转限额提高到 10 年，应纳税基数补偿限额提高到每年 60%。

乌兹别克斯坦一些主要的商业风险均与石油和天然气的销售有关。缺乏出口选择，运营商通常不得不将石油和天然气销售到当前价格很低的国内市场。

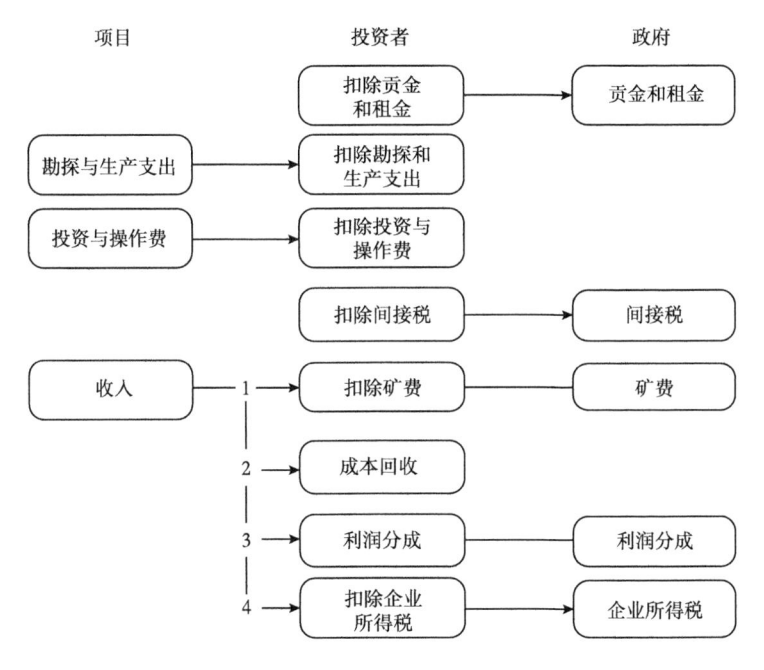

图 3-4-19　乌兹别克斯坦特许经营权收入流程图（资料来源：WOOD，2021）

表 3-4-1 乌兹别克斯坦主要油气财税条款

类型	内容
签字费	需要进行投标,最低为 24 万美元,最高不超过 200 万美元
增值税	PSC 投资者无需缴纳增值税。此外,乌兹别克斯坦居民供应商向 PSC 投资者提供的商品(工程,服务)缴纳零税率的增值税。
进口税	承包商免除所有海关费用(除进口文件)
股息预扣税	免除投资者向境外转让的股息预扣税
土地租赁税	按面积计算
财产税	3.50%
社保	25%

（三）油气合作潜力和方向

从油气田建产与待建产分布看,乌兹别克斯坦已探明油气储量大于 1 亿吨油气当量的油气田 1 个,占总油气探明储量的 13.5%,均已建产。未来合作方向仍集中在南里海盆地天然气的勘探开发及其配套工程中。

第四章　中东地区

中东地区位于亚洲西部，是连通印度洋和地中海的主要地区。该地区油气资源丰富，与中亚—俄罗斯地区共同组成世界油气"两大供给带"之一，是世界油气重要产区、出口区和原油产量调整区，是石油输出国组织（OPEC）重要的资源国分布地区。根据油气资源、油气合作现状和合作潜力，本章涉及国家包括沙特阿拉伯、伊拉克、伊朗、阿拉伯联合酋长国和阿曼五国。

第一节　沙特阿拉伯

沙特阿拉伯位于亚洲西南部的阿拉伯半岛，东濒波斯湾，西临红海，同约旦、伊拉克、科威特、阿拉伯联合酋长国、阿曼、也门、巴林、卡塔尔等国接壤。截至2019年4月，沙特阿拉伯人口3255万，其中沙特阿拉伯公民约占62%。伊斯兰教为国教，逊尼派占85%，什叶派占15%。沙特阿拉伯首都为利雅得，其夏都为塔伊夫，外交之都为吉达。

石油和石化工业是沙特阿拉伯的经济命脉，其原油具有品质多样的特点，从重油到轻油品种齐全，可满足世界各地炼油厂的需要。石油收入占国家财政收入的87%，占国内生产总值的42%。近年来，沙特阿拉伯政府充分利用本国丰富的石油、天然气资源，积极引进国外的先进技术设备，大力发展钢铁、炼铝、水泥、海水淡化、电力工业、农业和服务业等非石油产业，依赖石油的单一经济结构有所改观。

一、油气资源分布

沙特阿拉伯为世界最大的石油资源国，油气工业为其国民经济的支柱产业，经济发展高度依赖石油。本节从资源国油气储量、油气产量、油气待发现资源、油气理论出口能力等方面展开系统分析。

（一）油气储量

1. 原油

2020年，沙特阿拉伯原油剩余探明可采储量约573.05亿吨，在世界排名第一位、中东地区排名第一位，2020年原油储采比为106.23。

从原油储量的盆地分布看，沙特阿拉伯原油储量集中分布在维典—北阿拉伯湾盆地、鲁卜哈利盆地和未命名盆地共五个沉积盆地中，原油储量占比为99.97%。其中，维典—北阿拉伯湾盆地占93.34%、鲁卜哈利盆地占6.31%、未命名盆地占0.32%。

从原油储量的陆海地域分布看，原油储量以陆上分布为主，其中陆上分布占67.07%、海域分布占32.93%。海域原油储量主要分布在维典—北阿拉伯湾盆地和红海盆地中，以维典—北阿拉伯湾盆地为主。海域水深一般在1~300米。

从原油储量变化情况看，近三年来除 2019 年原油储量增加 54.74 亿吨外，其余年份变化不大（图 4-1-1）。

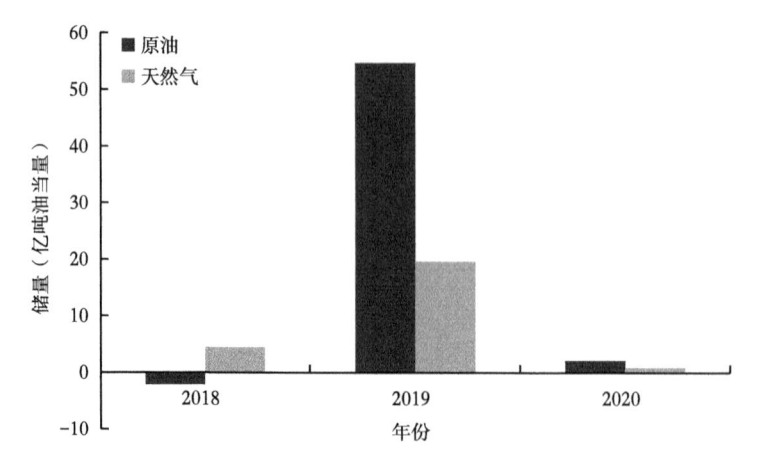

图 4-1-1　2018—2020 年沙特阿拉伯油气年度储量变化情况（数据来源：WOOD，2021）

2. 天然气

2020 年沙特阿拉伯天然气剩余探明可采储量约 9.96 万亿立方米，在世界排名第七位、中东地区排名第三位，2020 年天然气储采比为 85.6。

从天然气储量的盆地分布看，沙特阿拉伯天然气储量集中分布在维典—北阿拉伯湾盆地、鲁卜哈利盆地和未命名盆地共五个沉积盆地中，天然气储量占比为 98.70%。其中，维典—北阿拉伯湾盆地占 84.72%、鲁卜哈利盆地占 7.88%、未命名盆地占 6.1%。

从天然气储量的陆海地域分布看，天然气储量仍以陆上分布为主，其中陆上分布占 76.47%、海域分布占 23.53%。海域天然气储量分布特征与原油储量分布特征相似。

从天然气储量变化情况看，沙特阿拉伯天然气剩余探明可采储量变化趋势与原油相同，2019 年天然气储量增长 19.66 亿吨油当量。

（二）油气产量

1. 原油

沙特阿拉伯是中东地区最重要的原油产量国，1965—2020 年沙特阿拉伯已累计产出原油约 223 亿吨，2020 年原油产量约 5.39 亿吨，在世界排名第二位、中东地区排名第一位。

从原油产量的盆地分布看，沙特阿拉伯的原油主要分布在维典—北阿拉伯湾盆地和鲁卜哈利盆地，共占沙特阿拉伯原油产量的 99.6%。其中，维典—北阿拉伯湾盆地占 89.2%、鲁卜哈利盆地占 10.4%。

从原油产量的油气田分布看，沙特阿拉伯原油产量集中分布在 15 个油田中，2020 年沙特阿拉伯 15 大油田原油产量合计占该国原油产量的 97.64%。其中千万吨级油田 13 个，其中加瓦尔油田（Ghawar）37.07%、库阿斯油田（Khurais Area）11.84%、谢拜油田（Shaybah）10.37%、萨法尼亚油田（Majnoon）5.47%、祖卢夫油田（Zuluf）4.73%、库尔萨尼亚油田（Khursaniyah Area）4.05%、马尼法油田（Manifa）3.80%、盖提夫油田（Qatif）3.55%、马里安油田（Marjan Complex）3.41%、贝利油田（Berri）3.25%、伊桑油田（Ethane）2.81%、布盖格油田（Abqaiq）2.56%，除此之外，2020 年沙特阿拉伯凝析油产量1.24千万吨（2.30%）；500万吨级油田两个，即阿布—萨法油田（Abu Sa'fah）1.38%和ASL油田（ASL Fields）1.06%。

从原油产量变化情况看，2010—2020年沙特阿拉伯原油产量均较为平稳，平均年增长约1.5%（图4-1-2）。

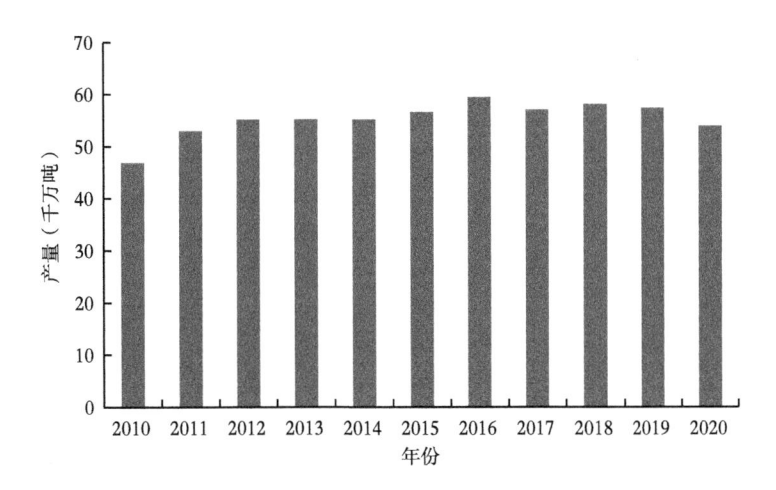

图4-1-2 2010—2020年沙特阿拉伯油气年度产量变化情况（数据来源：WOOD，2021）

2. 天然气

沙特阿拉伯天然气产量近年呈增长趋势，1965—2020年沙特阿拉伯已累计产出天然气约18895亿立方米，2020年天然气产量约1164.6亿立方米，在世界排名第八位、中东地区排名第三位，天然气产量少于伊朗和卡塔尔。

从天然气产量的盆地分布看，沙特阿拉伯天然气产量主要分布在维典—北阿拉伯湾盆地、未命名盆地和泰布克亚盆地共三个沉积盆地中，产量合计占沙特阿拉伯天然气产量约99.3%。其中，维典—北阿拉伯湾盆地占88.6%、未命名盆地占8.3%、泰布克亚盆地占2.4%。

从天然气总开采量的油气田分布看，2020年沙特阿拉伯天然气产量集中分布在十个气田中，2020年十大气田天然气开采量合计占该国天然气年度总开采量的93.45%。其中百亿立方米气田四个，其中加瓦尔油田（Ghawar）34.85%、瓦西特天然气项目（Wasit Gas Project）13.02%、法哈利气田（Fadhili Gas Project）12.46%和卡兰天然气项目（Karan）11.96%，其他前十大气田均为亿立方米气田，分别为Southern Area气田、Khursaniyah Area4.7%、N Arabia（Waad Al Shamal）2.44%、Khurais Area 1.98%、Marjan Complex 1.94%和Safaniyah1.77%。

从天然气年度产量变化情况看，2010—2020年随着沙特阿拉伯产量持续提升，平均年度增长约5%；2019—2020年增长量迅猛，天然气平均年度增长约13%（图4-1-3）。

（三）油气待发现资源

根据中国石油勘探开发研究院自主评价结果，沙特阿拉伯原油待发现资源122.7亿吨，占世界待发现资源总量8.8%，在世界排名第二位、中东地区排名第一位；天然气待发现资源约4.71万亿立方米，占世界待发现资源总量2.2%，在世界排名第五位、中东地区排名第三位。

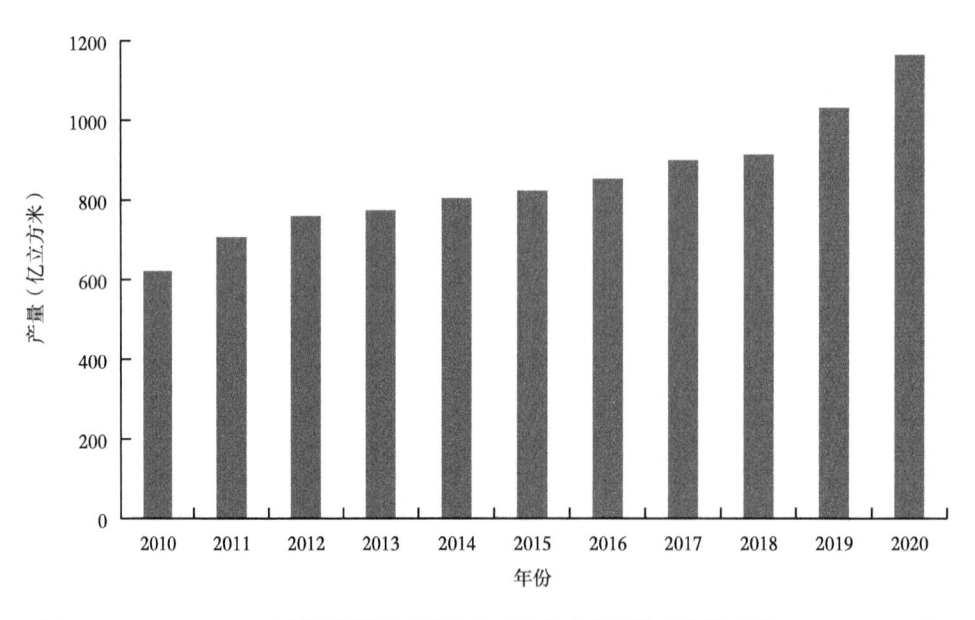

图 4-1-3　2010—2020 年沙特阿拉伯天然气年度产量变化情况（数据来源：WOOD，2021）

（四）油气理论出口能力

沙特阿拉伯是世界最大的石油出口国家。2019 年，沙特阿拉伯原油理论出口能力（产量减去消费量）约 4 亿吨，天然气理论出口能力约 802 亿立方米。从油气理论出口能力变化趋势看，2001—2019 年沙特阿拉伯原油出口能力均较为稳定，保持在 3.3~4.3 亿吨（图 4-1-4）；沙特阿拉伯天然气出口能力稳步增长，年平均增长约 5.5%（图 4-1-5）。油气出口方向主要是通过港口运输到亚洲和西方国家。

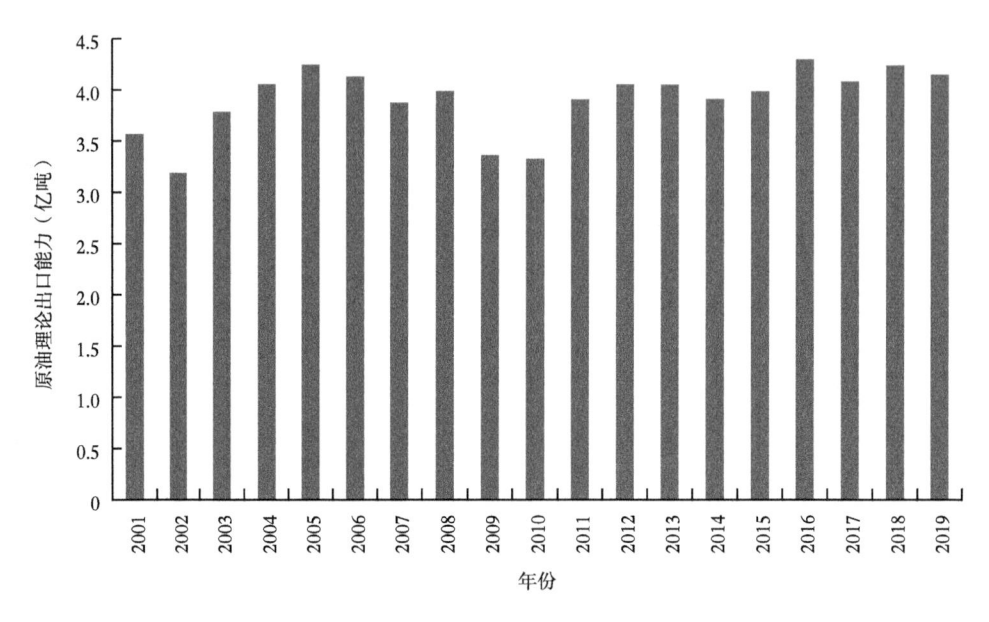

图 4-1-4　2001—2019 年沙特阿拉伯原油理论出口能力变化图（数据来源：WOOD，BP，2020）

108

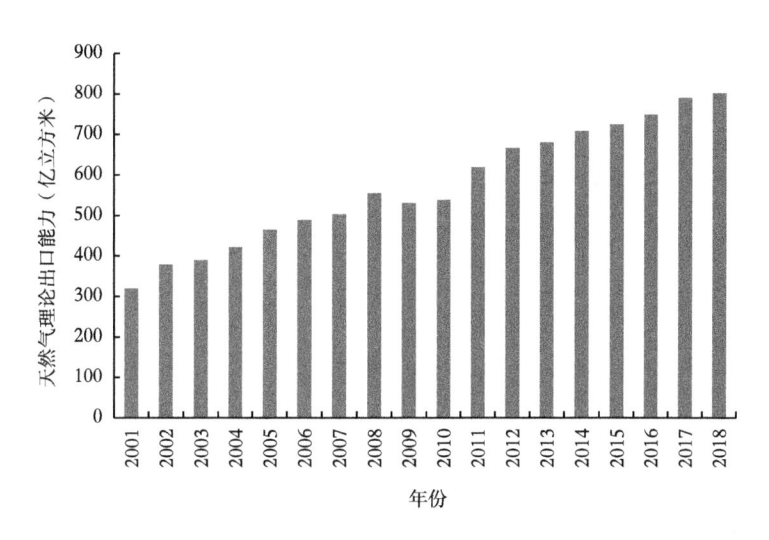

图 4-1-5　2001—2019 年沙特阿拉伯天然气理论出口能力变化图（数据来源：WOOD，BP，2020）

二、油气合作环境

（一）政治环境

沙特阿拉伯是政教合一的君主制国家，禁止政党活动，无宪法。《古兰经》和穆罕默德的《圣训》是国家立法依据。国王亦称"两个圣地（麦加和麦地那）的仆人"。1992年3月1日，法赫德国王颁布《治国基本法》，规定沙特阿拉伯王国由其缔造者阿卜杜勒阿齐兹·拉赫曼·费萨尔·阿勒沙特（Abdulaziz Rahman Faisal Al-Sanud）国王子孙中的优秀者出任国王，王储在国王去世后有权继承王位。国王行使最高行政权和司法权，有权任命、解散或改组内阁，解散协商会议，有权批准和否决内阁会议决议及与外国签订的条约、协议。2006年10月，沙特阿拉伯国王阿卜杜拉（Abdullah）颁布谕令，宣布修改《治国基本法》中由国王选定王储的条款，成立效忠委员会，由老国王阿卜杜勒·阿齐兹（Abdul Aziz）35个有王位继承权的儿子及其后代（每家一人）组成。2007年，沙特阿拉伯王室确立了由国王和效忠委员会共同确定王储人选的制度。2015年1月23日，沙特阿拉伯国王阿卜杜勒·阿齐兹（Abdul Aziz）逝世，由萨勒曼·本·阿卜杜勒·阿齐兹·阿勒沙特（Salmam bin Abdul Aziz Al-Saud）继位，成为沙特阿拉伯第七任国王。

沙特阿拉伯协商会议于1993年12月29日正式成立，是国家政治咨询机构，下设12个专门委员会。协商会议由主席和150名委员组成，由国王任命，任期4年，可连任。现任主席阿卜杜拉·本·穆罕默德·本·易卜拉欣·阿勒谢赫（Abdullah bin Mohammed bin Ibrahim Al-Sheikh）为协商会议主席，2009年3月就任，2013年1月、2016年12月两次连任。

本届政府于2015年4月组成，随后进行几轮改组，目前共有阁员31人，主要成员是：国王兼首相萨勒曼·本·阿卜杜勒·阿齐兹·阿勒沙特（Salman bin Abdul Aziz Al-Saud），王储兼副首相、国防大臣穆罕默德·本·萨勒曼·本·阿卜杜勒·阿齐兹·阿勒沙特（Mohammed bin Salman bin Abdul Aziz Al-Saud），外交大臣费萨尔·本·法尔汗（Faisal bin Farhan），能源大臣阿卜杜勒阿齐兹·本·萨勒曼·本·阿卜杜勒·阿齐兹·阿勒沙特

（Abdulaziz bin Salman bin Abdul Aziz Al-Saud），财政大臣穆罕默德·本·阿卜杜拉·杰德安（Mohammed bin Abdullah Al-Jadaan），商务大臣马吉德·本·阿卜杜拉·卡斯比（Majid bin Abdullah Al-Qasabi），投资大臣哈立德·本·阿卜杜勒·阿齐兹·阿勒法利赫（Khalid bin Abdul Aziz Al-Falih）。

全国有13个省，省长（也称埃米尔）由国王直接任命，为大臣级。

司法机构以《古兰经》和《圣训》为立法依据。由司法部和最高司法委员会负责司法事务的管理。2007年，阿卜杜拉（Abdullah）国王颁布《司法制度及执行办法》和《申诉制度及执行办法》，建立新的司法体系。设立最高法院、上诉法院、普通法院等三级法院，并建立刑事、民事、商业、劳工等法庭。最高法院院长由国王任命。申诉制度规定设立直属于国王的三级行政诉讼机构，即最高行政法庭、行政上诉法庭和行政法庭[62,63]。

（二）经济环境

2009年，受国际金融危机影响，沙特阿拉伯国民经济呈现负增长，GDP下降了2.06%。2010—2016年，沙特阿拉伯总体经济表现良好，得益于国际原油价格高企和出口增长，GDP平均增速4.65%；2017年，长期低迷的油价使沙特阿拉伯GDP八年来首次呈现负增长；2018—2019年，油价有所反弹，沙特阿拉伯经济也呈现正增长；2020年，受CDVID-19疫情影响，沙特阿拉伯GDP下降达5.44%[64,65]（图4-1-6）。

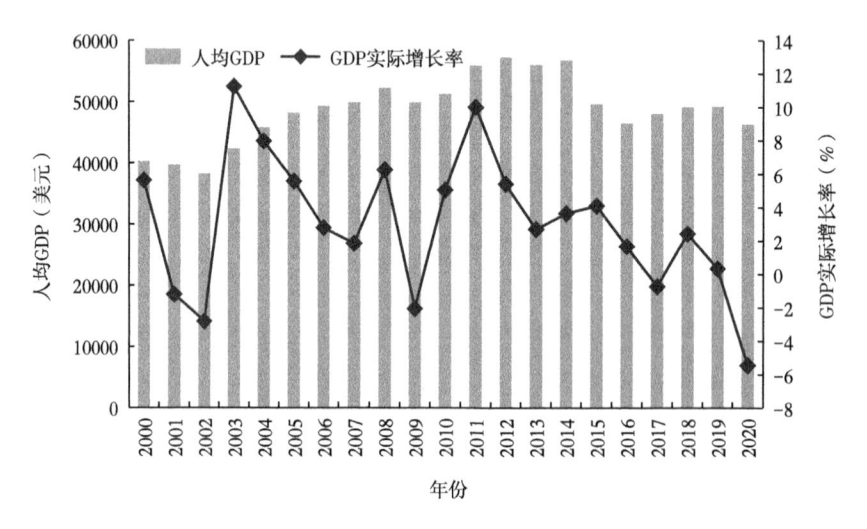

图4-1-6 沙特阿拉伯GDP实际增长率与人均GDP（数据来源：Knoema，2021）

（三）油气基础设施

1. 石油处理设施

沙特阿拉伯的石油通过输油管道从井口输送到大量的油气分离厂（GOSP），再从GOSP处被送往另一个设施，用于最终的气体分离和硫化氢的去除，干气、脱硫气体等被进一步提炼或直接出口。多个油田的分离和处理生产线在同一设施中进行。提取的天然气从GOSP输送至天然气处理设施进行其他处理，同时将水注入油田。

沙特阿拉伯拥有十个主要石油加工设施，综合石油处理能力接近1400万桶/日。最大的加工厂是Abqaiq，同时也是世界上最大的加工厂，每天处理能力达700万桶，其中三个石油加工设施的处理能力超过100万桶/日。

2. 油气管网

沙特阿拉伯国家石油公司沙特阿美的管道将石油、天然气和精炼产品输送到全国各地。该公司在三个不同的地理区域拥有并运营350多条管道，总长14000千米（表4-1-1）。2021年，沙特阿拉伯国家石油公司成立了一个新的实体，即阿美石油管道公司，该公司将租赁主要的稳定原油管道，租期为25年。2021年4月达成协议，将新实体49%的股份出售给基础设施投资者财团。根据这一安排，沙特阿拉伯阿美将保留对管道的全面运营控制权，并将向投资者支付基于数量的关税，以换取124亿美元的预付款。

1）北部地区

北部地区由111条管道组成，GOSP-3管道从南部的Abqaiq一直延伸到北部的萨法尼亚。

2）南部地区

南部地区由180条管道组成，GOSP-3管道从北部的Abqaiq一直延伸到南部的Haradh，向西部一直延伸到Pump Station-1。

3）东西地区

东西地区共有48条管线，由Pump Station-1延至Yanbu，南至霍塔赫，北至塔布克。

表4-1-1 沙特阿拉伯主要石油管网基本信息表（资料来源：WOOD，2021）

主要石油管道	起点	终点	长度（千米）	直径（英尺）
Abqaiq-Qatif Junction 1	Abqaiq Processing Facility	Qatif Junction	72.0	30
Abqaiq-Qatif Junction 2	Abqaiq Processing Facility	Qatif Junction	71.0	20/22
Abqaiq-Qatif Junction 3	Abqaiq Processing Facility	Qatif Junction	71.0	30/32
Abqaiq-Qatif Junction 4	Abqaiq Processing Facility	Qatif Junction	69.0	40/42
Abqaiq-Qatif Junction 5	Abqaiq Processing Facility	Qatif Junction	69.0	40/42
Abqaiq-Qatif Junction 6	Abqaiq Processing Facility	Qatif Junction	50.0	46/48
Abu Sa`fah-Juaymah	Abu Sa`fah	Juaymah Tank Farm	50.0	42
Abu Sa'fah-Ras Tanura	Abu Sa`fah（Bahrain）	Ras Tanura	48.0	18
Berri-Ras Tanura 1	Berri	Ras Tanura	58.0	16
Berri-Ras Tanura 2	Berri	Ras Tanura	58.0	40/42
East West Petroline	Abqaiq Processing Facility	Yanbu 海域 Terminal	1200.0	56
Ghawar-Abqaiq 1	Ghawar	Abqaiq Processing Facility	45.0	20/24
Ghawar-Abqaiq 2	Ghawar	Abqaiq Processing Facility	45.0	24/28
Ghawar-Abqaiq 3	Ghawar	Abqaiq Processing Facility	206.0	18/31
Ghawar-Abqaiq 4	Ghawar	Abqaiq Processing Facility	53.0	34/36
Ghawar-Abqaiq 5	Ghawar	Abqaiq Processing Facility	24.0	38/40
Ghawar-Abqaiq 6	Ghawar	Abqaiq Processing Facility	96.5	40/42
Ghawar-Abqaiq 7	Ghawar	Abqaiq Processing Facility	124.0	46/48
Ghawar-Juaymah	Ghawar	Juaymah Tank Farm	117.5	32/34
Hawtah-PS3 Pumping Station	Hawtah	PS3 Pumping Station	325.0	36

续表

主要石油管道	起点	终点	长度（千米）	直径（英尺）
Khurais–Abqaiq	Khurais Spur	Abqaiq	115.0	18
Khurais–Ain Dar	Khurais	Ain Dar	140.0	18
Khurais–Riyadh	Khurais	Riyadh Refinery	131.0	26
Khursaniyah–Ras Tanura 1	Khursaniyah Junction	Ras Tanura	104.5	22
Khursaniyah–Ras Tanura 2	Khursaniyah Junction	Ras Tanura	104.5	30
Khursaniyah–Ras Tanura 3	Khursaniyah Junction	Ras Tanura	104.5	40/42
Khursaniyah–Ras Tanura 4	Khursaniyah Junction	Ras Tanura	104.5	42
Manifa–Juaymah Tank Farm	Manifa CPF	Juaymah Tank Farm	156.0	48
Qatif Junction–Ras Tanura 1	Qatif Junction	Ras Tanura	27.0	20/22
Qatif Junction–Ras Tanura 2	Qatif Junction	Ras Tanura	27.0	22
Qatif Junction–Ras Tanura 3	Qatif Junction	Ras Tanura	27.0	34/36
Qatif Junction–Ras Tanura 4	Qatif Junction	Ras Tanura	27.0	40/42
Qatif Junction–Ras Tanura 5	Qatif Junction	Ras Tanura	27.0	40/42
Qatif–Juaymah	Qatif Junction	Juaymah Tank Farm	21.0	46/48
Ras Tanura Refinery–Bahrain	Ras Tanura Refinery	Bahrain Refinery	42.0	18/22
Ras Tanura Refinery–Ras Tanura	Ras Tanura Refinery	Ras Tanura	10.0	20/48
Safaniyah–Khursaniyah 1	Safaniyah	Khursaniyah Junction	106.0	30
Safaniyah–Khursaniyah 2	Safaniyah	Khursaniyah Junction	106.0	30/32
Safaniyah–Khursaniyah 3	Safaniyah	Khursaniyah Junction	106.0	36/38
SHBAB-1	Shaybah	Abqaiq Processing Facility	638.0	46

3. 炼厂

沙特阿拉伯在全国有八个炼厂（不包括分区），其中包括三家沙特阿美合资出口炼厂：沙特阿美美孚炼厂（SAMREF）—沙特阿美（50.0%）/埃克森美孚（50.0%）、沙特阿美道达尔炼油和石化公司（SATORP）—沙特阿美（62.5%）/道达尔（37.5%）。延布阿美中石化炼油公司（YASREF）—沙特阿美（62.5%）/中国石化（37.5%）。2019年，沙特阿美收购了壳牌在SASREF合资出口炼油厂50%的权益，成为唯一所有者。另外，沙特阿美拥有100%股权并独立运营的三家炼油厂，主要用于服务国内市场：Ras Tanura、Riyadh 和 Yanbu Domestic（表4-1-2）。

2017年末，沙特阿美关闭了Jeddah炼油厂的炼油业务，并将该厂改建为石油产品配送中心。

沙特阿美正在沙特阿拉伯西海岸靠近也门边境的Jazan投产一座日产40万桶的炼厂，预计Jazan将在2021年中期全面投入运营。

表 4-1-2　沙特阿拉伯主要炼厂基本信息表（资料来源：WOOD，2021）

作业者	炼厂名称	位置	处理能力（千桶/天）
Saudi Aramco	Ras Tanura Refinery	Ras Tanura	550
Saudi Aramco	Riyadh Refinery	Riyadh	126
Saudi Aramco	Yanbu Domestic Refinery	Yanbu	245
Saudi Aramco	Rabigh Refinery	Rabigh	400
Saudi Aramco Mobil Refinery	Yanbu Export Refinery	Yanbu	400
Saudi Aramco	YASREF Refinery	Yanbu	400
Saudi Aramco Shell Refinery	Jubail Export Refinery（SASREF）	Jubail	305
Total Saudi Aramco	Jubail（SATORP）Export Refinery	Jubail	400
Saudi Aramco	Jazan Refinery	Jazan	400

三、油气合作现状

（一）油气上游对外开放程度

沙特阿拉伯是 OPEC 最大且最有影响力的成员，在根据市场条件调整产量方面发挥着关键作用。

沙特阿美在沙特阿拉伯的上游石油工业中拥有无与伦比的地位，并且是世界上最大的石油生产公司。阿美公司负责生产沙特阿拉伯的所有石油和天然气，其石油开发和运营成本是世界上最低的。雪佛龙公司（Chevron）在沙特阿拉伯和科威特之间的分隔区中进行独立开发（图 4-1-7 至图 4-1-10）。

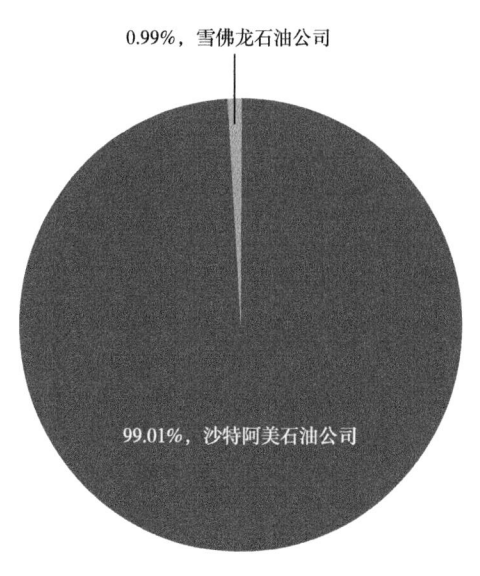

图 4-1-7　2020 年沙特阿拉伯各石油公司石油储量占比（数据来源：WOOD，2021）

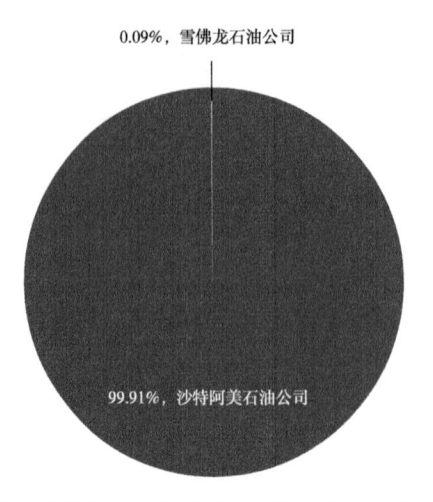

图 4-1-8　2020 年沙特阿拉伯各石油公司天然气储量占比（数据来源：WOOD，2021）

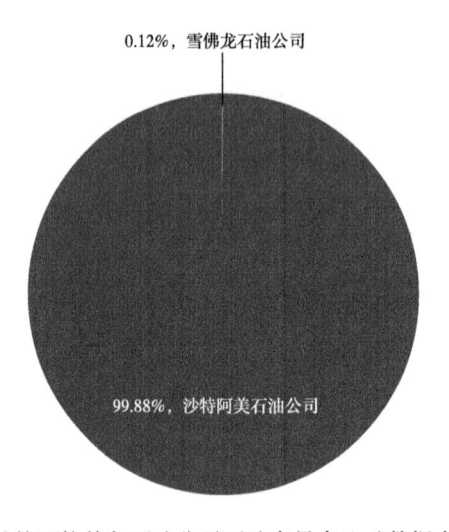

图 4-1-9　2020 年沙特阿拉伯各石油公司石油产量占比（数据来源：WOOD，2021）

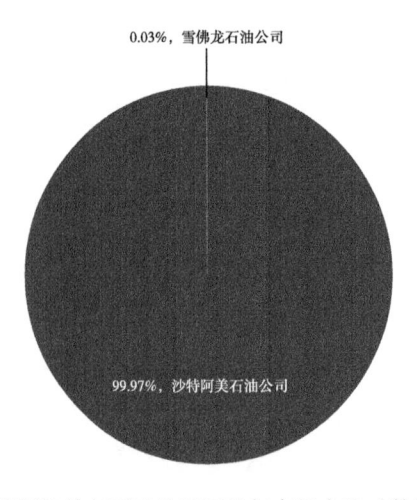

图 4-1-10　2020 年沙特阿拉伯各石油公司天然气产量占比（数据来源：WOOD，2021）

（二）油气上游收并购形势

沙特阿拉伯油气上游均属于沙特阿美石油公司，过去20年内未发生收并购。

四、油气合作风险与潜力

（一）油气产量发展趋势

沙特阿拉伯油气储采比较高，随着该国新油气项目逐步建成投产，未来油气产量仍会持续增长。

从原油产量发展趋势看，沙特阿拉伯原油于2020年受外界影响产量降低，处于近年低位，随后将稳定增长，2030年原油年产量约为6.3亿吨。加瓦尔油田（Ghawar）仍是原油产量的主要贡献者，其原油产量在沙特阿拉伯全国原油产量的占比将由2020年37.1%下降至2030年24.4%（图4-1-11）。

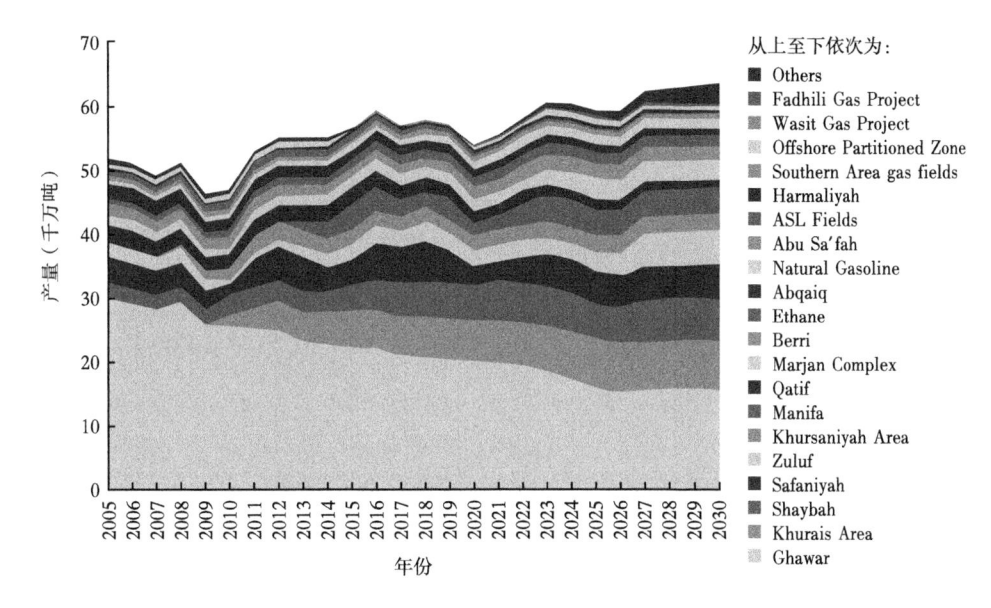

图4-1-11 沙特阿拉伯原油产量预测剖面（数据来源：WOOD，2021）

从天然气产量发展趋势看，沙特阿拉伯天然气将于2020年后持续上升，预计在2030年达到1620亿立方米/年的产量峰值。未来沙特阿拉伯天然气产量贡献仍以主力老油气田为主（图4-1-12）。

（二）油气合作风险

1. 经济结构风险

石油是沙特阿拉伯国民经济的支柱产业和主要收入来源，2017年，油气产业收入大概占沙特阿拉伯财政总收入的80%和GDP的40%以上。

沙特阿拉伯经济结构过于单一，国民经济受到自然资源价格波动的影响大。自2014年年底以来，国际油价大幅下跌，从每桶100美元以上一度跌至50美元以下，跌幅超过50%。虽然沙特阿拉伯是OPEC的成员且拥有丰沛的石油美元储备，所受到的冲击没有其他产油国那么严重，但起初沙特阿拉伯拒绝"限产保价"，反而以增产来维护自己石油霸主地位，这一举措造成沙特阿拉伯石油收入骤减，当年的经济状况随之迅速恶化。沙特阿拉伯的财政收入从 2014 财年的 2280 亿美元缩水至 2015 财年的 1620 亿美元，跌幅高达 42%。2015 年沙特阿拉伯的财政赤字高达 980 亿美元，赤字规模约是前一年的五倍。2016 年随着油价反弹有所收窄，财政赤字仍达 790 亿美元[63, 65, 66]（图 4-1-13、图 4-1-14）。

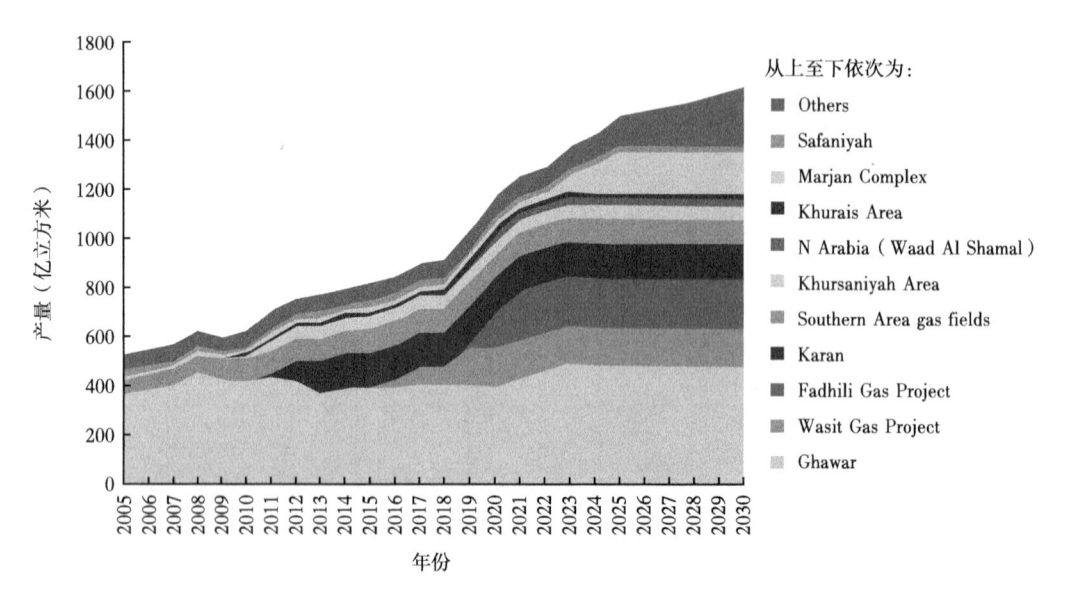

图 4-1-12 沙特阿拉伯天然气产量预测剖面（数据来源：WOOD，2021）

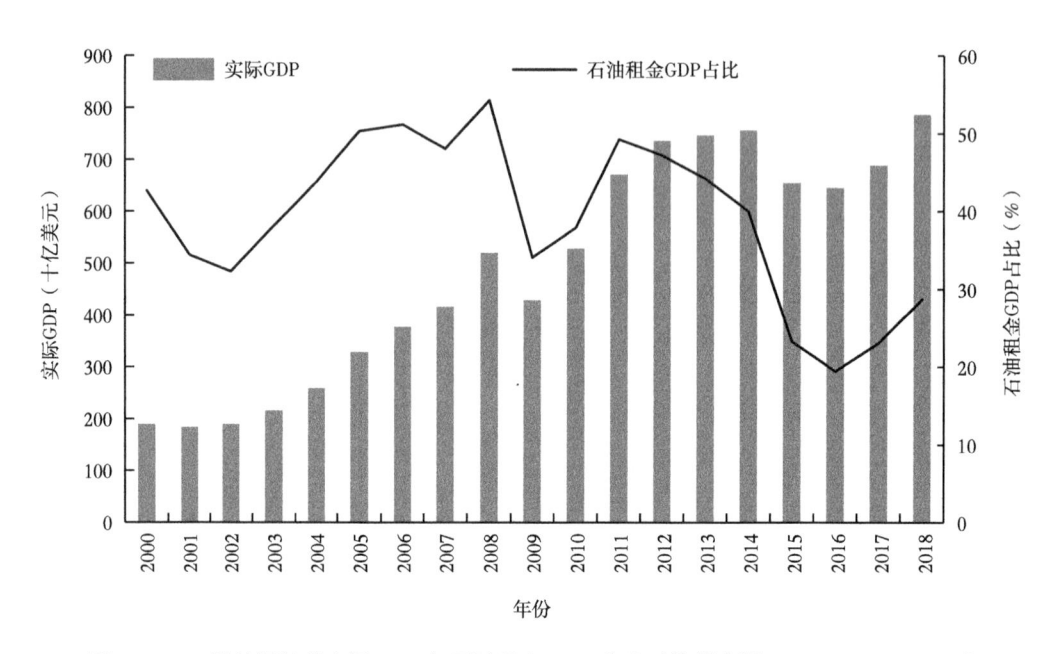

图 4-1-13 沙特阿拉伯实际 GDP 与石油租金 GDP 占比（数据来源：World Bank，2019）

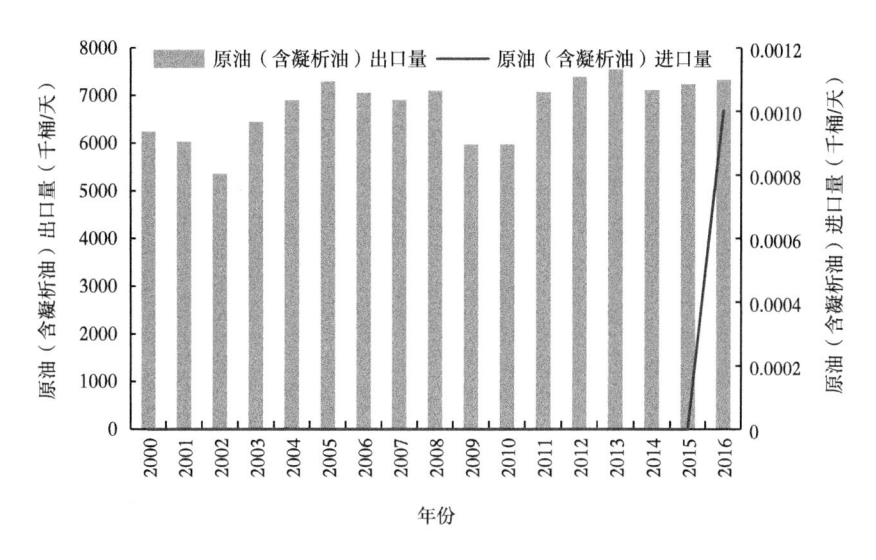

图 4-1-14　沙特阿拉伯原油出口量与进口量（数据来源：EIA，2017）

2. 通货膨胀与货币风险

2007年以前，沙特阿拉伯通货膨胀水平从未超过3%，然而之后却频频受到通货膨胀问题的困扰。2008年，沙特阿拉伯年均通货膨胀率高达9.89%，2009—2011年该指标依然维持在5%左右。由于沙特阿拉伯耕地与水资源匮乏，粮食商品极度依赖进口，一旦全球相关商品价格上涨，将直接影响物价，因此沙特阿拉伯物价极大程度上受外部环境影响。2015年，沙特阿拉伯通货膨胀率为1.22%，2016年通货膨胀率有所上升，为2.05%。作为全球最大的石油出口国之一，2020年沙特阿拉伯国民经济受国际油价持续低位和新冠肺炎疫情等因素影响遭遇困境。尽管下半年针对疫情的防控措施有所放松，沙特阿拉伯国内经济数据下滑速度呈现放缓趋势，但大幅提高增值税率对国民经济复苏和国民消费信心的恢复仍造成一定压力。在此之前的五年里，沙特阿拉伯国内通货膨胀率均保持较低水平，通货膨胀率为负的现象也时有发生，其中2019年全年通货膨胀率为 -2.09%（图4-1-15、图4-1-16）。

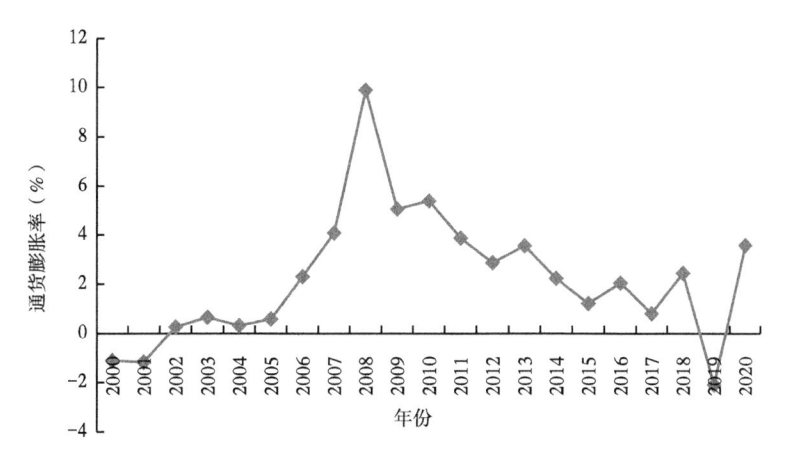

图 4-1-15　沙特阿拉伯通货膨胀率变化（数据来源：Knoema，2021）

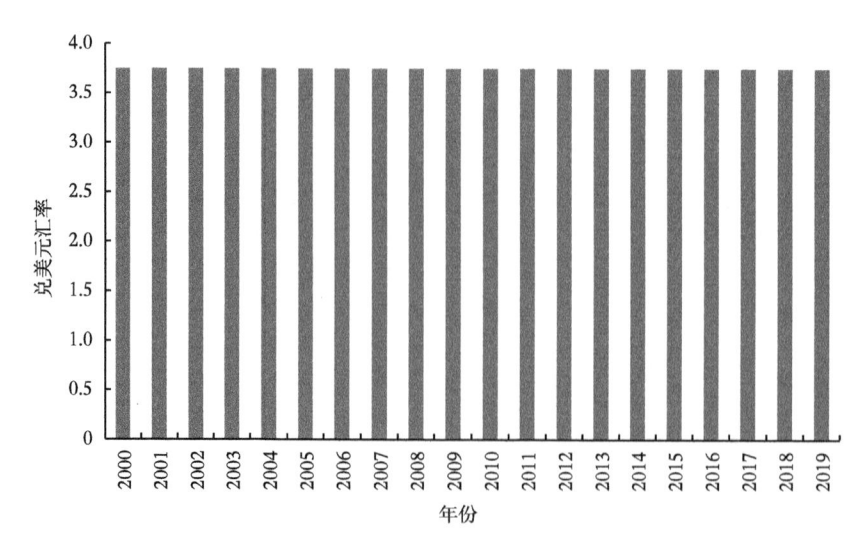

图 4-1-16 沙特阿拉伯汇率变化（数据来源：World Bank，2020）

3. 法律与合同财税风险

1) 监管机构

石油和矿产资源部成立于 1960 年，执行与石油、天然气和矿产有关的一般政策，于 2016 年更名为能源工业和矿产资源部。2019 年，决定从 2020 年 1 月 1 日起将能源部分为两部分：能源部和矿产资源部。能源部在石油勘探、开发、生产、精炼、运输和分配方面负有一般政策责任。

2) 国家油公司

沙特阿拉伯阿美公司对沙特阿拉伯的石油和天然气生产负有勘探、开发、生产、提炼、加工和销售的一般责任。沙特阿拉伯阿美公司董事会高层负责所有计划、预算和项目决策。该公司的首席执行官是 Amin Nasser。

3) 国家参与度

沙特阿拉伯阿美几乎在所有沙特阿拉伯的油气田中拥有 100% 的权益，沙特阿拉伯阿美唯一没有运营的油田为陆上 PZ 区。

4) 财政条款

（1）特许权使用费及其他生产税：在 2017 年之前，石油和石油产品应缴纳总收入 20% 的特许权使用费，天然气和 NGL 应缴纳 12.5% 的特许权使用费。

自 2017 年 1 月 1 日起，针对石油和凝析油的新特许权使用费制度开始生效，其基于"生产价值"和按比例缩放的特许权使用费等级。首先，根据布伦特原油价格计算每个月的有效特许权使用费率（有效特许权使用费率是通过将不同的费率逐步应用于每笔付款来确定的），应付特许权使用费是销售数量乘以有效特许使用费率和产值，原油的产值是每个目的地市场的官方售价。2018 年，能源部决定准许从 2018—2022 年凝析油可不上交特许权使用费；2019 年，该条款适用期延长了 10 年，直至 2032 年才结束。根据天然气的经济状况，将来可能会再次延长条款适用期。

天然气和天然气产品的特许权使用费仍按固定的 12.5% 税率计算。甲烷、乙烷和 NGL 的特许权使用费均需乘以一个系数。NGL 的系数为 0.035 美元/百万英热单位，从 2018 年开始，甲烷和乙烷的系数为零，自2020年1月起，2019年石油特许权使用费率发生了变化（表4-1-3）。

表 4-1-3　沙特阿拉伯特许权使用费率（资料来源：WOOD，2021）

布伦特油价（美元/桶）	特许权使用费率（%）	
	2017年	2020年
≤70	20	15
70~100	40	45
≥100	50	80

（2）DMO：在PZ项目中，政府有权以5%的折扣价从合同区域购买20%的产品。

（3）所得税：直到2017年，特许权范围内所有石油项目都应缴纳85%的所得税。2017年3月，发布了一项新条款，该条款适用于2017年1月1日后，该条款根据特定公司投资的资本减少了应缴纳的所得税（表4-1-4）。

表 4-1-4　沙特阿拉伯所得税税率（资料来源：WOOD，2021）

沙特阿拉伯资本投资	经营公司	企业所得税税率（%）
超过3750亿里亚尔（约合1000亿美元）	沙特阿美	50
3000亿~3750亿里亚尔（约合800亿~1000亿美元）		65
2225亿~3000亿里亚尔（约合600亿~800亿美元）		75
小于2250亿里亚尔（约合600亿美元）	沙特阿拉伯雪佛龙	85

（三）油气合作潜力和方向

从油气田建产与待建产分布看，沙特阿拉伯已探明油气储量大于一亿吨油当量油气田23个，占总油气探明储量96.7%。其中，已建产油气田19个，合计储量占总油气探明储量79.2%，而未建产油气田还有四个，合计储量仅占总油气探明储量17.5%。待建产储量基本分布于维典—北阿拉伯湾盆地中（图4-1-17）。未来沙特阿拉伯合作方向可以放在勘探程度较高的陆上常规油气田、战略地位不断凸显的浅水近海油气田、非常规油气田及配套的EOR及工程服务。未来沙特阿拉伯关注的重点即非常规天然气勘探开发，该重点也是潜在的合作方向之一。

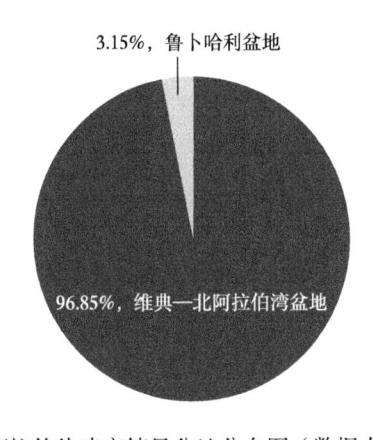

图 4-1-17　沙特阿拉伯待建产储量盆地分布图（数据来源：WOOD，2021）

第二节　伊拉克

伊拉克位于亚洲西南部、阿拉伯半岛北部，伊拉克人口以阿拉伯族、库尔德族、土库曼族、亚美尼亚族组成，其中阿拉伯族人占78%（什叶派占60%，逊尼派占18%）、库尔德人占15%~20%。伊拉克首都巴格达为人口最密集的城市，约有800万人分布，其次是北部城市摩苏尔、埃尔比勒、苏莱曼尼亚，南部城市巴士拉，均为人口超过100万的城市。

伊拉克是波斯湾沿岸的重要资源国，号称"漂浮在油海上的国家"，也是"丝绸之路经济带"上的主要产油国。石油工业是伊拉克的经济支柱，占国内生产总值的45%、政府收入的90%和外汇储备的80%。

一、油气资源分布

伊拉克作为中东地区与中国公司油气合作最多的国家之一，油气资源丰富。本节从资源国油气储量、油气产量、油气待发现资源、油气理论出口能力等方面展开系统分析。

（一）油气储量

1. 原油

伊拉克是中东地区重要的原油资源富集国，2020年原油剩余探明可采储量约241.96亿吨，在世界排名第七位、中东地区排名第三位，原油剩余探明可采储量少于沙特阿拉伯和伊朗，2020年原油储采比为111。

从原油储量的盆地分布看，伊拉克原油储量集中分布在维典—北阿拉伯湾盆地、扎格罗斯盆地、土耳其西南褶皱带三个沉积盆地中，合计原油储量占比为99.91%。其中，维典—北阿拉伯湾盆地占68.79%、扎格罗斯盆地占29.08%、土耳其西南褶皱带占2.04%。从原油储量的陆海地域分布看，伊拉克原油探明可采储量全部分布在陆上。

从原油储量变化情况看，2018—2020年原油可采储量增长持续放缓，2020年大幅降低，储量降低3.97亿吨（图4-2-1）。

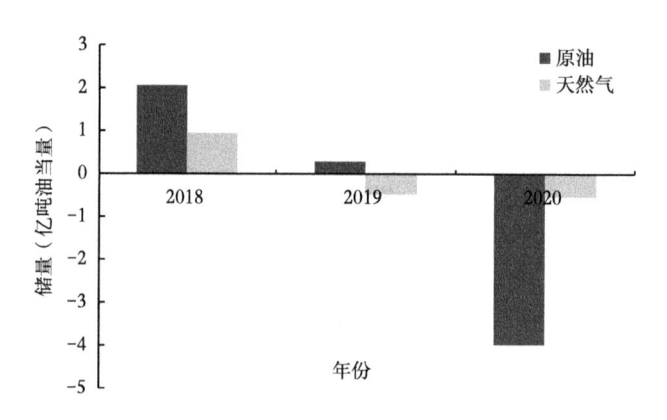

图4-2-1　2018—2020年伊拉克油气年度储量变化情况（数据来源：WOOD，2021）

2. 天然气

伊拉克天然气资源较为富集，2020年天然气剩余探明可采储量约3.03万亿立方米，在世界排名第 21 位、中东地区排名第五位，天然气剩余探明可采储量少于伊朗、卡塔尔、沙特阿拉伯和阿拉伯联合酋长国，2020 年天然气储采比为 146.6。

从天然气储量的盆地分布看，伊拉克天然气储量集中分布在扎格罗斯盆地、维典—北阿拉伯湾盆地和泰布克亚盆地三个油气富集区，合计天然气储量占比为 98.62%。其中，扎格罗斯盆地占 62.33%、维典—北阿拉伯湾盆地占 33.87%、泰布克亚盆地占 2.42%。从天然气储量的陆海地域分布看，天然气储量和原油分布特征相同，全部集中分布在陆上。

从天然气储量变化情况看，伊拉克天然气变化情况与原油相同。

（二）油气产量

1. 原油

伊拉克是中东地区重要的原油产量国，1965—2020 年伊拉克已累计产出原油约 60 亿吨，2020 年原油产量约 2.19 亿吨，在世界排名第五位，中东地区排名第二位，原油产量仅少于沙特阿拉伯。

从原油产量的盆地分布看，伊拉克原油产量主要分布在维典—北阿拉伯湾盆地、扎格罗斯盆地和土耳其西南褶皱带三个沉积盆地中，占伊拉克全部的原油产量。其中，维典—北阿拉伯湾盆地占 74.3%、扎格罗斯盆地占 20.4%、土耳其西南褶皱占 5.3%。

从原油产量的油气田分布看，伊拉克原油产量集中分布在 11 个油田中，2020 年伊拉克前 11 大油田原油产量合计占该国原油产量的 77.7%。千万吨级油田六个，其中鲁迈拉油田技术服务区块（Rumaila TSC）20.6%、鲁迈拉油田（Rumaila Baseline）12.0%、祖拜尔油田技术服务区块（Zubair TSC）8.6%、西古尔纳 2 号油田技术服务区块（West Qurna 2 TSC）8.5%、西古尔纳 1 号油田技术服务区块（West Qurna 1 TSC）6.2%、哈法亚油气田技术服务区块（Halfaya TSC）5.8%；500 万吨级油田五个，其中库马拉油田（Khurmala Dome）4.0%、米桑油田技术服务区块（Missan Oil Fields TSC）3.7%、西古尔纳 1 号油田（West Qurna 1 Baseline）3.3%、陶克油田（Tawke Development Area）2.5%、祖拜尔油田（Zubair Baseline）2.5%。

从原油产量变化情况看，2010—2019 年伊拉克原油产量年度平均增长约 10.2%，2020 年伊拉克受新冠肺炎疫情和油价暴跌的影响导致产量稍有下降（图 4-2-2）。

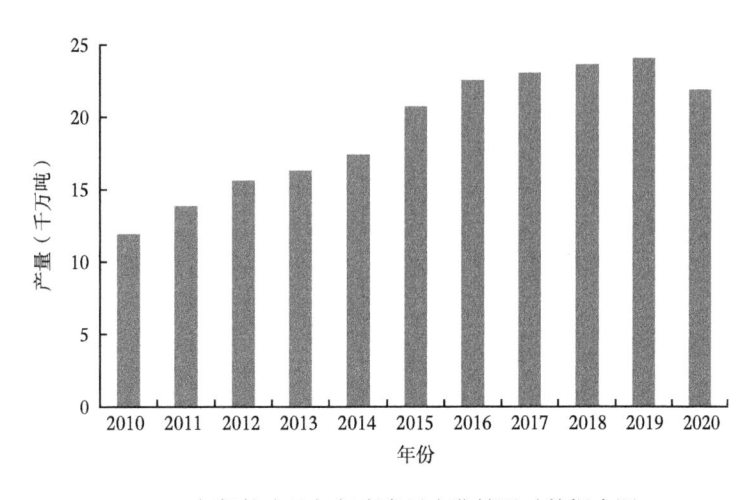

图 4-2-2　2010—2020 年伊拉克油气年度产量变化情况（数据来源：WOOD，2021）

2. 天然气

伊拉克天然气产量近年呈缓慢增长趋势，1970—2020年伊拉克已累计产出天然气约2520亿立方米，2020年天然气产量约206亿立方米，在世界排名第31位、中东地区排名第六位，天然气产量少于伊朗、卡塔尔、沙特阿拉伯、阿拉伯联合酋长国和阿曼。

从天然气产量的盆地分布看，伊拉克天然气产量完全分布在维典—北阿拉伯湾盆地和扎格罗斯盆地中。其中，维典—北阿拉伯湾盆地占50.8%、扎格罗斯盆地占49.2%。

从天然气总开采量的油气田分布看，2020年伊拉克天然气产量集中分布在十个气田中，2020年伊拉克十大气田天然气开采量合计占该国天然气年度总开采量的93.7%。伊拉克开采量前十位的油气田均为亿立方米气田，其中巴士拉天然气项目（Basrah Gas Project）41.6%、高摩尔气田（Khor Mor）19.7%、库马拉油田（Khurmala Dome）12.5%、阿吉尔气田（Ajil）5.2%、哈法亚油气田技术服务区块（Halfaya TSC）4.0%、巴德拉油气田技术服务区块（Badra TSC）2.8%、坚布尔油气田（Jambur）2.3%、锡巴油气田技术服务区块（Siba TSC）2.0%、哈巴兹油气田（Khabbaz）1.9%和马吉努油气田（Majnoon Post Contract）1.7%。

从天然气年度总开采量变化情况看，2010—2019年随着伊拉克原油产量提升，伴生的天然气开采量也快速增长，天然气年度增长约17.3%，2020年伊拉克受新冠肺炎疫情和油价暴跌的影响导致天然气产量稍有下降（图4-2-3）。

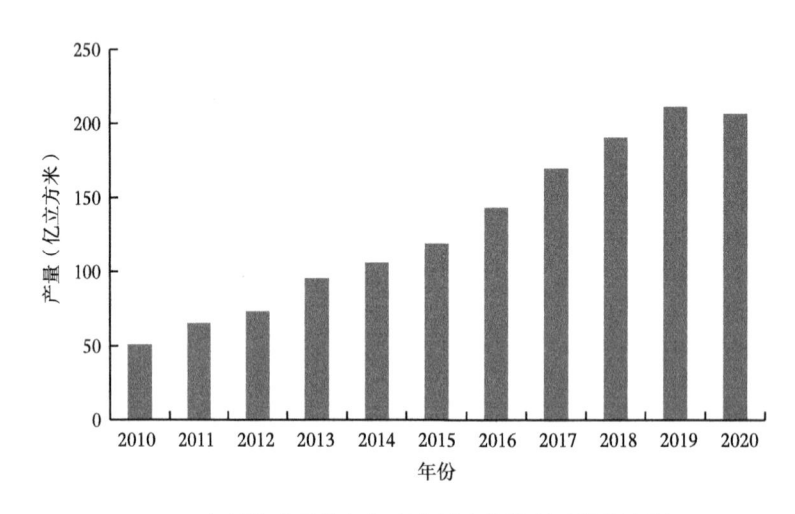

图4-2-3 2010—2020年伊拉克天然气年度产量变化情况（数据来源：WOOD，2021）

（三）油气待发现资源

根据中国石油勘探开发研究院自主评价结果，伊拉克原油待发现资源约58.3亿吨，占世界待发现资源总量4.2%，在世界排名第三位、中东地区排名第二位；天然气待发现资源约2.19万亿立方米，占世界待发现资源总量1.04%，在世界排名第12位、中东地区排名第五位。

（四）油气理论出口能力

多年战争之后，伊拉克开始恢复重建原油工业，原油产量和出口量均保持增长趋势。2019年，伊拉克原油理论出口能力（产量减去消费量）约2.1亿吨，天然气理论出口能力约192亿立方米。从油气理论出口能力变化趋势看，2010年后，伊拉克油气理论出口能力开始大幅度提升，2010—2019年，伊拉克原油理论出口能力年平均增长约10.2%，天然气理论出口能力年平均增长约18.6%（图4-2-4、图4-2-5）。港口和管道是伊拉克油气的出口主要方式，但管道出口受库尔德斯坦政府控制。

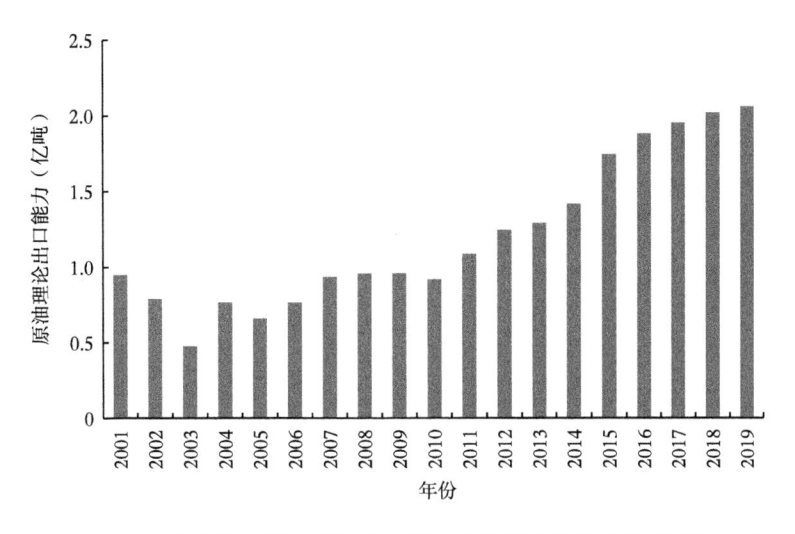

图4-2-4　2001—2019年伊拉克原油理论出口能力变化图（数据来源：WOOD，BP，2020）

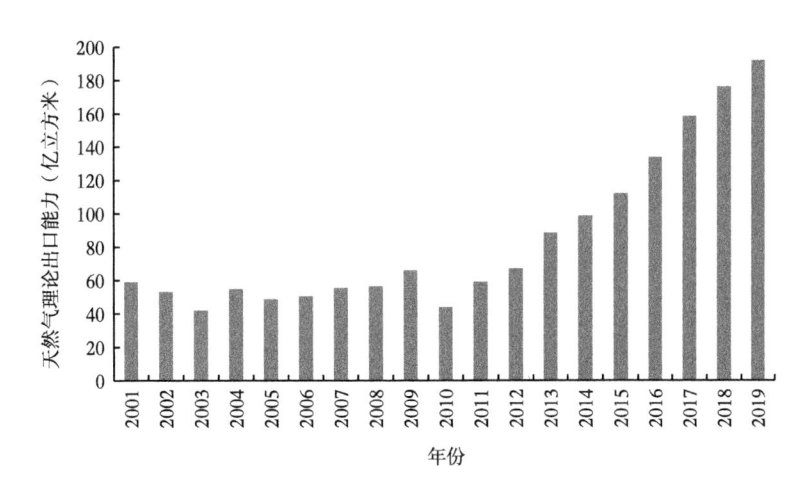

图4-2-5　2001—2019年伊拉克天然气理论出口能力变化图（数据来源：WOOD，BP，2020）

二、油气合作环境

（一）政治环境

2003年7月，美国占领当局任命组成伊拉克临时管理委员会，并与其就移交权力时间表达成协议。2004年6月，伊拉克临时政府成立。2004年6月28日，占领当局向临时政府移交权力。2005年1月，伊拉克举行过渡国民议会选举，并于同年4月底组成过渡政府。2005年10月，伊拉克新宪法草案在全民公决中获得通过。2005年12月，伊拉克举行正式议会选举。在总计275个议席中，什叶派政党联盟占128席、库尔德联盟占53席、两个逊尼派政党联盟共占55席。2006年3月，正式议会召开，库尔德人士贾拉勒·塔拉巴尼（Jalal Talabani）和逊尼派人士马哈茂德·迈什哈达尼（Mahmoud Al-Mashhadani）分别出任总统和议长。5月，以什叶派人士努里·马利基（Nuri Al-Maliki）为总理的伊拉克战后首届正式内阁宣誓就职，政治过渡进程基本完成。2008年12月，迈什哈达尼（Mahmoud Al-Mashhadani）辞去议长职务。2009年4月，逊尼派议员伊亚德·萨迈拉伊（Iyad Samarai）当选为新议长。2010年3月7日，伊拉克举行第二次全国议会选举，11月11日举行首次议会会议，乌萨玛·努贾伊菲（Usama Al-Nujayfi）当选新议长，贾拉勒·塔拉巴尼（Jalal Talabani）连任总统，委任时任总理努里·马利基（Nuri Al-Maliki）组阁。

2014年4月30日，伊拉克举行美军撤离后的首次大选。包括政党、政治联盟和独立候选人在内的近280个政治实体、共9000多名候选人角逐下届议会的328个席位。逊尼派议员萨利姆·朱布里（Saleemal-Jubouri）和库尔德议员穆罕默德·福阿德·马苏姆（Mohammed Fuad Masum）分别当选议长和总统，什叶派人士海德尔·杰瓦德·阿巴迪（Haider Jawadal-Abadi）出任总理并负责组建新内阁。2014年9月8日，海德尔·杰瓦德·阿巴迪（Haider Jawadal-Abadi）正式出任总理，并完成组阁。2016年，伊拉克着力推行政治改革，由技术官僚出任内阁部长，并拟将内阁席位从原来的22名减少至16名，但困难重重。目前，伊内阁席位仍为22名，财政部长、贸易部长和工矿部长分别由高教部长、规划部长和劳工部长兼任。

2018年5月12日，伊拉克举行新一届国民议会选举。当日18时，伊拉克境内8959个投票中心准时关闭，选举平稳结束。这是伊拉克取得打击"伊斯兰国"胜利后举行的首次大选，约7000名候选人角逐新一届议会的329个席位。此次伊拉克国民议会选举首次采用电子投票卡、电子确认设备、电子计票设备等辅助投票。2018年5月19日，伊拉克独立高等选举委员会公布国民议会选举最终结果，什叶派宗教领袖穆克塔达·萨德尔（Muqtuda Al-Sadr）领导的政治联盟获得54席，领先其他竞选阵营；选前被一直看好的时任总理海德尔·杰瓦德·阿巴迪（Haider Jawadal Abadi）阵营名列第三，获得42席；另一位什叶派人士哈迪·阿米里(Hadi Al-Amiri)的阵营名列第获得47席。2018年9月至11月，议会投票表决，产生新一任议长、总统和总理，分别由逊尼派穆罕默德·哈勒布希（Mohamed Al-Halbousi）、库尔德人巴尔哈姆·萨利赫（Barham Salih）、什叶派人士阿迪勒·阿卜杜勒－马赫迪（Adil Abdul-Mahdi）担任。

2019年10月起，伊拉克多地爆发大规模示威游行并导致流血冲突，据报道称游行造成500余人死亡，逾2万人受伤；同年11月底，时任总理阿迪勒·阿卜杜勒－马赫迪（Adil Abdul-Mahdi）辞职，伊拉克政府进入看守状态；2020年1月，伊朗伊斯兰革命卫队指挥官卡西姆·苏莱曼尼（Qasem Soleimani）及伊拉克人民动员军副署长阿布·迈赫迪·穆罕迪斯（Abu Mehdi Muhandis）在巴格达机场附近被美军空袭身亡，美国、伊朗在伊拉克的矛盾斗争一度激化；2020年2月起，穆罕默德·陶菲克·阿拉维（Mohammed Tawfiq Allawi）、阿德南·祖尔菲(Adnan Al-Zrufi)先后作为伊拉克过渡政府候任总理人选组阁失败；2020年5月7日，前国家情报局长穆斯塔法·卡迪米（Mustafa Kadhemi）经议会授信投票组阁成功，但22名内阁部长中仍有外交、石油等7个职位空缺，伊拉克国内各派别仍就上述岗位归属问题博弈未休，国内示威游行仍未平息。

2005年8月底出台永久宪法草案，并在同年10月举行的全民公决中获得通过，规定伊拉克实行联邦制，石油资源归全体人民所有，萨达姆集团分子不得参政。但各派在国家生活中的地位、资源分配等问题上尚存争议。伊拉克设总统、总理府（部长内阁）和议会（329位议员），实际行政权力掌握在以总理为首的部长内阁手中。联邦的行政权力由共和国总统和内阁共同承担；总统由议会2/3多数选举产生，任期四年。总统必须出生时就是伊拉克人，其父母也必须是伊拉克人，年龄在40岁以上。总统指派在议会中享有多数席位的党团领导人组建政府。

内阁成员由总理推荐，总理担任武装部队总司令职务。伊拉克地区政府拥有行使立法、行政和司法的权利；地区政府可以按照需要的方式实行管理，并有权建立自己的"安全组织"，如警察部队、治安部队和卫队等。地区政府在不违反国家宪法的前提下，可以起草自己的法律、确立自己的行政权力机构以及行使这些权力的机制；宪法承认库尔德地区和其作为一个联邦地区现有的权力。伊斯兰教是伊拉克官方宗教，是伊拉克立法的主要依据之一。宪法保证宗教自由。

2005年10月25日全民公决中通过的宪法规定：伊拉克是拥有完全主权的、独立的联邦国家，实行议会代表制。每10万居民拥有一个联邦国民议会席位，议员代表整个伊拉克人民的利益。每届议会任期四年。联邦国民议会中妇女的席位不得少于25%。2005年12月，伊拉克选举产生战后首届正式议会。2010年3月，伊拉克举行战后第二届国民议会选举。2014年4月，伊拉克举行第三届国民议会选举，同年7月15日，国民议会选举逊尼派人士赛利姆·朱布里（Saleem al-Jubouri）任议长，本届议会共有328名议员，任期四年。2018年5月12日，伊拉克举行新一届国民议会选举，新当选议员329人；同年9月确定由前安巴尔省省长、逊尼派穆罕默德·哈勒布希（Mohamed Al-Halbousi）担任新议长。2020年5月，由前国家情报局长穆斯塔法·卡迪米（Mustafa Kadhemi）担任过渡政府总理。

（二）经济环境

伊拉克石油工业拉动战后经济快速恢复和发展。石油工业是伊拉克经济的主要支柱，油气产业在伊拉克国民经济中占有重要地位，90%以上的能源需求由石油供给，剩余部分则通过天然气和水力发电得以满足。油气收入占政府收入的90%以上，提供了80%以上的外汇。随着2003年伊拉克战争的结束，特别是2009年油气公开招标后，伊拉克石油工业迅速恢复，带动了国家经济的快速发展。2013年伊拉克人均GDP达15414.28美元，比2012年增长7.63%。2017—2018年受地缘政治的影响，伊拉克经济呈现负增长。2019年伊拉克GDP呈现正增长，2020年受新冠肺炎疫情的影响，伊拉克GDP再次呈现负增长（图4-2-6）。

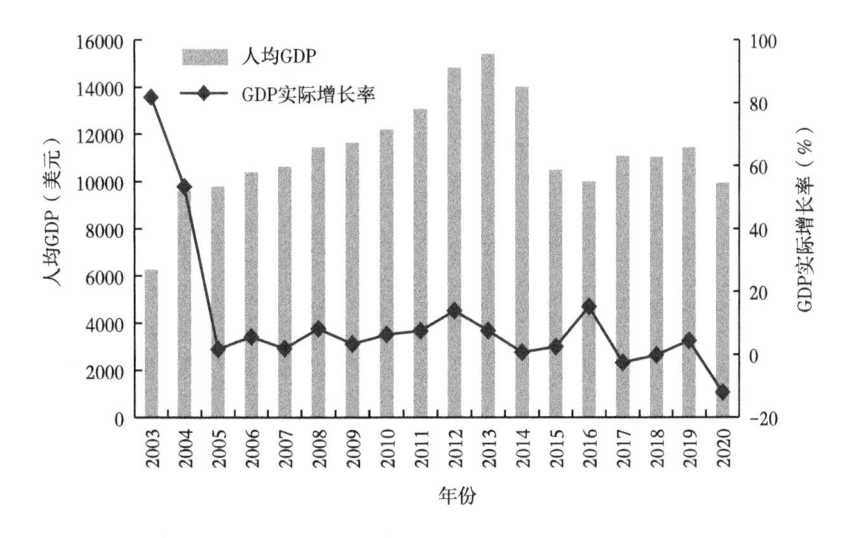

图4-2-6 伊拉克GDP实际增长率与人均GDP（数据来源：Knoema，2021）

(三) 油气基础设施

伊拉克拥有一个年代已久的石油管道基础设施网络。然而，30年中的三次战争（2003年之前）使许多基础设施遭受破坏，且大部分基础设施不再属于国际奥委会承包商的职权范围内，而是由政府控制。在过去十年中，伊拉克政府在基础设施升级方面投入了大量资金。

1. 油气管网

伊拉克大部分原油用于出口，其余供应至国内炼油厂和发电厂。出口原油从两个码头装船：位于伊拉克南部港口的 Fao Port 和位于土耳其地中海沿岸的 Ceyhan。伊拉克的分销网络系统以几个大型干线管道系统为中心，并与两个港口相连（表4-2-1）。

表4-2-1 伊拉克主要石油管网基本信息表（资料来源：WOOD, 2021）

主要石油管道	作业者	起点	终点	长度（千米）	直径（英尺）	运输能力（千桶/天）
Badra–Gharraf		Badra	Gharraf（TSC）	165	24	200
EXL1 Ahdab – Nasiriyah		Ahdab（TSC）	Nasiriyah Oil Storage	200	24	200
EXL4 Nasiriyah–PS1	Iraq Ministry of Oil	Nasiriyah Oil Storage	Tuba Pumping Station	135	36	500
EXL4 PS1–Tuba Tank Farm		PS-1	Tuba Tank Farm	24	42	945
Fao–SP1–4	Iraq Ministry of Oil	Fao	Al Basrah	39	48	1800
Gharraf–Nasiriyah Oil Storage		Gharraf（TSC）	Nasiriyah Oil Storage	92	28	300
ITP Kirkuk–Ceyhan	Iraq Ministry of Oil	K1 Pumping Station	Ceyhan	986	40	600
ITP Kirkuk–Ceyhan（46–inch）	Iraq Ministry of Oil	K1 Pumping Station	Ceyhan	986	46	1100
Kurdistan Export Pipeline	Kurdistan Pipeline Company	Khurmala Dome	Fishkabour Pipeline Tie-in	206	36	700
MOEP Buzurgan CPF – Halfaya CPF		Buzurgan CPF	Halfaya CPF-2	53	32	450
MOEP Halfaya CPF-2 – Nahr Umr		Halfaya CPF-2	Nahr Umr Storage Facility	125	42	1000
SP1 Karbala to Haditha（non–op）	Iraq Ministry of Oil	Karbala	K3 Pumping Station	224	42	700
SP2（Haditha K3–Rumaila）	Iraq Ministry of Oil	K3 Pumping Station	Rumaila（TSC）	655	42	700
SP2（Rumaila–Fao）	Iraq Ministry of Oil	Rumaila（TSC）	Fao	105	42	800
Zubair-1 – Fao（2）	Iraq Ministry of Oil	Zubair-1	Fao	105	42	800

2. 炼厂

伊拉克有16个炼厂，处理能力为每天5000~210000桶。这些炼厂分布在该国南部巴士拉附近，北部地区基尔库克、巴格达和埃尔比勒附近。

拜吉炼厂是伊拉克最大的炼厂。有五个原油蒸馏装置，额定处理能力为31万桶/天。

该炼油厂1982年投入使用，原油主要由基尔库克油田供应。2015年，炼油厂遭到ISIS武装分子的严重破坏。自伊拉克北部解放以来，该炼油厂已得到修复，多个装置已恢复运行，但处理水平较低，仅为14万桶/天。

巴格达附近的达乌拉炼厂和巴士拉炼厂是伊拉克另外两个主要炼厂。两者的额定处理能力均为210000桶/天。

卡尔巴拉新炼厂的合同于2014年第一季度签订，计划于2019年投产，处理能力为14万桶/天。

库尔德斯坦地区有两个炼厂：巴赞炼厂和埃尔比勒炼厂。埃尔比勒炼厂为KAR集团私人所有，该集团也是Khurmala Dome油田的运营商，Khurmala Dome油田是炼厂原油的主要供应商。埃尔比勒炼厂目前的处理能力为10万桶/天，预计将进一步升级至17.5万桶/天。巴赞炼厂位于苏莱曼尼亚省，为Qaiwan集团所有，处理能力约为40000桶/天（表4-2-2）。

表4-2-2 伊拉克主要炼厂基本信息表（资料来源：WOOD，2021）

作业者	炼厂名称	位置	处理能力（千桶/天）
Iraq Ministry of Oil	Basrah Refinery	Basra	210
Iraq Ministry of Oil	Daura Refinery	Baghdad	210
Iraq Ministry of Oil	Baiji（Salaheddin）	Baiji	140
KAR Group	Erbil Refinery	Erbil	100
Qaiwan Group	Bazian Refinery	Sulaymaniyah	34

3. 天然气处理设施

伊拉克有大量伴生天然气，由于天然气基础设施有限，无法充分利用。天然气主要在伊拉克油田生产，并在大型油气分离厂（GOSP）进行分离。天然气处理方法主要有两种方式：直接燃烧；在伊拉克两个地区天然气干线系统中进行收集、处理和运输。由于基础设施能力有限，伊拉克大约150亿立方英尺的天然气产量被燃烧。

虽然石油产量预计将继续增长，但随着Yamama和Nahr Umr等储层的开发，伴生气产量可能会以更快的速度增长。伊拉克南部的伴生天然气为含硫气体，随着新储层的开发，含硫量可能会增加。此外，天然气中的乙烷含量也很高，未来原料气中乙烷的比例还会增加。

伊拉克的天然气加工程度相当有限，富气通常被供应到电网并输送到发电站。目前伊拉克正在进行一些液化石油气开采的工作，特别是在巴士拉天然气公司运营的Khor al-Zubair液化石油气工厂。但该国仍有进步空间来进行更深层的天然气加工作业、开采更有价值的天然气产品。

三、油气合作现状

（一）油气上游对外开放程度

2003年以前，伊拉克几乎全部油气生产经营全部由其国有公司负责，包括北方石油公司（NOC）、南方石油公司（SOC，现在更名为巴士拉石油公司BOC）。2003年以后，随着伊拉克战争结束和解除贸易制裁，伊拉克逐渐从被制裁、被封锁和战乱的阴影中走出，伊拉克的国际贸易活动趋于正常化，开始积极吸引外来资金和技术推动伊拉克的经济重建。伊拉克油气资源对外部投资的吸引力正逐渐恢复。伊拉克以原油为主、开放程度高，中国公司参与度较高，国际公司参与积极性不足（图4-2-7至图4-2-10）。

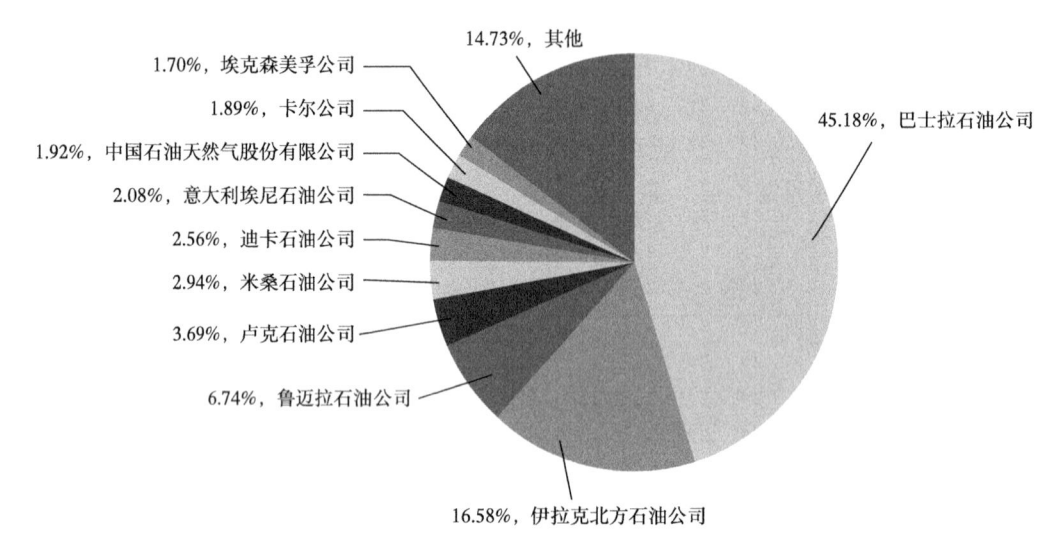

图4-2-7　2020年伊拉克各石油公司石油储量占比（WOOD，2021）

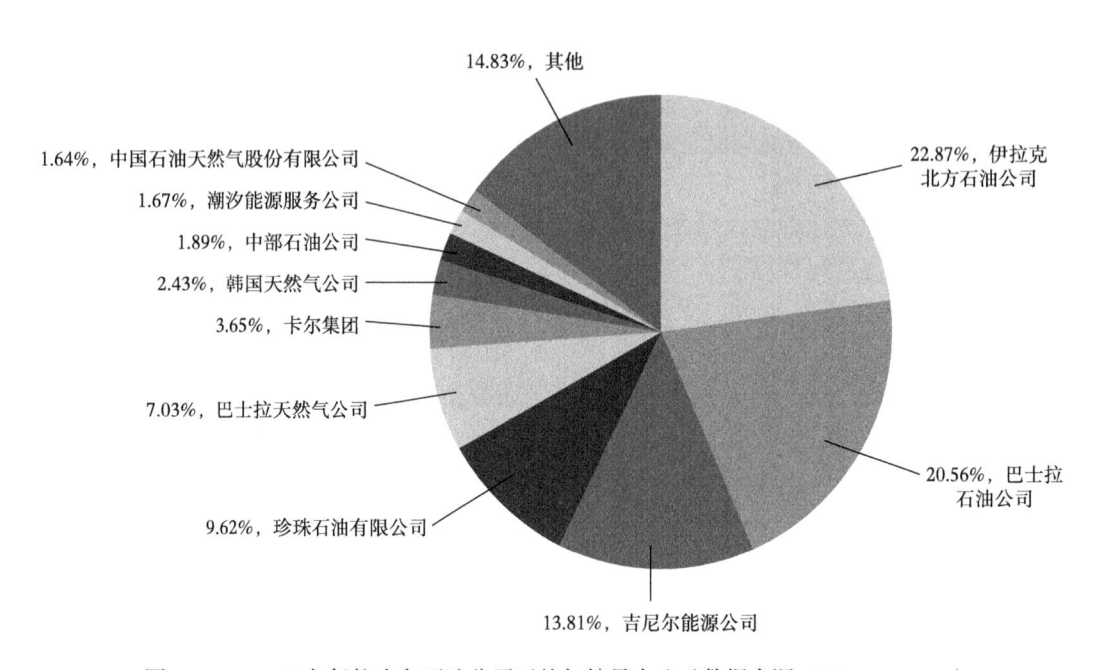

- 14.73%，其他
- 1.70%，埃克森美孚公司
- 1.89%，卡尔公司
- 1.92%，中国石油天然气股份有限公司
- 2.08%，意大利埃尼石油公司
- 2.56%，迪卡石油公司
- 2.94%，米桑石油公司
- 3.69%，卢克石油公司
- 6.74%，鲁迈拉石油公司
- 16.58%，伊拉克北方石油公司
- 45.18%，巴士拉石油公司

图4-2-8　2020年伊拉克各石油公司天然气储量占比（数据来源：WOOD，2021）

- 14.83%，其他
- 1.64%，中国石油天然气股份有限公司
- 1.67%，潮汐能源服务公司
- 1.89%，中部石油公司
- 2.43%，韩国天然气公司
- 3.65%，卡尔集团
- 7.03%，巴士拉天然气公司
- 9.62%，珍珠石油有限公司
- 13.81%，吉尼尔能源公司
- 20.56%，巴士拉石油公司
- 22.87%，伊拉克北方石油公司

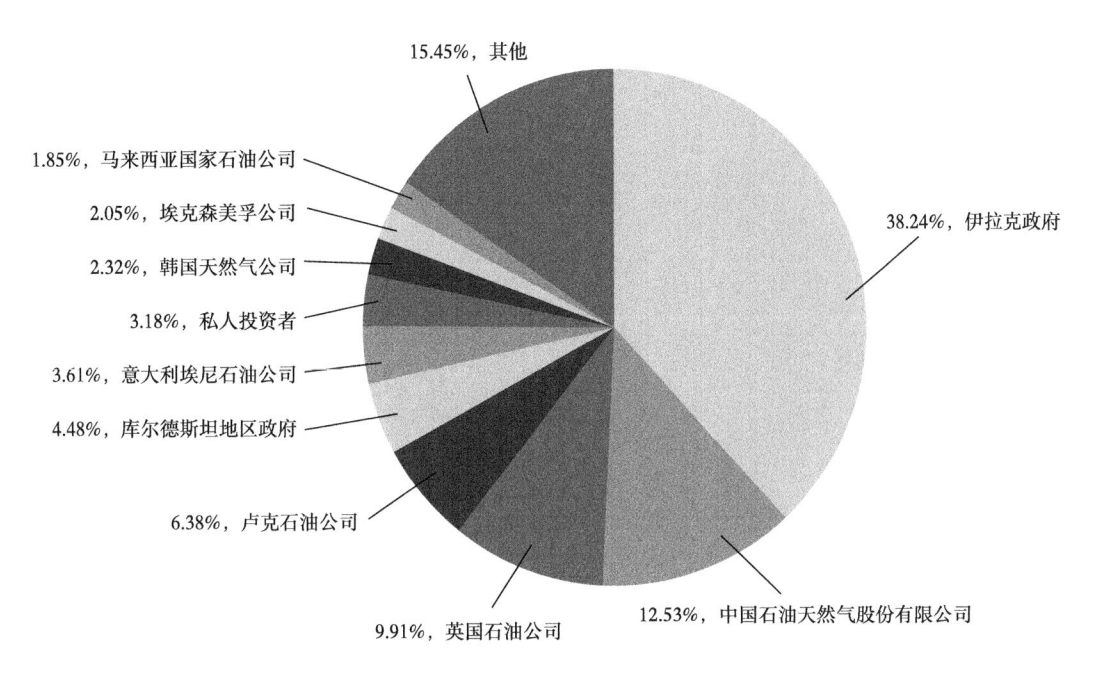

图 4-2-9　2020 年伊拉克各石油公司石油产量占比（数据来源：WOOD，2021）

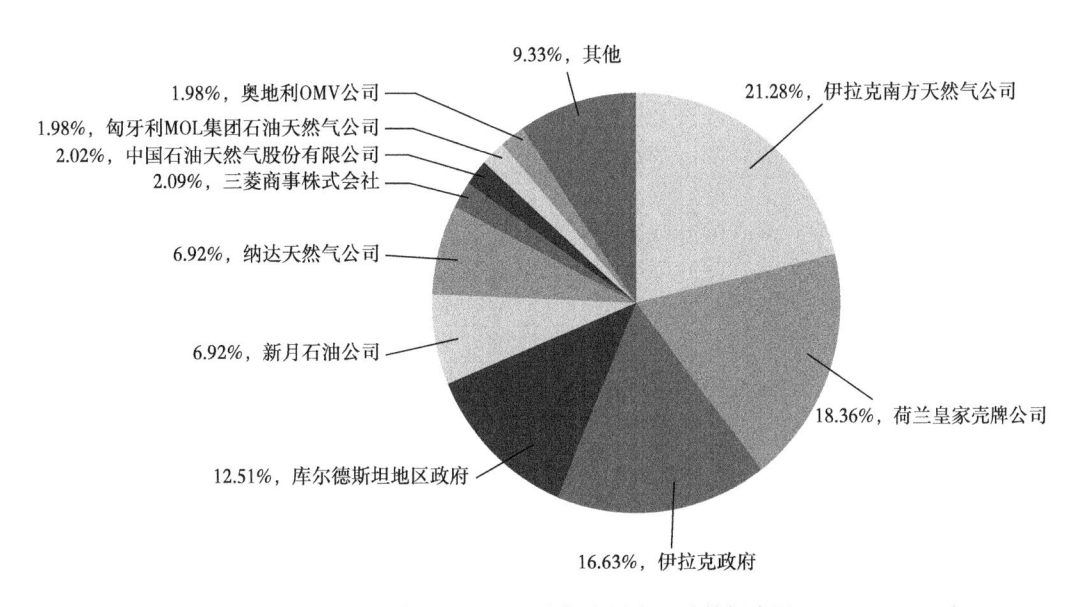

图 4-2-10　2020 年伊拉克各石油公司天然气产量占比（数据来源：WOOD，2021）

（二）油气上游收并购形势

2001—2019 年，伊拉克的收、并购交易共计 40 笔，金额共计 83.65 亿美元（在披露的 40 笔交易中，有 32 笔披露交易金额）。2011 年全年收、并购交易金额共计 29.69 亿美元，为历年最高水平，这主要归功于 Vallares 与 Genel Energi 进行全股反向收购，价值 21 亿美元（图 4-2-11）。

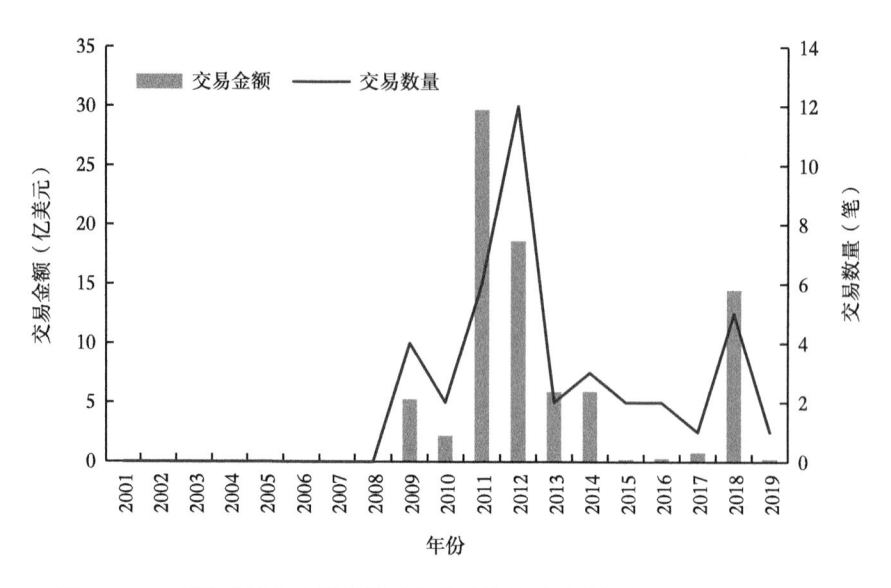

图 4-2-11　伊拉克油气上游收并购交易总体情况（数据来源：WOOD，2020）

1. 陆上常规原油资产为主要交易类型

2001—2019 年，伊拉克陆上常规原油资产交易金额为 70.18 亿美元，占所有交易金额的 83.90%，位列所有资产类型首位（图 4-2-12）。

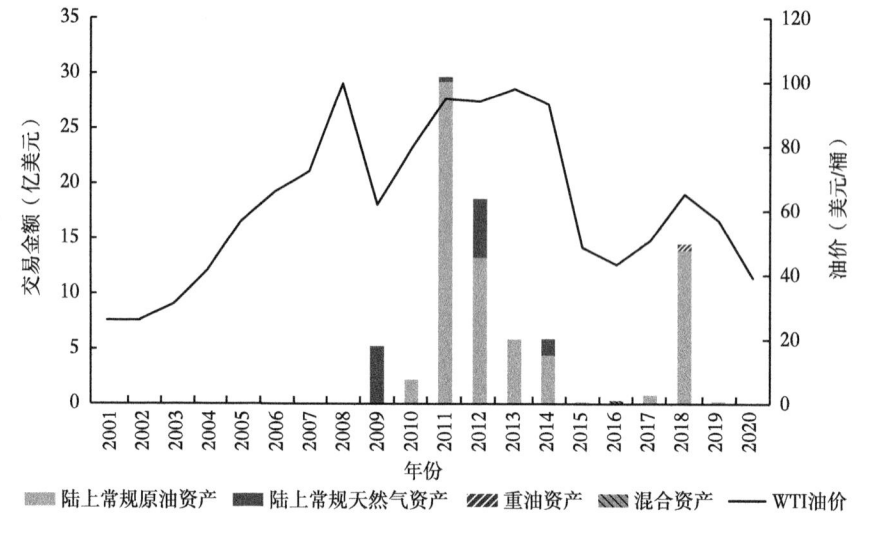

图 4-2-12　伊拉克油气上游收并购交易按资产类型分类情况（数据来源：WOOD，2021）

2. 石油巨头剥离资产较多

七大石油巨头中，道达尔公司和雪佛龙公司两个巨头公司在伊拉克进行买入，共买入资产共计 1.86 亿美元，交易类型全部为陆上常规原油；埃克森美孚公司、壳牌公司、雪佛龙公司和挪威石油公司四个巨头公司在伊拉克进行卖出，共剥离资产共计 11.64 亿美元，交易类型全部为陆上常规原油（图 4-2-13）。

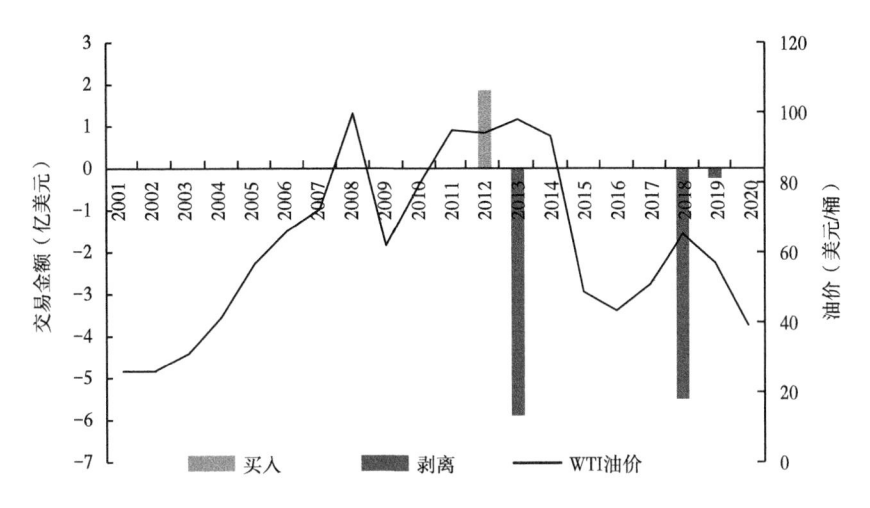

图 4-2-13 石油巨头收并购交易情况（数据来源：WOOD，2021）

3. 国家石油公司以买入为主

2001—2019 年，国家石油公司的收并购交易金额共计 6.75 亿美元，占全国交易金额的 8.07%。其中作为买方共买入资产共计 5.25 亿美元，作为卖方共剥离资产 1.50 亿美元。国家石油公司交易类型为陆上常规天然气资产及陆上常规原油资产。其中，陆上常规天然气资产交易金额为 6.75 亿美元，陆上常规原油资产未披露交易金额（图 4-2-14）。

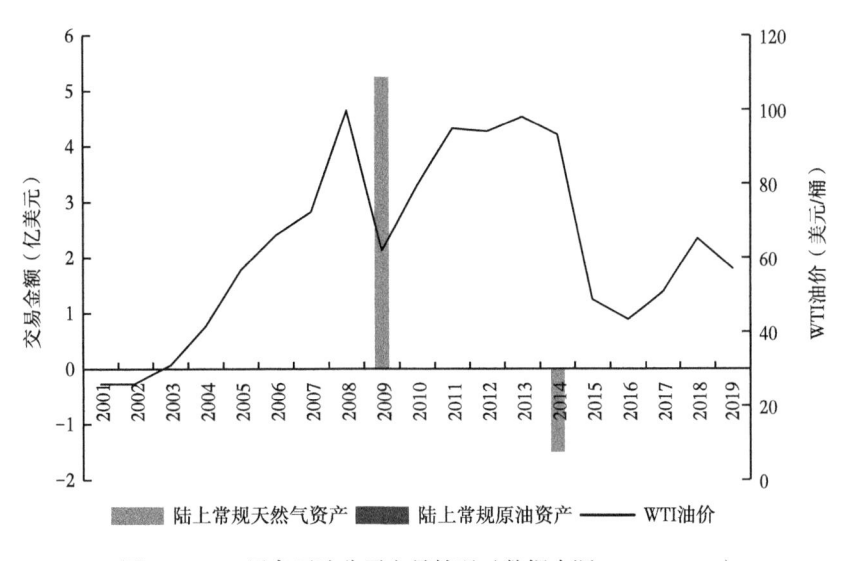

图 4-2-14 国家石油公司交易情况（数据来源：IHS，2020）

4. 中国企业均为买入资产

2001—2019 年间，中国企业在伊拉克的收并购交易金额共计 10.32 亿美元，均为买入资产。从资产类型来看，常规资产为主要交易类型，2001—2019 年常规交易金额共计 10.32 亿美元，占这一阶段全部资产交易额的 100%。

2001 年起至今，中国企业进行的资产买入交易共计两笔，买方均为中国石油。同期，中国企业未剥离资产（图 4-2-15）。

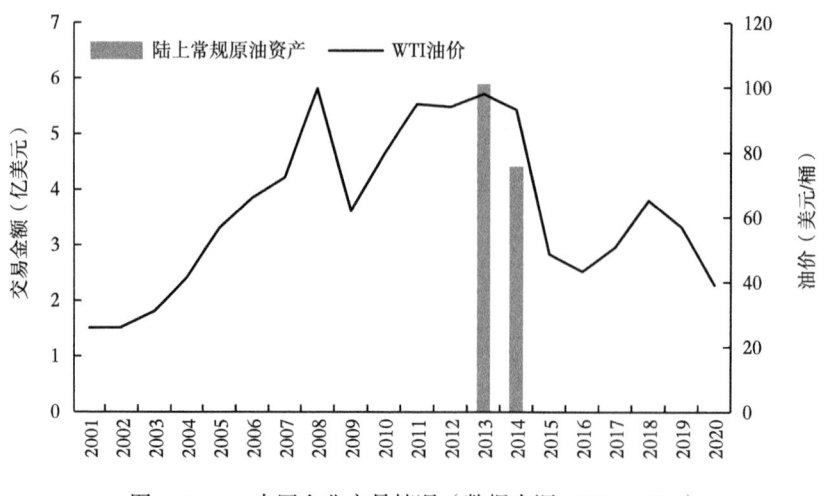

图 4-2-15 中国企业交易情况（数据来源：IHS，2021）

5. 重大交易实例——库尔德自治区

库尔德自治区位于伊拉克北部，下辖库尔德人拥有管辖权的埃尔比勒、苏莱曼尼亚和杜胡克三个省。库尔德人占伊拉克总人口的 20%，海湾战争后成立自治区。除此之外，土耳其、伊朗、伊拉克、叙利亚等国也有众多库尔德人。

战后伊拉克境内仍然饱受安全困扰，而库尔德自治区以其丰富的油气资源和安定的局势吸引了众多海外投资。然而近几年，由于库尔德自治区和伊拉克中央政府间产生关于油气开发和分配的纷争，外国公司几乎停止了在伊拉克境内的收、并购交易活动。2017 年 9 月，库尔德自治区举行独立公投，此后伊拉克中央政府封锁了库尔德自治区的国际航线，土耳其宣布终止从伊拉克北部进口石油，库尔德自治区的经济遭受重创。

2002 年，库尔德自治区政府同吉尼尔能源公司（Genel Energy）签订产品分成协议，拉开了此地区对外合作的序幕。库尔德自治区大部分交易方为独立的石油公司，其中吉尼尔能源公司为最活跃的交易主体。库尔德交易中最大的一笔为 2011 年由原 BP 公司 CEO 唐熙华和罗斯柴尔德家族发起的 Vallares 投资公司以 21 亿美元收购吉尼尔能源公司，当时吉尼尔能源公司在库尔德自治区的资产包括 Taq Taq 油田 44% 的权益、Tawke 油田 25% 的权益以及多处勘探资产。随后吉尼尔能源公司购买了库尔德自治区 Chia Surkh 勘探区块 40% 权益、Bina Bawi 勘探区块 44% 权益以及 Miran 区块 75% 权益，不断壮大其在库尔德自治区的油气勘探开发实力。

（三）油气上游招标历史

伊拉克的油气勘探活动始于 1888 年，1927 年在 Baba Gurgur 地区发现了石油。1929—1938 年伊拉克石油公司（IPC）掌握了该国几乎所有油气资源，直到 1958 年 IPC 退出了所有未开发地区，这导致该国油气勘探活动停滞 7 年时间。1975 年，IPC 完成国有化进程，与道达尔、ONGC 和巴西国家石油公司等外国投资者签署了少量勘探服务合同。1990—2003 年期间，由于受到联合国制裁，外国投资者不能进入伊拉克油气上游领域，在此期间，虽有签署过三个合同，但并未真正执行，其中包括与中国石油签署的艾哈代布项目，以及和 LUKoil 签署的西古尔纳项目。2008 年通过谈判，艾哈代布油田项目最终以技术服务合同与中国石油签署。

伊拉克的招投标活动分别由伊拉克中央政府和库尔德地方政府举行。伊拉克中央政府在过去七年中先后举行过四轮招标。在2009进行过两轮招标，这两轮招标在2010年签署了16个技术服务合同。随后，在2010年和2012年分别进行了第三轮和第四轮招标，提供了巴士拉天然气项目，并引入了部分新的外国投资者进入本国。库尔德地区政府近年来没有进行过大规模招标活动，主要通过特别谈判来颁发油气许可证。2006年库尔德签署第一份该地区的产品分成合同（PSC），2007年库尔德油气法颁布，目前该地区颁发了超过50个勘探许可证，有28家国际石油公司进入了库尔德地区。

伊拉克中央政府的四轮招标情况如下。

1. 第一轮招标（2009）

2009年，35家国际石油公司参与了伊拉克第一轮招标，针对六个油田和两个未开发气田进行竞标。每家公司围绕两个指标展开竞标——目标产量和报酬费。竞标在2009年6月30日进行，只有鲁迈拉油田中标。另外有六个竞标合同的报酬费超过了伊拉克石油部规定的上限。随后，伊拉克石油部继续与各投资者谈判，最终签署了Zubair、西古尔纳和Misan Group（表4-2-3）。

表4-2-3 伊拉克中央政府第一轮招标情况（数据来源：WOOD，2021）

项目	2009年产量（千桶/天）	高峰产量目标（千桶/天）	报酬费（美元/桶）	签字费（百万美元）	合同方
Akkas				200	未中标
Bai Hassan	175			300	未中标
Kirkuk	360			400	未中标
Mansuriyah					未中标
Misan Group	87	450	2.3	300	CNOOC（63.75%），TPAO（11.25%），Iraq Drilling Co.（25.00%）
鲁迈拉	1100	2850	2.0	500	BP（38%），CNPC（37%），SOMO（25%）
西古尔纳	250	2325	1.9	100	ExxonMobil（60%），Shell（15%），North Oil（25%）
Zubair	190	1200	2.0	100	Eni（32.81%），Occidental（23.44%），KOGAS（18.75%），Misan Oil（25.00%）

2. 第二轮招标（2009）

第二轮十个新合同的招标于2009年12月12日—13日进行。另有九家国际石油公司参与竞标，其中七个合同中标（表4-2-4）。

3. 第三轮招标（2010）

伊拉克石油部于2010年进行第三轮招标，共三个气田参与招标，其中包括一个第一轮招标中未中标的气田（表4-2-5）。

表 4-2-4 伊拉克中央政府第二轮招标情况（数据来源：WOOD，2021）

项目	高峰产量目标（千桶/天）	初始商业产量（千桶/天）	报酬费（美元/桶）	签字费（百万美元）	合同方
Badra	170	15	5.50	100	Gazprom（30.0%）、KOGAS（22.5%）、PETRONAS（15.0%）、TPAO（7.5%）、Midlands Oil（25.0%）
Diyala Group					未中标
East Baghdad					未中标
Euphrates Group					未中标
Gharraf	230	35	1.49	100	PETRONAS（45%）、JAPEX（30%）、North Oil（25%）
Halfaya	535	70	1.40	150	PetroChina（37.50%）、PETRONAS（18.75%）、Total（18.75%）、South Oil（25.00%）
Majnoon	1800	175	1.39	150	Shell（45%）、PETRONAS（30%）、Misan Oil（25.00%）
Najmah	110	20	6.00	100	Sonangol（75%）、Nineveh Oil（25%）
Qaiyarah	120	30	5.00	100	Sonangol（75%）、Nineveh Oil（25%）
West Qurna 2	1800	120	1.15	100	LUKOIL（56.25%）、Statoil（18.75%）、Oil Exploration Company（25.00%）

表 4-2-5 伊拉克中央政府第三轮招标情况（数据来源：WOOD，2021）

项目	2009年产量	高峰产量目标	最高报酬费（美元/桶）	合同方
Akkas	400	100	5.5	KOGAS（37.5%）、KazMunaiGas（37.5%）、Midland Oil（25.0%）
Mansuriyah	300	75	7.0	TPAO（37.5%）、Kuwait Energy（22.5）、KOGAS（15.0%）、Midland Oil（25.0%）
Siba	100	25	7.5	Kuwait Energy（45%）、TPAO（30%）、Missan Oil（25%）

4. 第四轮招标（2012）

2012年5月，伊拉克举行第四轮招标，最终中标四个区块。Petro Vietnam财团、Bashneft和Premier Oil以9.85美元/桶竞标第12区块被拒绝，但最终通过协商以5美元/桶达成协议。然而此后Petro Vietnam退出财团，2015年Premier Oil也退出协议（表4-2-6）。

由于土耳其和伊朗的政治分歧，伊拉克石油公司部取消了土耳其石油公司（TPAO）

在九区块的中标结果。2016年科威特能源公司接替了TPAO的30%权益，共持有60%权益。

表4-2-6 伊拉克中央政府第四轮招标情况（数据来源：WOOD，2021）

区块	面积（平方千米）	报酬费（美元/桶）	签字费（百万美元）	合同方
1	7300		15	未中标
2	8000		25	未中标
3	7000		20	未中标
4	7000		20	未中标
5	7000		20	未中标
6	9000		20	未中标
7	6000		20	未中标
8	6000	5.38	15	Pakistan Petroleum（100%）
9	900	6.24	25	Kuwait Energy（40%），TPAO（30%），Dragon Oil（30%）
10	5500	5.99	25	LUKOIL（60%），Inpex Corporation（40%）
11	8000		15	未中标
12	8000	5.00	15	Bashneft（70%），Premier Oil（30%）

四、油气合作风险与潜力

（一）油气产量发展趋势

伊拉克油气储采比均很高，但是该国对油气开采和利用的程度仍存在较大差异性。一方面，原油是该国最重要的资源产品和国际贸易商品；另一方面，天然气作为原油开采的伴生产品，受到运输管线、液化设施、利用终端设施等条件限制，致使当前天然气开采量的可利用率极低。

从原油产量发展趋势看，伊拉克未来原油产量呈持续增长态势，预计2030年原油产量将达3.8亿吨。鲁迈拉油田技术服务区块（Rumaila TSC）是伊拉克未来原油产量的主要贡献者，未来产量增长主要来自各大油田的技术服务区块，包括祖拜尔油田技术服务区块（Zubair TSC）、西古尔纳2号油田技术服务区块（West Qurna 2 TSC）、西古尔纳1号油田技术服务区块（West Qurna 1 TSC）、哈法亚油气田技术服务区块（Halfaya TSC）等（图4-2-16）。

从天然气开采量发展趋势看，伊拉克天然气开采量将伴随着原油产量的增长而持续增长，将于2030年达到600亿立方米/年左右的年度开采量。未来巴士拉天然气项目（Basrah Gas Project）、高摩尔气田（Khor Mor）、库马拉油田（Khurmala Dome）和阿吉尔气田（Ajil）等油气田是伊拉克天然气开采量的主要增长来源，预计2030年上述四个油气田占年度天然气开采量的41.1%（图4-2-17）。

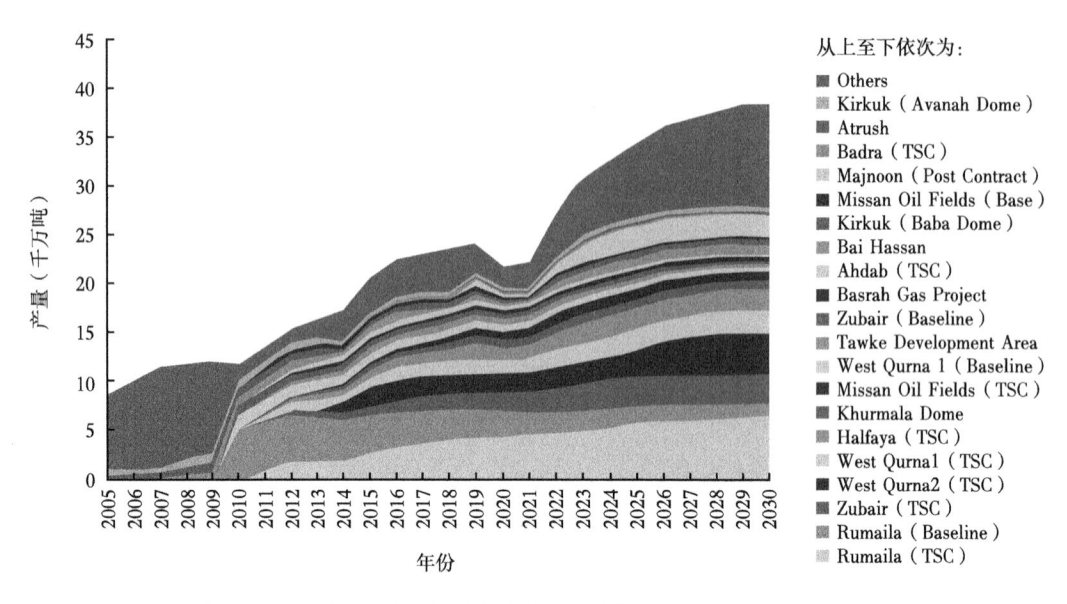

图 4-2-16　伊拉克原油产量预测剖面（数据来源：WOOD，2021）

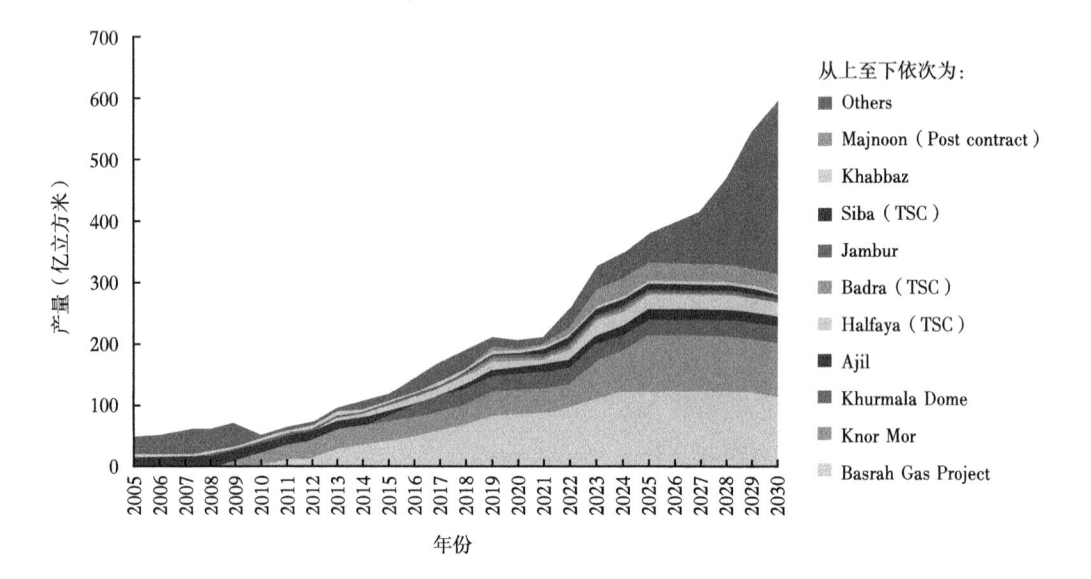

图 4-2-17　伊拉克天然气开采总量预测剖面（数据来源：WOOD，2021）

（二）油气合作风险

1. 经济结构风险

伊拉克是一个石油依赖型经济体，受其与叙利亚"伊斯兰国"（ISIS）的冲突及油价下跌重创的影响，该国经济脆弱，致使数百万人民处于贫困且流离失所的状态，基础设施和资产受到破坏，对伊拉克经济造成损害。油价下跌导致该国财政预算收入大幅降低，将财政赤字推向不可持续的水平。伊拉克国内政治环境仍然充满挑战。

伊拉克石油工业拉动战后经济快速恢复和发展。石油工业是伊拉克经济的主要支柱，油气产业在伊拉克国民经济中占有重要地位，90%以上的能源需求由石油供给，剩余部分则通过天然气和水力发电得以满足。油气收入占政府收入的90%以上，提供了80%以上的外汇。随着2003年伊拉克战争的结束，特别是2009年油气公开招标后，伊拉克石油工业迅速恢复，带动了该国经济的快速发展。2013年伊拉克GDP达2229亿美元，比2012年增长4%（图4-2-18、图4-2-19）。

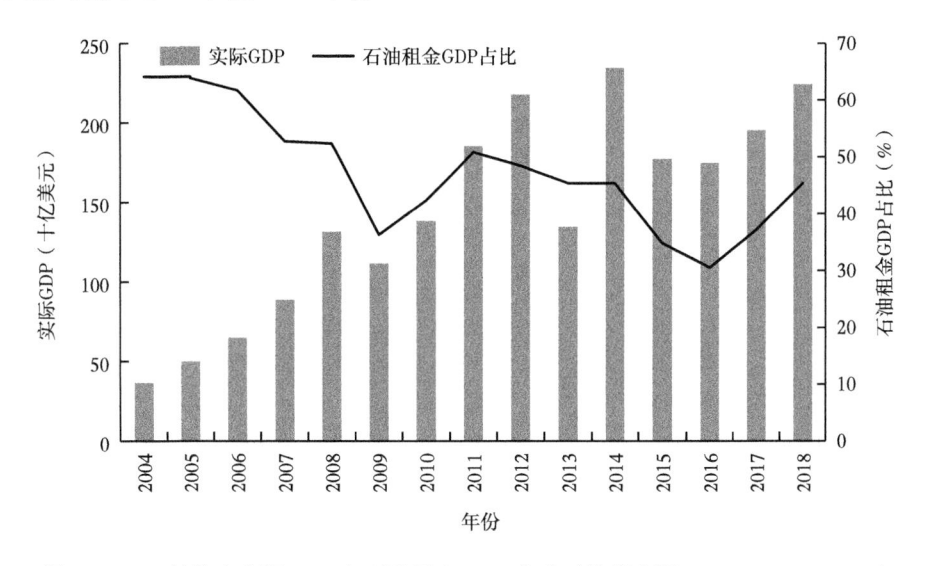

图4-2-18 伊拉克实际GDP与石油租金GDP占比（数据来源：World Bank，2019）

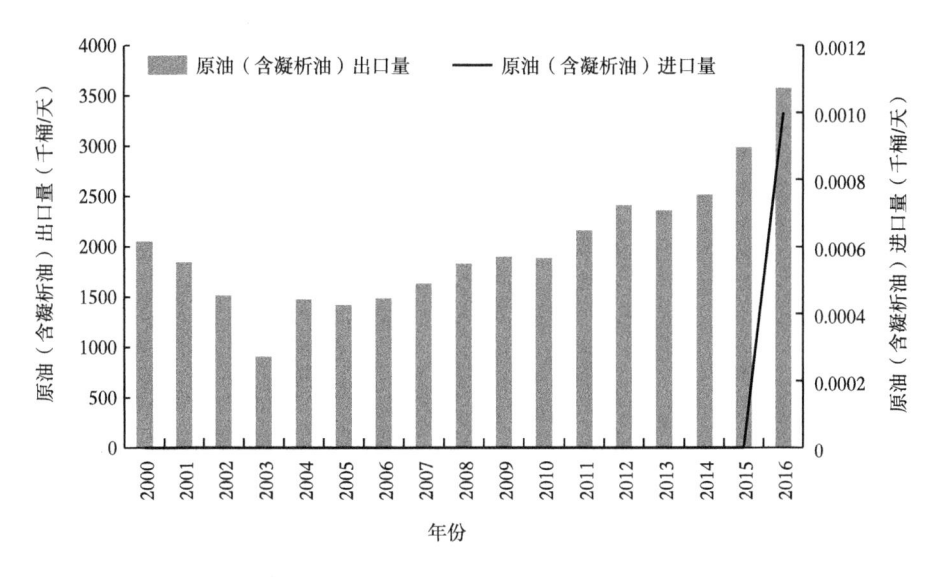

图4-2-19 伊拉克原油出口量与进口量（数据来源：EIA，2017）

2. 通货膨胀与货币风险

2013年，伊拉克国内商品、服务、医疗得到改善，加之伊拉克银行实行货币紧缩政策，保持第纳尔与美元之间的汇率稳定，伊拉克通货膨胀率下降，为1.88%。2014年国际油价下降以来，伊拉克的通货膨胀率有所上升，提高至2.24%，2015年年末，伊拉克的经济情形有所改善，通货膨胀率为1.39%。近五年来，伊拉克通货膨胀率趋势温和，年均通货膨胀率为0.32%（图4-2-20、图4-2-21）。

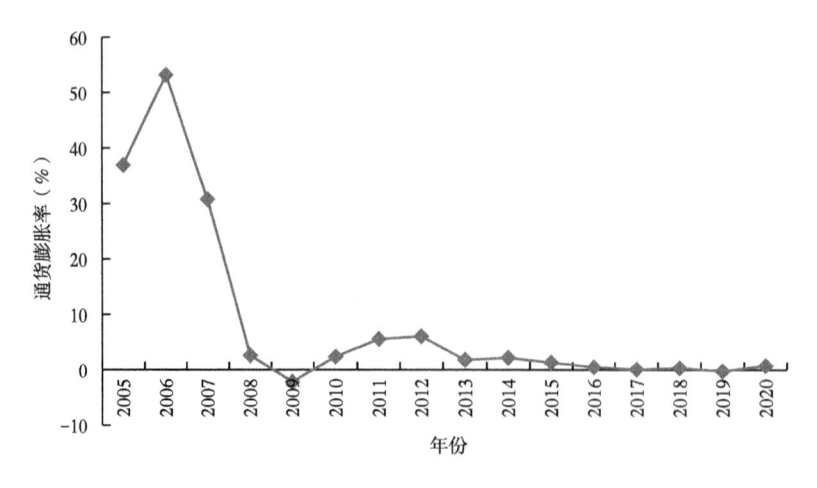

图 4-2-20　伊拉克通货膨胀率变化（数据来源：Knoema，2021）

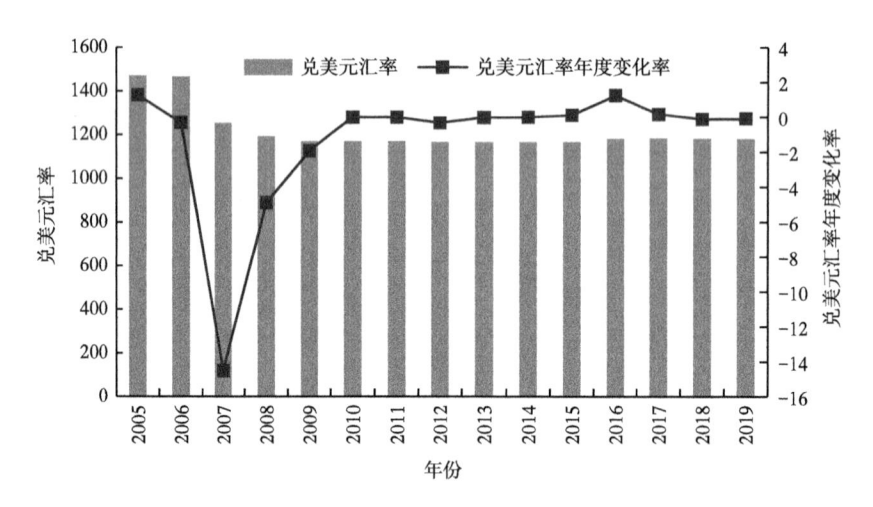

图 4-2-21　伊拉克汇率变化（数据来源：World Bank，2020）

3. 法律与合同财税风险

1）监管机构

1976 年，伊拉克的石油工业经历了大规模的重组，成立了新的石油部，负责通过几个附属组织炼油、天然气加工和天然气产品内部销售等项目。

INOC 于 1987 年与石油部合并，且其内部的区域实体被缩减，成立了北方石油公司和南方石油公司。此外，石油部内还成立了其他几个新组织，包括国家石油营销组织、伊拉克石油勘探公司及独立的石油和天然气分销公司。1998 年进行了额外的重组，将石油部细分为 22 个独立的组织。

在伊拉克政治过渡期间，石油部一直控制着伊拉克联邦政府以及从事上游和下游业务的各种国营公司的石油工业。

2）国家油公司

2007 年《石油和天然气法》草案明确，伊拉克的石油开发活动将由独立的伊拉克国家石油公司及其子公司，以及其他商业组织进行。国家石油公司将由伊拉克政府全权拥有，是一个在财务和行政上独立的组织。该法律规定，INOC负责管理和经营伊拉克的生产油田，并参与尚未开采的已发现油田的开发。

3）国家参与度

国家参与是库尔德斯坦的PSC合同和石油部颁发的TSC的一大特征。自2004年以来，库尔德斯坦区政府对所授予的大部分许可证都有20%或25%的股权。

4）财政条款

有两种主要类型的合同来管理国际石油公司在伊拉克的活动。在伊拉克联邦，主要合同类型是技术服务合同（TSC），这些是基于成本回收和每个项目所独有的每桶薪酬费。库尔德斯坦地方政府（KRG）授予PSC，联邦政府对PSC的合法性提出了质疑，但KRG认为根据宪法的规定该合同是合法的。

联邦政府已经制定了一项新的混合服务合同，具有TSC合同和PSC合同功能，该合同已用于第五轮许可，预计将用于所有新的许可证授予（图4-2-22，表4-2-7）。

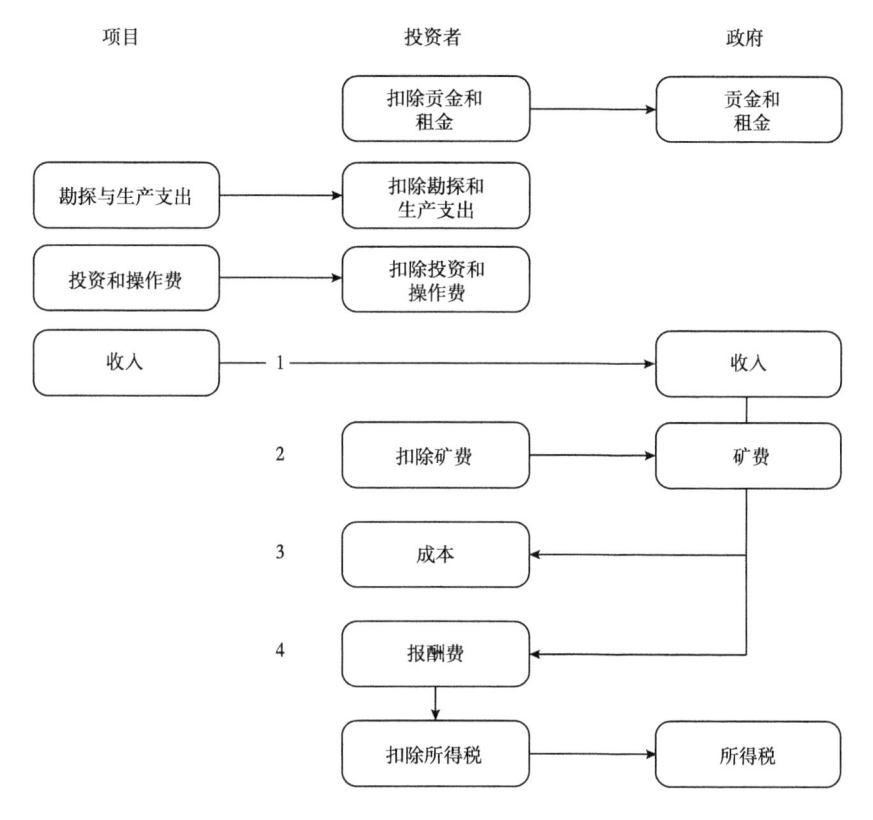

图4-2-22 伊拉克特许经营权收入流程图（资料来源：WOOD，2021）

表4-2-7 伊拉克主要油气财税条款

类型	内容
签名费	1000万美元
增值税	免税
进口税	承包商免税
分包商预扣税	免税

（三）油气合作潜力和方向

从油气田建产与待建产分布看，伊拉克已探明油气储量大于 1 亿吨油气当量油气田 39 个，占总油气探明储量 87.2%。其中，已建产油气田 32 个，合计储量占总油气探明储量 60.6%，而未建产油气田还有七个，合计储量仅占总油气探明储量 26.6%，待建产储量基本分布于维典—北阿拉伯湾盆地中。伊拉克自 2019 年 10 月 1 日起，多地爆发示威，引发局势动荡，且伊拉克战争损害仍未有效回复。目前仍"以石油换重建"，亟需外来资金及技术恢复原有生产力，合作潜力较大（图 4-2-23）。

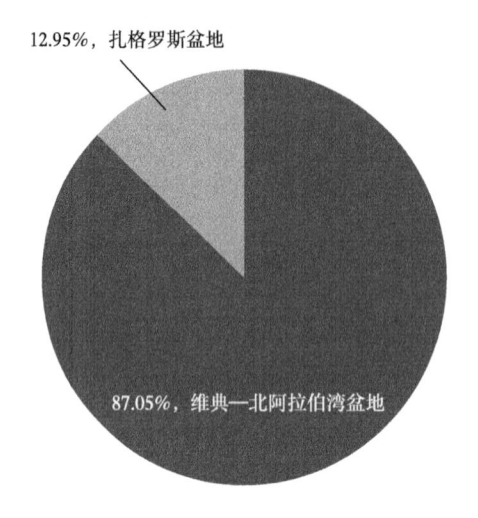

图 4-2-23 伊拉克待建产盆地储量分布图（数据来源：WOOD，2021）

结合资源评价和开发现状研究，未来伊拉克油气合作方向包括两个方面。一方面，油气勘探建议以北部库尔德地区扎格罗斯褶皱带北缘为潜在目标；另一方面，油气开发建议关注已建产油气田合同到期的延期动态，优选具有潜力的老油气田二次开发项目和巨型油气田参股项目。同时，未来油气合作需要注意伊拉克中央政府与北部库尔德政府的关系，关注伊拉克整体的安全形势变化，关注国际石油公司在伊拉克的油气动向，并积极攻关和突破巨厚碳酸盐岩储层有效注水的开发关键技术等。此外，伊拉克相关油气项目主要签署服务合同要向西方石油公司学习，在商谈有利服务条款的同时，积极争取非生产经营性的利润获取来源，如技术服务费等。

第三节 伊　　朗

伊朗，位于西亚，属中东国家，东邻巴基斯坦和阿富汗，与土库曼斯坦接壤，西北与阿塞拜疆和亚美尼亚为邻，西接土耳其和伊拉克，中北部紧靠里海，南靠波斯湾和阿拉伯海。伊朗是一个多民族的伊斯兰国家，其中波斯人占 66%，阿塞拜疆人占 25%，库尔德人占 5%，还有阿拉伯人、巴赫蒂亚里人、卢尔人、俾路支人及土库曼人等少数民族。伊朗首都德黑兰位于横亘伊朗北部的厄尔布斯山南麓，人口约 1100 万。

伊朗盛产石油，是 OPEC 第二大石油输出国。石油是伊经济命脉和外汇收入的主要来源之一，石油收入占伊外汇总收入的一半以上。近年来伊经济保持稳步增长（中华人民共和国外交部，2021）。

一、油气资源分布

伊朗作为中东地区中国公司油气合作最多的国家之一，油气资源丰富。本节从油气储量、油气产量、油气待发现资源、油气理论出口能力等方面展开系统分析。

（一）油气储量

1. 原油

伊朗是中东地区重要的原油资源富集国，2020年原油剩余探明可采储量约243.07亿吨，世界排名第六位，中东地区排名第二位，原油剩余探明可采储量仅次于沙特阿拉伯，2020年原油储采比为154。

从原油储量的盆地分布看，伊朗原油储量集中分布在鲁卜哈利盆地、扎格罗斯盆地、维典—北阿拉伯湾盆地三个沉积盆地中，合计原油储量占比为99.9%。其中，鲁卜哈利盆地占35.6%，扎格罗斯盆地占35.0%，维典—北阿拉伯湾盆地占29.3%。

从原油储量的陆海地域分布看，伊朗原油探明可采储量以陆上分布为主，其中陆上占81.51%、海域占18.49%。海域原油储量主要分布在鲁卜哈利盆地、维典—北阿拉伯湾盆地、南里海盆地和扎格罗斯盆地中，以鲁卜哈利盆地为主。海域水深一般在1~300米。

2018年以来伊朗原油储量情况变化不大（图4-3-1）。

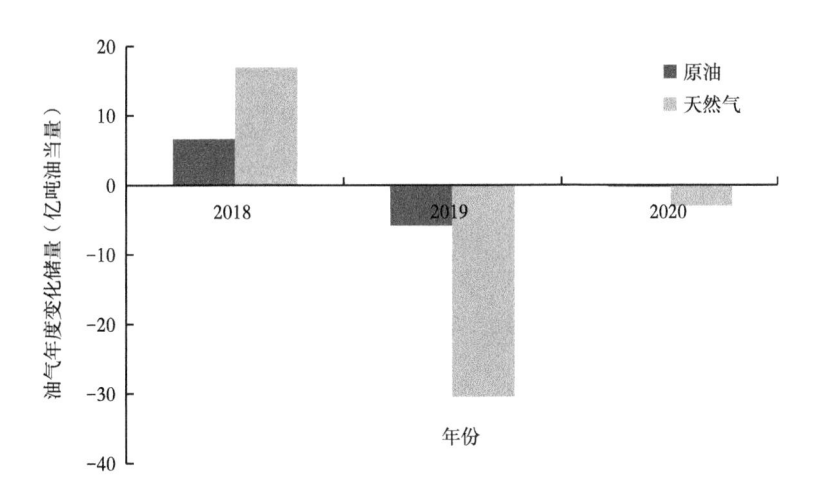

图4-3-1 2018—2020年伊朗油气年度储量变化情况（数据来源：WOOD，2021）

2. 天然气

伊朗天然气资源富集，2020年天然气剩余探明可采储量约24.93万亿立方米，世界排名第四位，中东地区排名第二位，天然气剩余探明可采储量仅次于卡塔尔。2020年天然气储采比为90.8。

从天然气储量的盆地分布看，伊朗天然气储量集中分布在扎格罗斯盆地、鲁卜哈利盆地、维典—北阿拉伯湾盆地三个沉积盆地，合计天然气储量占比为97.47%。其中，扎格罗斯盆地占43.57%、鲁卜哈利盆地占40.38%、维典—北阿拉伯湾盆地占13.52%。

从天然气储量的陆海地域分布看，天然气储量在海域和陆上接近，其中陆上占46.92%，海域占53.08%。海域天然气储量分布特征与原油储量分布特征相似。

从天然气储量变化情况看，近三年来伊朗天然气剩余探明可采储量波动较大，2018

年伊朗天然气剩余探明可采储量上升16.99亿吨油当量，2019—2020年天然气剩余探明可采储量均有所下降，其中2019年下降幅度最大，降幅达30.48亿吨油当量。

（二）油气产量

1. 原油

伊朗是中东地区重要的原油产量国，1965—2020年伊朗已累计产出原油约102亿吨，2020年原油产量约1.57亿吨，世界排名第八位，中亚—俄罗斯地区排名第四位，原油产量少于沙特阿拉伯、伊拉克和阿拉伯联合酋长国。

从原油产量的盆地分布看，伊拉克原油产量全部分布在维典—北阿拉伯湾盆地、扎格罗斯盆地和土耳其西南褶皱带三个沉积盆地中。其中，维典—北阿拉伯湾盆地占74.3%、扎格罗斯盆地占20.4%、土耳其西南褶皱带占5.3%。

从原油产量的油气田分布看，伊朗原油产量集中分布在十个油田中，2020年伊朗前十大油田原油产量合计占该国原油产量的64.4%。千万吨级油田三个，其中阿扎德干油田（Azadegan）16.9%、阿班和西佩达尔油田（Aban & West Paydar）11.7%、阿扎尔油田（Azar）8.5%；500万吨级油田四个，即巴拉尔油气田（Balal）5.4%、阿伯·特摩 & 曼苏里油田（Ab-Teymour and Mansuri）5.1%、阿加贾里油气田（Aghajari）4.8%、阿瓦士油田（Ahvaz）4.6%。其他前十大油田还包括Bibi Hakimeh、Changuleh IPC和Darkhovin（BB）。

从原油产量变化情况看，2012—2017年伊朗原油产量年度增长约31%，2017年后，由于伊朗受西方国家制裁和新冠肺炎疫情等影响，原油有较大降幅，2020年产量相比2017年下降32.4%（图4-3-2）。

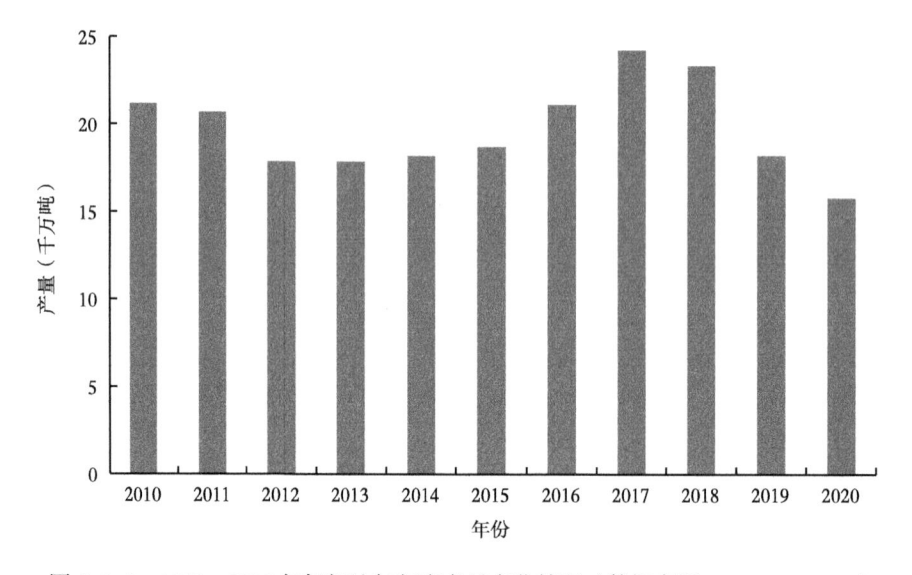

图4-3-2 2010—2020年伊朗油气年度产量变化情况（数据来源：WOOD，2021）

2. 天然气

1965—2020年伊朗已累计产出天然气约38150亿立方米，2020年天然气产量约2744亿立方米，世界排名第三位，中东地区排名第一位。

从天然气产量的盆地分布看，伊朗天然气产量集中分布于鲁卜哈利盆地、扎格罗斯盆地和阿姆河盆地三个沉积盆地中，合计天然气产量占比为98.9%。其中，鲁卜哈利盆地占

74.0%、扎格罗斯盆地占 20.6%、阿姆河盆地占 4.3%。

从天然气开采量的油气田分布看，2020 年伊朗天然气开采量集中分布在 14 个气田中，2020 年伊朗前 14 大气田天然气开采量合计占该国天然气年度总开采量的 92.6%。伊朗开采量前 14 位的油气田均为百亿立方米气田，其中帕西恩气田（Parsian Gas）9.7%、南扎格罗斯气田（South Zagros Fields）8.9%、南帕斯气田 12 号区块（South Pars 12 NIOC）7.2%、南帕斯气田 4~5 号区块（South Pars 4 & 5 NIOC）7.0%、南帕斯气田 17~18 号区块（South Pars 17 & 18）6.8%、南帕斯气田 19 号区块（South Pars 19）6.8%、南帕斯气田 14 号区块（South Pars 14）6.8%、南帕斯气田 20~21 号区块（South Pars 20 & 21）占 6.8%、南帕斯气田 15~16 号区块（South Pars 15 & 16）6.7%、南帕斯气田 22~24 号区块（South Pars 22 & 23 & 24）6.0%、南帕斯气田 9~10 号区块（South Pars 9 & 10）5.9%、南帕斯气田 2~3 号区块（South Pars 2 & 3 NIOC）5.4%、南帕斯气田 13 号区块（South Pars 13）4.3%、罕朗吉气田（Khangiran Area Fields）4.3%。

从天然气年度总开采量变化情况看，2010—2020 年伊朗天然气产量涨势迅猛，天然气年度增长率平均约 6.7%（图 4-3-3）。

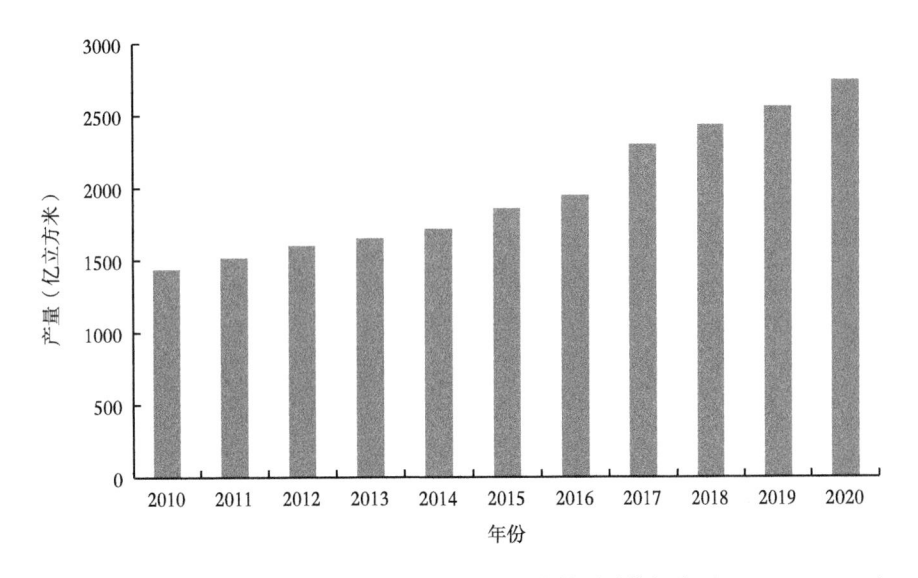

图 4-3-3 2010—2020 年伊朗天然气年度产量变化情况（数据来源：WOOD，2021）

（三）油气待发现资源

根据中国石油勘探开发研究院自主评价结果，伊朗原油待发现资源约 52.1 亿吨，占世界待发现资源总量 3.8%，世界排名第四位、中东地区排名第三位；天然气待发现资源约 14.46 万亿立方米，占世界待发现资源总量 6.8%，世界排名第三位、中东地区排名第一位。

（四）油气理论出口能力

伊朗经济依赖油气出口。2019 年，由于美国制裁，伊朗原油理论出口能力（产量减去消费量）约 0.92 亿吨，较上年下降 39.3%，天然气理论出口能力 2210 亿立方米。从油气理论出口能力变化趋势看，2001—2014 年，伊朗原油出口能力基本处于下降趋势，年均降低约 2%（图 4-3-4），但美国的制裁并未涉及该国天然气出口，天然气出口能力在 2001—2019 年稳步增长，年平均增长约 8.8%（图 4-3-5）。目前伊朗主要通过海运进行油气出口，以亚洲和中亚—俄罗斯地区为主。

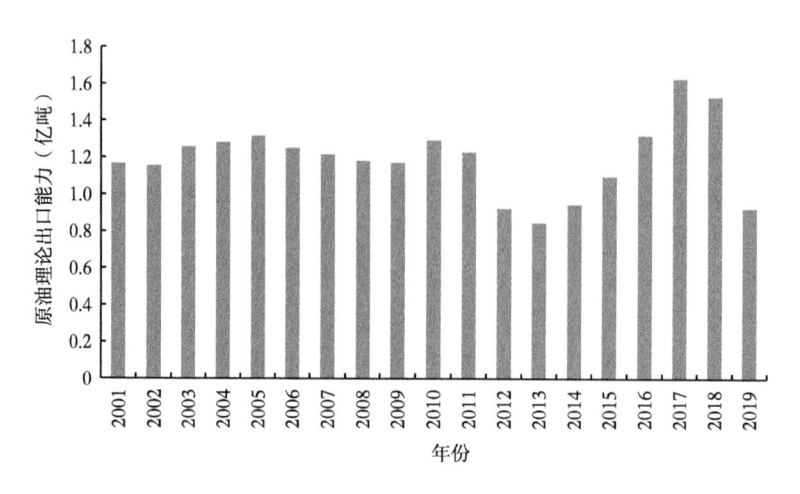

图 4-3-4 2001—2019 年伊朗原油出口能力变化图（数据来源：WOOD，BP，2020）

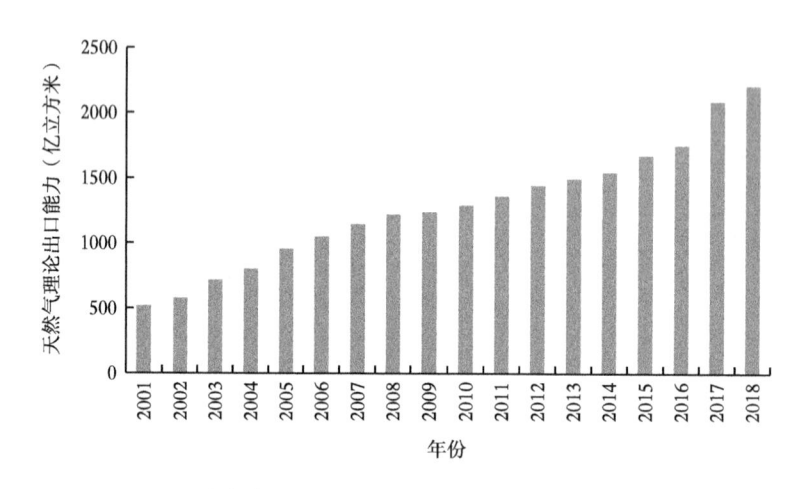

图 4-3-5 2001—2019 年伊朗天然气出口能力变化图（数据来源：WOOD，BP，2020）

二、油气合作环境

（一）政治环境

伊斯兰革命后，伊朗于 1979 年 12 月颁布第一部宪法，确立教法学家监护（法基赫监护）的政治制度，实行最高领袖掌握国家最高权力和在其领导下的行政、立法、司法机构"三权分立"。国家一切行为必须符合伊斯兰教法，政教合一。1989 年 4 月，伊朗对宪法进行部分修改，一定程度上平衡了最高领袖和总统的权力，但突出伊斯兰信仰、体制、教规、共和制及最高领袖的绝对权力不容更改。

伊朗议会是伊朗最高立法机构，居三权（立法、司法、行政）之首，首届议会成立于 1980 年 5 月，实行一院制。议会通过的法律须经宪法监护委员会批准方可生效。议员由各选区选民通过无记名投票直接产生，任期四年，议长与议会发言人通过选举产生，通常为同一人，届中可改选。设有主席团和 12 个专门委员会。主席团由议长、两名副议长、三名干事、六名秘书共 12 人组成，主要负责制订会议议程、起草会议文件等工作，任期一年，任满后由议员投票改选，可连选连任。现有290个议席，其中285个席位由各选区经两轮投票选举产生，剩余五个议席分别专属拜火教选区、犹太人选区、亚述人选区、迦勒底基督教选区和亚美尼亚人选区。第十届议会于2016年5月经选举成立，议长为阿里·拉里贾尼（Ali Larijani）。第十一届议会换届选举已于2020年2月21日举行，因新冠肺炎疫情影响，原定于2020年4月17日举行的议会第二轮选举推迟至9月11日。2020年5月27日，伊朗第十一届议会宣布就职。次日，议会主席团选举完成，前德黑兰市长、前伊斯兰革命卫队空军司令卡利巴夫当选伊朗第十一届议会议长。因一些议席票数未达到要求，加之部分当选议员死于新冠肺炎疫情，目前共276名议员履新，其中保守派230人、独立人士30人、改革派16人。议会于2020年9月进行补选。宪法规定，议会可在宪法规定范围内就所有问题颁布法律，所颁布的法律不得与国教或宪法原则相抵触。议会有权对国家一切事务进行调查和审核，批准同外国签订的条约、协议和重大合同。议会须有2/3议员出席方可成为正式会议，任何提案至少须有15名议员提出才能在议会进行讨论，做出以公民投票方式决定有关国家的重大经济、政治、社会和文化问题决议时，须经出席会议的2/3议员通过。总统经全民选举产生后，须向议会提交内阁人选，议会对此进行信任投票。只要有1/3以上的议员提议即可弹劾总统，如果2/3的多数议员投票通过即可罢免总统并呈领袖批准。内阁部长的去留，由议会对该部长进行信任投票，如出席会议的半数以上议员投信任票，该部长可以留任，否则将被解职。

司法机构司法总监由领袖任命，任期五年，现任司法总监为易卜拉欣·莱希（Ebrahim Raisi），这是司法领域的最高职务。最高法院院长和总检察长由司法总监任命，任期五年。现任最高法院院长侯赛因·卡里米（Hossein Karimi），总检察长穆罕默德·贾法尔·蒙塔泽里（Mohammad Jafar Montazeri）。司法部长由司法总监推荐、总统任命、议会批准，负责协调行政权与司法权的关系。在司法总监领导下，还设有行政公正法庭和国家监察总局，分别审理民众对政府机关的诉讼和监督国家机关的工作。

伊朗实行总统内阁制，总统作为国家元首和政府首脑，名义上是仅次于领袖的国家领导人，由公民投票直接选举产生，任期四年，可连任一届，不可连续任三届。总统拥有除领袖掌管事务外的行政领导权；负责实施宪法、签署议会和经公民投票做出的决定；总统对人民、领袖和议会负责，可直接任命数位副总统和专项事务的特别代表；总统有权任免各部部长，但须经议会认可；内阁部长对总统和议会负责；总统直接负责实施国家计划、预算、行政和就业事务。现任总统哈桑·鲁哈尼（Hassan Rouhani）于2017年5月19日在伊朗第十二届总统选举获得连任。2021年伊朗将进行第十三届总统选举。

国家利益委员会（Expediency Discermment Council）于1988年2月6日成立，1989年7月经宪法确认，每五年改组一次，成员由最高领袖直接任命。主要职责是为领袖制定国家大政方针出谋划策，协助领袖监督、实施各项大政方针。当议会和宪法监护委员会就议案发生分歧时进行仲裁。现任主席为萨迪格·拉里贾尼（Sadegh Larjani）。

1979年通过的宪法中规定专家会议为常设机构，由公民投票选举的86名法学家和宗教学者组成。其职责是选定和罢免领袖。每年举行两次会议。第五届专家会议于2016年5月经选举成立，现任主席为艾哈迈德·贾纳提（Ahmad Janati）。

宪法监护委员会由12人组成，其中六名宗教法学家由领袖直接任命，另六名普通法学家由司法总监在法学家中挑选并向议会推荐，议会投票通过后就任，任期六年。主要负责监督专家会议、总统和伊斯兰议会选举及公民投票，批准议员资格书和解释宪法；

审议和确认议会通过的议案，裁定是否与伊斯兰教义和宪法相抵触，如有抵触则退回议会重新审议和修改。如与议会就议案发生争议且无法解决，则提交确定国家利益委员会进行仲裁。现任主席艾哈迈德·贾纳提（Ahmad Janati）于1992年月17日当选，一直任职至今。

伊朗国家武装力量由军队、伊斯兰革命卫队和治安部队组成。最高领袖哈梅内伊（Khamenei）是武装力量总司令，现任武装部队总参谋长穆罕默德·巴盖里（Mohammad Bagheri），现任革命卫队总司令侯赛因·萨拉米（Hossein Salami）。

最高国家安全委员会是参与制定国家外交、国防、安全政策的重要机构，总统担任主席，总统直接指定一名秘书负责日常管理工作。现任秘书阿里·沙姆哈尼（Ali Shamkhani）。

目前，伊朗武装力量总兵力约90万人，动员部队约110万人。军队由陆军、海军、空军和防空部队组成，总兵力约43万人，其中约陆军约36.5万人，海军约3万人，空军约3.5万人。革命卫队总兵力约44.3万人，治安部队约40万人。

（二）经济环境

2004—2007年伊朗经济一度保持了较快的增势，但自2008年以来，世界经济危机及国际油价大幅下跌等因素使伊朗经济发展深受影响，其GDP增速明显放缓，对外贸易增长缺乏后劲，外国投资大幅缩水，通货膨胀率和失业率也长期在高位徘徊（图4-3-6）。

2012年后，严厉的国际制裁一度成为阻碍伊朗经济发展的首要因素。2015年伊朗核问题全面协议达成后，伊朗经济呈现出诸多积极特征，但主要归功于鲁哈尼政府在解禁有利形势下的推进改革。

2017年开始，伊朗遭受骚乱，经济再次陷入困境，再加上2020年新冠肺炎疫情的影响，伊朗经济持续下跌。

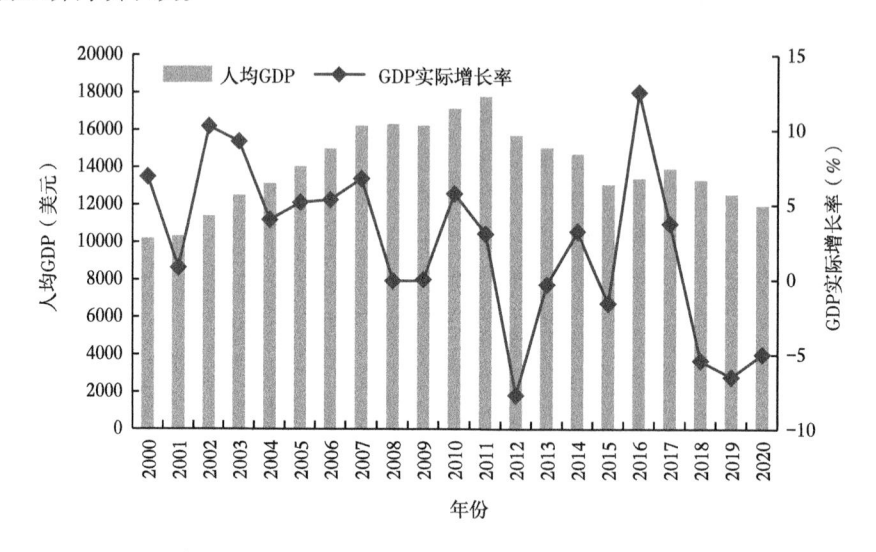

图4-3-6 伊朗GDP实际增长率与人均GDP（数据来源：Knoema，2021）

（三）油气基础设施

1. 石油管网系统

伊朗绝大多数出口石油管网位于胡泽斯坦省和洛雷斯坦省（表4-3-1），该管网从扎格罗斯盆地的油田输送石油，在波斯湾的哈格岛港口对石油进行出口。

表4-3-1 伊朗主要石油管网基本信息表（资料来源：WOOD，2021）

主要石油管道	作业者	起点	终点	长度（千米）	直径（英尺）	运输能力（千桶/天）
Ab-Teymour-Ahvaz	National Iranian Oil Company	Ab-Teymour	Ahvaz	40	12	55
Abadan Refinery-Kharg Island	National Iranian Oil Company	Abadan Refinery	Kharg Island	334		
Abuzar-Kharg Island	National Iranian Oil Company	Abuzar	Kharg Island	82	24	210
Afrineh-Kermanshah Refinery	National Iranian Oil Company	Afrineh	Kermanshah Refinery	227	16	71
Aghajari-Kharg Island	National Iranian Oil Company	Aghajari	Kharg Island	169	42	1000
Ahvaz-Abadan Refinery 1	National Iranian Oil Company	Ahvaz	Abadan Refinery	118	24	210
Ahvaz-Abadan Refinery 2	National Iranian Oil Company	Ahvaz	Abadan Refinery	119	24	210
Abadan Line-Bandar Mahshahr	National Iranian Oil Company	Ahvaz	Bandar Mahshahr	70	24	210
Ahvaz-Kharg Island	National Iranian Oil Company	Ahvaz	Kharg Island	235	20	129
Ahvaz-Marun	National Iranian Oil Company	Ahvaz	Marun	49		
Ahvaz-Tehran Refinery（Rey）1	National Iranian Oil Company	Ahvaz	Tehran Refinery	697	20	129
Ahvaz-Tehran Refinery（Rey）2	National Iranian Oil Company	Ahvaz	Tehran Refinery	696	30	382
Arak-Tehran Refinery（Rey）	National Iranian Oil Company	Arak Refinery	Tehran Refinery	245	26	260
Azadegan-West Karun Production Unit		Azadegan South	West Karun Production Unit	72	10	20
Bahregansar-Ras Bahregan	National Iranian Oil Company	Bahregansar	Ras Bahregan	56	16	71
Balal-Lavan Island	National Iranian Oil Company	Balal	Lavan Island	93	14	49
Bandar Mahshahr	National Iranian Oil Company	Bandar Mahshahr	Bandar Mahshahr	15		
Bandar Mahshahr Spur Line	National Iranian Oil Company	Bandar Mahshahr	Bandar Mahshahr	40		

续表

主要石油管道	作业者	起点	终点	长度（千米）	直径（英尺）	运输能力（千桶/天）
Binak–Gurreh	National Iranian Oil Company	Binak	Gurreh Pumping Station	16		
Cheshmeh Khosh–Ahvaz	National Iranian Oil Company	Cheshmeh Khosh	Ahwaz Terminal 3	153	18	120
Dalan–Bandar Taheri	National Iranian Oil Company	Dalan	Bandar Taheri	129	8	11
Darkhovin–Abadan Line	Eni	Darkhovin（BB）	Darkhovin Manifold	17	12	33
Dehloran–Cheshmeh Khosh	National Iranian Oil Company	Dehloran	Cheshmeh Khosh	63	16	71
Foroozan–Kharg Island	National Iranian Oil Company	Foroozan	Kharg Island	99	20	129
Gachsaran Infield	National Iranian Oil Company	Gachsaran	Gachsaran	25		
Gachsaran–Abadan Refinery	National Iranian Oil Company	Gachsaran	Abadan Refinery	243		
Gachsaran–Kharg Island	National Iranian Oil Company	Gachsaran	Kharg Island	153	46	1206
Gachsaran–Shiraz Refinery	National Iranian Oil Company	Gachsaran	Shiraz Refinery	230	10	20
Genaveh–Kharg Island	National Iranian Oil Company	Genaveh Pumping Station	Kharg Island	43		
Haft Gel to MIS–Ahwaz Line	National Iranian Oil Company	Haft Gel	Masjed–e–Soleyman（BB）	80		
Haft Gel–Ahwaz	National Iranian Oil Company	Haft Gel	Ahvaz	80	12	33
Hendijan–Bahregansar	National Iranian Oil Company	Hendijan	Bahregansar	10	10	20
Isfahan–Bandar Abbas Refinery	National Iranian Oil Company	Isfahan Refinery	Bandar Abbas Refinery	940	16/24	
Isfahan–Tehran Refinery（Rey）	National Iranian Oil Company	Isfahan Refinery	Tehran Refinery	372	24	210
Karun–Masjid–e–Suleiman Line	National Iranian Oil Company	Karun	Masjed–e–Soleyman（BB）	16		
Bibi Hakimeh–Gurreh	National Iranian Oil Company	Bibi Hakimeh	Gurreh Pumping Station	29		
Lab–e–Sefid–Masjid–e–Suleiman	National Iranian Oil Company	Lab–e–Sefid	Masjed–e–Soleyman（BB）	128	12	33
Mamatain–Haft Kel	National Iranian Oil Company	Mamatain	Haft Gel	21		

续表

主要石油管道	作业者	起点	终点	长度（千米）	直径（英尺）	运输能力（千桶/天）
Mansuri–Ahvaz	National Iranian Oil Company	Mansuri–Asmari	Ahvaz	70	12	150
Mansuri–Bandar Mahshahr	National Iranian Oil Company	Mansuri–Asmari	Bandar Mahshahr	54		
Marun Infield	National Iranian Oil Company	Marun	Marun-4 Gas Processing Plant	10		
Marun–Abadan Refinery	National Iranian Oil Company	Marun	Abadan Refinery	157	24	210
Marun–Isfahan Refinery	National Iranian Oil Company	Marun	Isfahan Refinery	366	30/32	
Marun–Kharg Island	National Iranian Oil Company	Marun	Kharg Island	280	30	382
Masjid-e-Suleiman–Ahwaz	National Iranian Oil Company	Masjed-e-Soleyman（BB）	Ahvaz	105	24	210
Naft Safid–Abadan Refinery	National Iranian Oil Company	Naft Sefid	Abadan Refinery	200		
Naft Shahr–Kermanshah Refinery	National Iranian Oil Company	Naft Shahr	Kermanshah Refinery	334	8	11
Naft Shahr–Naft Khaneh		Naft Shahr	Naft Khaneh	31		
Neka–Tehran Refinery	National Iranian Oil Company	Neka	Tehran Refinery	274	12/16	170
Nowruz–Ras Bahregan	National Iranian Oil Company	Nowruz（BB）	Ras Bahregan	97	18	97
Nowruz–Soroosh	National Iranian Oil Company	Nowruz（BB）	Soroosh（BB）	54	16	71
Parsi–Abadan Refinery	National Iranian Oil Company	Parsi	Abadan Refinery	185		
Paydar–Cheshmeh Khosh	National Iranian Oil Company	Paydar	Cheshmeh Khosh	32	8	11
Rag Sefid–Trunkline	National Iranian Oil Company	Rag Sefid	Genaveh Pumping Station	125		
Ramshir–Agha Jari	National Iranian Oil Company	Ramshir	Aghajari	40		
Resalat–Reshadat	National Iranian Oil Company	Resalat	Reshadat	28	18	97
Reshadat–Lavan Island	National Iranian Oil Company	Reshadat	Lavan Island	105	16	71
Salman–Lavan Island	National Iranian Oil Company	Salman	Lavan Island	142	22	166

续表

主要石油管道	作业者	起点	终点	长度（千米）	直径（英尺）	运输能力（千桶/天）
Shahid Rejaie–Bandar Abbas Refinery	National Iranian Oil Company	Shahid Rejaie	Bandar Abbas Refinery	8	32	
Sirri A–Sirri Island	National Iranian Oil Company	Sirri A	Sirri Island	62	16	71
Sirri E Infield	Total	Sirri E	Sirri E	7	16	
Sirri E–Sirri Island	National Iranian Oil Company	Sirri E	Sirri Island	18	16	71
Soroosh–Kharg Island	National Iranian Oil Company	Soroosh（BB）	Kharg Island	87		
Tang-e-Fani–Arak Refinery 1	National Iranian Oil Company	Tang-e-Fani	Arak Refinery	282	26	260
Tang-e-Fani–Arak Refinery 2	National Iranian Oil Company	Tang-e-Fani	Arak Refinery	282	26	260
Tehran Refinery–Tabriz Refinery 1	National Iranian Oil Company	Tehran Refinery	Tabriz Refinery	596	16	71
Tehran Refinery–Tabriz Refinery 2	National Iranian Oil Company	Tehran Refinery	Tabriz Refinery	598	14	49
West Paydar–Cheshmeh Khosh（1）	National Iranian Oil Company	West Paydar	Cheshmeh Khosh	35	8/10	
Yadavaran–Darkhovin		Yadavaran（BB）	Darkhovin（BB）	40	10	20

2. 炼厂

伊朗有九个正在运营的炼厂，其中大部分位于其北部工业中心地带（表 4-3-2）。

表 4-3-2　伊朗主要炼厂基本信息表（资料来源：WOOD，2021）

作业者	炼厂名称	处理能力（千桶/天）
National Iranian Oil Company	Abadan Refinery	390
National Iranian Oil Company	Arak Refinery	170
National Iranian Oil Company	Bandar Abbas Refinery	320
National Iranian Oil Company	Isfahan Refinery	360
National Iranian Oil Company	Kermanshah Refinery	30
National Iranian Gas Company	Lavan Refinery	50
National Iranian Oil Company	Shiraz Refinery	57
National Iranian Oil Company	Tabriz Refinery	110
National Iranian Oil Company	Tehran Refinery	250

3. 天然气管道系统

伊朗拥有一个迅速扩大的国内天然气管网，目前拥有超过36000千米的干线和地方供应线，覆盖了该国所有主要人口中心。近年来伊朗国内家庭、工业等领域对天然气的需求迅速增加。

伊朗地区天然气供应网络主要由七条区域输气线路组成——伊朗天然气干线IGAT-1至IGAT-7。IGAT-1和IGAT-2管道最初用于向前苏联南部各州（格鲁吉亚、亚美尼亚和阿塞拜疆）出口天然气，并形成主要干线，将天然气从扎格罗斯盆地和法尔斯省的油田输送至伊朗北部的主要工业区和人口中心。IGAT-3和IGAT-4线路分别将Assaluyeh与Saveh和Qom连接起来。

由土库曼斯坦输送至伊朗的天然气管道主要有两条。Korpeje-Kord Kuy管道于1997年12月投入使用，从土库曼斯坦西部的Korpeje油田接收天然气，沿里海海岸向南输送，在Kord Kuy与Khangiran-Neka线相连，并与伊朗北部Rasht附近的IGAT线相连。第二条管道于2010年1月投入使用，从土库曼斯坦东部的Dauletabad Donmez油田到伊朗的萨拉赫。这两条管道的总输送能力为2460百万立方英尺。

三、油气合作现状

（一）油气上游对外开放程度

伊朗是中东地区传统能源巨头，目前伊朗国家石油公司（以下简称NIOC）控制着伊朗95%的石油和89%的天然气产量。1979年伊朗革命之前，主要由国际石油公司在该国进行勘探和开发。1995年至2010年之间，伊朗向主要的国际石油公司授予了回购合同。但是，伊朗在2010年受到国际制裁之后，大多数国外石油和天然气公司都离开了伊朗，中国部分石油公司仍占据伊朗部分权利产量，其中中国石油和中国石化合计占伊朗石油产量的2%、天然气产量的1%。此外，伊朗的天然气产量均属于NIOC（图4-3-7至图4-3-9）。

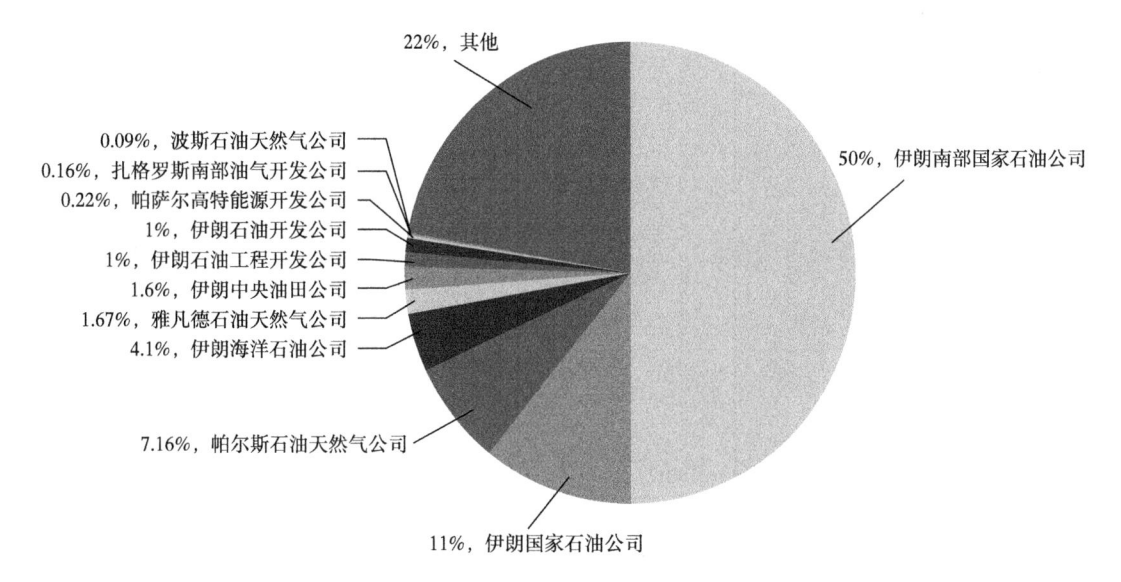

图4-3-7 2020年伊朗各石油公司石油储量占比（数据来源：WOOD，2021）

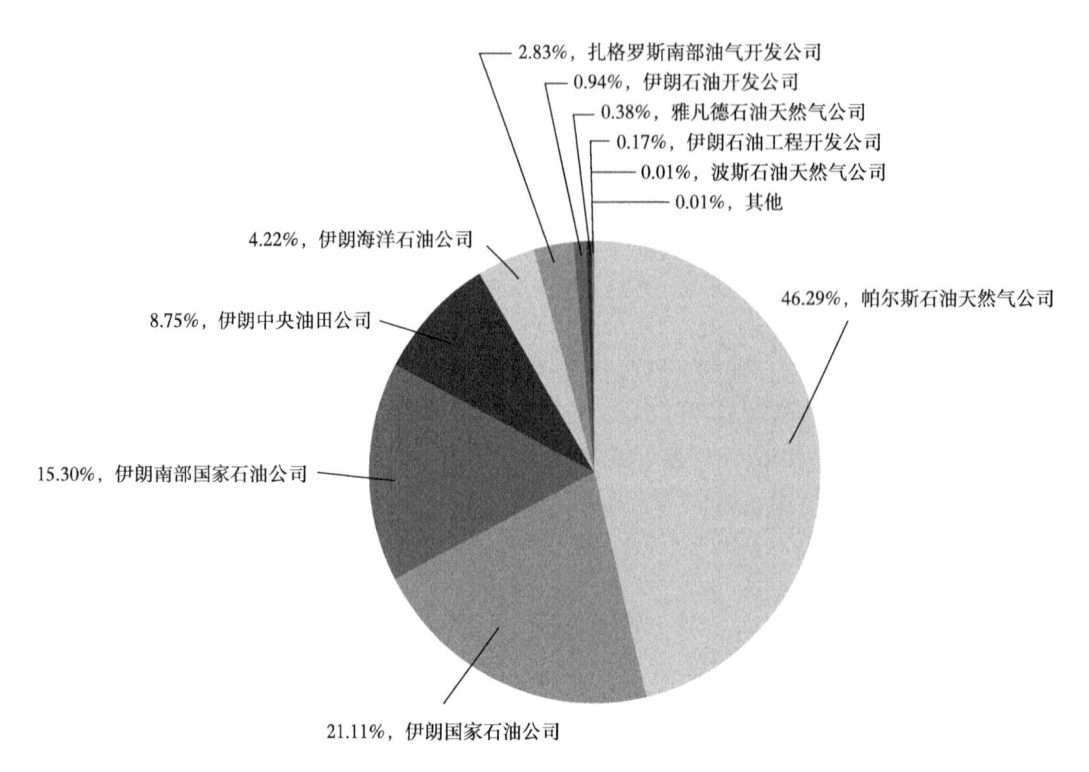

图 4-3-8　2020 年伊朗石油公司天然气储量占比（数据来源：WOOD，2021）

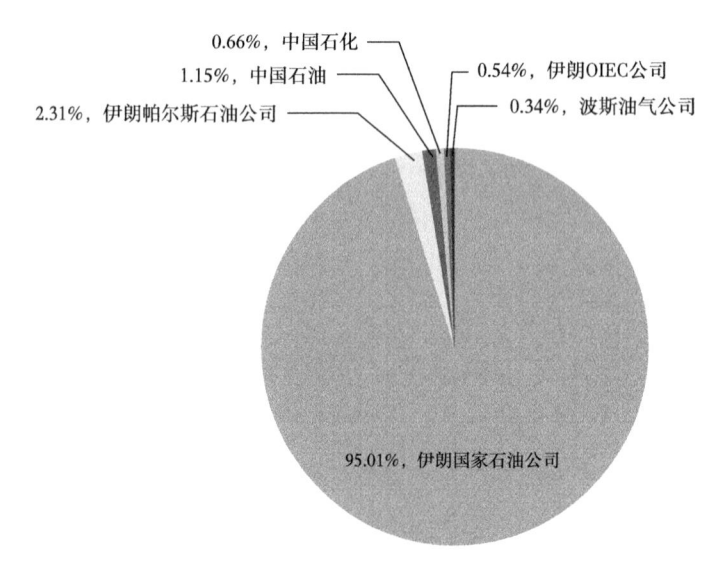

图 4-3-9　2020 年伊朗各石油公司石油产量占比（数据来源：WOOD，2021）

（二）油气上游收并购形势

2001—2019 年，伊朗的收并购交易共计两笔，金额共计 2.232 亿美元（图 4-3-10）。2003 年全年收并购交易金额共计 2.2 亿美元，为历年最高水平，这主要归功于壳牌公司以

2.2亿美元的价格将其在Soroosh Nowruz项目中的20%股权剥离给日本联合公司,该公司由日本投资公司、INPEX和JNOC组成。

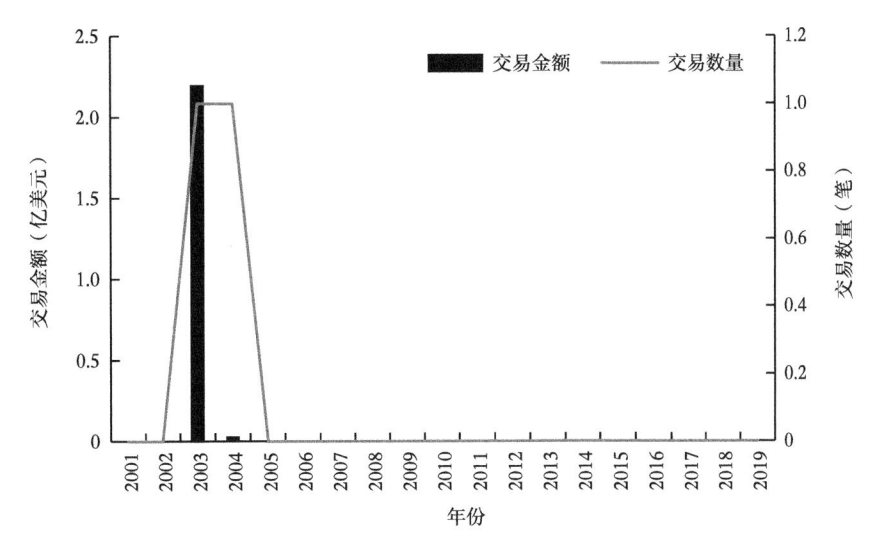

图4-3-10 伊朗油气上游收并购交易总体情况(数据来源:WOOD,2021)

1. 交易类型主要为海域原油浅水域资产

2001—2019年,伊朗海域原油浅水域资产交易金额共计2.2亿美元(图4-3-11),占所有交易金额的98.57%,居所有资产类型首位。

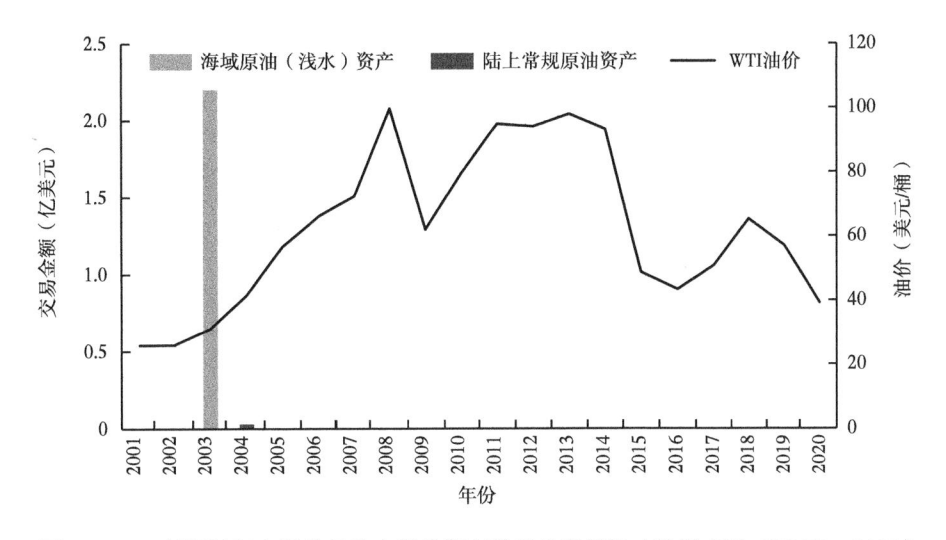

图4-3-11 伊朗油气上游收并购交易按资产类型分类情况(数据来源:WOOD,2021)

2. 石油巨头均为剥离资产

埃克森美孚公司、英国石油公司、壳牌公司、道达尔公司、雪佛龙公司、挪威石油公司和埃尼石油公司七大石油巨头仅道达尔公司在伊朗进行卖出。

道达尔公司剥离资产共计2.2亿美元,交易类型均为浅水域原油资产(图4-3-12)。

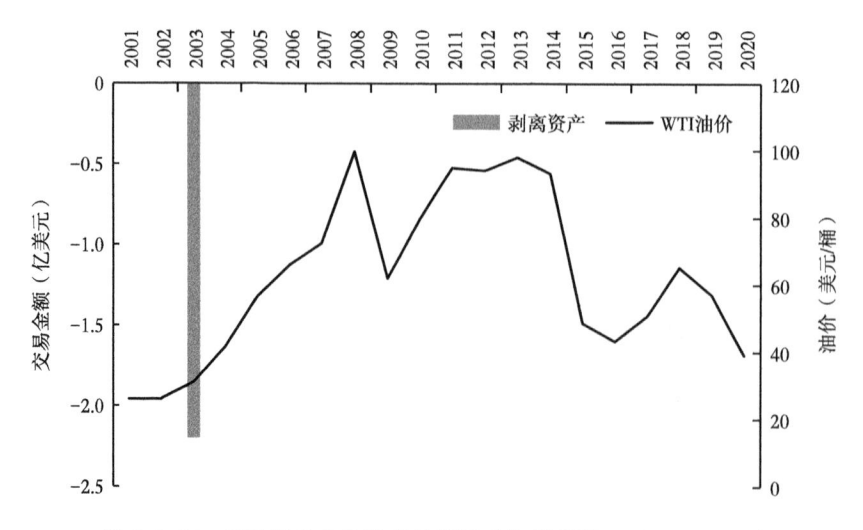

图 4-3-12 石油巨头收并购交易情况（数据来源：WOOD, 2021）

3. 国家石油公司均为购入资产

2001—2019 年，国家石油公司的收并购交易金额共计 0.032 亿美元，占全国交易金额的 1.43%。其中作为买方共买入资产共计 0.032 亿美元，作为卖方未披露交易金额。

国家石油公司交易类型全部为陆上常规原油资产（图 4-3-13）。

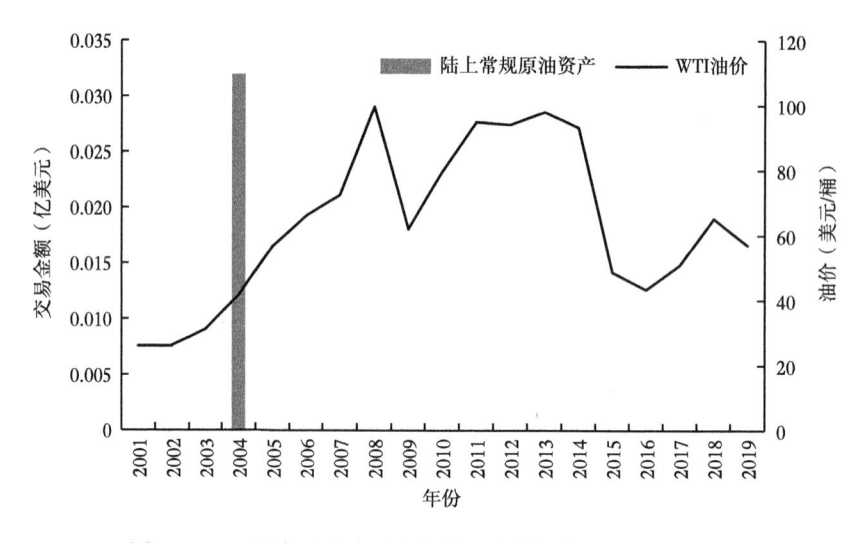

图 4-3-13 国家石油公司交易情况（数据来源：IHS, 2020）

4. 中国企业仅买入一笔

2001—2019 年，中国企业在伊朗的收并购交易金额共计 0.032 亿美元，均为买入资产。从资产类型来看，常规资产为主要交易类型，2001—2019 年交易常规交易金额共计 0.032 亿美元，占这一阶段全部资产交易额的 100%；无其他交易类型（图 4-3-14）。

2001 年起至今，中国企业进行的资产买入交易共计一笔，其中中国石油是中国企业中最大的买方，进行资产收购交易一笔，占中国企业作为卖方进行交易的 100%。同期，中国企业未进行资产剥离。

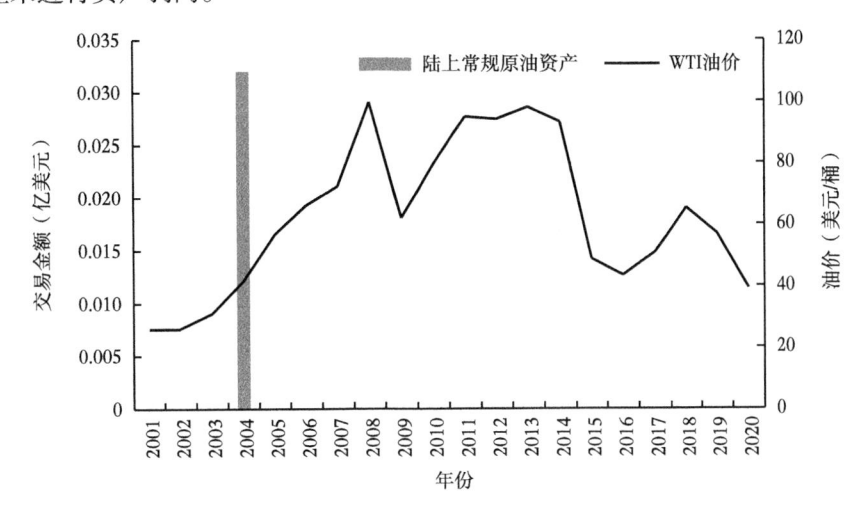

图 4-3-14　中国公司收并购交易情况（数据来源：WOOD，2021）

5. 重大交易实例——阿扎德干油田

英国石油公司及其合作伙伴在1978年伊朗革命之前的几年中进行了初步勘探活动，钻探了一口勘探井，未有工业油气流发现。该地区随后由NIOC负责，于1998年在NirKabir-1井中获得了工业油气流发现。

2000年底，NIOC开始启动第一轮评价工作。主要目的是通过广泛测试了解地质情况、潜在油气储量及未来开采情况。2002年初，NIOC开始进一步的评估工作。在2002—2005年间在Azadegan油田钻了第四、第五和第六口评价井。

2001年6月，日本国家石油公司（JNOC）出资1000万美元在选定的第一阶段开发区内采集地震数据。须在整个结构上提供$1200km^2$的三维地震资料。由于在调查开始之前必须清除现场的地雷从而出现了延误，而阿扎德甘油田的排雷工作一直持续到2007年才结束。地震勘探工作于2003年3月开始，2004年初完成。

阿扎德甘油田初期开发工作于2008年开始，主要运营公司为PEDCO和PEDEC，主要修建了井场管道及井口分离装置，并且钻探了12口井。中国石油于2009年成为主要运营公司，在2014年撤出该项目。2014年后，伊朗国家石油公司（NIOC）获得了该油田的独家所有权。并由NIOC的子公司Arvandan石油和天然气公司（AOGC）运营。南阿扎德甘油田的开发项目由NIOC的另一个子公司生产工程和开发公司（PEDEC）执行。

（三）油气上游招标历史

伊朗拥有悠久的勘探许可历史。1901年，当时的达西勘探公司（D'Arcy Exploration Company）被授予为期60年的特许经营权，范围覆盖了该国除北部以外的大部分地区。1905年，达西勘探公司与Burmah Oil建立了一家名为Concession Syndicate Limited的联合公司。

该公司后来成为盎格鲁波斯石油公司，于1908年在Masjed-e-Soleyman的中东地区首次发现了石油。英国政府随后于1914年收购了该公司的控股权。1935年，该公司更名为盎格鲁—伊朗石油公司，并一直是伊朗唯一的运营公司，直到1951年伊朗政府将石油业国有化并创建了伊朗国家石油公司（NIOC）。

1953年，美国和英国支持的政变d'Etat推翻了Mossadegh政权后，Shah邀请了一个外国石油公司财团在伊朗进行勘探。该财团被称为伊朗石油参与者有限公司,签订的第一份协议时间为25年,经营25万平方千米的伊朗西南部区域。从20世纪50年代后期到1979年,只有几家主要的石油公司活跃在伊朗并且与伊朗国家石油公司(NIOC)合资经营。

1979年发生伊斯兰革命之后到1995年,伊朗国外都没有直接参与伊朗上游石油活动。

在20世纪80年代与伊拉克的战争之后,伊朗的石油部门迫切需要新的投资。战争期间许多设施遭到破坏,而其他地方的许多现有基础设施正在老化,需要更换。由于伊朗法律禁止外国对其资源进行控制,因此伊朗引入了回购合同。

1995年,伊朗最初与康菲石油公司签订了回购合同,以开发Sirri A&E油田。但该交易被美国政府阻止,最终合同被授予道达尔公司。这是伊朗自1979年革命以来外国对石油部门的首次投资。

1.1998年——第一轮招标

1998年7月2日,伊朗国家石油公司(NIOC)宣布除伊朗外的国家参与了42个勘探和开发项目的招标(表4-3-3)。这些项目包括26个预期的野外开发和恢复计划(陆地17个、海域9个)和16个勘探区(陆地11个、海域5个)。这些区块中有五个是根据地球物理/勘探合同授予的。

表4-3-3 伊朗政府第一轮招标情况(数据来源:WOOD,2021)

项目	陆地/海域	面积(平方千米)	合同方	签订日期	成果
Anaran	陆地	3500	Norsk Hydro	2000.04.09	钻探三口井,发现Azar油田
Munir	陆地	2960	Edison International	2001.01.16	钻探二口井,未有油气发现
Mehr	陆地	2500	OMV	2001.04.23	钻探两口井,发现Band-e-Karkheh油田
Farsi	海域	3500	ONGC	2002	钻探四口井,发现Farzad B气田
Zavareh-Kashan	陆地	4670	Sinopec	2001.01	钻探两口井,未进行商业开发

2.2003年海域许可

2003年1月,NIOC发布了八个海上勘探区块的招标。于2003年5月完成提交,2004年7月,将Tousan区块授予Petrobras。其次是2004年10月,伊朗Mehr和Forouz区块被授予Repsol YPF。其余五个海上勘探区块(Bushehr、Dayyer、Hamoon、Alvand和Farak)没有公司中标(表4-3-4)。

表4-3-4 伊朗海域招标情况(数据来源:WOOD,2021)

项目	陆地/海域	面积(平方千米)	合同方	签订日期	成果
usan	海域	6290	Petrobras	2004.07	钻探两口井,无商业发现
Iran-Mehr	海域	5665	Repsol YPF	2004.10.14	钻探一口干井
Forooz	海域	8783	Repsol YPF	2004.10.14	钻探一口干井

3. 2004 年勘探许可

NIOC 于 2003 年末根据修订后的回购条款宣布了新的 16 个勘探区块的招标。由于外界对本次的投标兴趣不足，最初截止投标的日期延长了两次（表 4-3-5）。

表 4-3-5　伊朗政府 2004 年招标情况（数据来源：WOOD，2021）

项目	合同方	签订日期	成果
Kuhdasht	CNPC	2005.06.08	钻探两口井，在 Baba Habib 发现原油
Saveh	PTTEP	2005.06	钻探一口井
Garmsar	Sinopec	2005.08.24	活动受限
Khoramabad	Norsk Hydro	2005.08.24	二维地震信息采集

4. 2007 年勘探许可

2007 年初，NIOC 勘探局提供了 17 个勘探区块，包括五个海域区块和 12 个陆上区块，共覆盖 128980 平方千米。投标原定于 6 月提交，但最后截止日期延长至 2007 年 8 月。NIOC 提供了改进合同条款。

最终授予了四个区块（表 4-3-6）。未签订合同的区块有 Arvand、Bandar Abbas、Fasa、Ilam、Kalat、Kavir、Laleh、Maraveh Tappeh、Moghan 1、Naft Shahr、Quchan、Raz 和 Taban。

表 4-3-6　伊朗政府 2007 年招标情况（数据来源：WOOD，2021）

项目	陆地/海域	面积（平方千米）	合同方	签订日期	成果
Danan	陆地	5470	PetroVietnam	2008.03	二维地震信息采集
Dayyer	海域	8494	Edison	2008.01	钻探计划
Golshan and Ferdowsi	海域	1540	SKS Ventures	2007.12	钻探两口井
Moghan 2	陆地	3230	INA	2008.04	进行地震信息采集

5. IPC 招标

2015 年底，NIOC 提供了 18 个勘探和评估区块（表 4-3-7）。该列表中某些块可能会更改或最终无法提供。这些区块最初应该是在伊朗新的 IPC 财政体制下提供的。均为常规油气资源，并且大多位于边界或边界附近。其中 NIOC 直接管理 14 个区块，其余四个位于里海的区块由其子公司 KEPCO 管理。

表 4-3-7　伊朗政府 IPC 招标情况（数据来源：WOOD，2021）

项目	盆地	陆地/海域	面积（平方千米）	二维地震（平方千米）	三维地震（平方千米）	水深（米）
Vir	Central Iran	陆地	4976	652		
Moghan	Moghan	陆地	3750	1263		
Bamdad	Persian Gulf	海域 浅水	2697			50~60
Mahan	Persian Gulf	海域 浅水	11010			50~60
Parsa	Persian Gulf	海域 浅水	12510			50~60
Sarakhs	Kope Dagh	陆地	1914			

续表

项目	盆地	陆地/海域	面积（平方千米）	二维地震（平方千米）	三维地震（平方千米）	水深（米）
Dousti	Kope Dagh	陆地	2005	678		
Raz	Kope Dagh	陆地	4761			
Taybad	Taybad	陆地	9002			
Sistan	Eastern Iran	陆地	8602	599		
Abadan	Dezful	陆地	6067	4240	1074	
Timab	Lorestan	陆地	1025	357		
Zahab	Lorestan	陆地	2880	618		
Tudej	Fars	陆地	8618	2236	267	
Block 24	Caspian Sea	海域 深水	200			600~800
Block 26	Caspian Sea	海域 深水	347			850~900
Block 29	Caspian Sea	海域 深水	1028			800
Sardar-e-Jangal（Block 6）	Caspian Sea	海域 深水				750

四、油气合作风险与潜力

（一）油气产量发展趋势

从原油产量发展趋势看，伊朗未来几年原油产量呈持续增长态势，2028年原油产量达到高峰，预计将达2.5亿吨。阿瓦士油田（Ahvaz）和马伦油田（Marun Fields）会成为伊朗未来原油产量的主要贡献者，预计2030年占原油产量的25.5%（图4-3-15）。

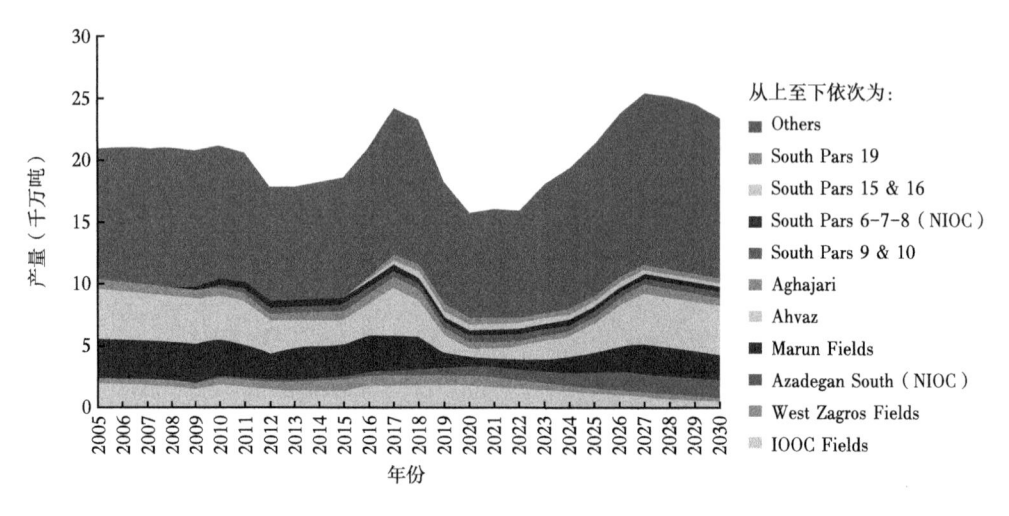

图4-3-15 伊朗原油产量预测剖面（数据来源：WOOD，2021）

从天然气开采量发展趋势看，伊朗天然气开采量于2020年后开始下降，预计在2030年左右达到2600亿立方米的年度开采量。未来帕西恩气田（Parsian Gas）、南扎格罗斯气田（South Zagros Fields）、南帕斯气田12号区块（South Pars 12 NIOC）、南帕斯气田4~5号区块（South Pars 4 & 5 NIOC）、南帕斯气田 17~18 号区块（South Pars 17 & 18）、南帕斯气田 19 号区块（South Pars 19）、南帕斯气田 14 号区块（South Pars 14）、南帕斯气田 20~21 号区块（South Pars 20 & 21）、南帕斯气田 15&16 号区块（South Pars 15 & 16）和南帕斯气田 2~3 号区块（South Pars 2 & 3 NIOC）等主力油气田仍是伊朗天然气开采量的构成主体，2030 年上述十个油气田占年度天然气开采量的 54.7%（图 4-3-16）。

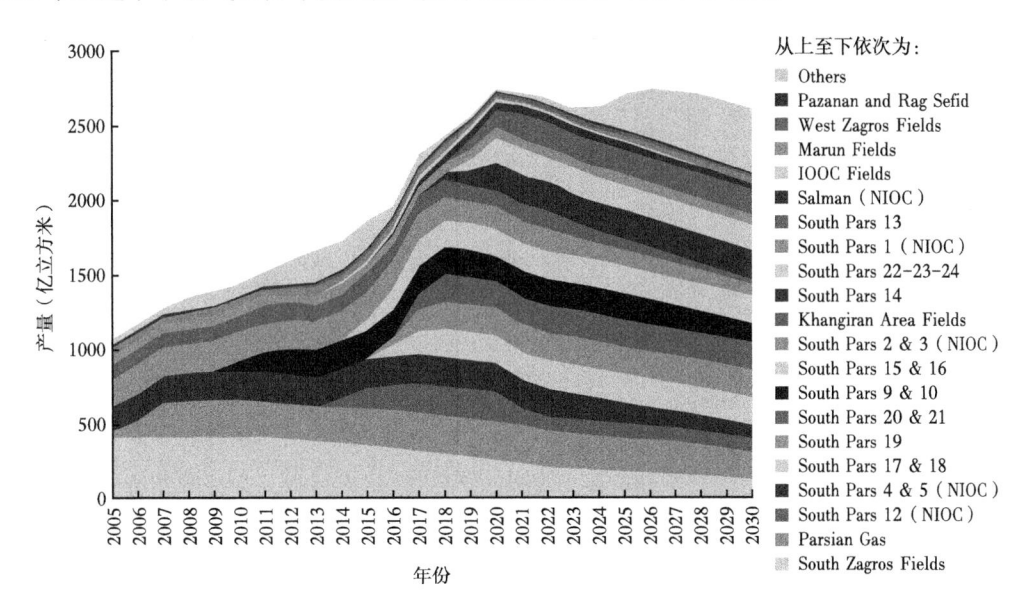

图 4-3-16　伊朗天然气开采总量预测剖面（数据来源：WOOD，2021）

（二）油气合作风险

1. 经济结构风险

伊朗经济主要依赖于石油出口，整体投资环境容易受到国际油价波动的影响（图 4-3-17）。2020 年，受美国制裁措施限制出口及新冠肺炎疫情的影响，伊朗石油出口量降至纪录低位（图 4-3-18）。

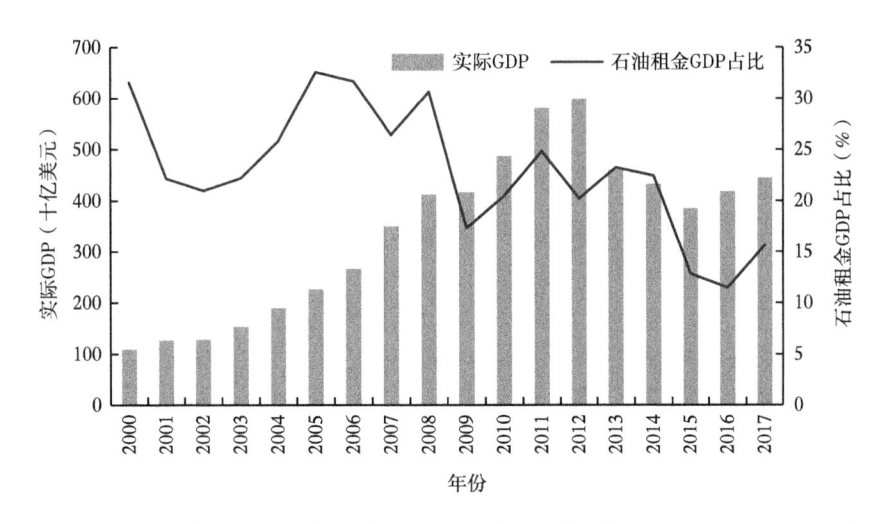

图 4-3-17　伊朗实际 GDP 与石油租金 GDP 占比（数据来源：World Bank，2018）

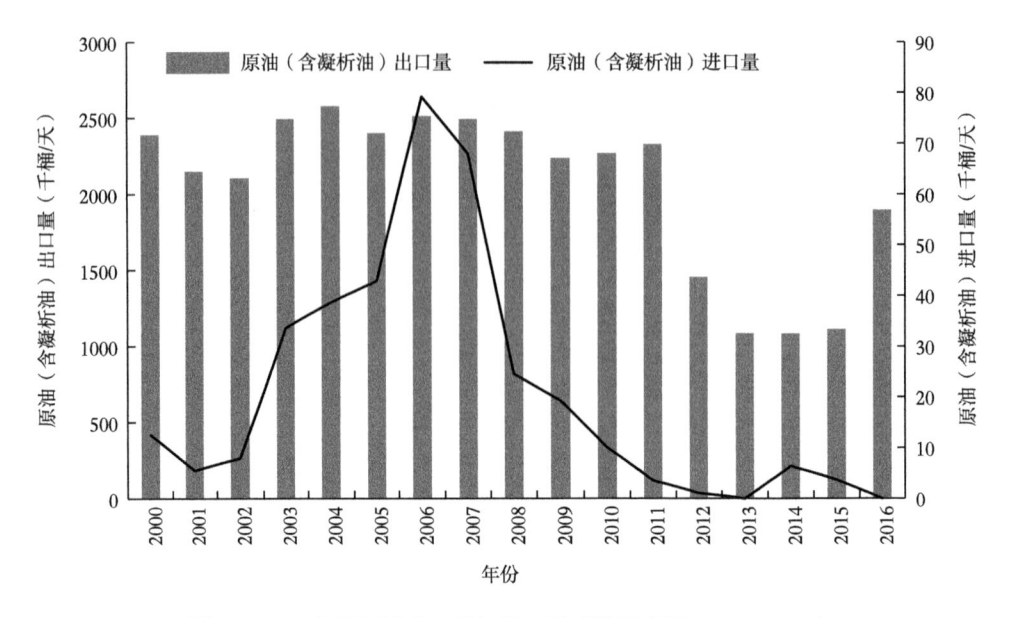

图4-3-18 伊朗原油出口量与进口量（数据来源：EIA，2017）

2. 通货膨胀与货币风险

因为长期受到严厉的国际制裁，伊朗的通货膨胀问题一直很严重，2013年通货膨胀率达到34.7%，2015年伊朗核问题协议签订之后，对伊朗的制裁松动，2016—2017年，通货膨胀问题降低为9.64%。受2017年末骚乱的爆发，伊朗2018—2019年通货膨胀率急剧上升（图4-3-19）。2020年，新冠肺炎疫情暴发、财政赤字恶化还有对外贸易受阻是引发伊朗通货膨胀的主要原因（图4-3-20）。

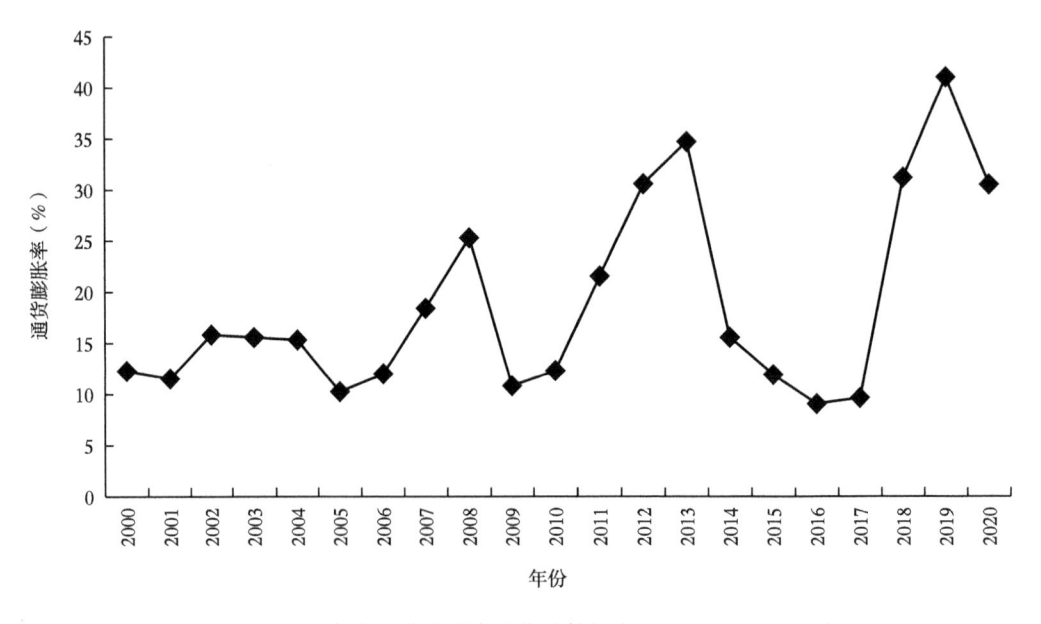

图4-3-19 伊朗通货膨胀率变化（数据来源：Knoema，2021）

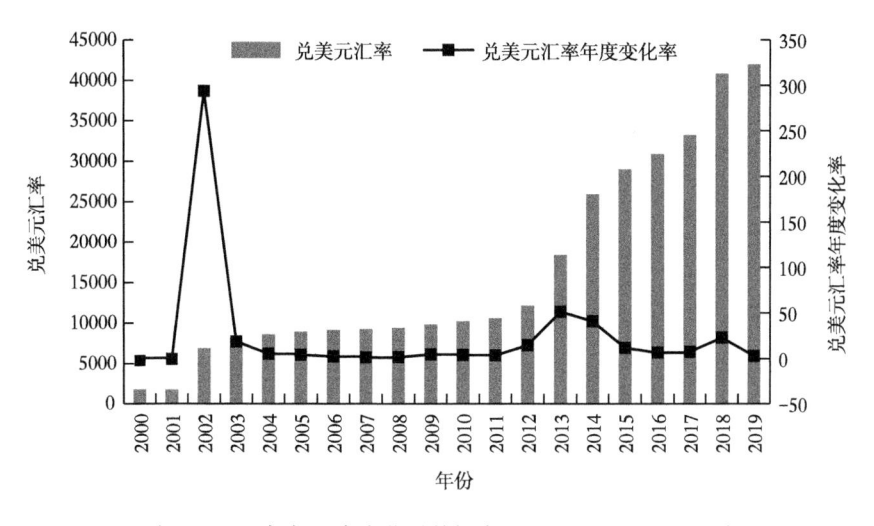

图 4-3-20 伊朗汇率变化（数据来源：World Bank，2020）

3. 法律与合同财税风险

1）监管机构

伊朗石油部成立于 1981 年，负责监督伊朗国家石油公司（NIOC）的活动。1987 年的《石油法》为该部提供了控制和管理伊朗石油和天然气行业的框架和权力。该部拥有石油和天然气项目许可的最终批准，并对参与该行业的所有伊朗国有公司负有最终管理责任。

2）国家油公司

隶属于伊朗石油部的最重要的公司是伊朗国家石油公司（NIOC），该公司成立于 1951 年，当时伊朗政府将石油工业国有化。

NIOC 负责与伊朗石油和天然气的勘探、生产、运输、提炼、销售和分销有关的所有业务。通过其子公司，NIOC 还不断扩大其油轮船队，并且该公司是伊朗境内唯一一家石油产品供应商。NIOC 还为石油行业提供支持服务以及人员技术培训。

3）国家参与度

根据 IPC 的规定，当地公司（无论是国有公司还是私人公司）需要在任何已签署的合同中至少持有 20% 的股份。

4）财政条款

外国公司只能通过伊朗石油合同（IPC）、NISOC 合同、回购合同或工程、采购、建筑和融资合同（EPCF）投资于石油和天然气项目（图 4-3-21，表 4-3-8）。

（1）回购合同。

回购是签订为期五至八年的短期服务合同。它们涵盖了油气田勘探和开发阶段。与IPC 不同，它们不涉及生产阶段。合同的基本条件规定，承包商和 NIOC 应当就包含工作范围和合同要求的总体发展计划达成共识。与 IPC 相似，承包商代表 NIOC 资助并实施勘探、开发操作，并且要求承包商提供所有必要的资金、设备、技术和技能，并且承担着生产水平可能无法回收所有产品的风险及费用。作为交换，承包商可以获得成本回收机制和预先固定的酬金。一旦现场到达生产目标阶段，所有作业都将移交给 NIOC。

（2）伊朗石油合同（IPC）。

石油部自 2013 年以来一直致力于 IPC，其主要内容于 2016 年 9 月获得议会批准。

NIOC 于 2017 年 7 月与 Total、CNPC 和 Petropars 签署了南帕尔斯 11 期的第一个 IPC（由于美国的制裁，Total 和 CNPC 均已退出该项目，并且 IPC 已被取消）。IPC 是一项为期 10 至 20 年的长期服务合同，且可以再延长五年。它涵盖为提高 IOR/EOR 而进行的探索、开发、生产和潜在实施方法。承包商和 NIOC 在合同期限内就生产目标和所需的资本投资达成协议。承包商代表 NIOC 实施勘探、开发和生产运营，并负责为项目带来所有必要的技术和技能，主要风险是生产效益可能无法收回本。

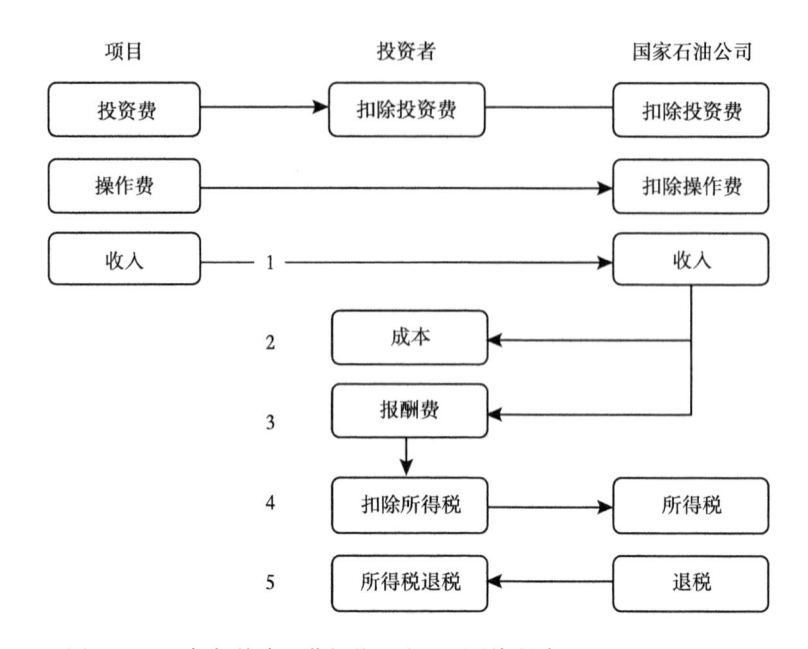

图 4-3-21 伊朗特许经营权收入流程图（资料来源：WOOD，2021）

表 4-3-8 伊朗主要油气财税条款

类型	内容
增值税	免税
进口税	免税
分包商预扣税	免税

（三）油气合作潜力和方向

从油气田建产与待建产分布看，伊朗已探明油气储量大于 1 亿吨油气当量油气田 61 个，占总油气探明储量 93.5%。其中，已建产油气田 59 个，合计储量占总油气探明储量 91.5%，而未建产油气田还有两个，合计储量仅占总油气探明储量 2.0%。待建产储量基本分布于鲁卜哈利盆地中（图 4-3-22）。受美国制裁影响，伊朗外部投资受美国限制，而本国石油基础设施和油气长期投资不足也限制了伊朗油气产量的上升。未来伊朗的油气合作包括两个方面，首先是伊朗境内的鲁卜哈利盆地勘探程度仍然较低，2007 年以来的勘探成功率接近 60%，未来合作潜力巨大。其次是伊朗境内老油田由于各种原因产量递减严重而采收率不高，本国技术人员对 EOR 较为陌生，亟需对老油田进行 EOR。此外，若拜登政府与伊朗关系缓和重回伊朗核问题协议，早前受国际制裁影响的伊朗石油合同（IPC）项目可重新回到正轨，使资本更好地进入伊朗石油市场。

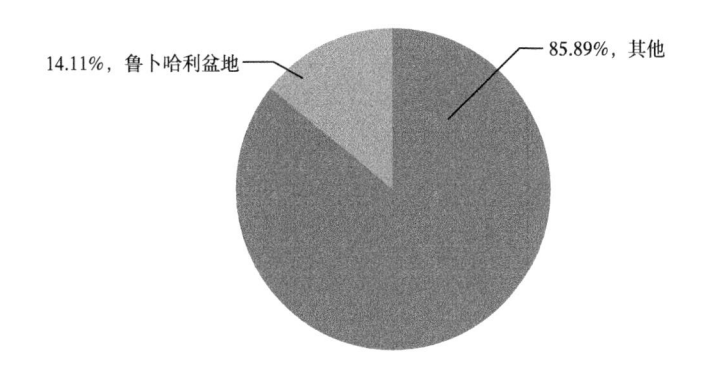

图 4-3-22　伊朗待建产储量盆地分布图（数据来源：WOOD，2021）

第四节　阿拉伯联合酋长国

阿拉伯联合酋长国位于阿拉伯半岛东部，北濒临波斯湾，海岸线长 734 千米。西和南与沙特阿拉伯交界，东和东北与阿曼毗连，是由阿布扎比、迪拜、沙迦、哈伊马角、富查伊拉、乌姆盖万和阿治曼七个酋长国组成的联邦国家。西北与卡塔尔为邻、西和南与沙特阿拉伯交界、东和东北与阿曼毗连，总面积为 83600 平方千米。阿拉伯联合酋长国人口约 930 万，外籍人口占 88.5%，主要来自印度、巴基斯坦、埃及、叙利亚、巴勒斯坦等国。阿拉伯联合酋长国包括以下七个酋长国（按地理位置排列）：阿布扎比、迪拜、沙迦、阿治曼、乌姆盖万、拉斯海马酋长国、富吉拉酋长国。阿拉伯联合酋长国的石油和天然气资源非常丰富（中华人民共和国外交部，2021）。

一、油气资源分布

阿拉伯联合酋长国（UAE）是世界十大石油生产商之一，也是石油输出国组织（OPEC）和天然气出口国论坛（GECF）的成员，油气资源丰富。本节从油气储量、油气产量、油气待发现资源、油气理论出口能力等方面展开系统分析。

（一）油气储量

1. 原油

阿拉伯联合酋长国是中东地区重要的原油资源富集国，2020 年原油剩余探明可采储量约 192.75 亿吨，世界排名第八位，中东地区排名第四位，原油剩余探明可采储量少于沙特阿拉伯、伊朗和伊拉克，2020 年原油储采比为 95.27。

从原油储量的盆地分布看，阿拉伯联合酋长国原油储量集中分布在鲁卜哈利盆地中，合计原油储量占比为 99.64%。

从原油储量的陆海地域分布看，阿拉伯联合酋长国原油储量以陆上分布为主，其中陆上占 61.29%、海域占 38.71%。

海域原油储量主要分布在鲁卜哈利盆地中。海域水深一般在 1~300 米。

从原油储量变化情况看，2018—2020年阿拉伯联合酋长国原油储量基本保持持续增长。2019年以来，其原油储量涨势迅猛（图4-4-1）。

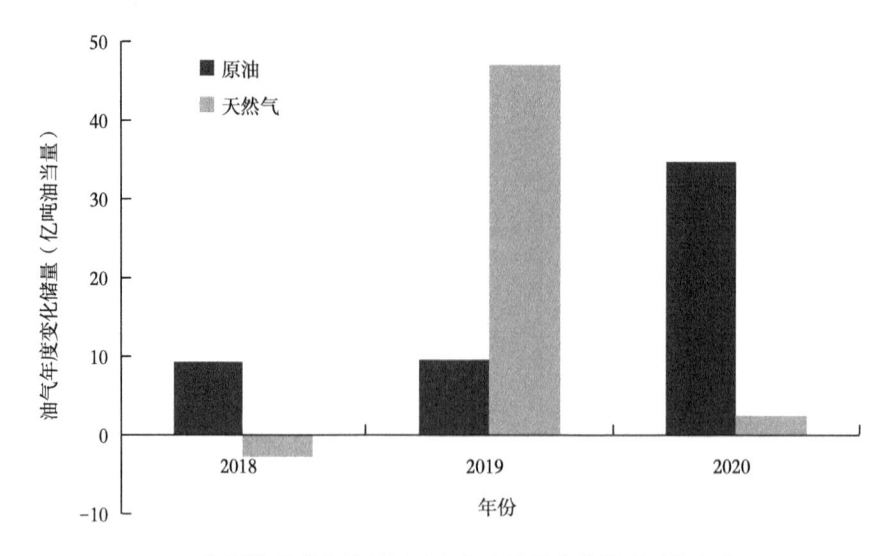

图4-4-1　2018—2020年阿拉伯联合酋长国油气年度储量变化情况（数据来源：WOOD，2021）

2. 天然气

阿拉伯联合酋长国天然气资源富集，2020年天然气剩余探明可采储量约9.11万亿立方米，世界排名第八位，中东地区排名第四位，天然气剩余探明可采储量少于卡塔尔、伊朗和沙特阿拉伯。2020年天然气储采比为208.3。

从天然气储量的盆地分布看，阿拉伯联合酋长国天然气储量集中分布在鲁卜哈利盆地，天然气储量占比为97.65%。

从天然气储量的陆海地域分布看，天然气储量仍以陆上分布为主，其中陆上占85.08%、海域占14.92%。海域天然气储量主要分布在鲁卜哈利盆地中。海域水深一般在1~300米。

从天然气储量变化情况看，天然气于2019年迅速增长，2018年、2020年变化不大。

（二）油气产量

1. 原油

阿拉伯联合酋长国是中东地区重要的原油产量国，1965—2020年阿拉伯联合酋长国已累计产出原油约63亿吨，2020年原油产量约2.02亿吨，世界排名第六位，中亚—俄罗斯地区排名第三位，原油产量少于沙特阿拉伯和伊拉克。

从原油产量的盆地分布看，阿拉伯联合酋长国原油产量分布与储量分布相似，基本分布在鲁卜哈利盆地。

从原油产量的油气田分布看，阿拉伯联合酋长国原油产量集中分布在十个油田中，2020年阿拉伯联合酋长国前十大油田原油产量合计占该国原油产量的97.8%。其中千万吨级油田五个，即阿布扎比国家石油公司陆上油田（ADNOC Offshore Area）、上扎库姆油田（Upper Zakum）、阿布扎比国家石油公司天然气处理厂（ADNOC Gas Processing）、下扎库姆油田（Lower Zakum）和乌姆沙依夫—纳斯油田（Umm Shaif & Nasr）。500万吨级油田两个，其中阿布扎比国家石油公司天然气处理厂凝析油项目（ADNOC Gas Processing NGL）3.3%、乌姆鲁鲁油田（Satah al Razboot/Umm Lulu）2.8%，其他十大油田还包括Shah（sour gas)、Dubai Petroleum fields、ADOC CA。

从原油产量变化情况看，2010—2019年阿拉伯联合酋长国原油产量持续增长，年度平均增长约4.4%，2020年原油产量受新冠肺炎疫情及油价暴跌影响略有下降，降低率6.7%（图4-4-2）。

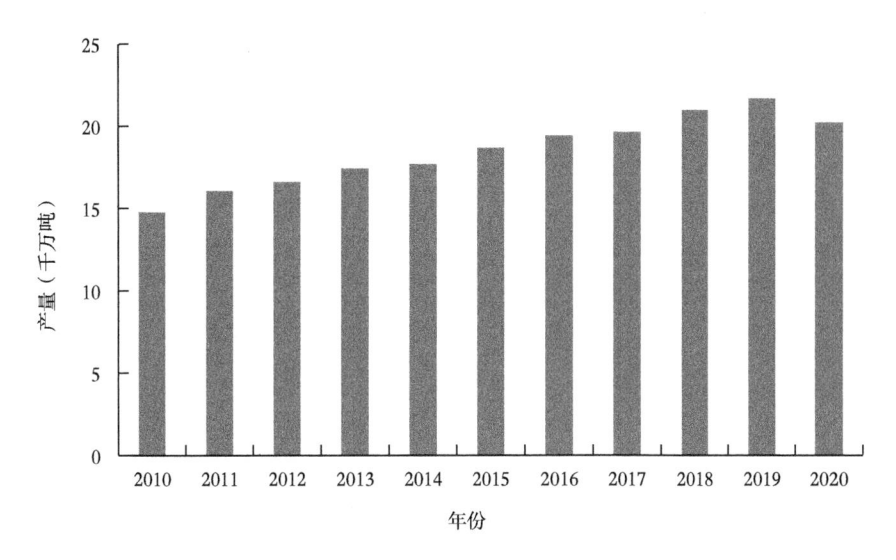

图4-4-2 2010—2020年阿拉伯联合酋长国原油年度产量变化情况（数据来源：WOOD，2021）

2. 天然气

1970—2016年阿拉伯联合酋长国已累计产出天然气约105240亿立方米，2020年天然气产量约437亿立方米、世界排名第17位，中东地区排名第四位，天然气产量少于伊朗、卡塔尔和沙特阿拉伯。

从天然气产量的盆地分布看，阿拉伯联合酋长国天然气产量基本分布在鲁卜哈利盆地。

从天然气产量的油气田分布看，2020年阿拉伯联合酋长国天然气开采量集中分布在四个气田中，2020年阿拉伯联合酋长国前四大气田天然气开采量合计占该国天然气年度总开采量的95.62%。阿拉伯联合酋长国开采前四位的油气田中百亿方气田一个，其中阿布扎比国家石油公司天然气处理厂（ADNOC Gas Processing）62.40%，其他三大油田均为亿立方米气田，以及沙阿气田（Shah sourgas）14.00%、阿拉伯联合酋长国—阿布埃尔布霍希气田（Abu Al Bukhoosh gas）12.70%和乌姆沙依夫和纳斯油田（Umm Shaif & Nasr）6.52%。

从天然气年度总开采量变化情况看，2010—2020年阿拉伯联合酋长国天然气产量趋势变化与原油相同2010—2019年稳步增长，平均年度增长率约为4.9%，2020年天然气产量略有下跌（图4-4-3）。

（三）油气待发现资源

根据中国石油勘探开发研究院自主评价结果，阿拉伯联合酋长国原油待发现资源约25.55亿吨、占世界待发现资源总量1.8%，世界排名第八位、中东地区排名第五位；天然气待发现资源约2.28万亿立方米、占世界待发现资源总量1.08%，世界排名第11位、中东地区排名第11位。

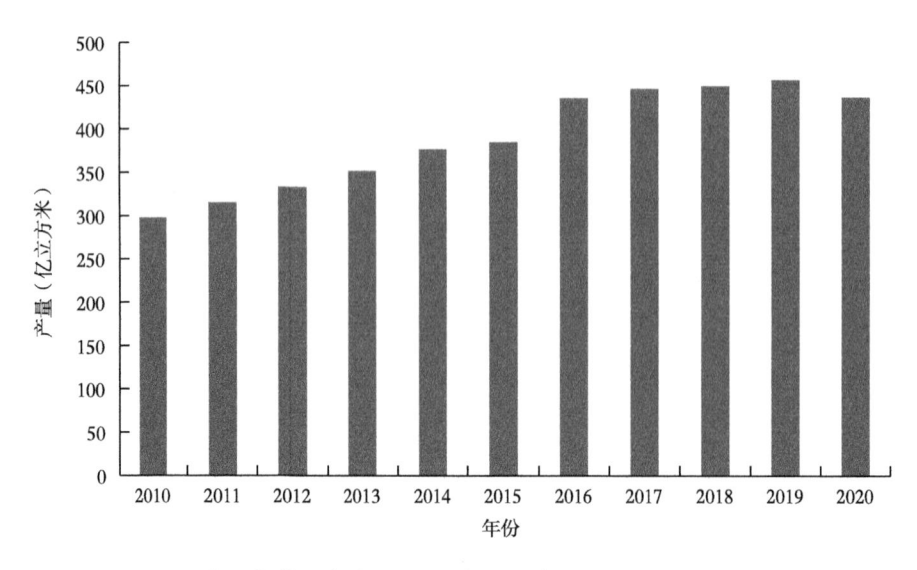

图 4-4-3　2010—2020 年阿拉伯联合酋长国天然气年度产量变化情况（数据来源：WOOD，2021）

（四）油气理论出口能力

阿拉伯联合酋长国是世界十大油气生产商之一，也是石油输出国组织（OPEC）和天然气出口国论坛（GECF）成员。2019 年，阿拉伯联合酋长国原油理论出口能力（产量减去消费量）约 1.72 亿吨，天然气理论出口能力 376 亿立方米。从油气理论出口能力变化趋势看，2009 年以前原油理论出口能力较为平稳，2009—2019 年原油出口能力持续增加，年均增长率约 5%（图 4-4-4）；天然气出口能力变化趋势与原油相同，2009—2019 年持续增加，年平均增长率约 6.4%（图 4-4-5）。阿拉伯联合酋长国国内油气管网系统发达，连接各处理厂与港口，大多数油气出口向亚洲市场。

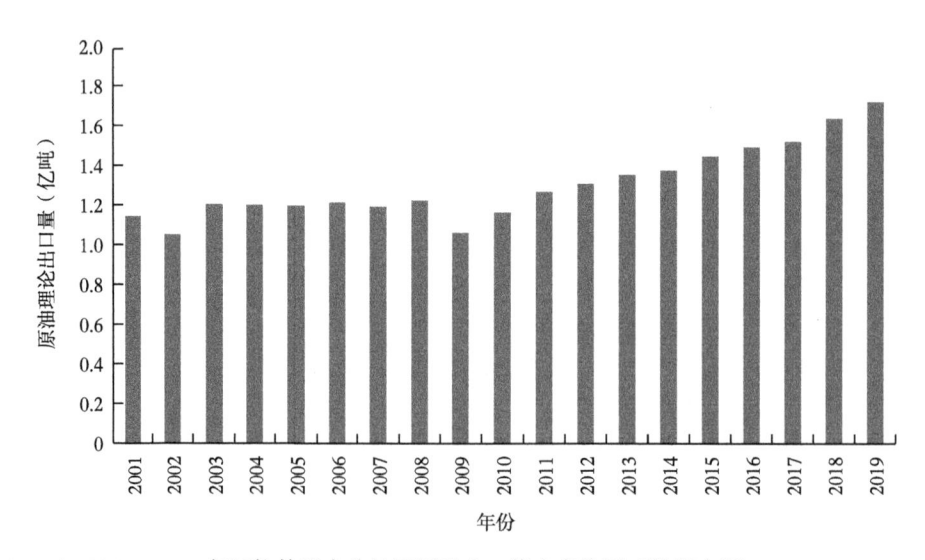

图 4-4-4　2001—2019 年阿拉伯联合酋长国原油出口能力变化图（数据来源：WOOD，BP，2020）

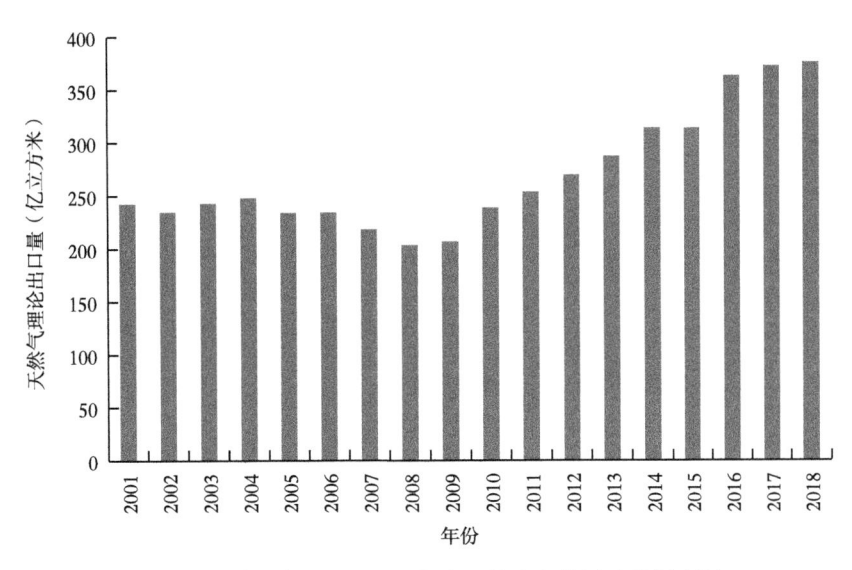

图 4-4-5 2001—2019 年阿拉伯联合酋长国天然气出口能力变化图（数据来源：WOOD，BP，2020）

二、油气合作环境

（一）政治环境

1971年7月18日，阿拉伯联合酋长国联邦最高委员会通过临时宪法，同年12月3日宣布临时宪法生效。该临时宪法沿用了25年。1996年12月联邦最高委员会通过决议，将临时宪法转变为永久宪法，并确定阿布扎比为阿拉伯联合酋长国永久首都。

联邦最高委员会是最高权力机构。该委员会讨论决定国内外重大政策问题，制定国家政策，审核联邦预算，批准法律与条约。总统和副总统从最高委员会成员中选举产生，任期五年。总统兼任武装部队总司令。除外交和国防相对统一外，各酋长国拥有相当的独立性和自主权。联邦经费基本上由阿布扎比和迪拜两个酋长国承担。阿拉伯联合酋长国政局稳定，对内继续积极推动经济发展和国家现代化建设；对外交往活跃，注重加强与海湾地区国家及大国关系，在地区和国际事务中发挥独特作用。联邦内阁是国家的行政机关，由总理、副总理、各部部长及部分国务部长组成。2004年11月3日哈利法·本扎耶德阿勒纳哈扬被联邦最高委员会推选为总统，2019年哈利法总统再度连任，开启个人第四个五年任期。本届政府于2016年2月组成，目前共有内阁成员33名。迪拜酋长穆罕默德本·拉希德阿勒马克图姆担任副总统兼总理。

联邦最高委员会由七个酋长国的酋长组成，每位酋长在参加最高委员会会议时，只有一票表决权。委员会负责讨论制定联邦内外重大事务的总政策，确定重大人事变动，选举总统与副总统，审核联邦预算，批准法律、条约和法官任命等。委员会关于实质问题的决议必须经五名以上成员赞成通过才能生效，且赞成成员中必须包括阿布扎比和迪拜代表。联邦总统、副总统的任期为五年，联邦总统担任最高委员会主席。

联邦国民议会成立于1972年2月13日，系联邦的咨询机构，每届任期四年（2008年12月起延长至四年，此前为两年）。议会职权是审议联邦政府提出的法律、法规草案，并有权提出修改意见或予以否决，如年度预算、内外方针政策、经济发展规划等；有权对联邦政府缔结的条约和协议提出质询。2006年8月，阿拉伯联合酋长国颁布新的议会选举法，规定联邦国民议会成员为40名，其中20名由各酋长国酋长直接任命，20名由各酋长国选举产生。其中阿布扎比八名，迪拜八名、沙迦六名、阿治曼四名、乌姆盖万四名，哈伊马角六名，富查伊拉四名。2015年9月阿迈勒古拜希当选第16届国民议会议长，这也是阿拉伯联合酋长国历史上首次由女性担任议长。2019年11月，萨格尔·古巴什当选第17届国民议会议长。

（二）经济环境

2009年下半年开始，随着国际油价的回升和全球经济逐渐走出低迷，阿拉伯联合酋长国经济也重现生机并实现低速发展。2020年，受新冠肺炎疫情影响，阿拉伯联合酋长国经济呈现负增长，降低率达到6.57%（图4-4-6）。

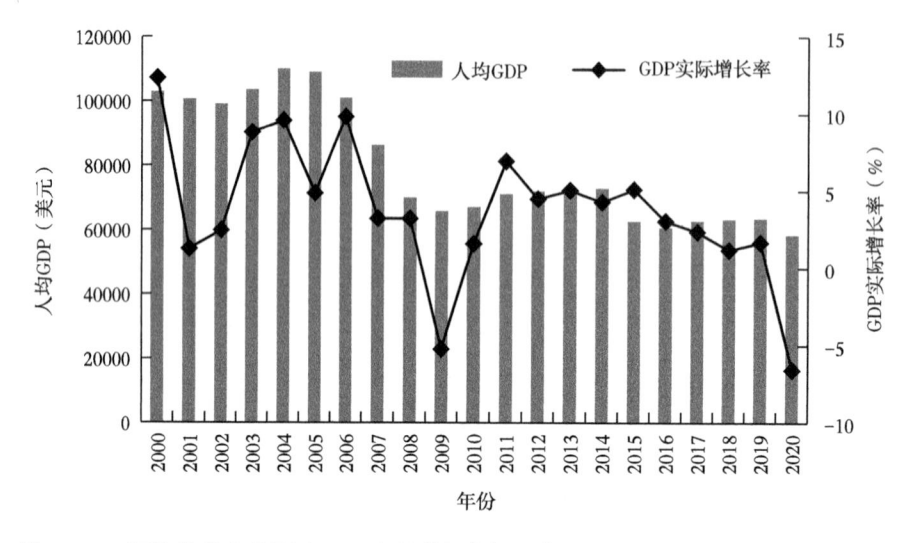

图4-4-6 阿拉伯联合酋长国GDP实际增长率与人均GDP（数据来源：Knoema，2021）

（三）油气基础设施

1. 油气基础设施

阿拉伯联合酋长国的第一个石油基础设施于20世纪60年代在阿布扎比建成，进而对原油进行出口，并于20世纪70年代通过液化天然气将伴生气货币化。该国陆上和海上油田并行开发，并建设专门的海上和陆上油气管网和终端独立开发。

2010年，随着从达斯岛到阿布扎比拉斯齐拉的200千米天然气管道的完工，第一条海上到陆上天然气连接线实现了。这种一体化反映了阿拉伯联合酋长国从一个能源出口国向一个能源消费国的关键转变，该国日益依赖进口天然气来满足国内需求。从卡塔尔到阿布扎比的350千米长的Dolphin管道于2007年第三季度开始试运行。到2008年第一季度，该管道的总合同运输量为20亿立方英尺。这条管道已扩建到约32亿立方英尺，但这一过剩运输量尚未得到利用。迪拜Margham油田的一个枯竭气藏通过管道与Jebel Ali相连，为Dolphin天然气以及迪拜的液化天然气进口提供储存。阿拉伯联合酋长国的目标是在本世纪末实现天然气自给自足。

Fujairah IPIC炼油厂由2012年第二季度投产的一条48英寸的干线供应。管道从靠近Bab油田的Habshan泵站延伸404千米，到达阿拉伯联合酋长国东部海岸线Fujairah的出口码头。它的额定运输能力为150万桶/天，但在使用减阻剂的情况下，最高可运输180万桶/天。

位于 Fujairah 的码头有 800 万桶的存储容量，并与三个海上 SPM 相连。该码头绕过霍尔木兹海峡。过去，伊朗曾威胁要封锁霍尔木兹海峡，以报复阿拉伯联合酋长国对其领土发动的攻击。

除了 Fujairah 的码头外，阿拉伯联合酋长国的其他所有出口码头均位于海湾，因此出口必须通过霍尔木兹海峡。阿布扎比有九个码头，其中处理能力最大的是鲁瓦伊斯、杰贝尔达纳和达斯岛。此外，迪拜有三个码头（拉希德港、杰贝尔阿里和法特赫）、沙迦有两个码头、哈伊马角有一个码头。

2. 石油管道系统

阿拉伯联合酋长国主要石油管道列于表 4-4-1。

表 4-4-1 阿拉伯联合酋长国主要石油管道基本信息表（资料来源：WOOD，2021）

主要石油管道	作业者	起点	终点	长度（千米）	直径（英尺）	运输能力（千桶/天）
Asab–Bab	ADNOC Onshore	Asab	Bab	86	26	
Bab–Ruwais Refinery	ADNOC Onshore	Bab	Ruwais Refinery	114	26	
Bab–Umm Al Nar Refinery	ADNOC Onshore	Bab	Abu Dhabi Refinery	125	18	
Bu Hasa Infield	ADNOC Onshore	Bu Hasa	Bu Hasa	80	8/10	
Bu Hasa–Ruwais Refinery	ADNOC Onshore	Bu Hasa	Ruwais Refinery	113	24	
Bu Labyad–Bab	ADNOC Onshore	Bu Labyad	Tarif	60	10	
Bunduq–Das Island（Abu Dhabi）	Bunduq Oil Company	Bunduq	Das Island	25	18	97
Farzah–Fateh South West	Dubai Petroleum Company	Falah	Fateh South West	19	16	71
Fateh South West–Fateh	Dubai Petroleum Company	Fateh South West	Fateh	16	24	210
Fateh–offshore Loading	Dubai Petroleum Company	Fateh	Fateh	5	24	
Huwaila–Bu Hasa	ADNOC Onshore	Huwaila	Bu Hasa	13	8	
Jarn Yaphour–Umm Al Nar Refinery	ADNOC Onshore	Jarn Yaphour	Abu Dhabi Refinery	24	12	33
Jebel Dhanna–offshore Loading	ADNOC Onshore	Jebel Dhanna	Various	6	36	
Lower Zakum–Das Island	ADNOC Offshore	Lower Zakum	Das Island	84	30	330
Mubarraz Island–offshore Loading	ADOC	Mubarraz Island	Mubarraz Island	17	24	210
Mubarraz–Mubarraz Island（Oil）	ADOC	Mubarraz	Mubarraz Island	51	14	49
Rashid–Fateh	Dubai Petroleum Company	Rashid	Fateh	28	16	71
Sahil Infield	ADNOC Onshore	Sahil	Sahil	7	8/10	
Sahil–Asab	ADNOC Onshore	Sahil	Asab	53	12	
Satah–Zirku Island	ADNOC Offshore	Satah	Zirku Island	58	14	49
Shah–Asab	ADNOC Onshore	Shah	Shah	60	12	

续表

主要石油管道	作业者	起点	终点	长度（千米）	直径（英尺）	运输能力（千桶/天）
Umm Al Anbar–Mubarraz Island	ADOC	Umm Al Anbar	Mubarraz Island	15	24	210
Umm Al Dalkh–Upper Zakum	ADNOC Offshore	Umm Al Dalkh	Upper Zakum	65	14	49
Umm Shaif–Das Island（O1）	ADNOC Offshore	Umm Shaif	Das Island	32	36	240
Upper Zakum–Das Island	ADNOC Offshore	Upper Zakum	Das Island	89	30	
Upper Zakum–Zirku Island	ADNOC Offshore	Upper Zakum	Zirku Island	68	42	945
Zakum Central–Zakum West	ADNOC Offshore	Upper Zakum	Lower Zakum	9	24	
Zirku Island–offshore Loading	ADNOC Offshore	Zirku Island	Various	17	42	
Habshan–Fujairah Storage Facility	ADNOC Oil Pipelines	Bab	Fujairah Storage Facility	404	48	1500
Abu Al Bukhoosh–Das Island	Total	Abu Al Bukhoosh	Das Island	52	10	45
Umm Lulu–Zirku Island	ADNOC Offshore	Umm Lulu	Zirku Island			
Umm Shaif–Das Island（O2）	ADNOC Offshore	Umm Shaif	Das Island	32	30	160
SARB（AI）–Zirku Island	ADNOC Offshore	Satah Al Razboot	Zirku Island	34	40	828
Nasr–Das Island	ADNOC Offshore	Nasr	Das Island			
Mender–Asab	ADNOC Offshore	Mender	Asab	114		
Haliba to ASAB GASCO AGD-1	Al Dhafra Petroleum	Haliba	ASAB – GASCO AGD-1	65	16	71

阿拉伯联合酋长国主要凝析油管道列于表4-4-2。

表4-4-2 阿拉伯联合酋长国主要凝析油管道基本信息表（资料来源：WOOD，2021）

主要石油管道	作业者	起点	终点	长度（千米）	直径（英尺）
Abu Al Bukhoosh–Umm Shaif（Cond.）	Total	Abu Al Bukhoosh	Umm Shaif	40	10
Al Hamriyah–Offshore Loading	SNOC	Al Hamriyah Refinery	Various	12	30
Margham–Jebel Ali 2	Dubai Petroleum Company	Margham	Jebel Ali Export Terminal	55	10
Sajaa–Al Hamriyah Refinery	SNOC	Sajaa	Sharjah	29	12
Umm Shaif–Das Island（Condensate）	ADNOC Offshore	Umm Shaif	Das Island	32	18

3. 炼厂

阿拉伯联合酋长国有四个主要的炼厂，总炼化能力为110万桶/天（约5500万吨）。炼厂的平均规模为28.5万桶/天。

这四家炼厂都位于墨西哥湾沿岸。最大的炼油厂 Ruwais 已经完成了一个大型扩建和集成项目，炼油能力增加了 41.7 万桶/天，达到 83 万桶/天以上。Jebel Ali 是阿拉伯联合酋长国第二大炼油厂，其每天可处理 21 万桶的凝析油。最小的炼油厂是 Fujairah 炼油厂，每天可处理 8 万桶的凝析油（表 4-4-3）。

表 4-4-3　阿拉伯联合酋长国主要炼厂基本信息表（资料来源：WOOD，2021）

作业者	炼厂名称	位置	处理能力（千桶/天）
Emirates National Oil Company	Jebel Ali Refinery	Jebel Ali（Dubai）	210
Fujairah Refinery Co.	Fujairah Oil Refinery	Fujairah	80
ADNOC Refining	Ruwais Refinery	Ruwais（Abu Dhabi）	837
ADNOC Refining	Abu Dhabi Refinery	Umm Al Nar（Abu Dhabi）	85

4. 天然气管网

阿拉伯联合酋长国主要天然气管道列于表 4-4-4。

表 4-4-4　阿拉伯联合酋长国主要天然气管道基本信息表（资料来源：WOOD，2021）

主要石油管道	作业者	起点	终点	长度（千米）	直径（英尺）
Abu Al Bukhoosh–Umm Shaif	ADNOC Gas Pipelines	Abu Al Bukhoosh	Umm Shaif	40	20
Asab–Habshan GPP	ADNOC Gas Pipelines	Asab（gas）	Habshan GPP	86	20
Ras Laffan GPP–Taweelah	Dolphin Energy	Ras Laffan GPP	Taweelah	364	48
Bu Hasa–Habshan GPP	ADNOC Gas Pipelines	Bu Hasa（gas）	Habshan GPP	46	20
Fateh–Rashid	Dubai Petroleum Company	Fateh	Rashid	17	16
Fujairah/Sharjah Gas Supply	SNOC	Sajaa Plant	Fujairah/Sharjah Junction	40.5	20
Habshan GPP– Maqta GPP	ADNOC Gas Pipelines	Habshan GPP	Maqta GPP	121	16
Habshan GPP–Mirfa Power Station	ADNOC Gas Pipelines	Habshan GPP	Mirfa Power Station	40	24
Habshan GPP–Ruwais Refinery	ADNOC Gas Pipelines	Habshan GPP	Ruwais Refinery	113	
Jebel Ali–Dubai City	Government of Dubai	Jebel Ali	Dubai City	37	
Jebel Ali–Layyah Power Station	Government of Dubai	Jebel Ali	Layyah Power Station	47	
Kahaif–Sajaa	SNOC	Kahaif	Sajaa	17	10
Layyah Power Station–Ras Al Khaimah	SNOC	Layyah Power Station	Ras Al Khaimah	82	
Lower Zakum–Umm Shaif	ADNOC Offshore	Lower Zakum	Umm Shaif	63	18
Das Island–Habshan GPP		Das Island	Habshan GPP	200	30
Maqta GPP–Taweelah	ADNOC Gas Pipelines	Maqta GPP	Taweelah	54	48
Margham–Dugas 2	Dubai Petroleum Company	Margham	Dugas	55	10
Margham–Dugas 1	Dubai Petroleum Company	Margham	Dugas	55	20
Margham–Jebel Ali 1	Dubai Margham Establishment	Margham	Jebel Ali	55	16

续表

主要石油管道	作业者	起点	终点	长度（千米）	直径（英尺）
Mubarek–Jebel Ali	Crescent Oil	Mubarek	Jebel Ali	97	16
Mubarraz Island–Umm Al Anbar	ADOC	Mubarraz Island	Umm Al Anbar	14.5	14
Mubarraz–Mubarraz Island（Gas）	ADOC	Mubarraz	Mubarraz Island（Gas）	51	14
Rashid–Jebel Ali	Dubai Petroleum Company	Rashid	Jebel Ali	97	16
Sajaa–Jebel Ali	SNOC	Sajaa	Jebel Ali	75	24
Sajaa–Layyah Power Station	SNOC	Sajaa	Layyah Power Station	43	30
Shah – Habshan（gas）		Shah（sour gas）	Habshan GPP	127	36
Taweelah–Jebel Ali	Government of Dubai	Taweelah	Jebel Ali	37	48
Umm Shaif–Das Island（G3）	ADNOC Gas Pipelines	Umm Shaif	Das Island	35	46
Zirku Island–Das Island	ADNOC Gas Pipelines	Zirku Island	Adgas LNG Plant	40	10

三、油气合作现状

（一）油气上游对外开放程度

阿拉伯联合酋长国的大部分石油和天然气生产（95%以上）在阿布扎比。阿布扎比（Abu Dhabi）于20世纪60年代初开始生产石油，并于1967年成为OPEC成员，比阿拉伯联合酋长国各地联合成为一个国家还早了四年，是OPEC第三大生产国，仅次于沙特阿拉伯和伊拉克。自20世纪60年代初以来，阿布扎比的陆上和东部近海地区新投产的数个大型油气田，为该国石油工业的发展提供了支撑。

阿布扎比国家石油公司（ADNOC）是阿拉伯联合酋长国上、下游行业中最大的公司。作为阿拉伯联合酋长国战略增长目标的一部分，ADNOC正在采取各种举措，以扩大该国的石油和天然气生产能力。目前，ADNOC以及ADNOC Onshore和ADNOC Offshore占据了91%的原油储量、56%的天然气储量、65%的原油产量和89%的天然气产量（图4-4-7至

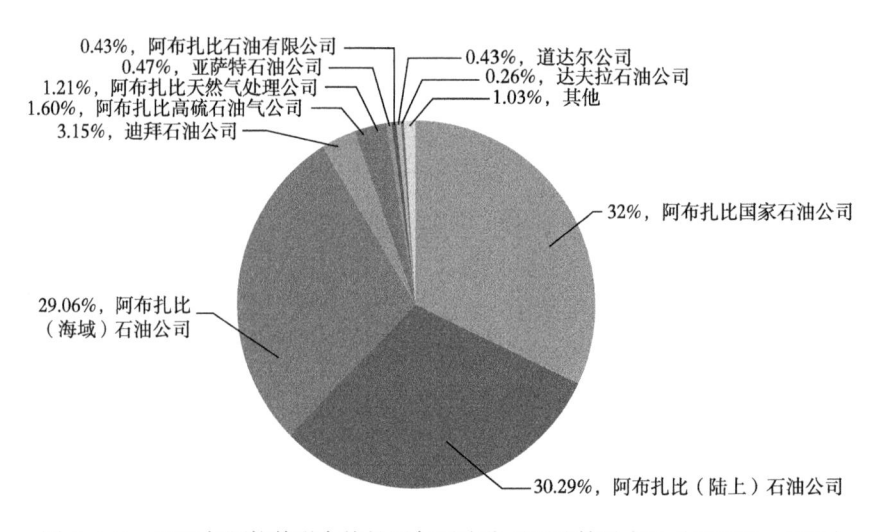

图4-4-7 2020年阿拉伯联合酋长国各石油公司石油储量占比（WOOD，2021）

图4-4-10）。阿拉伯联合酋长国上游行业中，国际油公司例如道达尔公司、英国BP、埃克森美孚、意大利埃尼等参与较多。除此之外日本Inpex公司在阿拉伯联合酋长国原油权益产量占比较高，达5%。中国油公司中，中国石油在阿拉伯联合酋长国参与度最高，分别占据该国油气产量的5%和1%；振华石油占该国原油产量的1%；中化石油占据该国天然气产量的0.3%（图4-4-9、图4-4-10）。

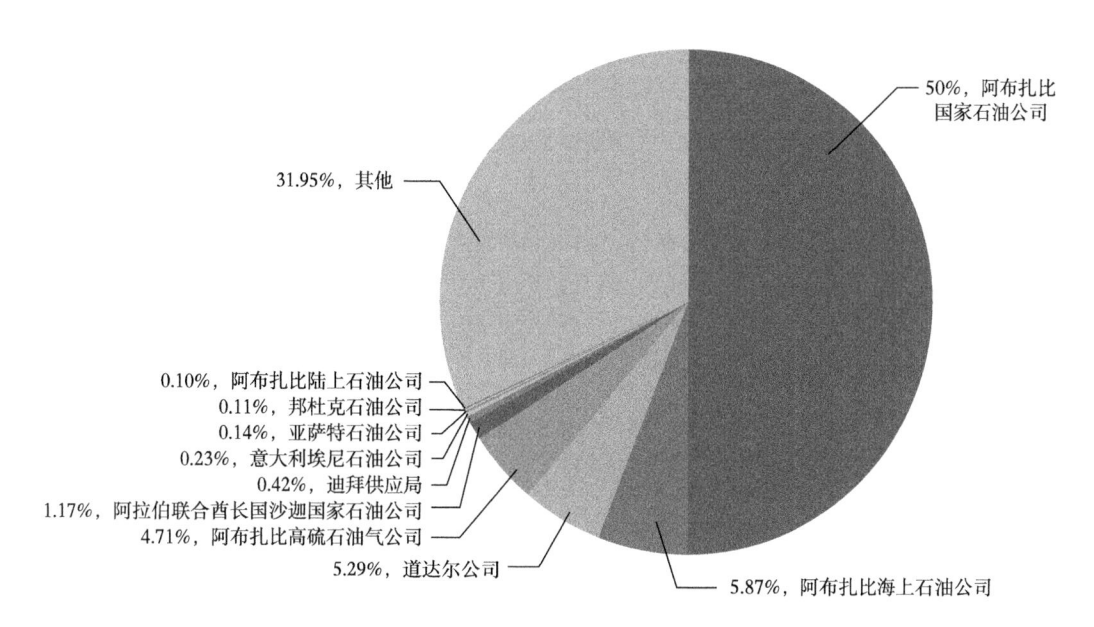

图 4-4-8　2020 年阿拉伯联合酋长国各石油公司天然气储量占比（数据来源：WOOD，2021）

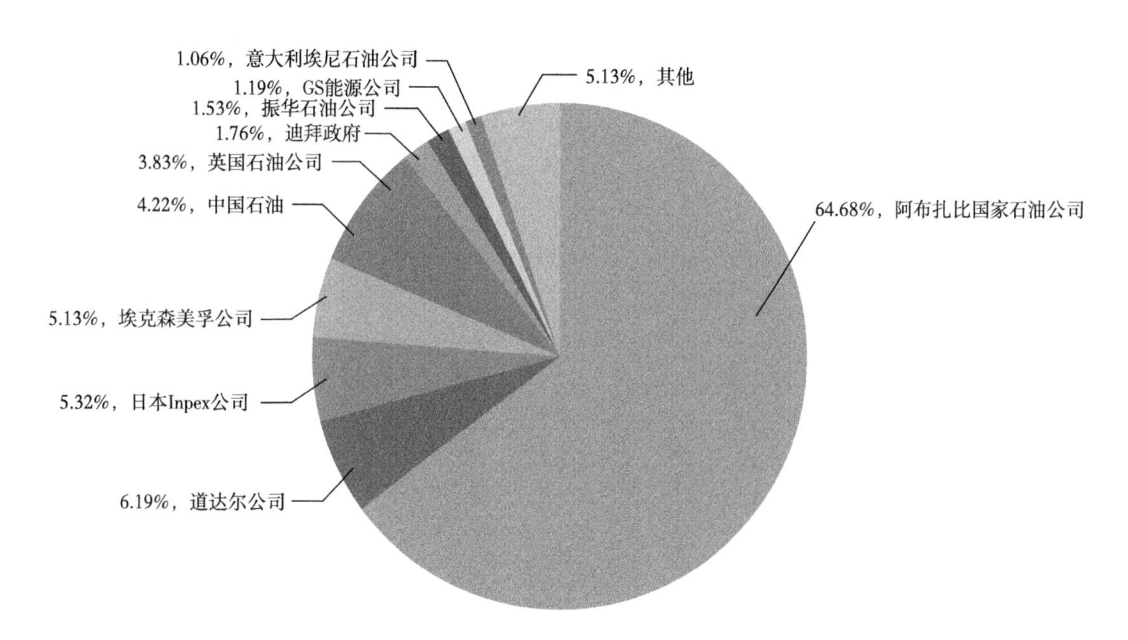

图 4-4-9　2020 年阿拉伯联合酋长国各石油公司石油产量占比（数据来源：WOOD，2021）

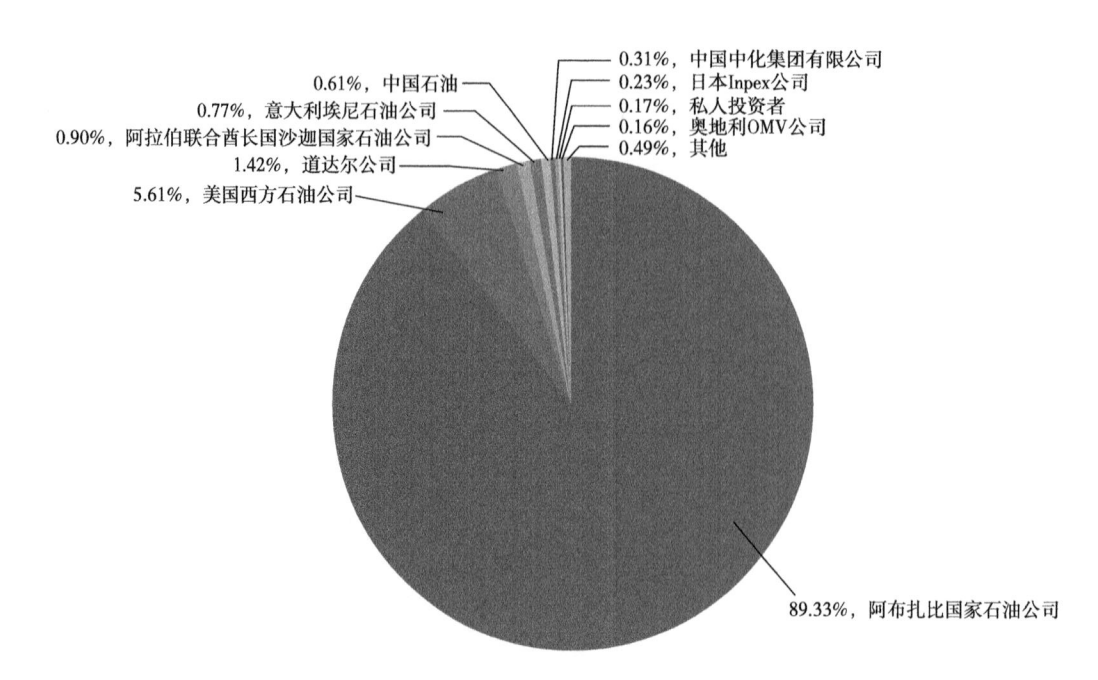

图 4-4-10　2020 年阿拉伯联合酋长国各石油公司天然气产量占比（数据来源：WOOD，2021）

（二）油气上游收并购形势

2001—2019 年，阿拉伯联合酋长国的收并购交易共计两笔，两笔均未披露交易金额（图 4-4-11）。

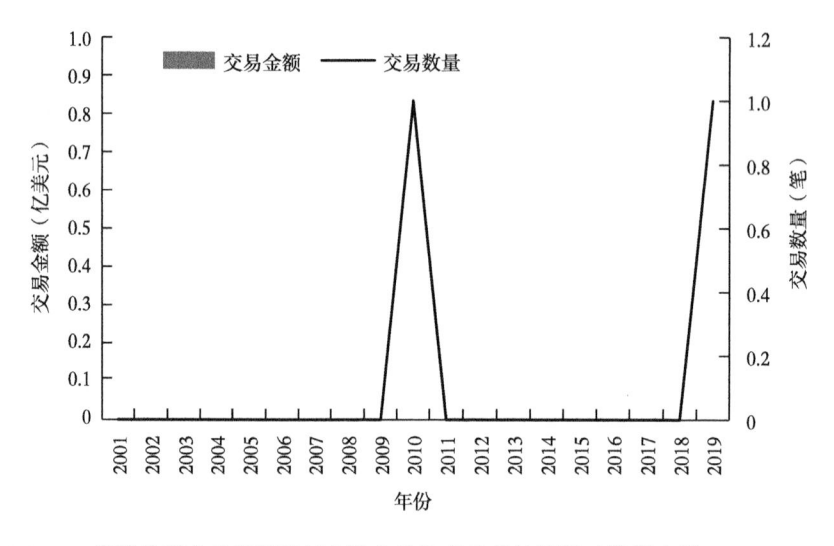

图 4-4-11　阿拉伯联合酋长国油气上游收并购交易总体情况（数据来源：WOOD，2020）

（三）油气上游招标历史

1939 年，依据 75 年的特许经营权，阿布扎比将整个阿布扎比陆上地区勘探开发的权利授予了 Trucial Coast Oil Development Company。Trucial Coast 是伊拉克石油公司的子公司，该公司由 BP、壳牌、道达尔、埃克森美孚和 Partex 拥有。第二个特许权包括了阿布扎比大部分近海区域，于 1953 年授予 D'Arcy 石油公司，为期 65 年，随后被 BP 和 Total 收购。

1974 年，ADNOC 在这两个特许权中均获得了控股权益。几年后，新的合资权益由两家新成立的运营公司持有。陆上特许权已分配给 ADCO，海域特许权已分配给 ADMA-OPCO。

随后成立了由 ADNOC 领导的第三家运营公司 ZADCO，开发 ADMA-OPCO 放弃的 Upper Zakum 油田和其他近海油田。最初，Upper Zakum 由 INPEX 运营，埃克森美孚（Exxon Mobil）于 2006 年入股。2014 年重新谈判了财务条款。2017 年 ADMA 和 ZADCO 运营公司合并。新的运营公司被称为 ADNOC Offshore。

1968 年，由 Cosmo Oil 牵头的日本财团获得了第四个海上特许权。

阿拉伯联合酋长国两家主要的运营公司 ADNOC Onshore 和 ADNOC Offshore 拥有阿布扎比 50% 以上的许可勘探面积。分别在 2015 年和 2018 年重新签署了为期 40 年的许可证。

阿布扎比的剩余项目由 ADNOC 控制，ADNOC 有选择地进行开发。最近的项目包括 2010 年授予 Occidental 的 Shah 天然气开发项目，以及 2012 年授予 Wintershall 和 OMV 的 Shuweihat 天然气和凝析气田开发项目。

2012 年，ADNOC 授予了韩国国家石油公司（KNOC）及其合作伙伴 GS Energy 三个区块（陆上两个，海域一个）勘探与开发的权利，这是 Al Dhafra 联合计划的一部分，为期 30 年。中石油通过与 Al Yasat 合资的方式获得了部分海上和海上区块的勘探开发资源。

道达尔在 2018 年获得了 Ruwais Diyab 区块 40% 的股份，进行非常规天然气资源的勘探和开发。

四、油气合作风险与潜力

（一）油气产量发展趋势

阿拉伯联合酋长国油气储采比均很高，从原油产量发展趋势看，该国未来原油产量呈持续增长态势，2030 年原油产量预计将达 2.5 亿吨（图 4-4-12）。近年来新投产的项目在未来原油产量占比持续增长，主要来自阿布扎比陆上油田（ADNOC Onshore Area）、下扎库

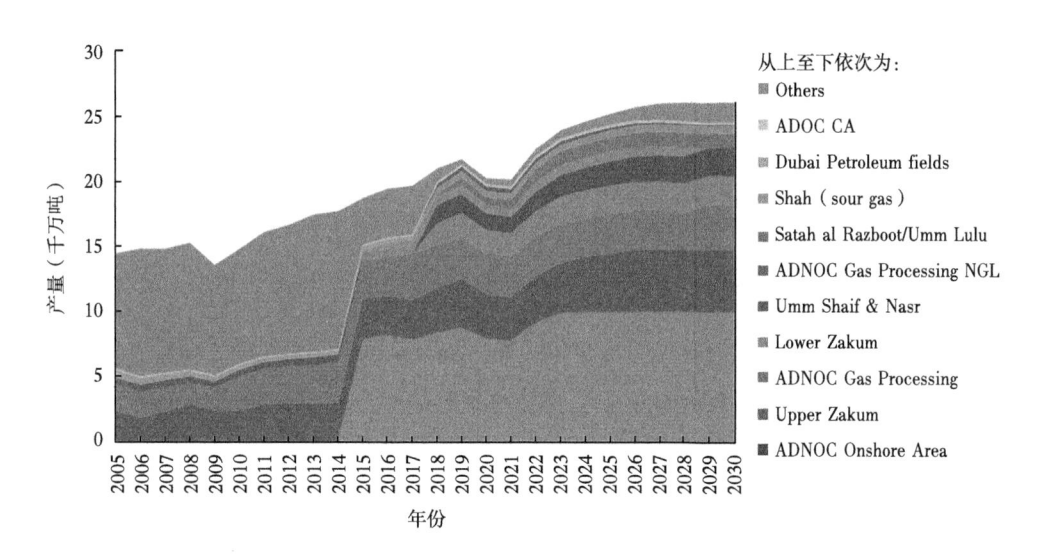

图 4-4-12　阿拉伯联合酋长国原油产量预测剖面（数据来源：WOOD, 2021）

姆油田（Lower Zakum）、乌姆沙依夫—纳斯油田（Umm Shaif & Nasr），上述三个油气田预计将占阿拉伯联合酋长国2030年原油产量的50.4%。

从天然气开采量发展趋势看，阿拉伯联合酋长国天然气开采量将于2028年左右超过540亿立方米/年。未来阿布扎比国家石油公司天然气处理厂（ADNOC Gas Processing）、沙阿气田（Shah sour gas）、阿联酋—阿布埃尔布霍希气田（Abu Al Bukhoosh gas）和乌姆沙依夫和纳斯油田（Umm Shaif & Nasr）仍是阿拉伯联合酋长国天然气开采量的主要来源，但随新项目的投产，上述四个油气田占年度天然气开采量由2020年的95.6%降至2030年的67.7%（图4-4-13）。

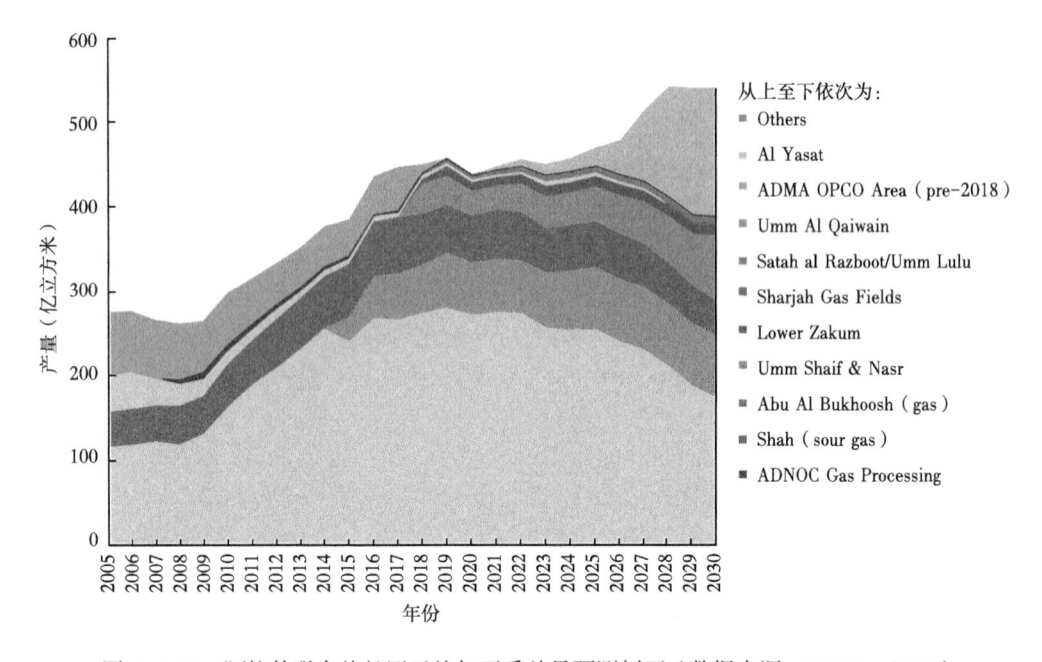

图4-4-13 阿拉伯联合酋长国天然气开采总量预测剖面（数据来源：WOOD，2021）

（二）油气合作风险

1. 经济结构风险

阿拉伯联合酋长国是石油和天然气资源都很丰富的国家，属于典型的产油国经济发展模式，国民收入、预算收入、外贸出口和外汇来源均主要依靠石油（图4-4-14，图4-4-15）。这使得阿拉伯联合酋长国的经济结构呈现出典型的依附型经济结构特征。在资本方面，高度依赖石油部门及其派生的海外资产；在劳动力方面，依赖外籍劳工和技术人员；技术设备和消费品依赖进口；石油部门的产品也主要依赖海外市场。

由于阿拉伯联合酋长国经济开放程度高，对外依附性强，因此经济受外来冲击大。该国所得的巨额石油收入的海外投资部分主要流向发达国家，在2008年国际金融危机中所受影响严重。阿拉伯联合酋长国不仅出现了国内外资抽逃，一些大型项目资金链断裂的现象，而且作为世界最大的主权财富基金——阿布扎比投资局的资产也大幅缩水。全球经济衰退导致旅游、贸易和金融服务的需求下降，房地产和信贷发展受阻导致阿拉伯联合酋长国国内金融受到冲击。国际货币基金组织和其他资料显示，全球金融危机导致阿拉伯联合酋长国海外资产急剧下降。在该国投资更需要承受外部市场波动所带来的风险。

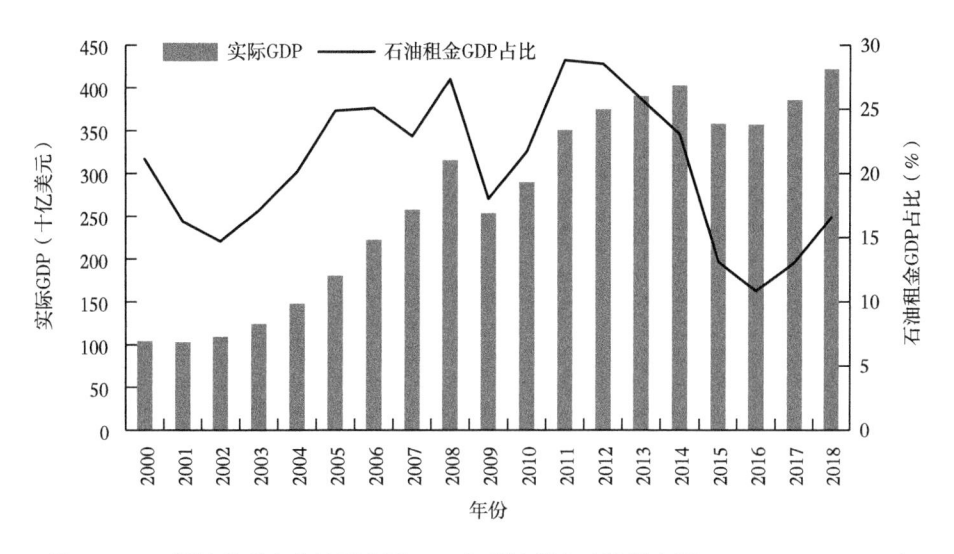

图 4-4-14 阿拉伯联合酋长国实际 GDP 与石油租金（数据来源：World Bank，2019）

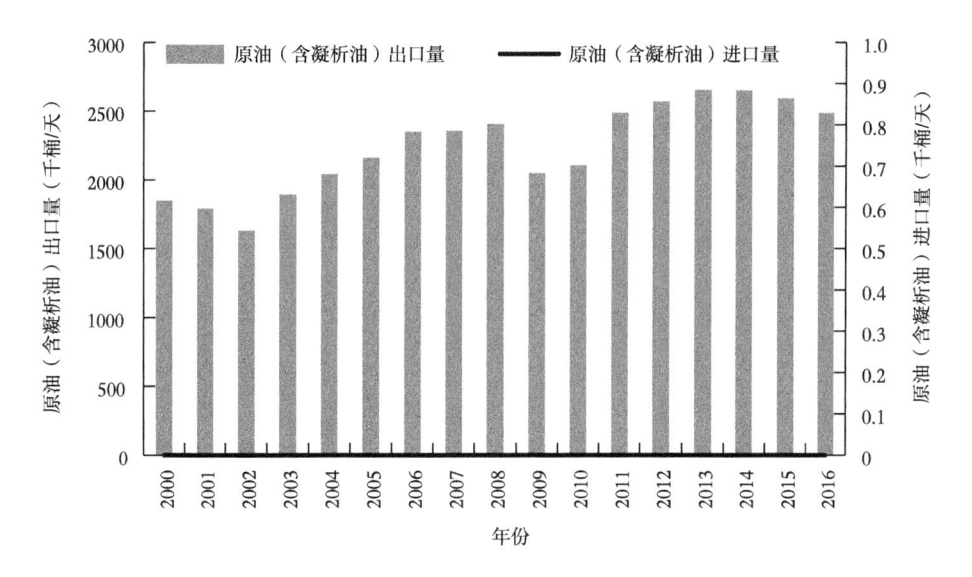

图 4-4-15 阿拉伯联合酋长国原油出口量与进口量（数据来源：EIA，2017）

2. 通货膨胀与货币风险

近年来，阿拉伯联合酋长国通货膨胀整体不高。2012 年以来，该国通货膨胀率有所上升，但增长速度不快。2016 年通货膨胀率为 1.62%，较 2015 年的 4.07% 显著下降。但 2017—2018 年通货膨胀率有所上升，2018 年末通货膨胀率达到 3.07%。受油价的影响，2019 年阿拉伯联合酋长国通货膨胀率为 -1.93%。受新冠肺炎疫情影响，2020 年阿拉伯联合酋长国通货膨胀率为 -1.5%（图 4-4-16）。

3. 法律与合同财税风险

1）监管机构

每个酋长国对石油业的监管方式都有所不同，下面将对三个主要产油国阿布扎比、迪拜和沙迦进行分析。

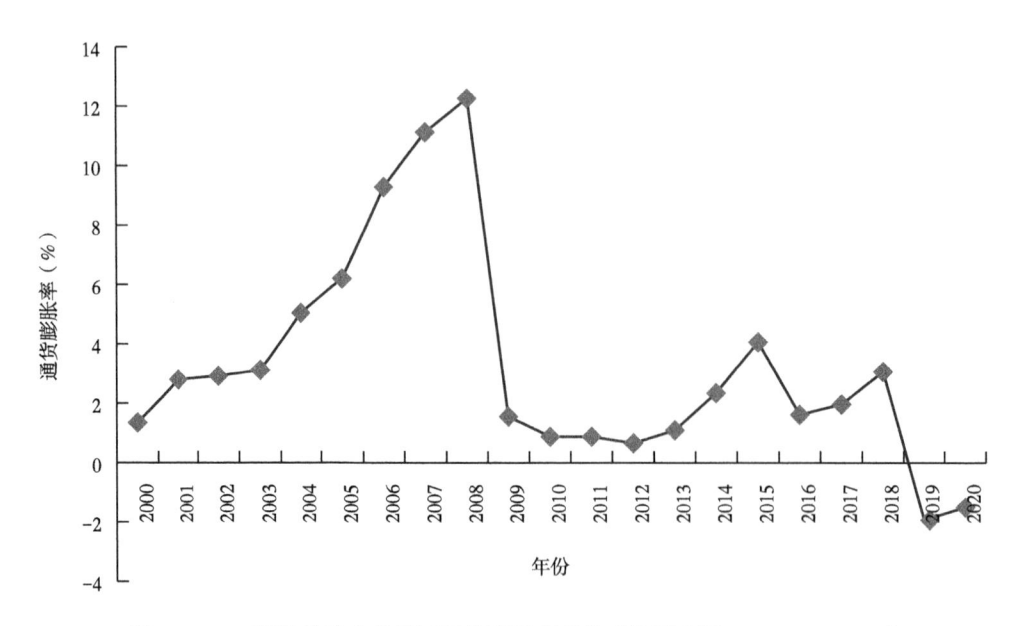

图 4-4-16 阿拉伯联合酋长国通货膨胀率变化（数据来源：Knoema，2021）

（1）阿布扎比。阿布扎比最高石油委员会（SPC）对石油行业负有总体政策制定责任。SPC 成立于 1988 年，除管理与石油相关的政策外，还对阿布扎比国家石油公司（ADNOC）进行直接管理控制。SPC 的现任主席是阿布扎比埃米尔和阿拉伯联合酋长国总统谢赫·哈利法·本·扎耶德·阿勒纳哈扬。

（2）迪拜。通过与该地区唯一的石油生产实体——迪拜石油公司（Dubai Petroleum）达成协议，有效地管理了该行业的法规。迪拜石油公司实际上是迪拜的国家石油公司。

（3）沙迦。直到 1999 年，沙迦的石油法规一直由石油和矿产部管理。根据第 1 号法律（1999），建立了沙迦石油委员会，制定和管理沙迦的石油和天然气政策，就上、下游行业的石油公司的特许权协议提出建议。沙迦国家石油公司（SNOC）是根据国家法律于 2010 年 11 月创建的。

2）国家油公司

占主导地位的国有石油公司是 ADNOC，该公司根据第 7 号法律的规定于 1971 年 11 月 27 日成立。该公司授权 ADNOC 在阿布扎比及国际上的各个行业层次上运作。1973 年，它获得了阿布扎比的两个主要石油特许权 ADCO 和 ADMA 的 25% 的权益，并在 1974 年增加到 60%。所有协议现在都包含一项州参与条款，该条款使 ADNOC 可以获得最高 60% 的优惠。

自成立以来，ADNOC 的业务范围已逐步扩大到阿布扎比的石油、天然气、运输、化工和服务业等所有领域。

3）财政条款

阿拉伯联合酋长国的大多数合同都采用特许协议的形式，承包商应缴纳特许权使用费和所得税。尽管税收和特许权使用费水平各不相同，但在酋长国，合同的形式还是相对标准的（图 4-4-17）。

在阿布扎比，合同税收安排类似于税收/特许权，但合同中存在限制承包商利润的机制，这通常会导致上行或下行空间有限（表4-4-5）。

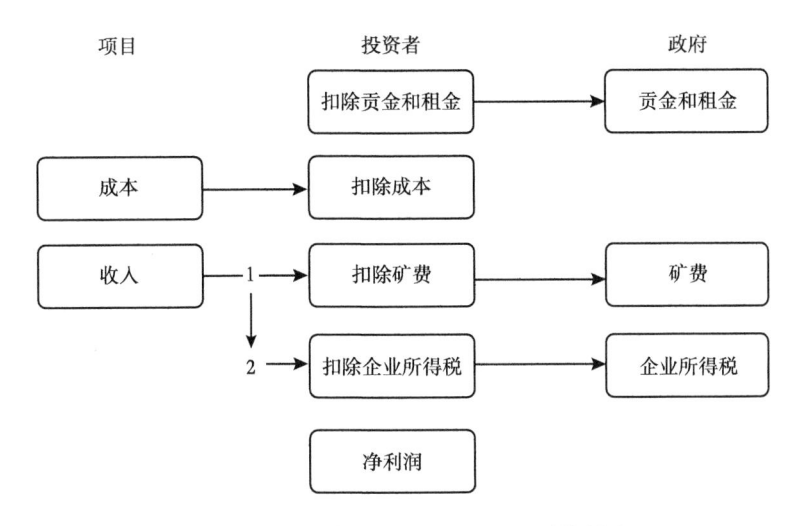

图4-4-17 阿拉伯联合酋长国特许经营权收入流程图（资料来源：WOOD，2021）

表4-4-5 阿拉伯联合酋长国主要油气财税条款

类型	内容
签名费	阿布扎比和迪拜为1万~200万美元；其他酋长国为0.2万~50万美元
地域租赁费	支付至首次商业生产之日，通常从商业发现声明到商业生产之日每年增加，每年10万~30万美元
进口税	海湾合作委员会（GCC）以外国家/地区的商品，为5%

（三）油气合作潜力和方向

从油气田建产与待建产分布看，阿拉伯联合酋长国已探明油气储量大于1亿吨油气当量油气田十四个，占总油气探明储量95.9%。其中，已建产油气田十个，合计储量占总油气探明储量86.4%；未建产油气田还有四个，合计储量仅占总油气探明储量9.6%。待建产储量均分布于鲁卜哈利盆地中。阿拉伯联合酋长国高端油气市场竞争激烈，上、下游开放程度高，且阿布扎比最高石油理事会（SPC）在当地时间2020年11月22日宣布，在阿布扎比酋长国新发现陆上非常规可采石油资源约220亿桶，此外该国常规石油储量新增了20亿桶，未来五年油气领域投资将达1220亿美元，合作前景广阔。

第五节 阿曼苏丹国

阿曼苏丹国位于阿拉伯半岛东南部，地处波斯湾通往印度洋的要道，西北界阿拉伯联合酋长国，西连沙特阿拉伯，西南邻也门共和国。东北与东南濒临阿曼湾和阿拉伯海。海岸线长1700千米。面积30.95万平方千米。阿曼苏丹国人口总数为395.7万，其中本国人口221.3万，外籍常住人口174.4万。仅马斯喀特省和巴提奈区就占该国人口的55%。有些地区地广人稀，人口最少的穆桑达姆省人口只占该国人口的不到1%。阿曼苏丹国人口密度为12.8人/平方千米。据2018年3月中国外交部数据，阿曼苏丹国人口为455.9万，其中阿曼人占 54.9%；伊斯兰教为国教，85.9% 人口为穆斯林，大多为伊巴德教派。截至 2014 年 10 月，阿曼苏丹国按行政区域划分为 11 个省（马斯喀特省、佐法尔省、穆桑达姆省、布莱米省、中北省、中南省、达希莱省、内地省、东南省、东北省、中部省），省之下设有 61 个州。

石油、天然气产业是阿曼苏丹国的支柱产业。该国实行自由和开放的经济政策，利用石油收入大力发展国民经济，努力吸引外资、引进技术、鼓励私人投资。为逐步改变国民经济对石油的依赖，实现财政收入来源多样化和经济可持续发展，政府大力推动产业多元化、就业"阿曼化"和经济私有化，增加对基础设施建设的投入，扩大私营资本的参与程度（中华人民共和国外交部，2021）。

一、油气资源分布

阿曼苏丹国是中东地区非 OPEC 成员最大的石油和天然气生产国，油气资源丰富。本节从油气储量、油气产量、油气待发现资源、油气理论出口能力等方面展开系统分析。

（一）油气储量

1. 原油

2020 年阿曼苏丹国原油剩余探明可采储量约 27.75 亿吨，世界排名第 24 位，中东地区排名第七位，原油剩余探明可采储量少于沙特阿拉伯、伊朗、伊拉克、阿拉伯联合酋长国、卡塔尔和科威特，2020 年原油储采比为 57.23。

从原油储量的盆地分布看，阿曼苏丹国原油储量集中分布在鲁卜哈利盆地中，合计原油储量占比为 99.67%。

从原油储量的陆海地域分布看，阿曼苏丹国原油储量基本分布在陆上，其中陆上占 99.67%，海域占 0.33%。海域原油储量主要分布在山脉褶皱带盆地和马西拉盆地中，以山脉褶皱带盆地为主，海域水深一般在 1~300 米。

从原油储量变化情况看，2018 年以来阿曼苏丹国原油储量持续增长，年增长量约为 0.7 亿吨（图 4-5-1）。

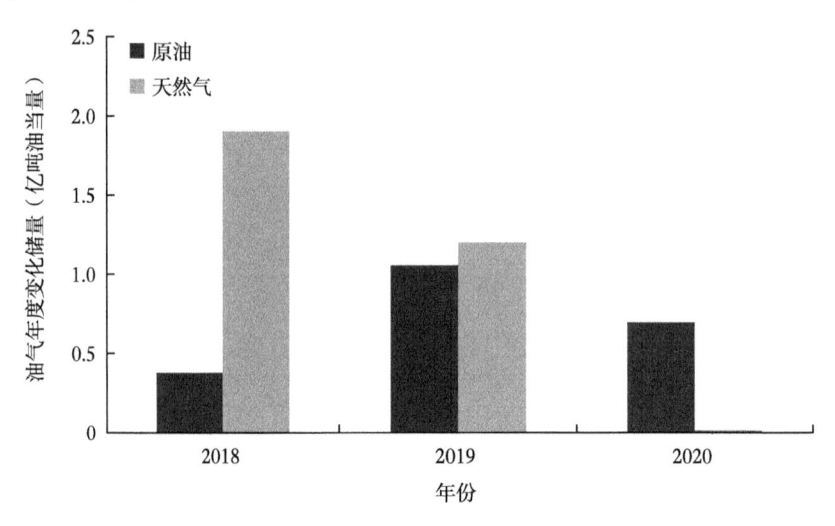

图 4-5-1　2018—2020 年阿曼苏丹国油气年度储量变化情况（数据来源：WOOD，2021）

2. 天然气

阿曼苏丹国天然气资源富集，2020年天然气剩余探明可采储量约1.73万亿立方米，世界排名第30位，中东地区排名第六位，天然气剩余探明可采储量少于卡塔尔、伊朗、沙特阿拉伯、阿拉伯联合酋长国和伊拉克。2020年天然气储采比为42.1。

从天然气储量的盆地分布看，阿曼苏丹国天然气储量集中分布在鲁卜哈利盆地中，合计天然气储量占比为99.13%。

从天然气储量的陆海地域分布看，天然气储量仍基本分布在陆上，其中陆上占99.33%，海域占0.67%。海域天然气储量主要分布在山脉褶皱带盆地中，海域水深一般在1~300米。

从天然气储量变化情况看，2018—2019年阿曼天然气剩余探明可采储量均有增长，但增长率持续下降，2020年天然气储量未发生变化。

（二）油气产量

1. 原油

1965—2020年阿曼苏丹国已累计产出原油约17亿吨，2020年原油产量约0.48亿吨，世界排名第十九位，中亚—俄罗斯地区排名第七位，原油产量少于沙特阿拉伯、伊拉克、阿拉伯联合酋长国、伊朗、科威特和卡塔尔。

从原油产量的盆地分布看，阿曼苏丹国原油产量基本均分布在鲁卜哈利盆地中。

从原油产量的油气田分布看，阿曼苏丹国原油产量集中分布在十个油田中，2020年阿曼前十大油田原油产量合计占该国原油产量的98.89%。其中千万吨级油田一个，即阿曼6区（PDO Block 6 Crude）56.1%；500万吨级油田一个，即穆海兹纳油田（Mukhaizna）10.6%。其他前十大油田为：Suneinah（Block 9）、PDO Block 6（Gas Cond）、Wadi Aswad（Block 5）、Blocks 3 & 4、Khazzan、Block 60（Abu Butabul）、Block 27（Wadi Aswad）和Yumna。

从原油产量变化情况看，2010—2019年阿曼苏丹国原油产量稳中有升年度平均增长约2%，2020年由于受新冠肺炎疫情及油价暴跌导致产量稍有下降（图4-5-2）。

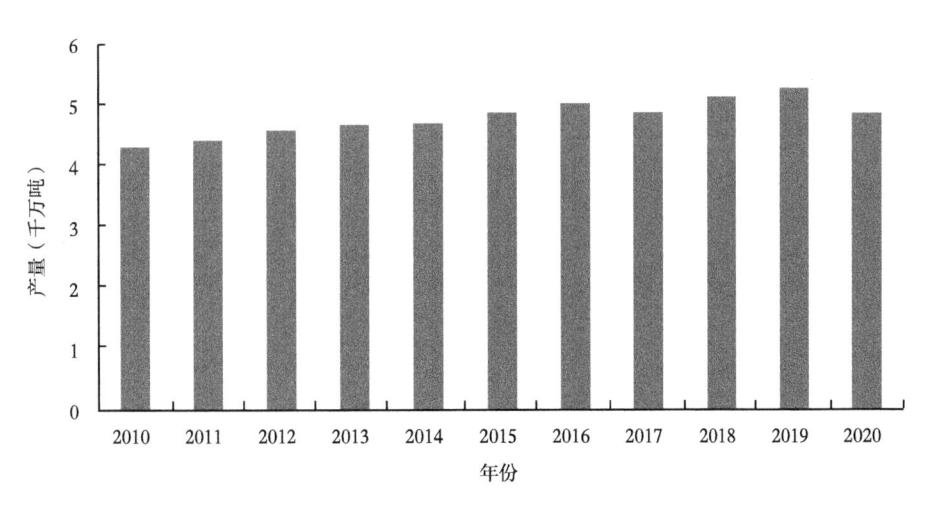

图4-5-2　2010—2020年阿曼原油年度产量变化情况（数据来源：WOOD，2021）

2. 天然气

1965—2020年阿曼苏丹国已累计产出天然气约5761亿立方米，2020年天然气产量约411亿立方米，世界排名第十八位，中东地区排名第五位，天然气产量少于伊朗、卡塔尔、沙特阿拉伯和阿拉伯联合酋长国。

从天然气的油气田分布看，2020年阿曼苏丹国天然气开采量集中分布在两大气田中，2020年阿曼苏丹国前两大气田天然气开采量合计占该国天然气年度总开采量的89.9%。阿曼苏丹国开采量前两位的油气田均为百亿立方米气田，即阿曼6区（PDO Block 6 Gas Cond）64.2%、哈赞气田（Khazzan）25.7%。

从天然气年度总开采量变化情况看，2010—2017年阿曼苏丹国天然气开采量稳步增长，天然气平均增长率约为2.1%，2018年以来快速增长，天然气平均年度增长率约9%（图4-5-3）。

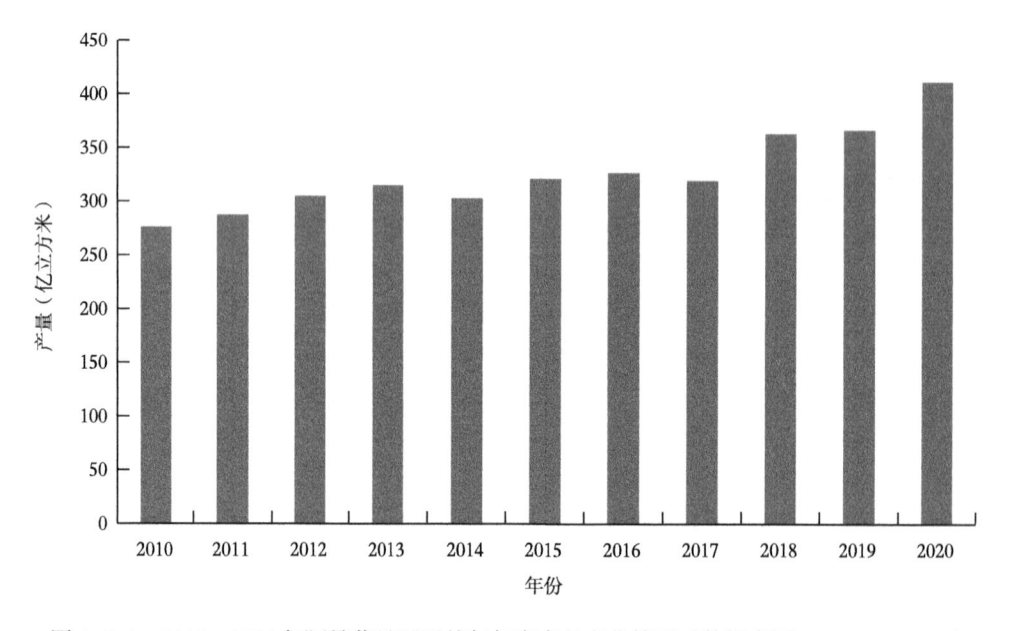

图4-5-3 2010—2020年阿曼苏丹国天然气年度产量变化情况（数据来源：WOOD, 2021）

（三）油气待发现资源

根据中国石油勘探开发研究院自主评价结果，阿曼苏丹国原油待发现资源约4.74亿吨，占世界待发现资源总量0.34%，世界排名第十八位、中东地区排名第六位；天然气待发现资源约0.76万亿立方米，占世界待发现资源总量0.36%，世界排名第二十位、中东地区排名第七位。

（四）油气理论出口能力

2019年，阿曼苏丹国原油理论出口能力（产量减去消费量）约0.38亿吨，天然气理论出口能力约338亿立方米。从油气理论出口能力变化趋势看，2001—2007年原油理论出口能力保持下降，年平均降低率约5.5%，随后恢复增长并保持稳定（图4-5-4）；天然气出口能力在2001—2019年基本保持增长，年平均增长率约2001—2014年年平均增长率约6.3%（图4-5-5）。阿曼苏丹国油气主要出口亚洲市场，以海运方式为主。

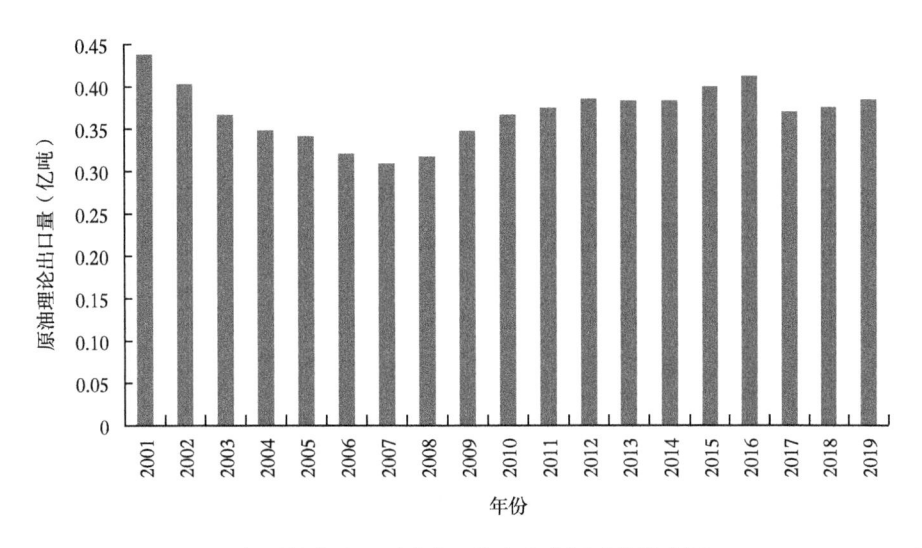

图 4-5-4　2001—2019 年阿曼苏丹国原油出口能力变化图（数据来源：WOOD，BP，2020）

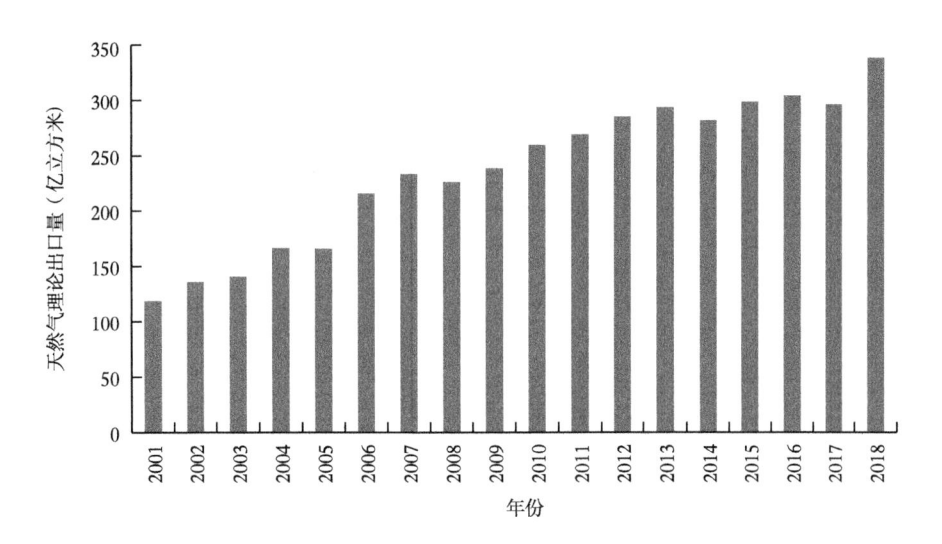

图 4-5-5　2001—2019 年阿曼苏丹国天然气出口能力变化图（数据来源：WOOD，BP，2020）

二、油气合作环境

（一）政治环境

阿曼苏丹国是世袭君主制国家，禁止一切政党活动，国王享有绝对权威，由国王颁布法律、任命内阁、领导军队、批准缔结国际条约及协定。1996 年 12 月，该国成立以卡布斯苏丹为首的九人国防委员会，负责审议国家安全有关事宜并参与决定苏丹继任者。2011 年 10 月，阿曼苏丹国修订《国家基本法》，规定：如王室委员会在法定时间三日内未能就苏丹继任人达成一致，则由国防委员会连同国家委员会主席、协商会议主席、最高法院院长及两名年纪最长的副院长根据苏丹遗诏确定人选。

1996 年 11 月 6 日，卡布斯苏丹颁布诏书，公布了《国家基本法》（相当于宪法），就国体与政体、国家政策的指导原则、公民权利与义务、国家元首职权、内阁及其成员职责、阿曼委员会和司法体系运作等问题作出规定。2011年10月18日，卡布斯苏丹颁布法令对《国家基本法》进行修订，其中主要对苏丹位继承、协商会议权限等作出进一步规定。

阿曼苏丹国议会即"阿曼委员会"，由国家委员会（相当于议会上院）和协商会议（相当于议会下院）组成，国家委员会和协商会议成员不得相互兼任。其中，国家委员会成立于1997年12月，主要负责审查国家法律、社会、经济等方面问题，共有委员84名，多为前政、军高官和各界知名人士，全由苏丹任命，任期四年，可连任。现任主席叶海亚·本·马哈福兹·蒙泽里（Yahya Bin Mahfoudh AI Manthri），2004年3月就任并连任至今。

阿曼苏丹国协商会议成立于1991年11月，其前身是1981年成立的国家咨询委员会。2003年以前，协商会议成员只能由一定范围内的阿曼苏丹国公民选举产生。自2003年起，协商会议实现普选，所有年满21岁的阿曼苏丹国公民都可参加选举投票。2007年，卡布斯苏丹颁布谕令，进一步解除了对协商会议成员候选人资格的限制。2011年10月，卡布斯苏丹颁布修订后的《国家基本法》，赋予协商会议更大权力，包括对法律、预算、条约、审计报告等的修改权和建议权，以及对政府部门的监督权和质询权等。协商会议主席也由苏丹任命改为协商会议成员直选产生。目前，协商会议共有87名成员，代表阿曼的61个州，任期四年，可连任。现任主席哈立德·本·希拉勒·马瓦利（Khalid Bin Hilal Al Ma'awali），2011年10月当选并连任至今。

内阁是阿曼苏丹国授权的国家最高执行机构，成员由苏丹任命。本届内阁于1997年组成，共有阁员31名，经过数次调整，现主要成员有：首相兼国防、外交、财政大臣由海赛姆苏丹本人担任，内阁事务副首相法赫德·本·马哈茂德·阿勒赛义德（Fahd Bin Mahmoud Al-Said），国防事务副首相希哈卜·本·塔里克·本·阿勒赛义德（Shihab Bin Tariq Bin Al-Said），国际关系与合作事务副首相艾斯阿德·本·塔里克·本·泰穆尔·阿勒赛义德（Sayyid Asaad Bin Tareqal-Said），遗产和文化大臣塞勒姆·本·穆罕默德·阿尔·马鲁奇（Salem Bin Mohammed Al Mahrouqi），内政大臣哈穆德·本·费萨尔·布赛义迪（Hamoud Bin Faisal Al-Busaidi），外交事务主管大臣尤素福·本·阿拉维·本·阿卜杜拉（Yousef Bin Alawi Bin Abdullah），石油和天然气大臣穆罕默德·本·哈马德·本·赛义夫·鲁姆希（Mohammed Bin Hamad Bin Saif AI-Romhi），商业和工业大臣阿里·本·马斯乌德·苏奈迪（Ali Bin Masoud Bin Ali Al-Sunaidy），新闻大臣阿卜杜穆奈姆·本·曼苏尔·本·赛义德·哈萨尼（Abdulmun'em Bin Mansour Bin Said Al-hasani）。

阿曼苏丹国政府各部在各省、地区设有直属分支机构，由上而下管理部门事务。另外，地方共设11个省政府，61个州政府，负责地方事务管理。

阿曼苏丹国政府内设司法部、宗教基金和伊斯兰事务部，分别主管司法、法律（含涉外协议、条约等）起草和修订及伊斯兰法有关事务。全国法院共分三级，最低为初审法院，第二级为上诉法院，最高一级为最高法院，其判决为终审判决。除此以外，还设有一所行政法院和一所国家安全法院。1999年11月，阿曼苏丹国颁布《司法法》，并成立最高司法委员会，卡布斯苏丹亲任主席，最高法院院长任副主席。

（二）经济环境

2003年，受海湾合作委员会之间的地缘政治因素影响，阿曼苏丹国GDP呈现负增长。阿曼苏丹国2013—2015年的GDP年增长率较低，2014年的GDP年增长率仅为1.42%，主要由国际油价下跌所致。2019—2020年，受低油价及新冠肺炎疫情影响，阿曼苏丹国

GDP 呈现负增长（图 4-5-6）。

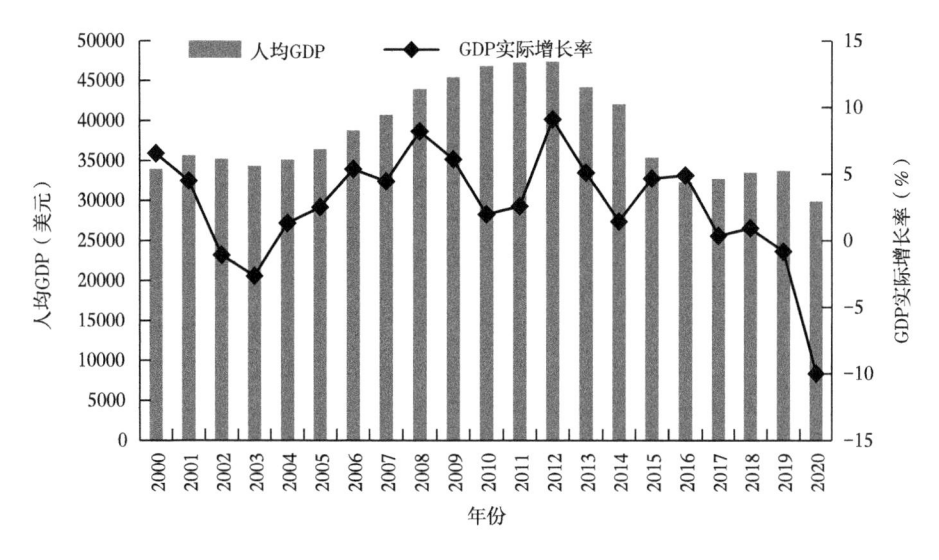

图 4-5-6 阿曼苏丹国 GDP 实际增长率与人均 GDP（数据来源：Knoema，2021）

（三）油气基础设施

1. 石油管网系统

阿曼苏丹国高度发达的石油基础设施，几乎完全由阿曼石油开发公司（以下简称PDO）拥有和运营，包括约 2200 千米的石油管道。

阿曼苏丹国在 Mina Al-Fahal 拥有容量约 530 万桶的石油储存设施和三个出口单浮标系泊系统。2015 年，阿曼苏丹国储罐码头公司在米纳法哈尔安装了一艘 200 万桶的浮动式储存船，以扩大储存能力。SPM 1 和 SPM 2 归 PDO 所有，专门用于原油出口。SPM 3 归壳牌阿曼苏丹国市场部所有，经营白油、凝析产品和化学品。2013 年开始更换 1967 年安装的两个浮标系泊系统，2016 年完成两个新浮标的最终调试。此外，PDO 在 Hubara、Sahmah、Qarn Alam 和 Nahada 经营四个主要的石油泵站。

阿曼苏丹国的石油管网由一个主管道系统（MOL）组成。MOL 从 PDO 的南部油田延伸至 Qarn Alam 地区，管道直径从 6 英寸至 42 英寸不等，具体直径取决于当地和区域供应能力（表 4-5-1）。

表 4-5-1 阿曼苏丹国主要石油管网基本信息表（资料来源：WOOD，2021）

主要石油管道	作业者	起点	终点	API°	长度（千米）	直径（英尺）	运输能力（千桶/天）
Nth Oil Line Al Barakah–Lekhwair	Occidental Petroleum	Al Barakah	Al Barakah Junction		13	10	15
Sth Oil Line Al Dhabi–Marmul	Petroleum Development Oman	Al Dhabi	Marmul	19	29	8	2
Sth Oil Line Al Ghubar–Qarn Alam	Petroleum Development Oman	Al Ghubar	Qarn Alam	28	53	36	422
Nth Oil Line Al Huwaisah–Yibal	Petroleum Development Oman	Al Huwaisah	Yibal	39	21	8	45

续表

主要石油管道	作业者	起点	终点	API°	长度（千米）	直径（英尺）	运输能力（千桶/天）
Sth Oil Line Al Noor–Birba	Petroleum Development Oman	Al Noor	Birba	48	59	8	15
Sth Oil Line Alam–Qarn Alam	Petroleum Development Oman	Alam	Qarn Alam	33	16	10	
Sth Oil Line Amal South–Amal	Petroleum Development Oman	Amal South	Amal	30	3	12	4
Sth Oil Line Anuq–Warad	Petroleum Development Oman	Anuq	Warad	19	20		1
Sth Oil Line Anzauz–Sahmah BS	Petroleum Development Oman	Anzauz	Sahmah Booster Station	47	24	8	15
Sth Oil Line Bahaa–Ghufos	Petroleum Development Oman	Bahaa	Ghufos		10	6	2
Sth Oil Line Barik–Al Ghubar	Petroleum Development Oman	Barik	Al Ghubar	47	32	8	422
Sth Oil Line Basma–Warad	Petroleum Development Oman	Basma	Warad	20	19	8	15
Sth Oil Line Birba–Marmul	Petroleum Development Oman	Birba	Marmul	32	24	8	
Sth Oil Line Burhaan–km 38	Petroleum Development Oman	Burhaan	Nahada Booster Station	32	26	36	630
Nth Oil Line Daleel–Mezoon	Petrogas	Daleel	Mezoon	39	14	8	30
Sth Oil Line Dhiab–Rahab	Petroleum Development Oman	Dhiab	Rahab	27	19	16	3
Nth Oil Line Fahud–Nahada BS	Petroleum Development Oman	Fahud	Nahada Booster Station	34	76	30	591
Sth Oil Line Ghaba Nth–Qarn Alam	Petroleum Development Oman	Ghaba North	Qarn Alam	40	24	8	20
Sth Oil Line Ghufos–Sadad	Petroleum Development Oman	Ghufos	Sadad		22	6	2
Sth Oil Line Habur–Qarn Alam	Petroleum Development Oman	Habur	Qarn Alam	15	9		3
Harweel Cluster Intra Field	Petroleum Development Oman	Zalzala	Birba		70	12	33
Sth Oil Line Hasirah–Zauliyah	Petroleum Development Oman	Hasirah	Zauliyah	49	32	8	10
Sth Oil Line Hawqa–Zauliyah	Petroleum Development Oman	Hawqa	Zauliyah		49	8	

续表

主要石油管道	作业者	起点	终点	API°	长度（千米）	直径（英尺）	运输能力（千桶/天）
Sth Oil Line Hazar–Zauliyah	Petroleum Development Oman	Hazar	Zauliyah	44	29	6	5
Sth Oil Line Ihsan–Amal	Petroleum Development Oman	Ihsan	Amal	24	12	8	7
Nth Oil Line Izki–Mina Al Fahal	Petroleum Development Oman	Izki	Mina Al Fahal		118	38	994
Sth Oil Line Jalmud North–Rima	Petroleum Development Oman	Jalmud North	Rima	24	24	6	6
Sth Oil Line – Katheer	Petroleum Development Oman	Katheer	Sayyala–Suwaihat Line		13		1
Khamilah – Wadi Latham Pipeline	Occidental Petroleum	Khamilah	Wadi Latham		42	6	8
Sth Oil Line Kaukab–Birba	Petroleum Development Oman	Kaukab	Birba	31	18	8	.5
Nth Oil Line Lekhwair–Fahud	Petroleum Development Oman	Lekhwair	Fahud	38	133	24	176
Sth Oil Line Mabrouk–Saih Rawl	Petroleum Development Oman	Mabrouk	Saih Rawl		44	6	
Nth Oil Line Wadi Latham–Al Barakah	Occidental Petroleum	Wadi Latham	Al Barakah	38	65	10	15
Sth Oil Line Marmul–Amal	Petroleum Development Oman	Marmul	Amal	22	47	28	93
Sth Oil Line Maurid–Marmul	Petroleum Development Oman	Maurid	Marmul		28		3
Sth Oil Line Musallim–Saih Rawl	Petroleum Development Oman	Musallim	Saih Rawl	27	41	6	
Sth Oil Line Nafoorah–Rajaa	Petroleum Development Oman	Nafoorah	Rajaa		17	6	2
Nth Oil Line Nahada BS–Izki	Petroleum Development Oman	Nahada Booster Station	Izki		75	42	994
Nth Oil Line Natih–Fahud	Petroleum Development Oman	Natih	Fahud	32	52	10	100
Sth Oil Qarat Al Milh–Ghaba Nth	Petroleum Development Oman	Qarat Al Milh	Ghaba North	29	31	6	
Sth Oil Line Qarn Alam–Burhaan	Petroleum Development Oman	Qarn Alam	Burhaan	17	53	28	474
Sth Oil Qarn Alam–Saih Rawl（Cond）	Petroleum Development Oman	Qarn Alam Booster Station	Saih Rawl	17	40	18	97

续表

主要石油管道	作业者	起点	终点	API°	长度（千米）	直径（英尺）	运输能力（千桶/天）
Sth Oil Line Rahab–Marmul	Petroleum Development Oman	Rahab	Marmul	26	25		
Sth Oil Line Rajaa–Zareef	Petroleum Development Oman	Rajaa	Zareef	25	5		5
Sth Oil Line Ramlat Rawl–Saih Rawl	Petroleum Development Oman	Ramlat Rawl	Saih Rawl	50	15	6	4
Sth Oil Line Rasha–Rima	Petroleum Development Oman	Rasha	Rima	38	6	6	3
Sth Oil Line Reihan–Rima	Petroleum Development Oman	Reihan	Rima	21	13	6	2
Sth Oil Line Rima–Main Oil Line	Petroleum Development Oman	Rima	Main Oil Line	33	24	16	111
Sth Oil Runib Sth–Runib–Main Line	Petroleum Development Oman	Runib South	Tie-in to BOTAS Trunkline	20	13		5
Sth Oil Line Runib–Sahmah BS	Petroleum Development Oman	Runib	Sahmah Booster Station	21	191	28	422
Nth Oil Line Safah–Lekhwair	Occidental Petroleum	Safah	Lekhwair	42	38	8	60
Sth Oil Line Sahmah BS–Barik	Petroleum Development Oman	Sahmah Booster Station	Barik		65	16	422
Sth Oil Line Sahmah–Sahmah BS	Hydrocarbon Finder E&P	Sahmah	Sahmah Booster Station	46	97	10	13
Sth Oil Line Saih Rawl–Qarn Alam	Petroleum Development Oman	Saih Rawl	Qarn Alam	39	45	16	45
Sth Oil Line Salwa–Al Rodha	Petroleum Development Oman	Salwa	Al Rodha	29	14	6	1
Sth Oil Line Sayyala–Suwaihat	Petroleum Development Oman	Sayyala	Suwaihat	50	63	20	76
Nth Oil Line Shibkah–Natih	Petroleum Development Oman	Shibkah	Natih		15	6	3
Sth Oil Line Simsim–Runib Sth	Petroleum Development Oman	Simsim	Runib South	31	13		4
Sth Oil Line Suwaihat–Main Oil Line	Petroleum Development Oman	Suwaihat	Main Oil Line	38	9	8	76
Sth Oil Line Thuleilat–Rahab	Petroleum Development Oman	Thuleilat	Rahab	26	30	16	20
Sth Oil Line Wafra–Suwaihat	Petroleum Development Oman	Wafra	Suwaihat	39	9	8	12

续表

主要石油管道	作业者	起点	终点	API°	长度（千米）	直径（英尺）	运输能力（千桶/天）
Sth Oil Line Warad–Main Oil Line	Petroleum Development Oman	Warad	Main Oil Line		14	6	12
Nth Oil Line Yibal–Fahud	Petroleum Development Oman	Yibal	Fahud	40	61	20	283
Sth Oil Line Zareef–Sayyala	Petroleum Development Oman	Zareef	Sayyala	47	24	8	20
Sth Oil Line Zauliyah–Sahmah BS	Petroleum Development Oman	Zauliyah	Sahmah Booster Station	44	32	6	
Sth Oil Line km38–Nahada BS	Petroleum Development Oman	km38	Nahada Booster Station		58	36	630
Nth Oil Line Dhulaima–Lekhwair	Petroleum Development Oman	Dhulaima	Lekhwair		20	16	71
Nth Oil Line Ufuq–Lekhwair	Petroleum Development Oman	Ufuq	Lekhwair		14	12	33

阿曼苏丹国石油管道系统最初建于20世纪60年代末，目的是将阿曼苏丹国北部伊巴尔、法胡德和纳提赫的第一个主要油田的原油出口到米纳法哈尔。自那时以来，石油管道网不断扩大，以连接后来在阿曼中部和南部发现的石油，并加以维护，确保石油管网系统的完整性。

阿曼苏丹国不需要建造新的大直径石油管道，因为现有管道网络足以处理可预见未来的预测石油产量。然而，PDO计划继续投资，以保持网络的完整性，并提高潜在瓶颈地区的管道能力。

2. 石油出口码头

阿曼苏丹国的主要石油码头米纳法哈尔位于马斯喀特附近，该国几乎所有的原油都从该码头出口。穆桑达姆码头出口少量原油。米纳法哈尔有三个SPM，与一个浅泊位相邻，且该码头出口设施由PDO运营。

在米纳法哈尔还有一家炼油厂，由国有OQ公司运营。这是阿曼苏丹国的第一个炼油厂。

萨拉拉附近的米纳雷苏特港有一个码头，该码头有一个海豚式泊位，可装卸45000吨载重的油轮。

新建的穆桑达姆天然气处理厂于2016年投产，通过海上SPM出口Bukha和West Bukha油田生产的石油。

3. 炼厂

阿曼苏丹国有两个炼油厂，包括米纳法哈尔炼油厂和苏哈尔炼油厂。米纳法哈尔炼油厂由国有OQ公司运营（2019年合并前为ORPIC）。苏哈尔炼油厂于2006年10月投产，位于该国西北部的苏哈尔。此外，位于阿曼苏丹国东部海岸的杜古姆，也有新建炼油厂的计划（表4-5-2）。

阿曼苏丹国大约20%的原油是用于精炼，其余的用于出口。苏哈尔炼油厂改造项目于2017年完工，出口水平从2016年的89%降至2018年的81%。2019年，原油出口增长至87.5%，但2020年再次下降至81%。

表4-5-2 阿曼苏丹国主要炼厂基本信息表（资料来源：WOOD，2021）

作业者	炼厂名称	位置	处理能力（千桶/天）
ORPIC	Mina Al Fahal	Muscat	106
ORPIC	Sohar Oil	Sohar	198
OQ	Duqm Refinery	Duqm	230

4. 天然气管道系统

阿曼苏丹国的天然气管网由OQ公司天然气管网系统（OQGN）所有。在2020年之前，它被称为阿曼天然气公司（OGC）。OQGN的股东为阿曼苏丹国政府（持股80%）和OQ公司（持股20%）。OQ公司是阿曼苏丹国政府的全资子公司。

该天然气管网系统由大约2500千米的天然气管道组成。其中包括通往苏尔附近Qalhat液化天然气接收站的主要天然气出口管道、从Saih Rawl到Muscat的管道、北部Sohar管道、南部Salalah的管道、油田间管道和向阿曼苏丹国南部油田的油藏注入伴生气的管道（表4-5-3）。

阿曼苏丹国的天然气主要供应来自PDO合同区域内的北部和中部产区，即Yibal、Fahud、Lekhwair和Qarn Alam。一条被称为南阿曼天然气管道（SOGL）的主要天然气管道从卡恩阿拉姆地区的Saih Nihayda油田延伸至南部的Marmul油田。该管线主要供应天然气，并用于注入（维持储层压力）、发电和当地其他用途。

天然气出口管道从阿曼苏丹国中部的Saih Rawl油田经过48英寸的管道通往海岸的液化天然气工厂。该管道于1999年投入使用，额定容量为1200亿立方英尺/天。一条268千米×48英寸的环线连接着Saih Nihayda和液化天然气出口管道。

一条269千米×36英寸和一条325千米×20英寸的管道将阿曼苏丹国中部地区的天然气输送到马斯喀特郊外的Murayrat地区。

2005年，OGC公司修建了一条从法哈德到索哈尔的300千米×32英寸的管道，通过法哈德连接卡恩阿拉姆地区的气田到索哈尔。该管道是为了给炼油厂和其他大型工业项目提供天然气，如索哈尔地区的钢铁厂、铝冶炼厂和化肥厂。为了提高运输到索哈尔的容量，计划修建一条从法哈德到索哈尔的平行管道，该管道的直径也为32英寸。来自西方公司的9区块和27区块以及阿拉石油公司的44区块的天然气进入该管道。

一条长48千米×24英寸的管道连接着位于马赫达的阿曼天然气系统和位于阿拉伯联合酋长国阿林的Dolphin天然气系统。阿曼苏丹国通过Dolphin天然气系统从2008年开始进口卡塔尔天然气。进口量约为2亿立方英尺。由于阿曼苏丹国北部的基础设施只允许单向输送天然气，因此天然气被输送至索哈尔。

OGC公司修建了一条连接阿曼苏丹国中部天然气资源和萨拉拉的管道，该管道天然气被用于供应当地家庭和工业用户，包括建成后的萨拉拉液化石油气工厂。这条管道的直径主要为24英寸，同时局部采用32英寸的环线来提升容量。通往萨拉拉的管道还向穆哈伊兹纳供气，并从OQ公司的60号区块和PDO的Rabab Harweel区块接收天然气。

2017年，英国石油公司开始从阿曼苏丹国中部的卡赞油田输送天然气。天然气通过管道可输送至索哈尔、马斯喀特、阿曼液化天然气或阿曼苏丹国南部部分地区，但目前由于管道的连接问题天然气仍不可输送至Salalah。

阿曼苏丹国正在计划修建一条215千米×36英寸的管道，进而连接阿曼苏丹国中部和东海岸的新工业区Duqm。

表4-5-3　阿曼苏丹国主要天然气管网基本信息表（资料来源：WOOD，2021）

主要天然气管道	作业者	起点	终点	长度（千米）	直径（英尺）	作业能力（百万立方英尺/天）
Al Ghubar–Saih Nihayda（Gas）	Petroleum Development Oman	Al Ghubar	Saih Nihayda（Gas）	58	16	230.3
BVS7–Alain	OQ Gas Networks	BVS7（Mahdha）	Al Ain	48	24	
Sth Oman Gas Line Amal–Marmul	OQ Gas Networks	Amal	Marmul	47		
Barik（Gas）–Al Ghubar	OQ Gas Networks	Barik（Gas）	Al Ghubar	32	6	
Sth Oman Gas Line Barik–Sahmah	OQ Gas Networks	Barik（Gas）	Sahmah T Junction	65		
Barik（Gas）–Saih Rawl（Gas）	Petroleum Development Oman	Barik（Gas）	Saih Rawl（Gas）	49	32	
Fahud–Sohar	OQ Gas Networks	Fahud	Sohar	324	32	3231
Ghaba North–Saih Nihayda（Gas）	Petroleum Development Oman	Ghaba North	Saih Nihayda（Gas）	29		
Sth Oman Gas Line Hubara BS–Amal	OQ Gas Networks	Hubara Booster Station	Amal	113		
Sth Oman Gas Line Hubara BS–Rima	OQ Gas Networks	Hubara Booster Station	Rima	30		
Murayrat–Mina Al Fahal	OQ Gas Networks	Murayrat	Mina Al Fahal	40	10	
Murayrat–Sohar	OQ Gas Networks	Murayrat	Sohar	233	16	
Lekhwair–Fahud（Gas）	OQ Gas Networks	Lekhwair	Fahud	130	10	90.5
Lekhwair–Yibal	Petroleum Development Oman	Lekhwair	Yibal	106	6	
Manah Spurline	OQ Gas Networks	Wadi Izz	Manah IPP	1.84	8	
Sth Oman Gas Line Marmul–Birba	OQ Gas Networks	Marmul	Birba	24		
Sth Oman Gas Line Marmul–Qaharir	OQ Gas Networks	Marmul	Qaharir	20		
Sth Oman Gas Line Marmul–Salalah	OQ Gas Networks	Marmul	Salalah	175	24	515.4
Natih West–Natih	Petroleum Development Oman	Natih West	Natih	18	6	

续表

主要天然气管道	作业者	起点	终点	长度（千米）	直径（英尺）	作业能力（百万立方英尺/天）
Sth Oman Gas Line Qaharir-Thuleilat	OQ Gas Networks	Qaharir	Thuleilat	12		
Qarn Alam-Alam	Petroleum Development Oman	Qarn Alam	Alam	16		
Ramlat Rawl-Saih Rawl（Gas）	OQ Gas Networks	Ramlat Rawl	Saih Rawl（Gas）	14		
Al Barakah-Safah	Occidental Petroleum	Al Barakah	Safah	19.3	4	75
Sth Oman Gas Line Sahmah BS-Zauliya	OQ Gas Networks	Sahmah Booster Station	Zauliyah	37		
Safah-BVS5	Occidental Petroleum	Safah	BVS5	93	16	155
Sth Oman Gas Line Sahmah-Hubara	OQ Gas Networks	Sahmah Booster Station	Hubara Booster Station	148	16	
Saih Nihayda（Gas）-Qarn Alam	Petroleum Development Oman	Saih Nihayda（Gas）	Qarn Alam	20		
Saih Nihayda（Gas）-Saih Rawl（Gas）	Petroleum Development Oman	Saih Nihayda（Gas）	Saih Rawl（Gas）	31		
Saih Rawl（Gas）-Fahud	Petroleum Development Oman	Saih Rawl（Gas）	Fahud	100		
Saih Rawl（Gas）-Qalhat	Petroleum Development Oman	Saih Rawl（Gas）	Oman LNG Plant	358	48	
Shams（Gas）	ARA Petroleum	Shams	Fahud-Sohar Junction	37	12	
Sth Oman Gas Line -Anzauz	OQ Gas Networks	South Oman Gas Line	Anzauz	13		
Sth Oman Gas Line-Sayyala	OQ Gas Networks	South Oman Gas Line	Sayyala	53		
Wadi Latham-Safah	Occidental Petroleum	Wadi Latham	Safah	59	12	75
Sth Oman Gas Line Suwaihat-Bahja	OQ Gas Networks	Suwaihat	Bahja	12	8	
Yibal-Al Huwaisah	OQ Gas Networks	Yibal	Al Huwaisah	20		
Yibal-Wadi Izz	OQ Gas Networks	Yibal	Wadi Izz	177	36	1153.6
Yibal-Izki	OQ Gas Networks	Yibal	Izki	198	20	
Bukha – Musandam Gas Plant	OQ	Bukha	Musandam Gas Plant	16.7		
Abu Butabul Spur	OQ	Abu Butabul	Barik	85	16	230.3
Fushaigah – Kauther	Occidental Petroleum	Fushaigah	Kauther Gas Plant	13		
Maradi Huraymah Spur	Occidental Petroleum	Maradi Huraymah GPF	Nahada Booster Station	4		
Sadad-Mukhaizna Gas	OQ Gas Networks	Sadad	Mukhaizna	31	18	300

续表

主要天然气管道	作业者	起点	终点	长度（千米）	直径（英尺）	作业能力（百万立方英尺/天）
Musandam to RAK	OQ	Musandam Gas Plant	Khor Khwair	12.5		
Khazzan–Saih Rawl（Gas）	BP	Khazzan	Saih Rawl（Gas）	60	36	
Khazzan–Fahud	BP	Khazzan	Fahud SE	65		
Saih Nihayda GPP–OLNG Loop	Petroleum Development Oman	Saih Nihayda（Gas）	BVS9	260	48	2043.1
Saih Rawl（Gas）–Sadad	OQ Gas Networks	Saih Rawl（Gas）	Sadad	252	32	

三、油气合作现状

（一）油气上游对外开放程度

阿曼苏丹国上游行业（包括政府机构）中有35家公司拥有股权，公司类型多种多样。主导者是阿曼石油开发公司（以下简称PDO）。PDO是一家拥有所有权分离的运营公司。自1974年以来，这种形式的特许经营就存在了，当时政府从私人合伙人手中获得了60%的股份。目前PDO占据原油储量的79%，阿曼苏丹国政府占原油产量的46%。相较于其他中东产油大国，阿曼苏丹国的外国油公司普遍规模较小（图4-5-7至图4-5-10）。

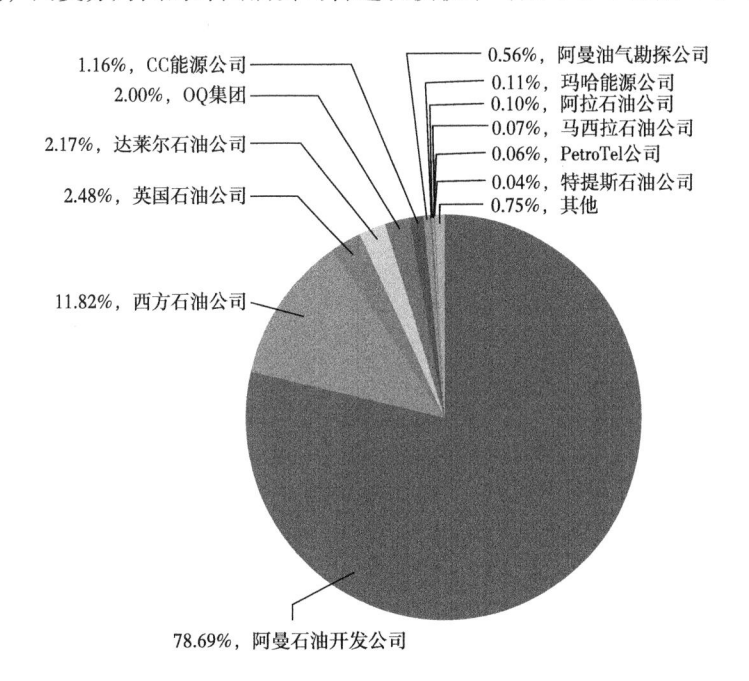

图 4-5-7 2020年阿曼苏丹国各石油公司石油储量占比（WOOD，2021）

中国与阿曼苏丹国在上游合作较为深入，以中国石油为主，目前中国石油占阿曼苏丹国原油产量的2%，天然气产量的0.4%（图4-5-9、图4-5-10）。

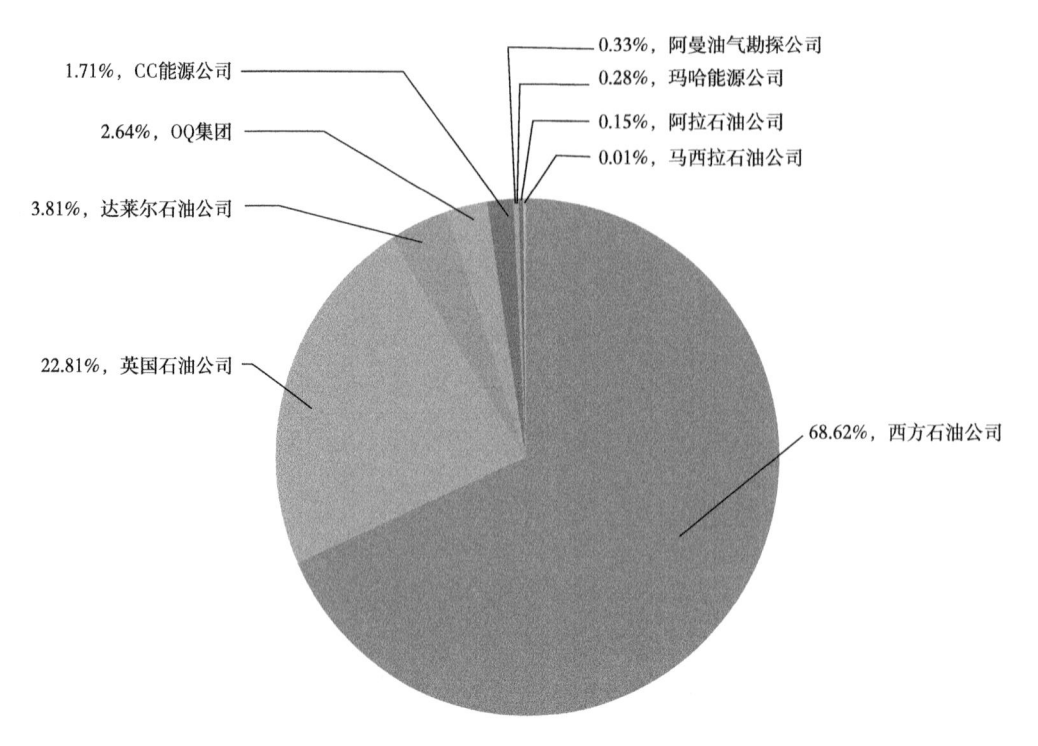

图 4-5-8　2020 年阿曼苏丹国各石油公司天然气储量占比（数据来源：WOOD，2021）

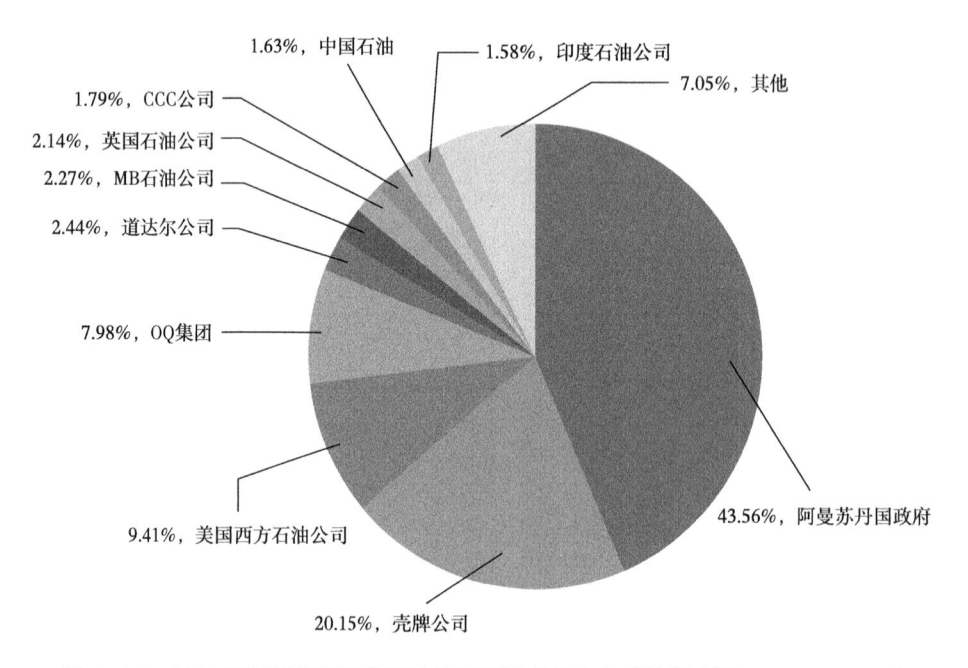

图 4-5-9　2020 年阿曼苏丹国各石油公司石油产量占比（数据来源：WOOD，2021）

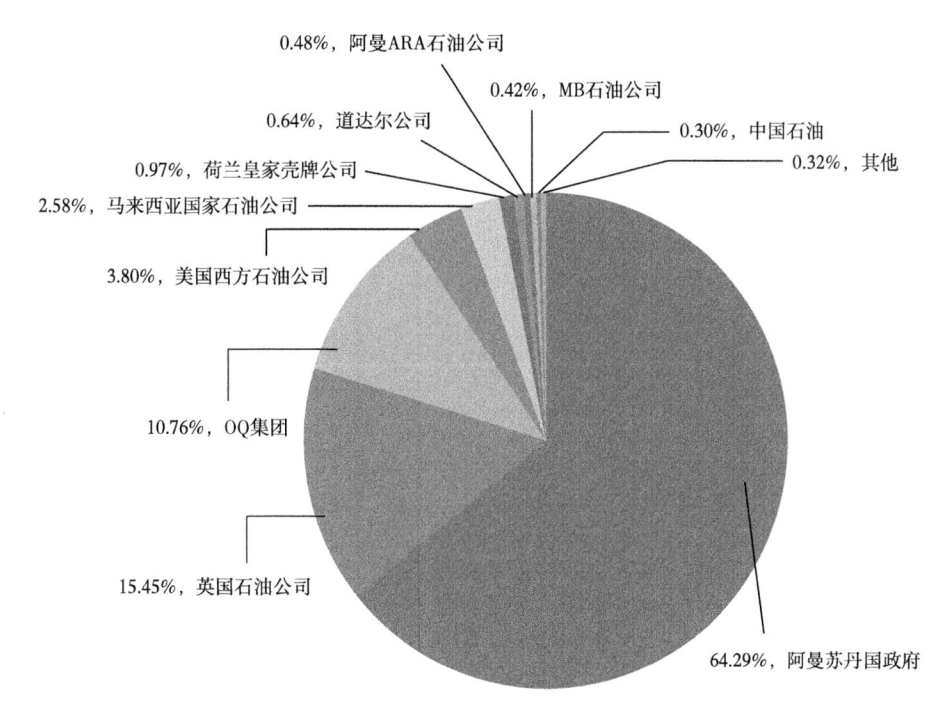

图 4-5-10　2020 年阿曼苏丹国各石油公司天然气产量占比（数据来源：WOOD，2021）

（二）油气上游收并购形势

2001—2019 年，阿曼苏丹国的收并购交易共计 21 笔，金额共计 23.02 亿美元（在披露的 21 笔交易中，有 14 笔披露交易金额）。2019 年全年收并购交易金额共计 9.51 亿美元，为历年最高水平，这主要归功于 PTTEP 以 6.22 亿美元收购 Partex Holdings（图 4-5-11）。

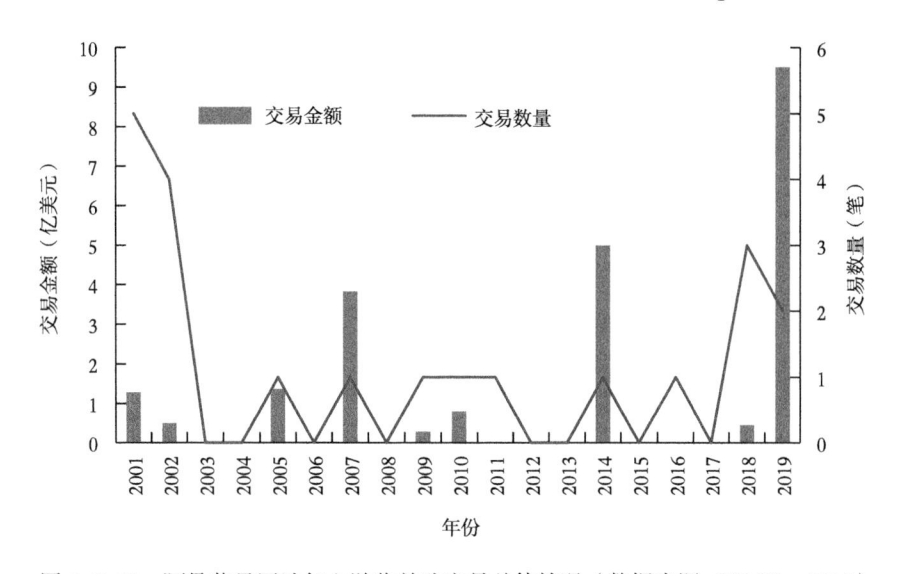

图 4-5-11　阿曼苏丹国油气上游收并购交易总体情况（数据来源：WOOD，2020）

1. 各种资产交易类型均有涉及

2001—2019 年，阿曼苏丹国各类资产交易均有涉及。其中，陆上常规原油资产交易金额为 7.97 亿美元，占总资产交易的 34.62%；致密气资产交易金额为 5 亿美元，占总资产交易的21.72%；重油资产交易金额为4.66亿美元，占总资产交易的20.24%；其余类型资产交易占比较小，占总资产交易的23.42%（图4-5-12）。

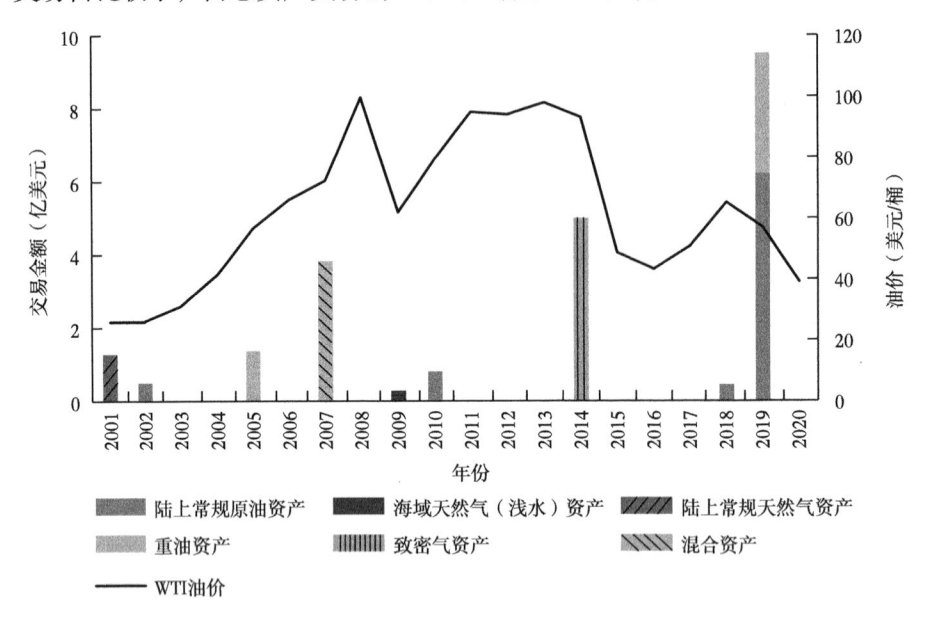

图4-5-12　阿曼苏丹国油气上游收并购交易按资产类型分类情况（数据来源：WOOD，2021）

2. 石油巨头均为剥离资产

埃克森美孚公司、英国石油公司、壳牌公司、道达尔公司、雪佛龙公司、挪威石油公司和埃尼石油公司七大石油巨头中，英国石油公司、荷兰皇家壳牌公司和道达尔公司三个巨头公司在阿曼苏丹国进行卖出。

三个巨头公司共剥离资产共计8.61亿美元，其中致密气资产金额为5.00亿美元，占比58.07%；重油资产金额为3.29亿美元，占比38.21%；浅水域天然气资产金额为0.32亿美元，占比3.72%（图4-5-13）。

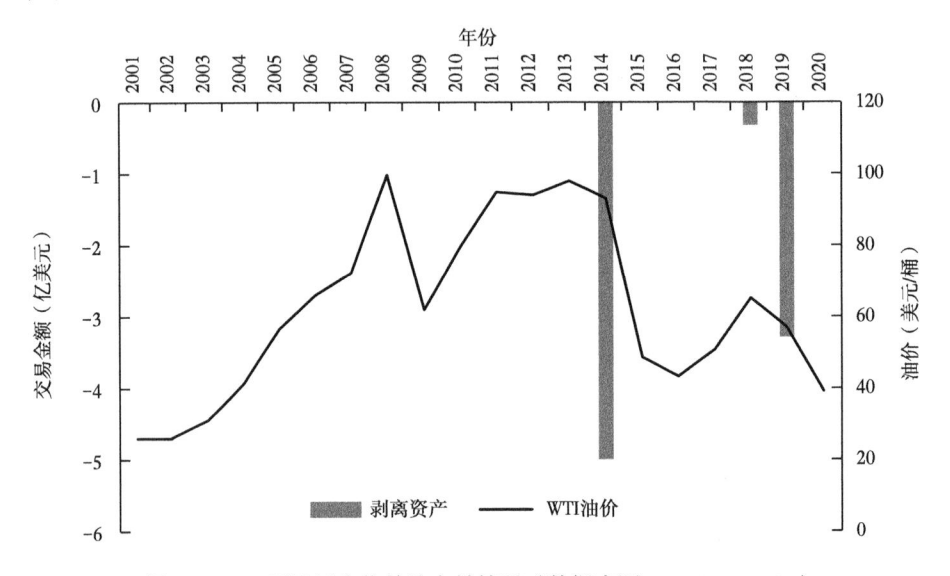

图4-5-13　石油巨头收并购交易情况（数据来源：WOOD，2021）

3. 国家石油公司交易类型集中在致密气

2001—2019 年,国家石油公司的收并购交易金额共计 5.50 亿美元,占全国交易金额的 100%。其中作为买方买入资产共计 5.50 亿美元,作为卖方未披露交易金额。

国家石油公司交易类型为陆上常规原油资产及致密气资产。其中,陆上常规原油资产交易金额为 0.5 亿美元,致密气资产交易金额为 5 亿美元(图 4-5-14)。

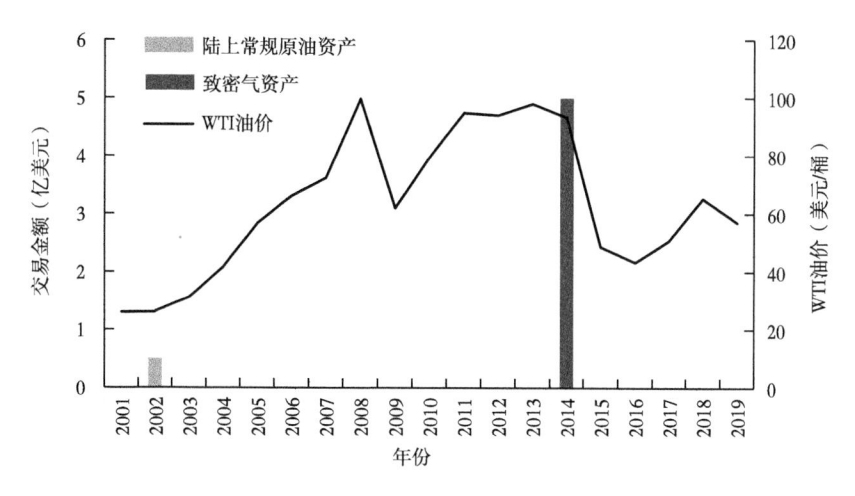

图 4-5-14 石油巨头阿曼苏丹国收并购交易情况(数据来源:WOOD,2020)

4. 中国企业仅有一笔交易

2001—2019 年间,中国企业在阿曼苏丹国的收并购交易金额共计 0.5 亿美元,其中买入资产共计 0.5 亿美元。

从资产类型来看,常规资产为主要交易类型,2001—2019 年交易常规交易金额共计 0.5 亿美元,占这一阶段全部资产交易额的 100%。

2001 年起至今,中国企业进行的资产买入交易共计一笔,其中中国石油是中国企业中最大的买方,共进行资产收购交易一笔,占中国企业作为卖方进行交易的 100%。同期,中国企业作为卖方未进行资产剥离(图 4-5-15)。

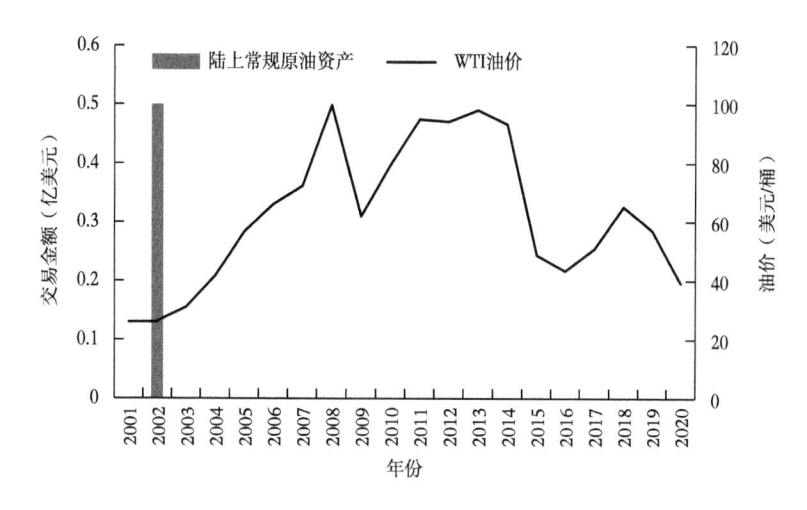

图 4-5-15 中国公司收并购交易情况(数据来源:WOOD,2021)

5. 重大交易实例——Mukhaizna 油田

Mukhaizna 为阿曼苏丹国一个大型重油项目，该油田由阿曼石油开发公司（PDO）于1975 年发现，2000 年 6 月使用常规技术投产。该油田于 2005 年在获得产量分成协议后被西方石油公司接管，此后大规模的蒸汽辅助重力泄油技术在该油田被广泛应用。Mukhaizna 油田最初由 PDO 拥有和经营。2005 年 7 月 13 日，西方石油公司与 Mubadala Development Company 合作，获得了重新开发该油田的勘探和生产共享协议（EPSA）。该油田于 2004 年从 PDO 的 Block 6 区块中移除，许可证有效期为 30 年，可选择延长 10 年。西方石油公司于 2005 年 9 月 1 日正式接管了 Mukhaizna。

穆巴达拉投资公司（Mubadala）是阿布扎比政府用于投资的公司，通过全资子公司 Liwa Energy 持有 Mukhaizna 权益。PDO 的国际合作伙伴（壳牌、道达尔和 Partex）也保留了该油田的部分股份。阿曼苏丹国政府通过 OQ（阿曼石油公司）持有 20% 的股份。

2018 年 4 月，壳牌宣布将持有 Mukhaizna 油田 17% 权益的子公司以 3.29 亿美元的价格出售给印度石油公司，该交易自 2017 年 1 月起生效。

2018 年 12 月，Tethys Oil 宣布收购道达尔在 Mukhaizna 油田 2% 的股份。该交易价值 3200 万美元，该交易本应于 2018 年 1 月生效，但被西方石油公司抢先，也使得其持股比例增至 47%。该交易于 2020 年获得阿曼皇家法令的批准。

PTTEP 于 2019 年 11 月 4 日收购了 Partex 的全部股权，Mukhaizna 的 1% 权益。该交易的生效日期为 2019 年 1 月。

（三）油气上游招标历史

1937 年，阿曼石油特许经营有限公司与阿曼苏丹国政府签署了为期 75 年的协议，并于 1942 年转换为特许经营协议。从 1951 年起，该公司被改名为阿曼石油开发公司（PDO），从那时起便一直主导阿曼 6 区的勘探和开发。在 2004 年 PDO 与阿曼苏丹国政府续签了 40 年。此后，PDO 会定期腾出部分区块为新投资者提供机会。

自 20 世纪 90 年代后期以来，阿曼苏丹国勘探活动显著增加。主要由于 PDO 放弃了部分区域的许可及阿曼苏丹国国内油气产量下降和国内需求增加。20 世纪 00 年代，主要的区块包括西方国家在 53 区块的 Mukhaizna 项目和 BP 在 61 区块的 Khazzan 项目，其前身均为阿曼 6 区的部分区块。

四、油气合作风险与潜力

（一）油气产量发展趋势

从原油产量发展趋势看，阿曼苏丹国未来原油产量呈先增长后降低的态势，2023 年达到高峰，随后开始下降，原油产量预计将达 0.5 亿吨。阿曼 6 区（PDO Block 6 Crude）仍是阿曼苏丹国未来原油产量的主要贡献者，预计 2020 年仍占 61.2%，但其未来产量增长空间有限（图 4-5-16）。

从天然气开采量发展趋势看，阿曼苏丹国未来天然气产量呈先增长后降低的态势，2023 年达到高峰随后开始下降，天然气开采量预计达到 470 亿立方米/年，除目前主要油气田外，马布鲁克气田（Mabrouk NE）预计 2030 年产量将达 57 亿立方米/年，占 2030 年阿曼天然气开采量的 13.6%（图 4-5-17）

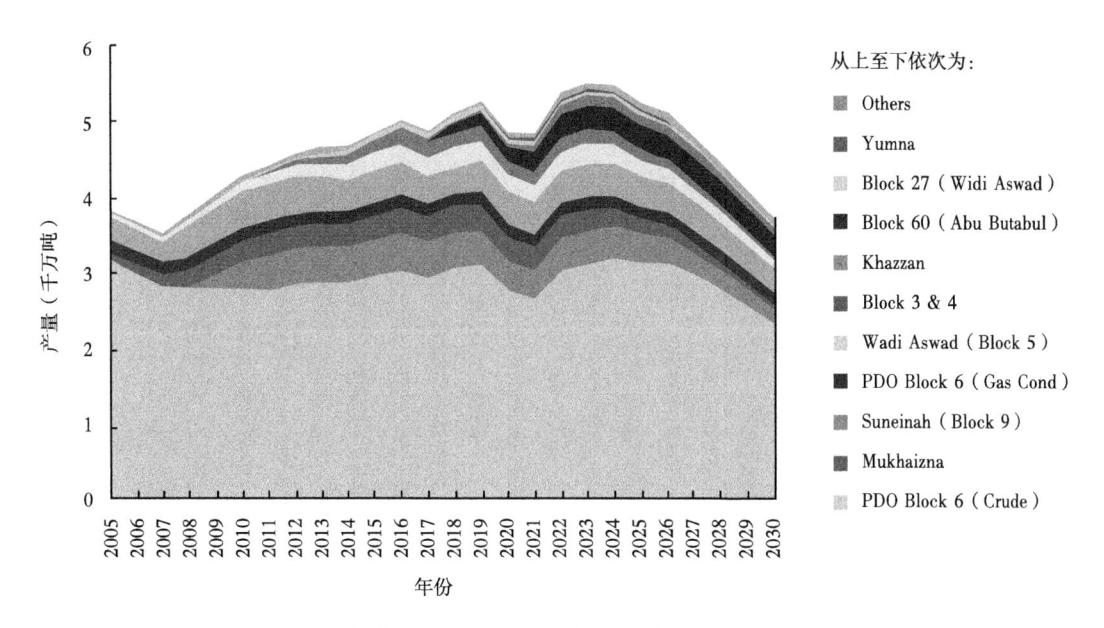

图 4-5-16 阿曼苏丹国原油产量预测剖面（数据来源：WOOD，2021）

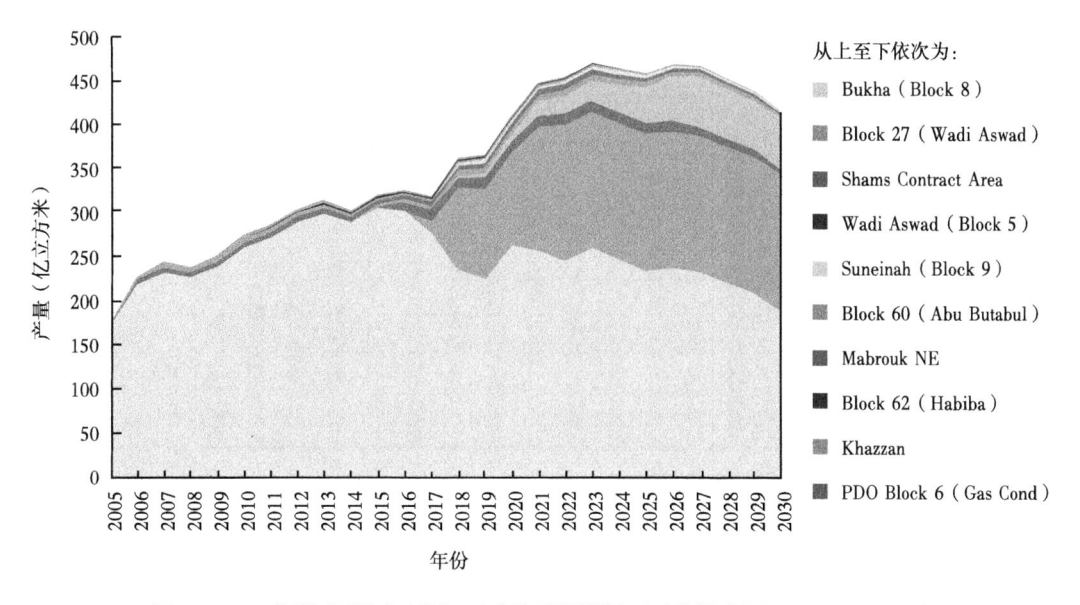

图 4-5-17 阿曼苏丹国天然气开采总量预测剖面（数据来源：WOOD，2021）

（二）油气合作风险

1.经济结构风险

虽然阿曼苏丹国政府长期推动经济的多元化，但该国经济对原油出口的依赖程度依然较高，直接导致了 2014 年以来阿曼苏丹国经济和财政遭受国际原油市场波动的冲击（图 4-5-18）。中—长期内，阿曼经济对石油出口的依赖预计仍将维持在较高水平，考虑到国际油价可能很难回到 2014 年之前的高位，未来几年内阿曼苏丹国的财政收支都将受

199

制于石油收入（图4-5-19）。

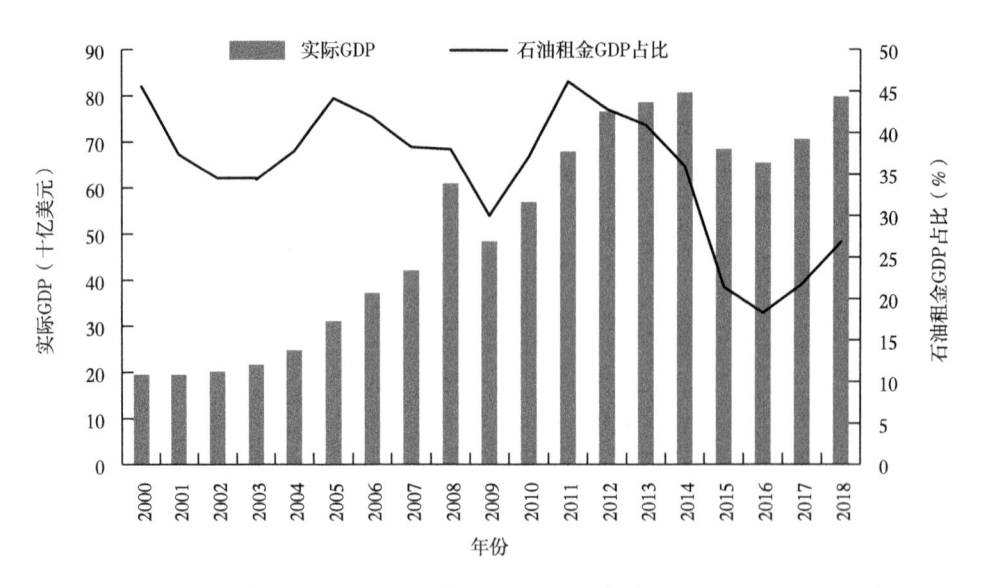

图4-5-18 阿曼苏丹国实际GDP与石油租金（数据来源：World Bank，2019）

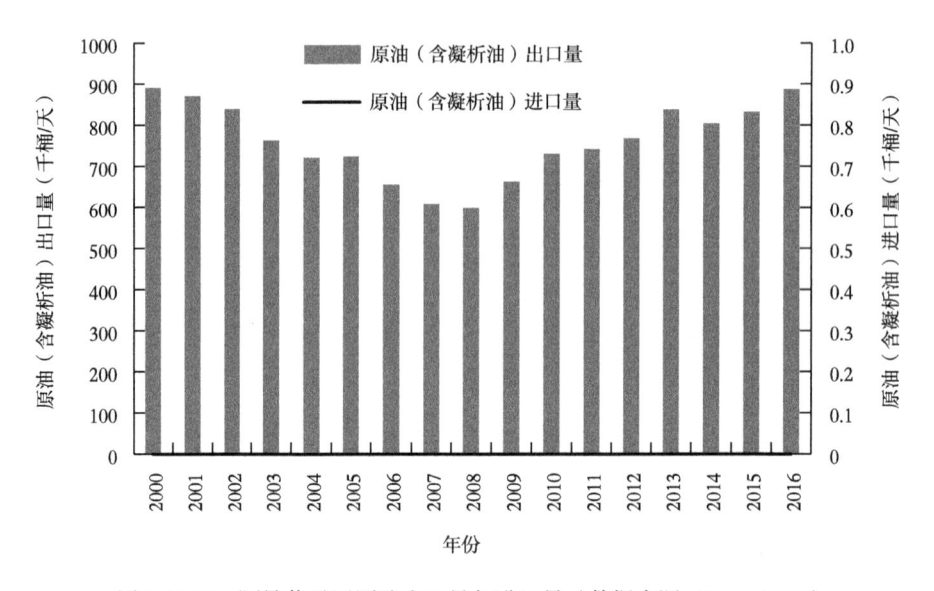

图4-5-19 阿曼苏丹国原油出口量与进口量（数据来源：EIA，2017）

2. 通货膨胀与货币风险

2000—2008年，阿曼苏丹国通货膨胀率持续高涨。2009年，由于美元升值，阿曼苏丹国政府采取一系列财政、货币措施，进而使通货膨胀率下跌。受全球商品价格疲弱的影响，2013—2015年阿曼苏丹国通货膨胀率持续下跌。2016年，受国内市场需求增加、国际油价可能出现的回调等因素影响，阿曼苏丹国通货膨胀率上升至1.11%。受执行OPEC减产协议石油产量下降及财政紧缩影响，2017年经济出现下滑，通货膨胀率上升。2018—2019年受极端天气因素的影响，阿曼苏丹国通货膨胀率持续下跌。2020年，受新冠肺炎疫情的影响，阿曼苏丹国通货膨胀率上升至1.00%（图4-5-20）。

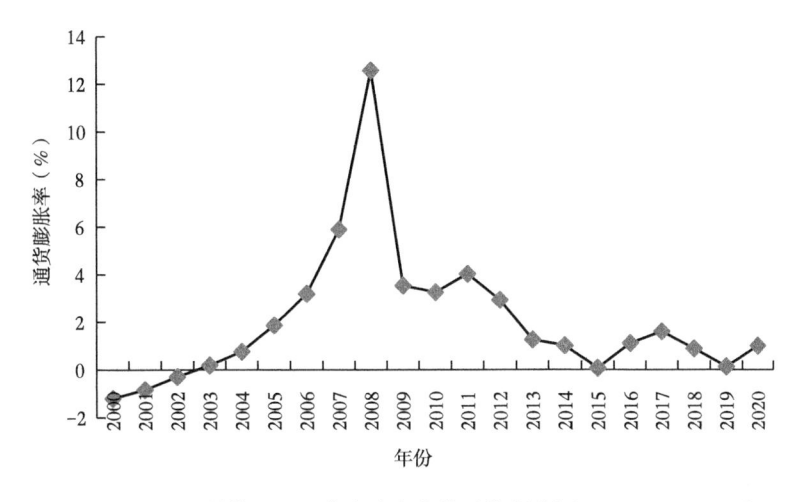

图4-5-20 阿曼苏丹国通货膨胀率变化（数据来源：Knoema，2021）

3. 法律与合同财税风险

1）监管机构

阿曼苏丹国石油和天然气行业的所有许可、合同谈判和其他法规均由位于马斯喀特的能源和矿产部负责。能源和矿产部长是穆罕默德·本·哈马德·拉姆希。在2020年8月之前，该部被称为石油和天然气部。

2）国家油公司

直到1992年，阿曼苏丹国还没有一家国有石油公司在运营。政府从其在PSC合同中的份额获得收入，并且仅在一个上游合同（阿曼6区）中拥有直接参与权益。阿曼6区的权益与国有石油公司分开，并由财政部管理。

（1）OQ（原阿曼石油公司）。

OQ由阿曼苏丹国政府于1992年创建。OQ是一家国有独资企业，旨在在阿曼苏丹国内外进行战略性石油部门投资，并为国内能源部门的发展做出贡献。

其最重要的外部投资是在哈萨克斯坦。它还拥有匈牙利石油和天然气公司（MOL）的股权。OQ没有参与阿曼苏丹国的任何监管或许可程序，这仍然是能源和矿产部的职责。

阿曼苏丹国的上游业务通过全资子公司阿曼石油勘探与生产公司（OOCEP）处理。2019年底，阿曼石油公司合并了其各种品牌，创建了一个名为OQ的实体公司。OQ汇集了国有石油公司的上游、中游、下游、化工和贸易部门。它仍由政府全资拥有。

（2）OQGN（原阿曼天然气公司）。

从2000年9月2日起，阿曼苏丹国能源和矿产部将阿曼苏丹国北部天然气运输系统的所有权转让给新成立的阿曼天然气公司（OGC）。OGC由阿曼苏丹国政府（持股80%）和OQ（持股20%）拥有。2020年，OGC被更名为OQ Gas Networks（OQGN）。

2019年签署了新的50年特许权协议（取代了现有的27年特许权），赋予了额外的融资权力，并允许OQGN将来通过关税或通过建设专用基础设施（例如NGL开采）从天然气转让中获取收入。但是，阿曼的大多数天然气协议都是免关税的（关税实际上已包含在天然气价格中），因此OQGN仍将依赖政府的转让来维护天然气管道网络。

3）国家参与度

阿曼苏丹国政府长期以来一直在阿曼6区特许权中拥有60%的参与权益，因此在阿曼苏丹国的石油和天然气储量和生产中拥有控制份额。国家对该合同的利益由能源和矿产部、财政部和国民经济部管理，其代表在阿曼石油开发有限责任公司（PDO）的十二人董事会中拥有六个席位。2020年12月，政府对PDO的所有权进行了重组，并移交给了一个新的全资实体单位，即阿曼能源发展（EDO）。2021年2月，PDO石油特许权的权益转让获得批准，但是与之无关的天然气权仍直接由政府拥有。EDO将管理政府在石油特许权中60%的所有权，并筹集融资，以及通过运营产生的现金流来支付支出和投资。EDO从阿曼苏丹国的国家预算中消除了PDO的石油成本，并计划投资石油和天然气以外的新能源。

阿曼苏丹国政府拥有PDO合同地区100%的非伴生气储量，该地区生产该国大部分天然气，并向阿曼苏丹国LNG厂供应原料气。这些天然气资产的勘探、开发和生产由PDO代表政府按成本加成法承担。PDO的私人股东可以获得一笔偿还费用，以换取提前支付的成本。

阿曼苏丹国政府还持有阿曼液化天然气的多数股份（51%），以及第二个液化天然气项目Qalhat LNG65.6%的股份。阿曼液化天然气的政府所有权由国家投资基金阿曼苏丹国投资局管理。

4）财政条款

自1992年以来，在阿曼苏丹国，勘探与生产共享协议（EPSA）一直是所有新许可证授予的合同形式。阿曼苏丹国最初的四个陆上生产区都是按照特许权或石油协议的条款经营的（图4-5-21），但是，除了阿曼6区外，所有区块都签订了一份新合同。总的来说，示范石油协议和EPSA的财务条款非常相似。阿曼苏丹国通过直接谈判或有组织的许可回合来授予许可。财政条款是可以招标的，但合同通常是相似的，并且通常具有较高的政府份额，除了谈判制定财政激励措施的项目（表4-5-4）。

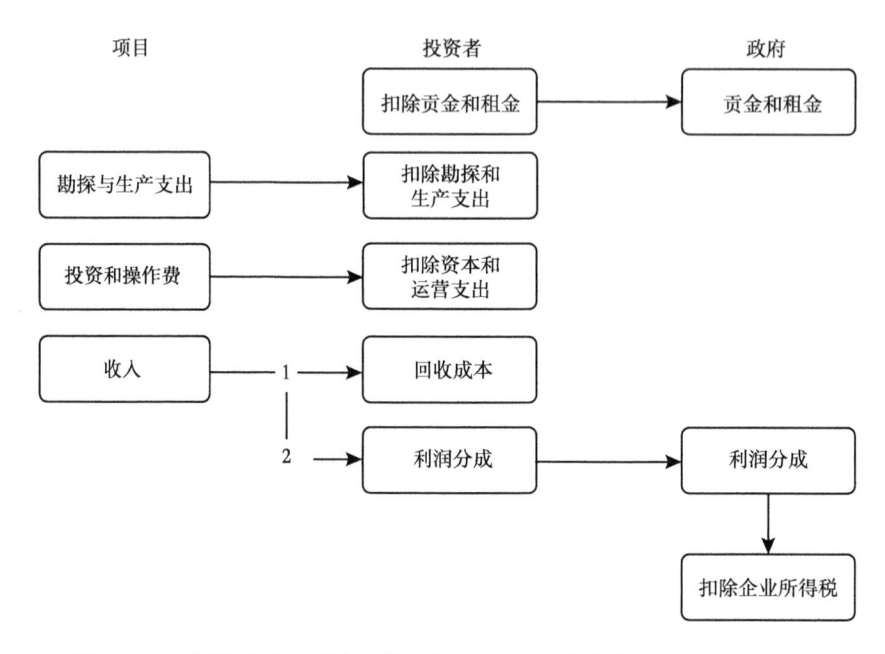

图4-5-21 阿曼苏丹国特许经营权收入流程图（资料来源：WOOD，2021）

PDO 合同最初是作为特许协议签订的。根据 2004 年签订的新合同,特许权使用费不再适用。根据特许权协议,私人股东无权生产非伴生气。

表 4-5-4　阿曼苏丹国主要油气财税条款

类型	内容
签名费	通常少于 50 万美元
进口税	免税
分包商预扣税	免税

（三）油气合作潜力和方向

从油气田建产与待建产分布看,阿曼苏丹国已探明油气储量大于 1 亿吨油气当量的油气田四个,占总油气探明储量 79.6%,均已建产。结合资源评价和开发现状研究,未来阿曼苏丹国油气合作方向是优选具有潜力的老油气田进行二次开发。

第五章　东南亚地区

东南亚（Southeast Asia）位于亚洲东南部，包括中南半岛和马来群岛两大部分。中南半岛因位于中国以南而得名，南部的细长部分叫马来半岛；马来群岛散布在太平洋和印度洋之间的广阔海域，是世界最大的群岛，共有两万多个岛屿。

本章涉及国家包括印度尼西亚、缅甸和泰国。

第一节　印度尼西亚

印度尼西亚共和国（Republic of Indonesia），简称印尼（Indonesia），是东南亚国家，首都为雅加达。与巴布亚新几内亚、东帝汶和马来西亚等国家相接。印尼人口2.68亿，是世界第四人口大国。有数百个民族，其中爪哇族占人口的45%，巽他族占14%，马都拉族和马来族分别占7.5%。民族语言共有200多种，官方语言为印尼语。约87%的人口信奉伊斯兰教，是世界上穆斯林人口最多的国家。印尼共有一级行政区（省级）34个，包括雅加达、日惹、亚齐3个地方特区和31个省；二级行政区（县/市级）共514个。

印尼富含石油、天然气以及煤、锡、铝矾土、镍、铜、金、银等矿产资源。矿业在印尼经济中占有重要地位，产值占GDP的10%左右。

一、油气资源分布

印尼是当今东南亚主要产油国，世界最大液化天然气出口国，2007年以前是亚洲第一大天然气生产国，也是亚洲唯一的OPEC成员。印度尼西亚的石油勘探起步很早，公元前8世纪就曾采用原始方式在苏门答腊开采原油。目前印尼油气主要分布在苏门答腊、爪哇、加里曼丹、斯兰等岛和巴布亚。

（一）油气储量

1. 原油

2020年印尼原油剩余探明可采储量约37亿吨，世界排名第20位，东南亚地区排名第1位，2020年原油储采比为104.9。

从原油储量的盆地分布看，印尼原油储量集中分布在中苏门答腊盆地、库泰盆地、南萨玛卓盆地、爪哇西北部盆地和巽他盆地五个沉积盆地中，合计原油储量占比为81.3%。其中，中苏门答腊盆地占44.8%、库泰盆地占17.1%、南萨玛卓盆地占7.4%、爪哇西北部盆地占6%、巽他盆地占6%。

从原油储量的陆海地域分布看，原油储量多半分布在陆上，其中陆上占68.3%、海域占31.7%。海域原油储量主要分布在库泰盆地、巽他盆地和爪哇西北部盆地中。海域水深一般在1~300米。

从原油储量变化情况看，2018—2020年印度尼西亚剩余原油探明可采储量略有增加，

2019年变化最大，原油增长量在0.2亿吨左右（图5-1-1）。

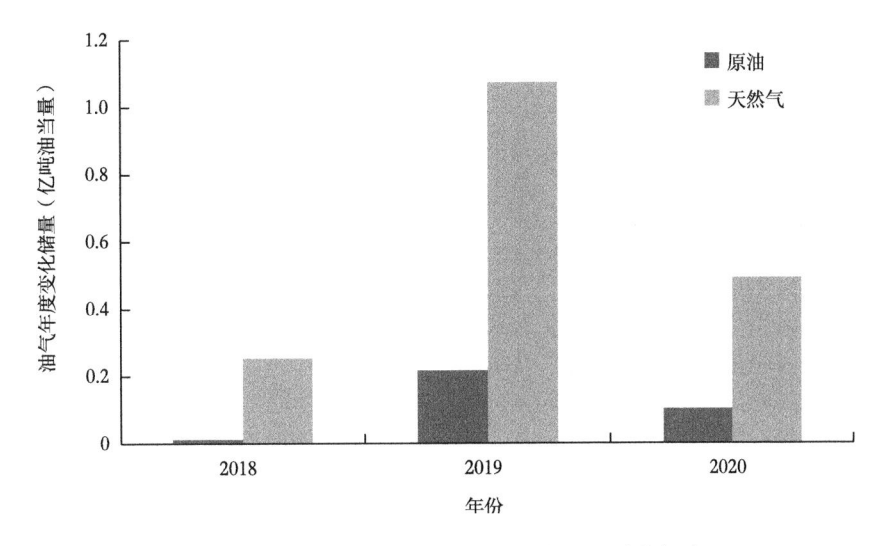

图5-1-1　2018—2020年印度尼西亚油气年度储量变化情况（数据来源：WOOD，2021）

2. 天然气

2020年印尼天然气剩余探明可采储量约5.99万亿立方米、世界排名第11位，东南亚地区排名第1位，2020年天然气储采比为98.6。

从天然气储量的盆地分布看，印度尼西亚天然气储量集中分布在沙捞越—卢卡尼亚—东纳图纳盆地、库泰盆地、宾图尼盆地、南萨玛卓盆地、波拿巴盆地和北苏门答腊—丹老盆地六个沉积盆地，合计天然气储量占比为83.5%。其中，沙捞越—卢卡尼亚—东纳图纳盆地占21.7%、库泰盆地占21.4%、宾图尼盆地占11.9%、南萨玛卓盆地占10.1%、波拿巴盆地占9.9%、北苏门答腊—丹老盆地占8.5%。

从天然气储量的陆海地域分布看，天然气储量以海域分布为主，其中陆上占32.50%、海域占67.50%。海域天然气储量主要分布在沙捞越—卢卡尼亚—东纳图纳盆地、库泰盆地、宾图尼盆地和波拿巴盆地中。海域水深一般为1~300米。

从天然气储量变化情况看，2018—2020年印尼天然气剩余探明处于增加状态，2019年增加量最大，约1亿吨油当量（图5-1-1）。

（二）油气产量

1. 原油

1965—2020年印尼已累计产出原油约30.7亿吨，2020年原油产量约0.35亿吨，世界排名第22位，东南亚地区排名第1位。

从原油产量的盆地分布看，印尼原油产量分布与储量分布相似，主要分布在爪哇海盆地、中苏门答腊盆地、南萨玛卓盆地和库泰盆地四个沉积盆地中，占印尼原油产量的81.6%。其中，爪哇海盆地占35%、中苏门答腊盆地占24.2%、南萨玛卓盆地占12.2%、库泰盆地占10.2%。

从原油产量的油气田分布看，印尼原油产量集中分布在十个油田中，2020年印尼前十大油田原油产量合计占该国原油产量的78.8%。其中千万吨级油田1个，即塞普油田（Cepu PSC oil），占32.2%；500万吨级油田1个，即洛甘油田（Rokan PSC），占22.2%；

205

其余八个油田分别为 Offshore Mahak. Post-2017、North West Java Sea PSC、Pertamina EP – Java、South East Sum Post-2018、Jabung PSC、Pertamina EP – Kalimantan、Pertamina EP – N. Sumatra、Pertamina EP – S. Sumatra。

从原油产量变化情况看，2010—2020 年印尼原油产量持续下跌，年度平均减少率约 3%（图 5-1-2）。

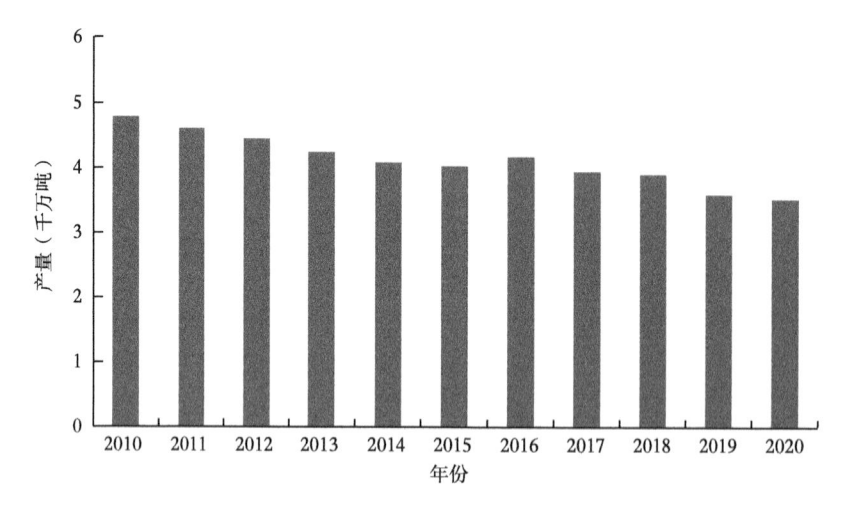

图 5-1-2　2010—2020 年印尼原油年度产量变化情况（数据来源：WOOD，2021）

2. 天然气

1965—2020 年印尼已累计产出天然气约 22462 亿立方米，2020 年天然气产量约 607 亿立方米，世界排名第 14 位，东南亚地区排名第 2 位，仅次于马来西亚。

从天然气产量分布的盆地看，印尼天然气产量集中分布于南萨玛卓盆地、宾图尼盆地、库泰盆地、托莫里盆地和东爪哇盆地五个沉积盆地中，上述五个沉积盆地合计占印尼天然气产量的 75.4%，其中南萨玛卓盆地占 25.1%、宾图尼盆地占 17.9%、库泰盆地占 18.3%、托莫里盆地占 7.3%、东爪哇盆地占 6.8%。

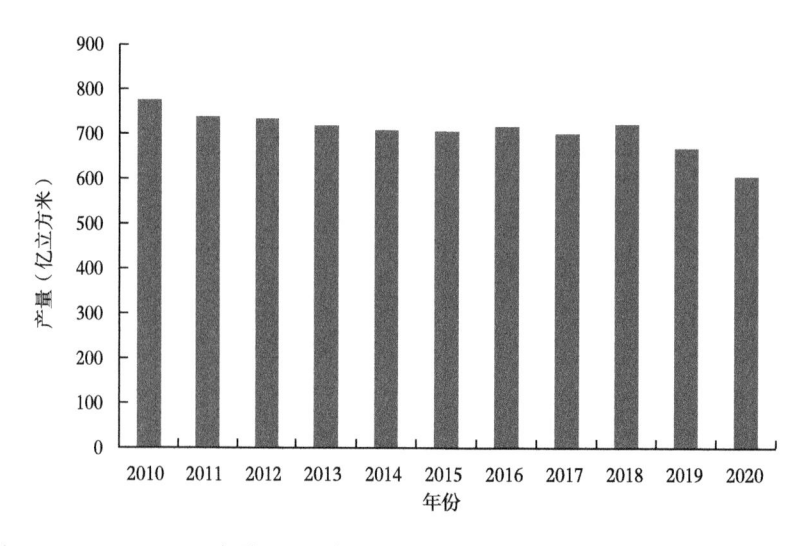

图 5-1-3　2010—2020 年埃及天然气年度产量变化情况（数据来源：WOOD，2021）

从天然气产量的油气田分布看，2020年印尼天然气产量集中分布在十个气田中，2020年印尼前十大气田天然气开采量合计占该国天然气年度总开采量的74.4%。其中百亿立方米级气田1个，即沃瓦塔气田（Vorwata），占17.9%；其余均为亿立方米级气田，即Corridor PSC、Offshore Mahak. Post–2017、Muara Bakau PSC、Senoro Toili JOA、Pertamina EP – S. Sumatra、Pertamina EP – Java、South Natuna Sea Block B、Natuna Sea Block A PSC、Kangean PSC。

从天然气年度总开采量变化情况看，2010—2020年印尼天然气产量处于递减趋势，年平均减少量2.3%（图5-1-3）。

（三）油气待发现资源

根据中国石油勘探开发研究院自主评价结果，印尼原油待发现资源8.3亿吨，占世界待发现资源总量0.6%，世界排名第15位，东南亚地区排名第2位；天然气待发现资源约1.37万亿立方米，占世界待发现资源总量0.7%，世界排名第18位，东南亚地区排名第3位。

（四）油气理论出口能力

印尼是亚太地区重要的天然气出口国，曾是亚太地区唯一的OPEC成员。从印尼油气理论出口能力看，印尼原油目前缺口较大，天然气出口能力较为稳定。2019年，印尼原油理论出口能力（产量减去消费量）约–0.41亿吨，天然气理论出口能力约626亿立方米。从油气理论出口能力变化趋势看，2001—2019年，原油出口能力均处于下降趋势，年平均下降率约23%，2004年开始国内原油产量达不到需求（图5-1-4）。天然气出口能力一直保持稳定，为600亿~730亿立方米。油气出口目的地主要是亚太地区和非洲地区（图5-1-5）。

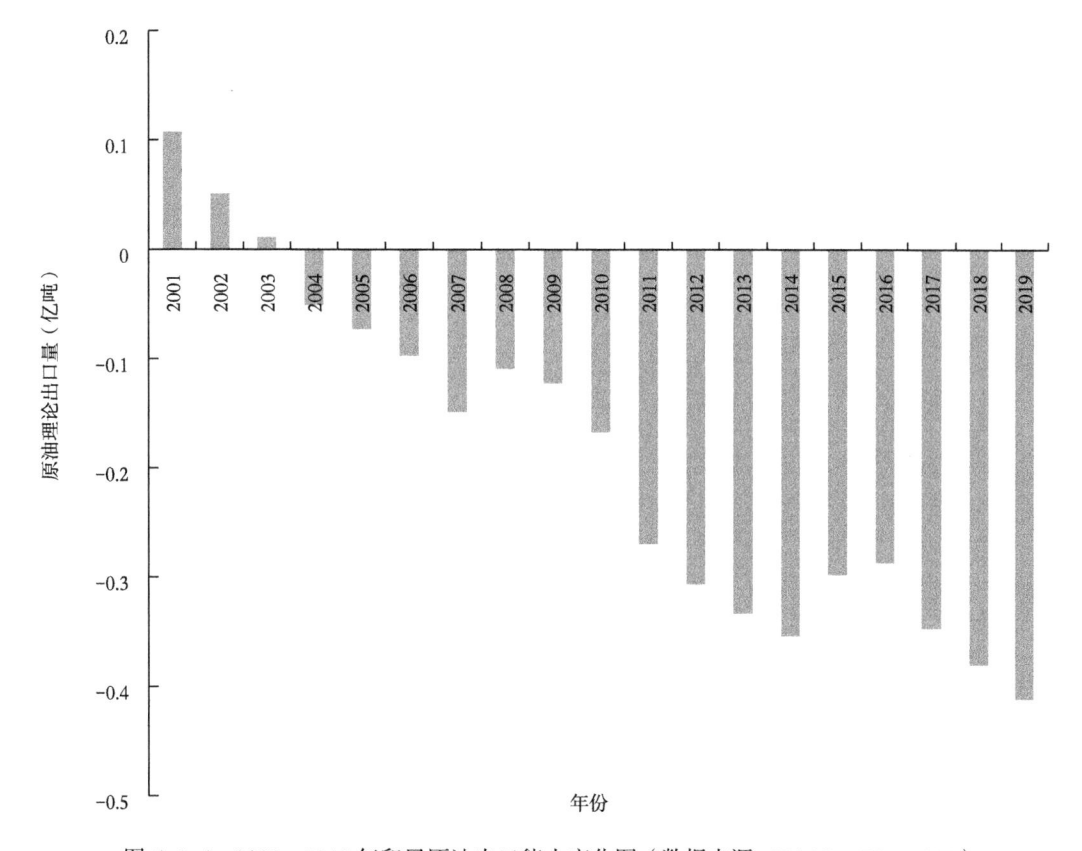

图5-1-4 2001—2019年印尼原油出口能力变化图（数据来源：WOOD，BP，2020）

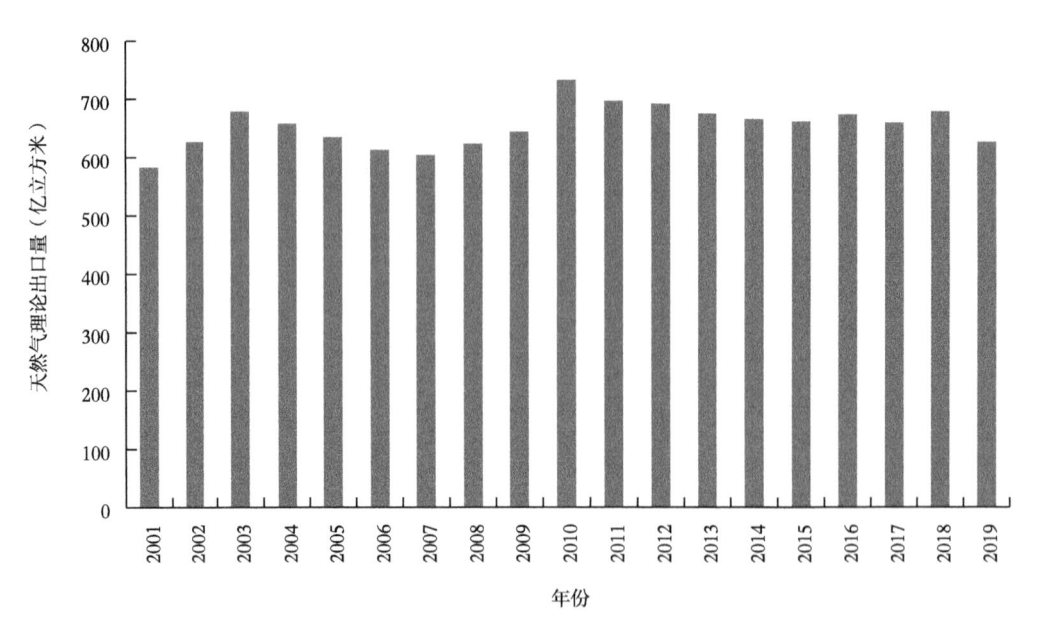

图 5-1-5　2001—2019 年印尼天然气出口能力变化图（数据来源：WOOD，BP，2020）

二、油气合作环境

（一）政治环境

印尼为总统制共和国，政治上实行总统内阁制度，政治权力集中于中央政府。总统是国家元首、政府行政首脑和武装部队最高统帅，直接领导内阁，有权单独颁布政令和宣布国家紧急状态法令；对外宣战或媾和等。自 2004 年起，总统和副总统不再由人民协商会议选举产生，改由全民直选；只能连选连任一次，每任五年。现任总统为佐科·维多多，副总统为马鲁夫·阿敏，本届内阁于 2019 年 10 月组建，任期至 2024 年。国家最高权力机构是人民协商会议，负责制定、修改与颁布国家宪法和大政方针，监督和评价总统执行国家大政方针情况和在总统违背宪法时对其进行弹劾或罢免，每五年选举一次。共有议员 711 名，其中包括国会议员 575 名，地方代表理事会议员 136 名。设主席 1 名，副主席 4 名。现任主席为班邦·苏萨迪约（Bambang Soesatyo）。国家立法机构为人民代表会议，行使除起草和修改宪法、制定国家大政方针之外的一般立法权。国会无权解除总统职务，总统也不能宣布解散国会；但如总统违反宪法或人协决议，国会有权建议人协追究总统责任。共有议员 575 名，均兼任人协成员，任期五年。设议长 1 名，副议长 4 名。现任议长为普安·马哈拉尼（Puan Maharani）。

印尼实行三权分立，最高法院和最高检察院独立于立法和行政机构。最高法院正副院长由国会提名，总统任命。最高检察长由总统任免。印尼施行多党制，1975 年颁布的政党法只允许三个政党存在，即专业集团党、印尼民主党、建设团结党。1998 年 5 月解除党禁。2019 年大选中，共有 16 个政党参选，9 个政党获得国会议席，根据议席数依次为民主斗争党、专业集团党、大印尼运动党、国民民主党、民族觉醒党、民主党、繁荣公正党、国民使命党、建设团结党，总统佐科所在的民主斗争党蝉联国会第一大党。本届国会共有9个派系,即民主斗争党派系,大印尼运动党派系,专业集团党派系,民族觉醒党派系,国民民主党派系,繁荣公正党派系,民主党派系,国民使命党派系,建设团结党派系。

（二）经济环境

印尼的经济发展在全球经济不确定性中呈现出越来越积极的趋势,经济增长率近几年来基本保持稳定,2015年GDP增长率为4.88%、2016年为5.03%、2017年为5.07%、2018年为5.17%、2019年为5.03%。2020年,受新冠肺炎疫情影响,印尼经济出现近20年来的首次下跌,下跌率为1.5%（图5-1-6）。

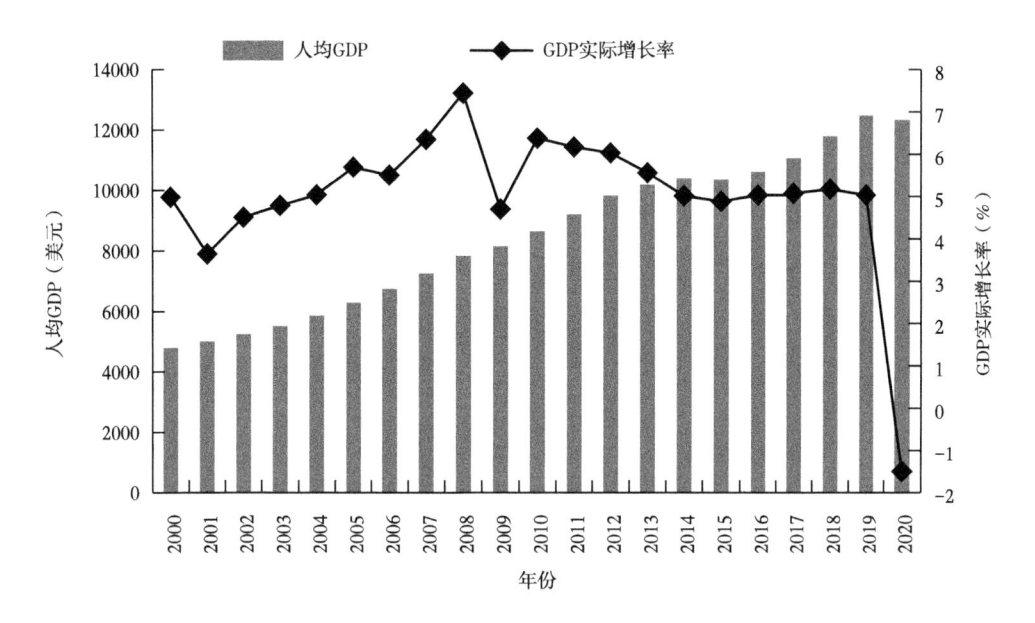

图5-1-6 印度尼西亚GDP实际增长率与人均GDP（数据来源：Knoema, 2021）

（三）油气基础设施

1. 炼厂

印尼在东加里曼丹、爪哇、苏门答腊和西巴布亚共有9家活跃的炼厂,其中7家由PERTAMINA全资拥有和运营。PERTAMINA通过其位于廖内Sungai Pakning的第一家炼厂开始炼油,该炼厂于1969年开始运营,处理能力为5万桶/天。通过一系列收购和产能扩张,PERTAMINA目前的处理能力超过100万桶/天。

为了减少对进口石油产品的依赖,印尼正在通过扩建炼厂和建设新的基层炼厂来提高炼油能力,从而增加国内产品供应。2015年,Cilacap炼厂的残余裂化能力开始升级,并计划于2018年对催化重整装置进行持续升级。Balikpapan, Dumai和Balongan炼厂也计划进一步升级和扩建（表5-1-1）。

由于没有足够的回报率,受补贴的国内市场打击了先前新建基层炼厂投资者的积极性。然而,随着全球原油价格下跌,印尼政府于2015年1月取消了对零售业的补贴。这可能会再次引起人们对印尼新的基层炼厂项目的兴趣。2016年8月,印尼政府发布了一项法规,允许在上游生产设施附近开发产能达2万桶/天的私人微型炼油厂。

表 5-1-1 印尼主要炼厂基本信息表（资料来源：WOOD，2021）

作业者	炼厂名称	位置	处理能力（千桶/天）
PERTAMINA	Cilacap	Central Java	348
PERTAMINA	Balikpapan	East Kalimantan	260
PERTAMINA	Dumai	Central Sumatra	120
PERTAMINA	Sungai Pakning	Central Sumatra	50
PERTAMINA	Balongan	West Java	125
PERTAMINA	Musi（Plaju/Sungai Gerong）	South Sumatra	118
PERTAMINA	Kasim Refinery	Irian Jaya	10

2. 天然气基础设施

印尼的天然气是为出口而开发的，因此，大部分基础设施投资都用于液化天然气设施。目前有三个液化天然气厂在运营：东加里曼丹的 Bontang，苏拉威西岛的 Donggi-Senoro 和西巴布亚的 Tangguh。位于北苏门答腊的阿伦（Arun）工厂于 2014 年停止运营，现已改建成再气化厂。

三、油气合作现状

（一）油气上游对外开放程度

印尼由于目前油气产量的持续下滑和新项目勘探开发数量有限，油气产量仍依赖目前主流项目，也导致了国际油公司对其信心逐渐减少。目前雪佛龙、埃克森美孚、BP 和美国康菲占据印尼原油储量和产量的 42% 和 36%，天然气储量和产量的 42% 和 15%（图 5-1-7 至图 5-1-10）。中国油公司中以中国石油为主，占印尼原油储量的 1%，天然气储量的 1%。

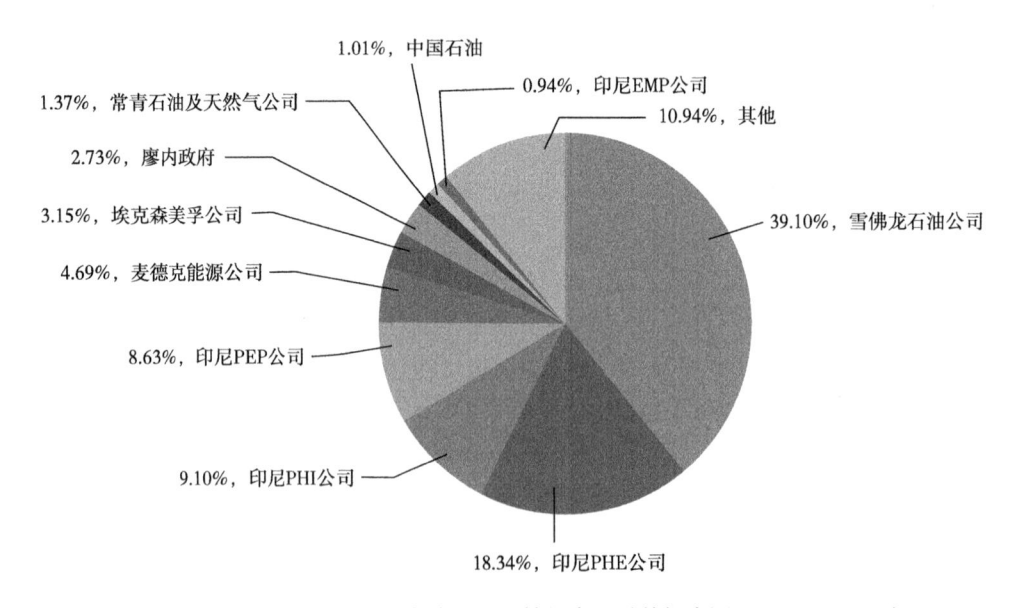

图 5-1-7 2020 年印尼前十大公司石油储量占比（数据来源：WOOD，2021）

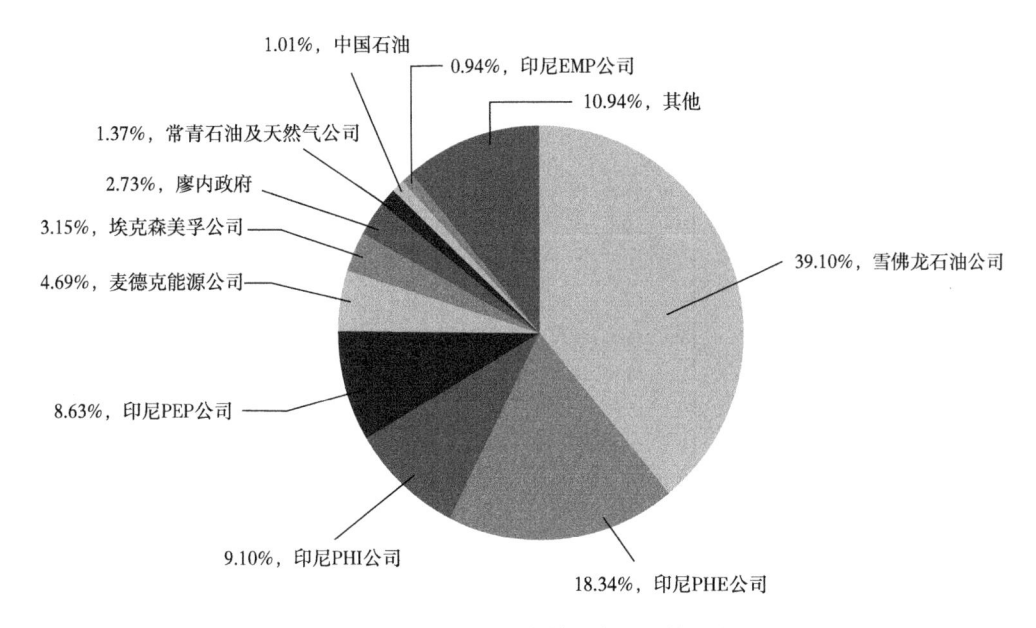

图 5-1-8　2020 年印尼前十大公司天然气储量占比（数据来源：WOOD，2021）

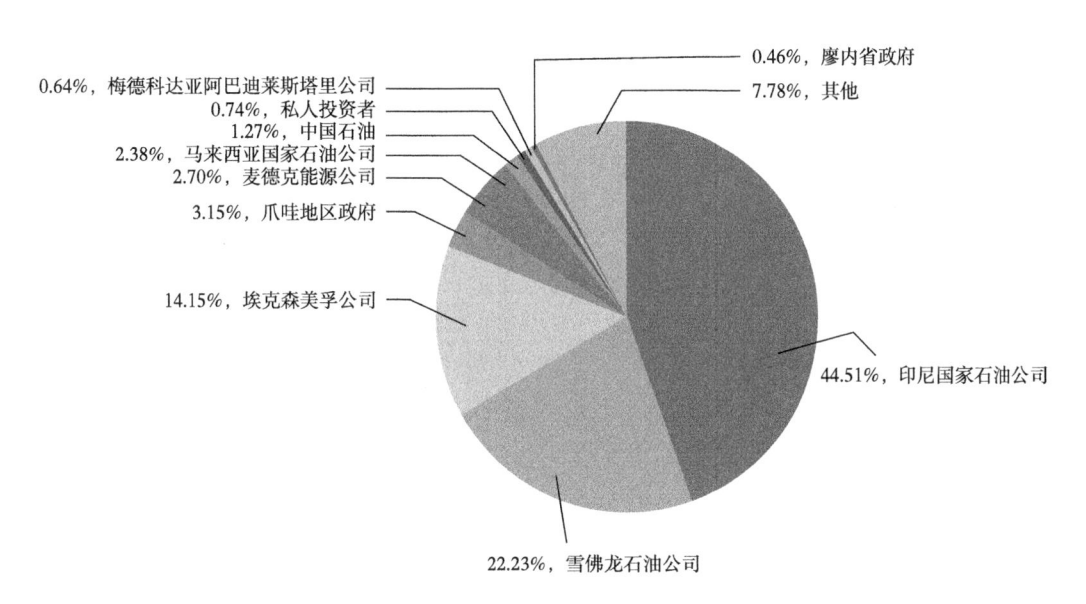

图 5-1-9　2020 年印尼各石油公司石油产量占比（数据来源：WOOD，2021）

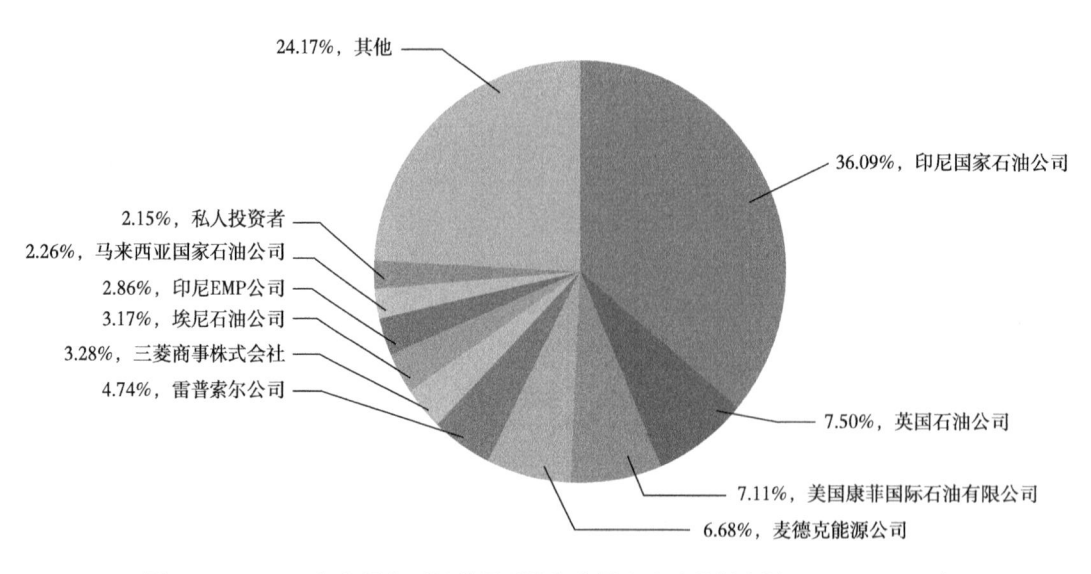

图 5-1-10　2020年印尼各石油公司天然气产量占比（数据来源：WOOD，2021）

（二）油气上游收并购形势

2001—2019年，印尼的收并购交易共计158笔，金额共计129.6亿美元（在披露的158笔交易中，有103笔披露交易金额）。2013年全年收并购交易金额共计16.46亿美元，为历年最高水平，这主要归功于PERTAMINA和PTTEP以6.5亿美元收购Hess Corporation在纳土纳海区块的权益（图5-1-11）。

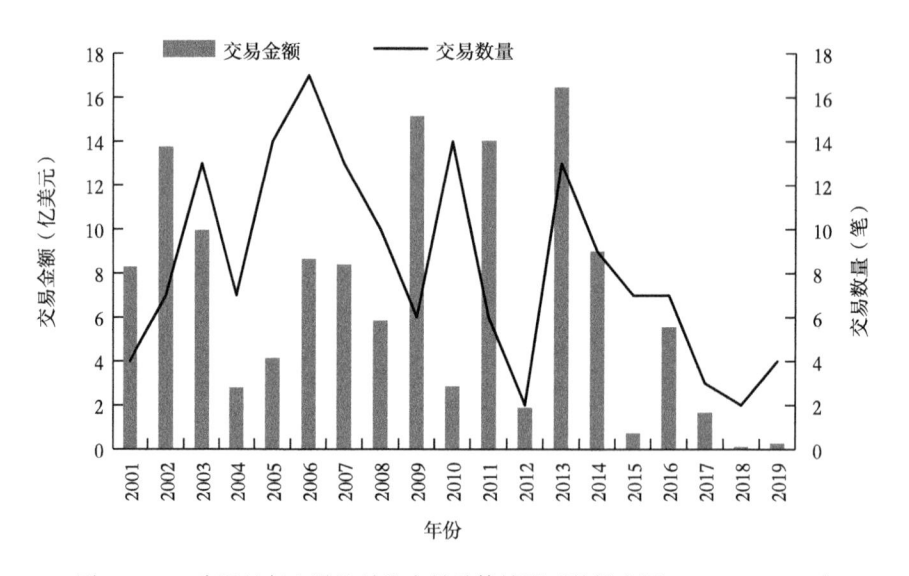

图 5-1-11　印尼油气上游收并购交易总体情况（数据来源：WOOD，2020）

1. 交易类型主要为浅水天然气

2001—2019年，印尼浅水天然气资产交易额为55.63亿美元，占总交易额的42.94%（图5-1-12）。

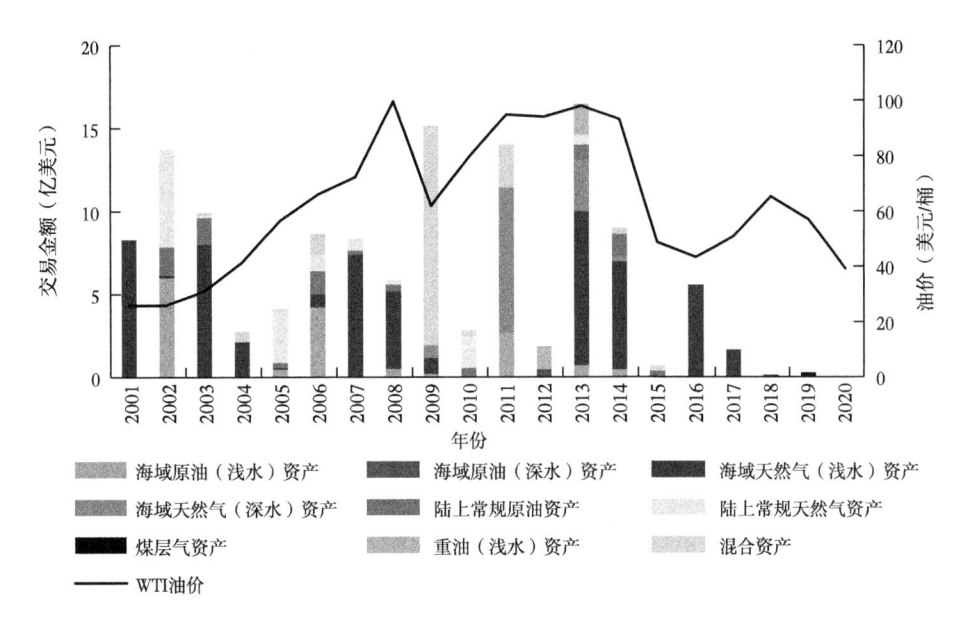

图 5-1-12　印度尼西亚油气上游收并购交易按资产类型分类情况（数据来源：WOOD，2021）

2. 石油巨头买入资产较多

七大石油公司中英国石油公司、壳牌公司、道达尔公司、雪佛龙公司和埃尼石油公司五个石油公司在印尼进行买入，英国石油公司、壳牌公司、道达尔公司、挪威石油公司和埃尼石油公司五个石油公司在印尼进行卖出（图 5-1-13）。

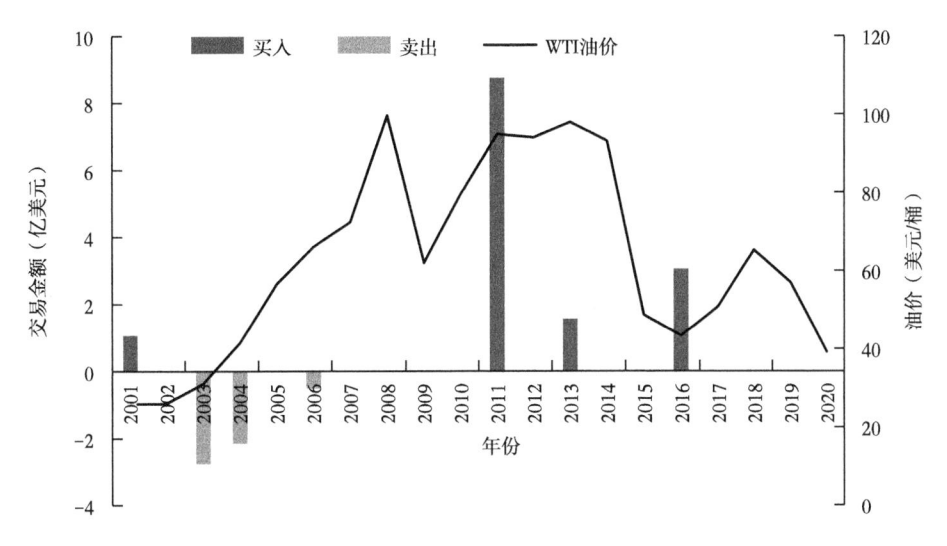

图 5-1-13　石油巨头收并购交易情况（数据来源：WOOD）

两个石油公司共买入资产共计 14.44 亿美元，其中深水天然气资产金额为 10.32 亿美元，占比 71.47%；浅水天然气资产金额为 4.12 亿美元，占比 28.53%。

五个石油公司共剥离资产共计 5.41 亿美元，其中浅水天然气资产金额为 4.90 亿美元，占比 90.57%；陆上常规天然气资产金额为 0.51 亿美元，占比 9.43%。

3. 国家石油公司交易集中在海域资产

2001—2019 年，国家石油公司的收并购交易金额共计 32.03 亿美元，占全国交易金额的 24.71%。其中作为买方买入资产共计 18.01 亿美元，作为卖方卖出资产共计 14.02 亿美元。

国家石油公司的交易类型主要为浅水原油资产和浅水天然气资产。其中，浅水原油资产交易金额为 5.85 亿美元，占国家石油公司交易金额的 18.26%；浅水天然气资产易金额为 8.31 亿美元，占国家石油公司交易金额的 25.94%（图 5-1-14）。

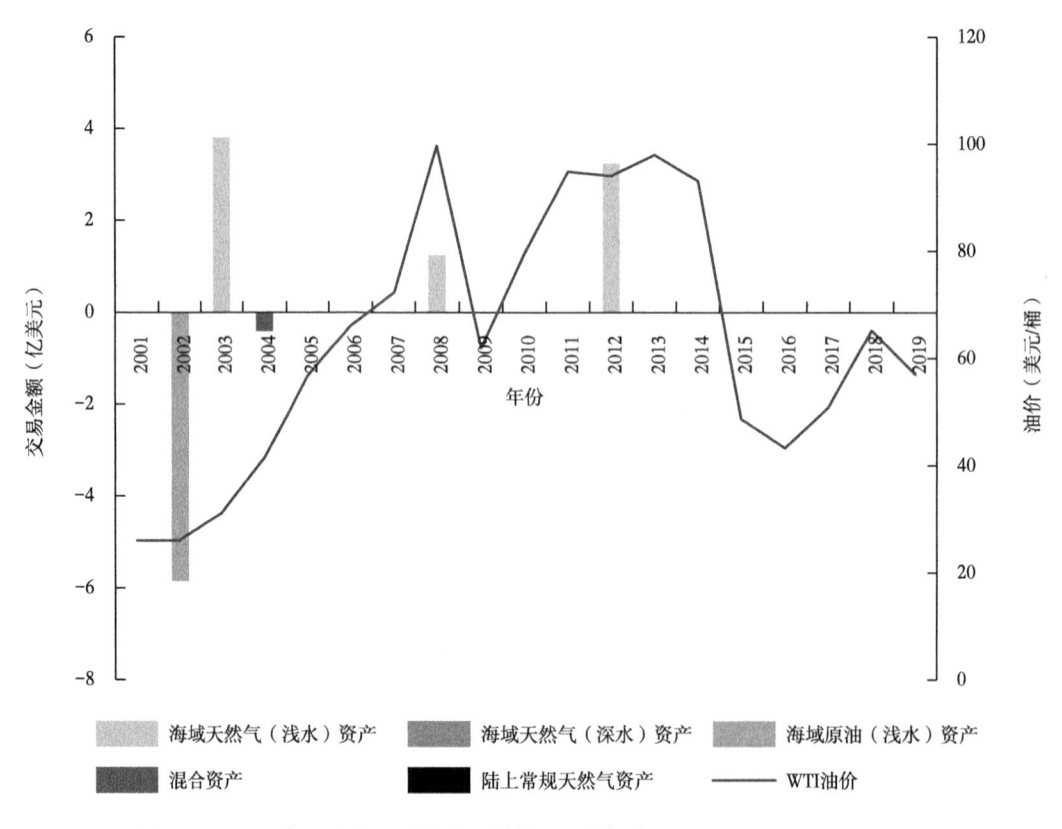

图 5-1-14　国家石油公司收并购交易情况（数据来源：Wood Mackenzie，2020）

4. 中国企业以买入为主

2001—2019 年，中国企业在印尼的收并购交易金额共计 33.95 亿美元，其中买入资产共计 29.71 亿美元，剥离资产共计 4.24 亿美元。从资产类型来看，海域资产和混合资产为主要交易类型，2001—2019 年海域资产交易金额共计 19.15 亿美元，占这一阶段全部资产交易额的 56.41%；混合资产交易金额共计 10.2 亿美元，占这一阶段全部资产交易额的 30.03%，其他交易类型为常规资产。

2001 年起至今，中国企业进行的资产买入交易共计 10 笔，中国石油是中国企业中最大的买方，共进行资产收购交易 3 笔，金额共计 13.64 亿美元，占中国企业作为卖方进行交易的 45.9%。同期，中国企业作为卖方共进行了 4 笔资产的剥离，两笔未披露金额，中国海油是中国企业中最大的卖方，共剥离资产 2 笔，金额共计 4.24 亿美元，占所有中国企业剥离金额的 100%（图 5-1-15）。

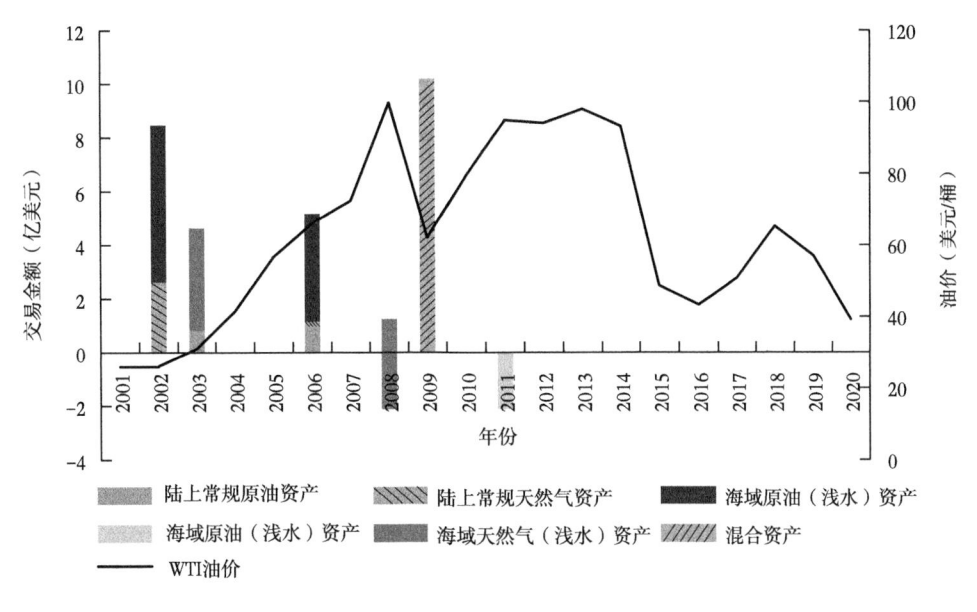

图 5-1-15　中国公司收并购交易情况（数据来源：WOOD，2021）

5. 重大交易实例——Cepu PSC

Cepu PSC 位于爪哇东部陆上。除了包含目前印尼最大的 Banyu Urip 油田，该区块还包含其他大型油气田，包括 Kedung Keris、Alas Tua East 和 Alas Tua West。Banyu Urip 是印尼十多年来最大的石油发现。由于 PERTAMINA 和 ExxonMobil 之间就许可进行了漫长谈判（原定于 2010 年到期），所有油田开发面临被推迟。2005 年，PERTAMINA EP CEPU（PEPC）和埃克森美孚签署了新的 30 年 PSC 协议，随后在 2006 签署了联合运营协议。

Banyu Urip 油田分两期开发，部署了 48 口开发井。首个阶段的石油生产于 2008 年 12 月，但由于项目利益相关者、地方和国家政府之间的利益错综复杂，在 2015 年 12 月才实现了全阶段生产。

PERTAMINA 和埃克森美孚就延长 Cepu TAC 合同的谈判达成了 Cepu PSC，于 2005 年 9 月签署，埃克森美孚作为运营商。该区块的所有权最初由 PERTAMINA 和埃克森美孚平分。经过长时间的谈判，爪哇地区政府最终拥有了四家公司 10% 的股份。

2013 年 1 月，Alas Dara 和 Kemuning 从 Cepu PSC 中划出，并作为一个单独的区块授予 PEPC。此外，埃克森美孚还于 2017 年 8 月将其在 Jambaran-Tiung Biru 气田的参与权转让给 PEPC，交易金额未公开。

（三）油气上游招标历史

2001 年是 MIGAS 在从 PERTAMINA 接管许可责任后授予石油和天然气合同的第一年。在 2001 年的各类许可中，望加锡海峡（Makassar Strait）的深水区域吸引了最多的投资者，其原因是许多公司希望扩大其在 Bontang 液化天然气工厂附近的勘探面积。2001 年末又提供了更多的深水区域，但在 2002 年末，Eni 和 Unocal 只获得了一个 PSC 区块，即 Muara Bakau。

2003 年和 2004 年，政府政策的改善使投资者对印尼的陆上和海域区块重新产生了兴趣，在苏门答腊、西南爪哇、马杜拉近海、西巴布亚、中加里曼丹、哈马黑拉和纳土纳海都颁发了许可证。印尼公司在 Direct Offer 计划中占有重要地位，到 2004 年底，大部分许可证授予了当地公司。

Direct Offer 计划在 2005 年继续吸引本地公司，最初提供了 13 个许可证，2005 年颁发了 9 个新的许可证。2005 年的常规招标结果宣布被推迟到 2006 年，签约者主要是大中型国际石油公司。ExxonMobil、Marathon 和 Talisman 被认为获得了最有勘探前景的区块，但其他一些区块未能引起足够的兴趣。2006 年的直接和常规招标轮次以望加锡海峡的区块为主，共授予 17 个新区块。

2007 年，根据常规招标计划提供了 21 个区块。虽然大部分区域已经在之前的许可轮次中提供，但 Semai 盆地的几个区块引起了极高的兴趣，因为这是第一次提供该区域。2008 年授予了五个直接签约的区块，这是印尼第一个根据修订后的成本回收条款授予的，其中成本回收政策是在开发计划的基础上应用的，而不是在 PSC 的基础上。PSC 条款的修订影响了对常规招标的兴趣，最终在 21 个提供的区块中只有 9 个区块在 2008 年 10 月被授予。最重要的是西巴布亚近海至赫斯的 Semai V 区块，该区块带有签名 4000 万美元的奖金和钻探三口井的协议。

尽管最初对提供的 55 个区块（2008 年 31 个，2009 年 24 个）产生了浓厚的兴趣，但 2008 年和 2009 年新区域的奖励令人失望。新区块的不足部分归因于全球经济下滑，这限制了全球石油行业的支出。但投标人也因缺乏吸引力和前沿的财政条款、增加的最低支出的要求、成本回收条件的不确定性以及更高的预付现金而感到失望。积极的一面是，颁发了三个煤层气许可证，这是印尼颁发的第一个非常规区块。

印尼的第一批煤层气许可证于 2008 年颁发，其中 7 个区块将授予本地和国际公司。随后在 2009 年又签约了 13 个区块，2010 年签约了 3 个区块，2011 年初签约了 23 个区块。迄今为止，所提供的区块主要集中在加里曼丹或苏门答腊，涉及不同地位的公司，来自埃克森美孚、BP、道达尔、Medco Energi、Dart Energy、VICO 以及小型本土公司。然而，由于试井的初步结果不佳，许多大型企业放弃了它们的区块，尤其是在加里曼丹。

2010 年又是令人失望的一年，在提供的 57 个区块中，只有不到 40% 被授予。授予的区块主要位于纳土纳海、苏拉威西近海和西巴布亚的边境地区。

然而，在高油价的推动下，2011 年和 2012 年又活跃起来。2011 年，BP、Eni、Statoil 以及 Independents Murphy 和 Hess 等大型石油公司重新开始对前沿勘探表示关注。

2012 年投资者对前沿区块的兴趣仍然很高，16 个直接报价区块中有 14 个获得了许可。但是，由于对勘探面积征收土地和财产税，导致许多公司撤销了合约。在 2012 年第二轮许可中提供的七个常规招标块中，只有两个被授予。这种下降趋势一直持续到 2013 年，在 16 个直接报价区块中只有 5 个被授予，Krisenergy 和 Husky Oil 是极少增加作业面积的公司。

2012 年 12 月宣布了授予页岩气非常规区块的计划。作为 2013 年定期要收购的一部分，宣布了 6 个被认为具有页岩气前景的区块，而 PERTAMINA 于 2013 年 5 月获得了 Sumbagut PSC。2013 年 12 月，作为 2013 年第一轮非常规石油招标的一部分，提供了两个页岩气区块，Kisaran、Palmerah 和 Selat Panjang 的于 2015 年 3 月获得。

2014 年提供了 16 个勘探区块，24 家公司投标。在随后授予的 11 个区块中，有 9 个（6 个常规，3 个非常规）通过直接报价授予，另外两个通过常规招标授予。壳牌和挪威国家石油公司都为其在印尼东部的深水区块增加了作业面积。壳牌的 Pulau Moa Selatan 区块在 20 年后作为印尼的运营商回归，而 Statoil 的 Aru Trough I 区块则增加了 Kai-Aru 盆地的现有权益。

PETRONAS 和 ConocoPhillips 分别巩固了爪哇海上和加里曼丹陆上的现有区域。North Madura II 许可证毗邻 PETRONAS 的 Ketapang PSC，而康菲石油通过其对 Petcon Resources 的所有权，在 Palangkaraya 区块附近增加了新的作业区域。

2015 年的常规许可轮次提供了六个区块，通过直接报价的形式提供了两个区块。本轮最终的税后利润分成从 70:30 到 65:35 不等，对印尼政府更加有利。天然气生产的税后利润分成为 60:40，仅 Southwest Bengara 为 65:35。尽管投资者的税后利润分配有所增加，但本轮并未签约，这表明全球对印尼的勘探关注度较低。

2016 年常规许可轮次于 2016 年 7 月宣布，其中七个区块进行常规招标，以直接报价的形式提供七个区块。大多数提供的区块被认为处于边境。

2017 年 5 月，根据新的 Gross Split PSC 条款提供了十个常规区块。其中五个区块随后于 2018 年 1 月授予。

五家公司都在印度尼西亚拥有现有区块。Mubadala 得到了 Andaman I 和 Andaman II 区块的运营权，Premier Oil 和 KrisEnergy 在 Andaman II 中开展合作。Andaman II 也是这一轮中唯一一个吸引了多次出价的区块，还吸引了来自 Repsol 和 Energi Mega Persada 的竞标。PGN 的上游子公司 Saka Energi 签约了两个区块，分别是 Pekawai 和 West Yamdena。第五区块被授予 Tansri Madjid Energi，它与一家专门从事煤层气勘探的当地煤炭公司。

2018 的第一次勘探招标在二月推出，提供了 24 个常规和 2 个非常规区块。同年 8 月提供了第二轮勘探区块，包括三个勘探区块和三个 PSC 区块。第三轮于 2018 年 11 月提供了另外四个勘探区块。在这一轮次中，印尼能源和矿产资源部提供了塔拉干（Medco Energi）、东加尔（Mont D'Or Petroleum）和沿海平原—北干巴鲁（Bumi Siak Pusako）的 PSC 扩展区块。

随后在 2019 年 1 月授予了 2018 年提供的三个区块：Mubadala 得到了 South Andaman，Repsol 和 Mitsui 得到了 South Sakakemang，PERTAMINA 得到了 Maratua。所有区块都是通过直接提案计划提供的。每个区块的勘探承诺总金额为 1100 万美元。

2019 年共启动了三轮招标。第一轮招标于 2 月启动，提供两个陆上苏门答腊生产区块（West Kampar 和 Selat Panjang），以及横跨纳土纳（Anambas）、加里曼丹（West Ganal）和西巴布亚的三个勘探区块（West Kaimana）。随后于 5 月将两个区块授予了 KUFPEC，Anambas 授予了由 Sonoro Energy 和 Menara Global Energi 组成的合资公司。第三轮许可于 2019 年 8 月颁发，由 Eni、PERTAMINA Hulu Energi 和 Neptune Energy 组成的合资公司以前三年 1593 亿美元的投资承诺获得了 West Ganal PSC，其中包括地震采集和四口勘探井。

同样于 2019 年 5 月启动的第二轮竞标包括之前石油公司放弃的 West Kampar、Kutai 和 Bone 区块。

第三轮招标于 7 月宣布，包括四大区块，即 Cendrawasih VIII, Belayan I, West Tanjung I 和 East Gebang。必须完成的工作包括 G&G 研究和地震数据的采集。迄今为止，2019 年第二轮和第三轮竞标中提供的区块均未中标。

四、油气合作风险与潜力

（一）油气产量发展趋势

从原油产量发展趋势看，印尼原油将于未来十年内快速下降，预计2030年产量约1千万吨/年，目前前十大油田产量后继乏力，由2020年的79%降至2030年的28%（图5-1-16）。

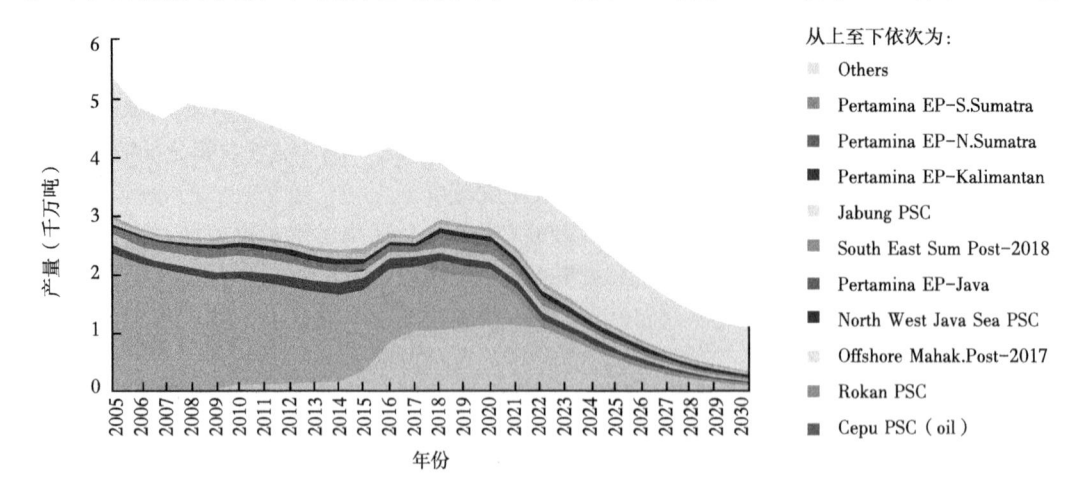

图5-1-16 印尼原油产量预测剖面（数据来源：WOOD，2021）

从天然气产量发展趋势看，印尼天然气未来将处于下降趋势。除沃瓦塔气田（Vorwata）贡献部分天然气产量外，目前主力产天然气油气田未来十年内产量下降迅速（图5-1-17）。

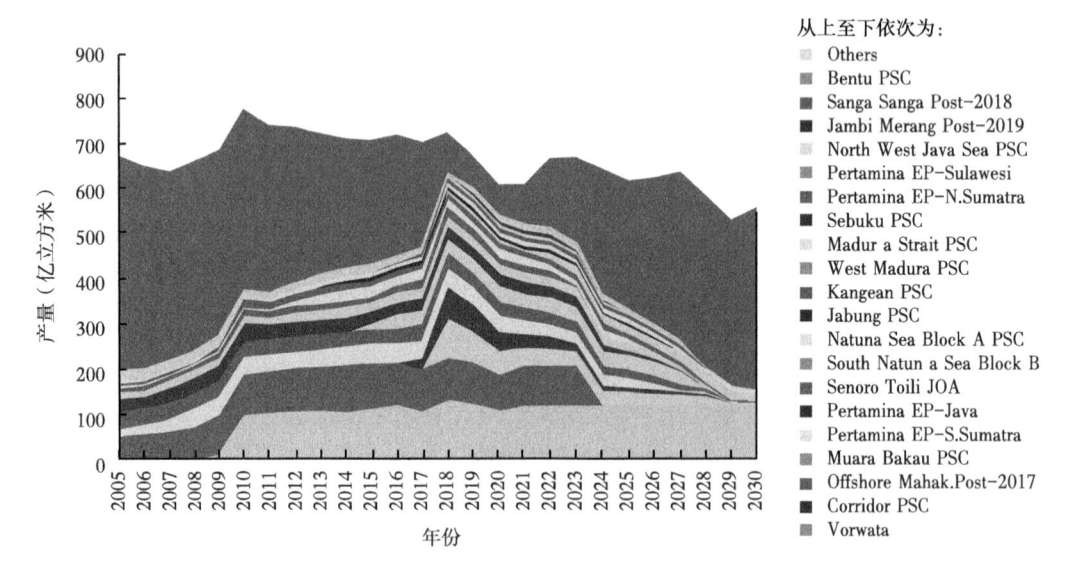

图5-1-17 印尼天然气产量预测剖面（数据来源：WOOD，2021）

（二）油气合作风险

1. 经济结构风险

石油曾是印尼国民经济的支柱产业，一度在政府收入中占有非常重要的地位。苏哈托执政时期经济的快速发展在很大程度上得益于石油产业的发展,该产业为政府带来了巨额财政收入,石油产品的大量出口也改善了国家的外汇情况。1990年,石油天然气为国家带来的财政收入占整个国家财政收入的40%左右,在2014—2016财政年度,石油天然气产业对国家财政收入的贡献为160亿美元左右(190万亿印尼盾),约占政府收入的18%(图5-1-18)。1962年印尼是亚太地区唯一的石油输出国组织成员,并发挥着重要作用。1976年,石油产量达到顶峰,并持续维持了近20年时间。1995年油田老化且缺乏投资致使石油产量开始下降,并最终在2005年成为石油净进口国。2000年石油产量达到7000万吨,2016年石油产量仅为3700万吨,下降47%,2017年石油产量有所上升达到4000万吨,但从来没有达到过高峰时期8000万吨的水平。成为进口国后,印尼一直致力于提高产量,为恢复日产量100万桶进行了诸多努力,设法减轻对石油进口的依赖,但收效甚微,1990年曾出口原油3170万吨,而2017年进口原油1020万吨,进口成品油2230万吨,合计进口量与1990年出口量相当(图5-1-19)。

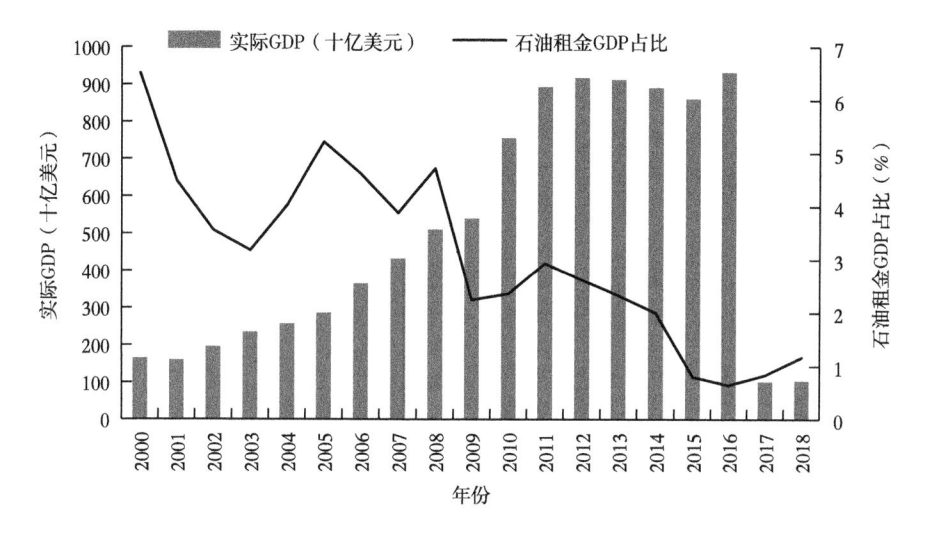

图 5-1-18　印尼实际 GDP 与石油租金 GDP 占比(数据来源:World Bank,2019)

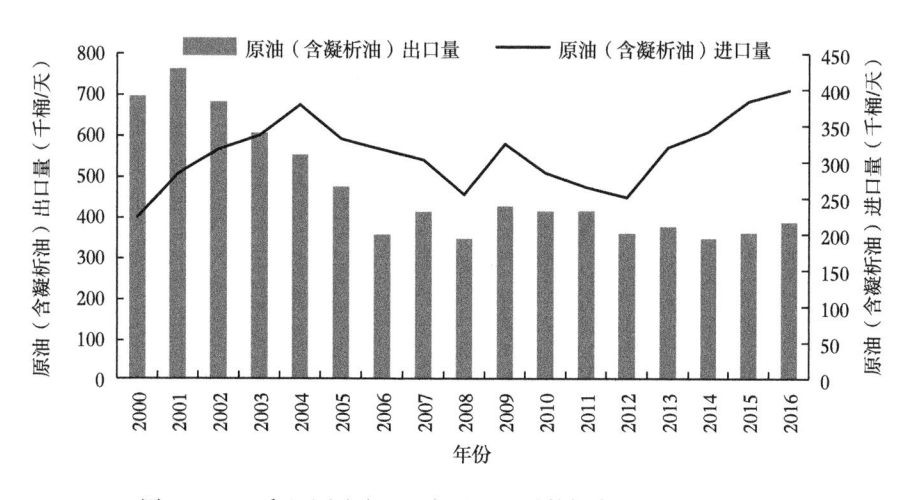

图 5-1-19　印尼原油出口量与进口量(数据来源:EIA,2017)

2. 通货膨胀与货币风险

2016年，印尼通货膨胀率降至2006年以来最低水平，物价维持稳定。2017年，由于政府对价格的管制，通货膨胀率上升。2018年印尼提高多种进口商品进口所得税，进而减轻印尼盾对美元汇率持续下跌的压力。2019年油价上涨给印尼通货膨胀率带来压力。2020年，受新冠肺炎疫情影响，印尼通货膨胀率持续下跌（图5-1-20、图5-1-21）。

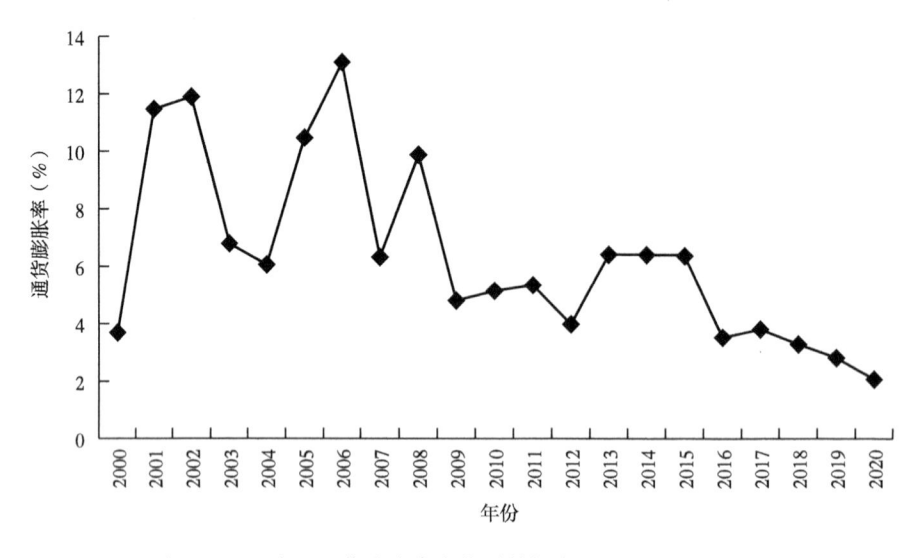

图 5-1-20　印尼通货膨胀率变化（数据来源：Knoema，2021）

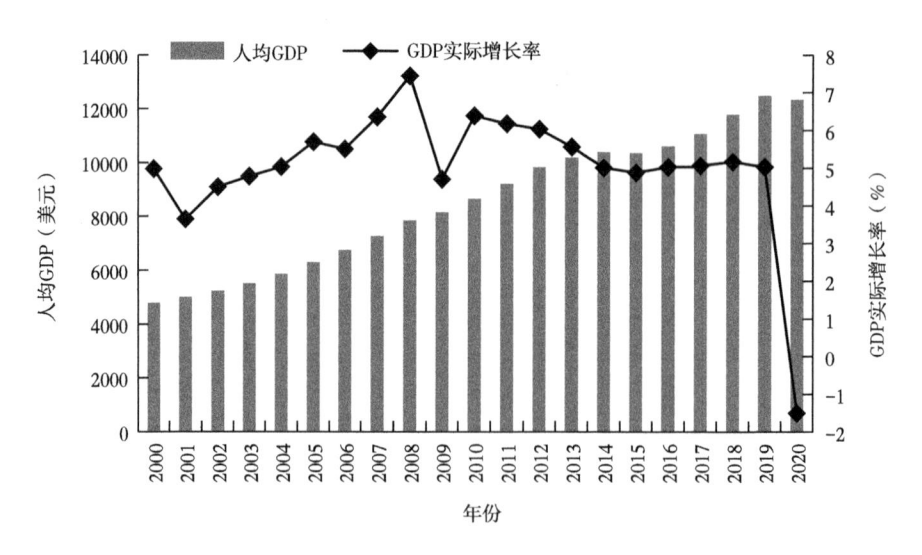

图 5-1-21　印尼汇率变化（数据来源：World Bank，2021）

3. 法律与合同财税风险

1）监管机构

MEMR全面负责政府在能源领域的政策实施。它包括石油和天然气总局（MIGAS），该总局负责监督和促进印尼石油和天然气资源的最佳利用，进而最大限度地提高印尼人民和政府的利益。MIGAS 直接负责勘探竞标、发行和放弃区块。

政府第 42/2002 号法规规定，BPMIGAS 确立为执行机构，负责对上游商业活动进行监督，以最大限度地提高国家收益和收入。BPMIGAS 的职责包括为潜在投资者准备和提供工作区、评估和提交新油田开发计划的部长级批准、批准已投产油田的开发计划、批准年度工作计划和预算、监督部长级报告合作合同的执行情况，并负责指定国家石油和天然气份额的卖方。BPMIGAS 有效取代了 PERTAMINA 生产共享管理局的职能，该理事会以前被称为外国承包商协调委员会（BPPKA）。

2012 年 11 月，印尼宪法法院发布了第 36/PUU-X/2012 号决定，裁定上游监管机构 BPMIGAS 的角色违宪，必须解散该组织。法院判决的主旨是，国家在 PSC 中的监管权和商业利益不应由同一机构管理。它认为，PSC 的治理可能会阻碍 BPMIGAS/国家从这些项目中获得最大的国家利益。由于 BPMIGAS 不能始终将国家利益放在首位，因此，这是一个违宪组织。在组建名为 SKKMIGAS 的新组织之前，该职位被临时上调至 MEMR。为了避免未来的法律挑战 SKKMIGAS 的作用，政府已经提出了新的、经过修订的《石油和天然气法》提案。但是，尚未就协议和新法规的发布确定明确的时间表。

2）国家油公司

1969 年，印尼国家石油公司 PERTAMINA 通过国有石油和天然气管理局 Permina 与分销机构 Pertamin 的合并而成立。在 2001 年之前，PERTAMINA 负责该国的所有石油活动。第 22/2001 号、第 42/2002 号和第 31/2003 号法律取消了 PERTAMINA 的监管职能，并将公司转变为国有企业部长管辖下的有限责任公司 PT PERTAMINA（Persero）。PT PERTAMINA 从事勘探和生产、油气精炼和加工以及精炼产品的营销和分销。

根据政府法规第 35/2004 号的规定，PERTAMINA EP 于 2005 年 9 月 13 日临时成立，接管了 PERTAMINA 所有上游业务（不包括 Cepu 和 Randugunting 街区）的子公司。2005 年 9 月 17 日，PERTAMINA EP 与 BPMIGAS 签订了 PSC，涵盖了以前由 PERTAMINA 独占的所有土地，包括通过 TAC 和 EOR 合同分包的土地。

PERTAMINA Hulu Energi（PHE）成立于 2007 年，通过与 JOA 或参与 PSC 的其他公司合作，管理 PERTAMINA 的上游产品组合。

PERTAMINA Internasional EP（PIEP）成立于 2013 年，负责管理 PERTAMINA 的海外上游利益。

PERTAMINA Hulu Indonesia（PHI）成立于 2015 年，负责管理 PERTAMINA 在以前由其他承包商运营的 PSC 扩展中的上游活动。PHI 管理离岸 Mahakam、Attaka、Sanga Sanga 和 East Kalimantan PSC。

3）国家参与度

MEMR 在 2016 年 11 月发布了第 37/2016 号法令。该法规设定：在合同区域中的第一个发展计划获得批准后，或在 PSC 扩展过程中，承包商必须向区域政府提供 10% 的参与权益。

4）财政条款

2017 年 1 月颁布的 MEMR 法规第 8/2017 号将所有新的上游许可合同的条款从标准 PSC 更改为 Gross Split PSC（图 5-1-22，表 5-1-2）。

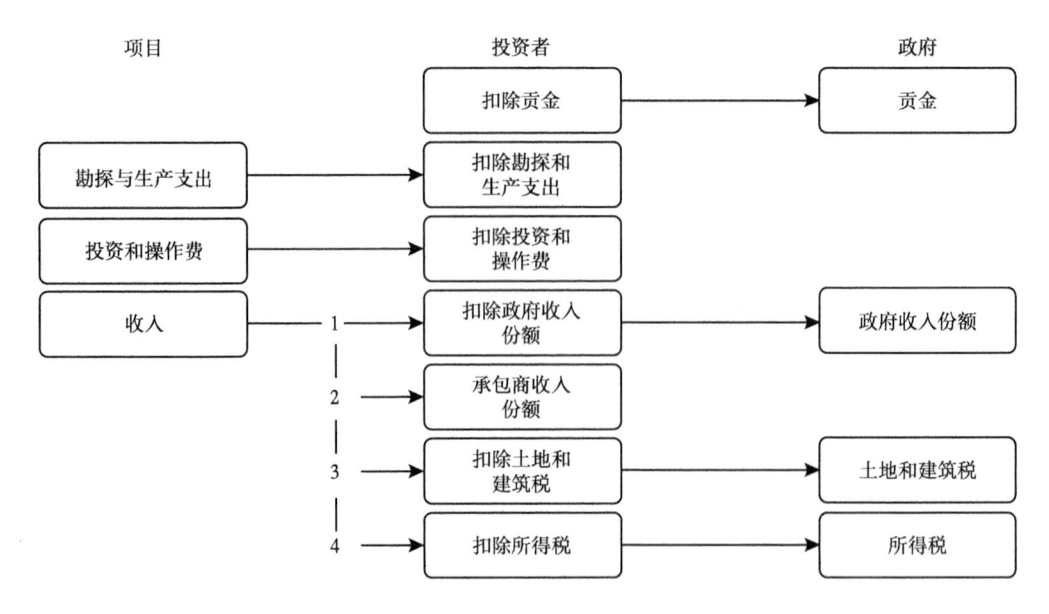

图 5-1-22 印尼特许经营权收入流程图（资料来源：WOOD，2021）

表 5-1-2 印尼主要油气财税条款

类型	内容
签名费	可协商，根据 2017 年发行的许可证，最低为 50 万美元，最高为 100 万美元
增值税	原油和天然气的上游销售不需要缴纳增值税
进口税	2001 年后的 PSC 只对非印尼本地生产的货物免征进口税
分包商预扣税	非居民为 20%，国内纳税人为 2%

（三）油气合作潜力和方向

从油气田建产与待建产分布看，印尼已探明油气储量大于 1 亿吨油当量的油气田有 4 个，占总油气探明储量的 55.8%。其中，已建产油气田 3 个，合计储量占总油气探明储

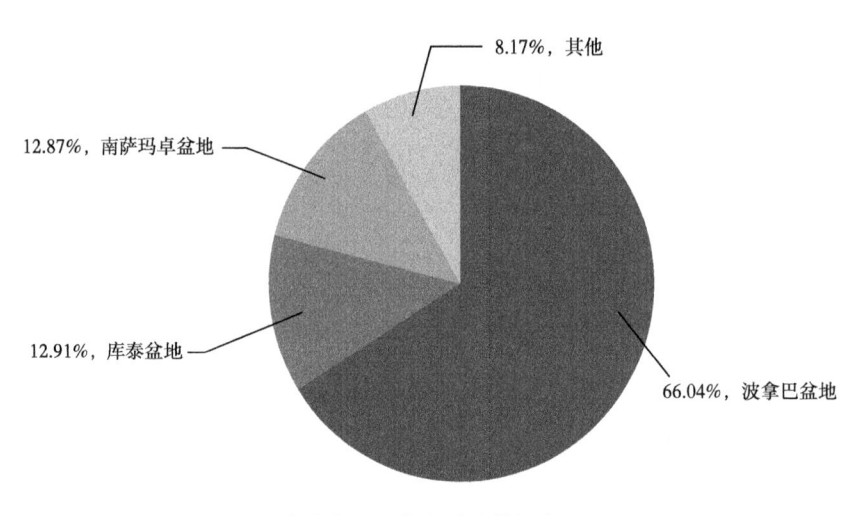

图 5-1-23 印尼待建产盆地分布图（数据来源：WOOD，2021）

- 8.17%，其他
- 12.87%，南萨玛卓盆地
- 12.91%，库泰盆地
- 66.04%，波拿巴盆地

量的 41.4%；未建产油气田 1 个，合计储量仅占总油气探明储量的 14.4%。待建产储量主要分布于波拿巴盆地、库泰盆地和南萨马卓盆地中。未来印尼油气合作主要可以分为两个方面，一方面是递减速率较快老油田的 EOR 和海洋工程设备方面的合作；另一方面是勘探建议重点关注海域天然气及非常规天然气方面（图 5-1-23）。

第二节 缅 甸

缅甸联邦共和国（The Republic of the Union of Myanmar），简称缅甸。西南临安达曼海，西北与印度和孟加拉国为邻，东北靠中国，东南接泰国与老挝，首都为内比都。缅甸共下辖 7 个省、7 个邦和两个中央直辖市。省是缅族主要聚居地，7 邦多为少数民族聚居地。内比都（Nay Pyi Taw，曾用名彬马那 Pyinmana）为缅甸首都，人口约 115.8 万。内比都位于仰光以北 390 千米处，距缅北第二大城市曼德勒约 300 千米，坐落在缅甸中部锡当河谷的一个小盆地内，周围都是丛林山区，是个易守难攻的地方。有农业、林业和畜牧业 3 所大学。2005 年 11 月 6 日，缅甸政府部门开始分批迁往内比都。2006 年 3 月，缅甸政府将缅甸联邦新的首都命名为"内比都"。缅甸人口有约 5390 万（2015 年），68% 为缅族。主要法定少数民族为掸族（9%）、克伦族（7%）、孟族（2%）、克钦族、克伦尼族（1%）、钦族（2%）、若开族以及华人（3%）、印度人、孟加拉人，但缅甸官方不承认华人、印度人、孟加拉人为法定少数民族。官方语言为缅甸语，也有为数不多的人懂英语和汉语。缅甸矿藏资源丰富，有石油、天然气、钨、锡、铅、银、镍、锑、金、铁、铬、玉石等。

一、油气资源分布

石油是缅甸重要的经济资源之一。内战战争爆发前，石油是缅甸规模最大的矿业，最高年产量约 100 万吨。

（一）油气储量

1. 原油

2020 年缅甸原油剩余探明可采储量约 1.07 亿吨，世界排名第 71 位，东南亚地区排名第 6 位，2020 年原油储采比为 337.2。

从原油储量的盆地分布看，缅甸原油储量完全分布在缅甸中部盆地、马达班—德林达依盆地和阿拉干盆地三个沉积盆地中。其中，缅甸中部盆地占 87.6%，马达班—德林达依盆地占 10.9%，阿拉干盆地占 7.41%。

从原油储量的陆海地域分布看，原油储量基本分布在陆上，其中陆上占 89.1%、海域占 10.9%。海域原油储量全部分布在马达班—德林达依盆地中。海域水深一般为 1~300 米。

从原油储量变化情况看，2018—2020 年缅甸原油剩余探明可采储量变化不大（图 5-2-1）。

2. 天然气

2020 年缅甸天然气剩余探明可采储量约 0.75 万亿立方米，世界排名第 47 位，东南亚地区排名第 5 位，2020 年天然气储采比为 43.1。

从天然气储量的盆地分布看，缅甸天然气储量完全分布在马达班—德林达依盆地、孟加拉三角洲盆地、缅甸中部盆地和阿拉干盆地四个沉积盆地中。其中，马达班—德林达依盆地占 49.7%、孟加拉三角洲盆地占 31.7%、缅甸中部盆地占 10.4%、阿拉干盆地占 8.2%。

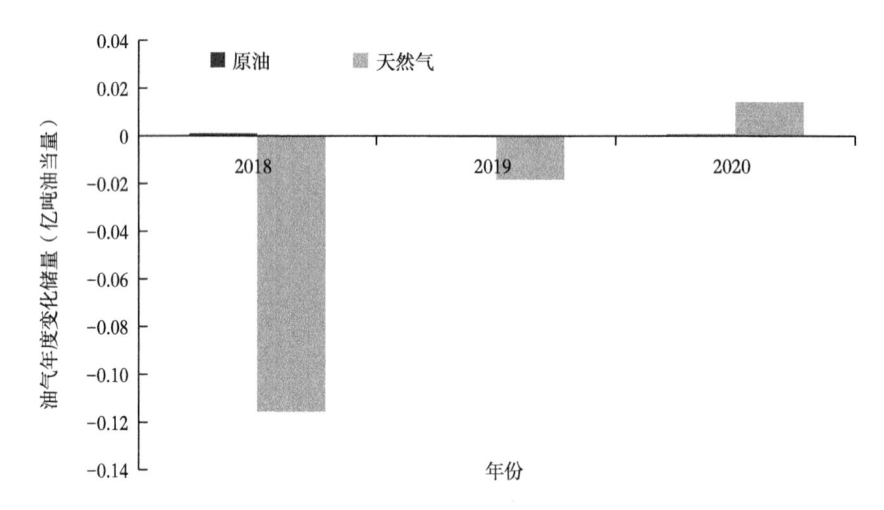

图 5-2-1　2018—2020 年缅甸油气年度储量变化情况（数据来源：WOOD，2021）

从天然气储量的陆海地域分布看，天然气储量以海域分布为主，其中陆上占 10.6%、海域占 89.4%。海域天然气储量主要分布在马达班—德林达依盆地、孟加拉三角洲盆地、阿拉干盆地和孟加拉三角洲盆地中。海域水深一般为 1~300 米。

从天然气储量变化情况看，近三年缅甸天然气剩余探明储量处于下降趋势，2018 年下降幅度最大，约 0.12 亿吨油当量。

（二）油气产量

1. 原油

1965—2020 年缅甸已累计产出原油约 0.21 亿吨，2020 年原油产量约 0.003 亿吨，世界排名第 77 位，东南亚地区排名第 7 位，多于柬埔寨和东帝汶。

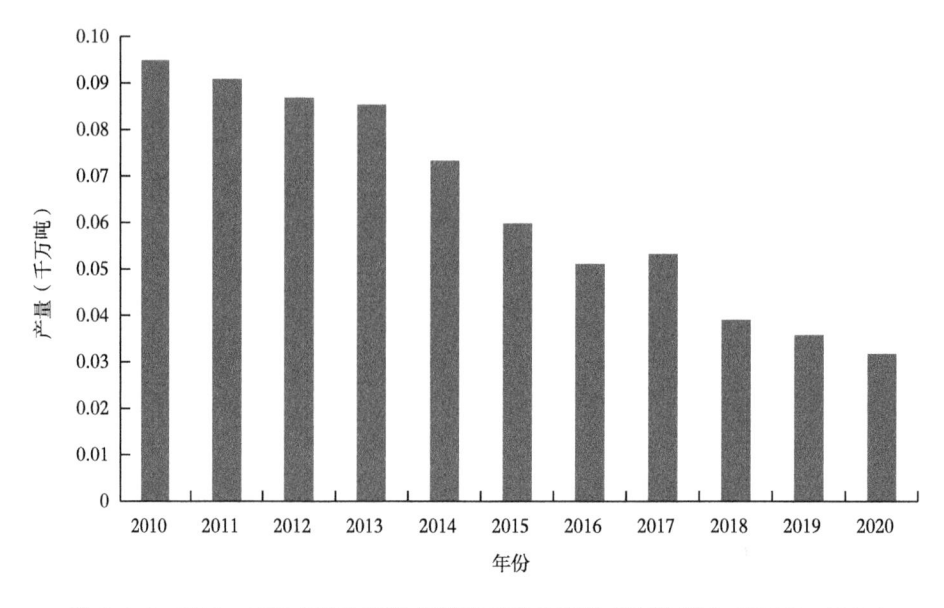

图 5-2-2　2010—2020 年缅甸原油年度产量变化情况（数据来源：WOOD，2021）

从原油产量的盆地分布看，缅甸原油产量主要分布在缅甸中部盆地和马达班—德林达依盆地两个沉积盆地中，占缅甸全部原油产量。其中，缅甸中部盆地占65.5%、马达班—德林达依盆地占34.5%。

从原油产量的油气田分布看，缅甸原油产量全部分布在两大油田中，其中缅甸石油和天然气公司作业油田（MOGE-operated Areas）占65.5%，耶德贡油气田M12/M13/M14区块（M12/M13/M14 Yetagun）占34.5%。

从原油产量变化情况看，2010—2020年缅甸原油产量持续下跌，年度平均减少率约10%（图5-2-2）。

2. 天然气

1965—2020年埃及已累计产出天然气约2954亿立方米，2020年天然气产量约174亿立方米，世界排名第33位，东南亚排名第4位，少于马来西亚、印度尼西亚和泰国。

从天然气产量分布的盆地看，缅甸天然气产量完全分布于马达班—德林达依盆地、孟加拉三角洲盆地和埃及缅甸中部盆地三个沉积盆地中，其中马达班—德林达依盆地占68.7%、孟加拉三角洲盆地占29%、缅甸中部盆地占2.3%。

从天然气产量的油气田分布看，2020年缅甸天然气产量完全分布在五大气田中。该五大气田均为亿立方米级气田，其中耶德贡气田M5/M6区块（M5/M6 Yadana）占43.8%，丹瑞A1/A3区块（A1/A3 Shwe）占29%，缅甸M9区块（Block M9）占18.1%，耶德贡气田M12/M13/M14区块（M12/M13/M14 Yetagun）占6.9%，缅甸石油和天然气公司作业油田（MOGE-operated Areas）占2.2%。

从天然气年度总开采量变化情况看，2013—2015年由于海域天然气项目的投产，缅甸天然气产量迅速上升，年平均增加量为20%，此后年份保持稳定（图5-2-3）。

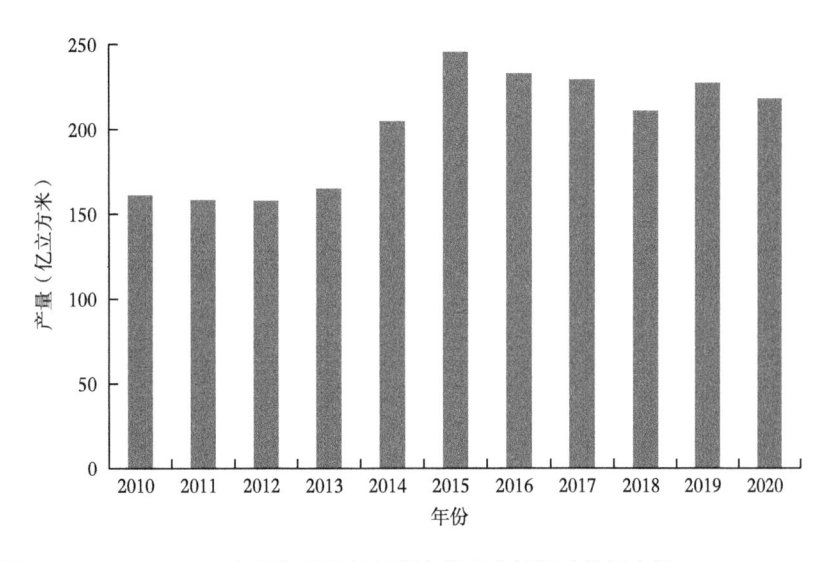

图5-2-3 2010—2020年缅甸天然气年度产量变化情况（数据来源：WOOD，2021）

（三）油气待发现资源

根据中国石油勘探开发研究院自主评价结果，缅甸原油待发现资源2.08亿吨，占世界待发现资源总量的0.15%，世界排名第28位、东南亚地区排名第8位；天然气待发现资源约0.2万亿立方米，占世界待发现资源总量的0.1%，世界排名第29位，东南亚地区排名第8位。

二、油气合作环境

（一）政治环境

缅甸是一个总统制的联邦制国家，实行多党民主制度。总统既是国家元首，也是政府首脑。2018年3月21日，缅甸总统吴廷觉在任期临近届满2年时突然宣布辞职，同日，缅甸联邦议会人民院议长吴温敏也宣布辞职。3月28日，经过缅甸联邦议会选举，吴温敏当选缅甸新一任总统。缅甸政府设有国家投资委员会，有关国内外的重要投资项目均必须由主管部门通过投资委员会审批并报经内阁会议批准。政府管理机构共23个部，其中经济主管部门主要有计划、财政与工业部，投资与对外经济关系部，商务部，农业畜牧与灌溉部，电力与能源部，资源与环保部，交通与通信部，建设部，国际合作部等。2018年11月，新成立投资与对外经济关系部。2019年11月，将工业部和计划与财政部合并为计划、财政与工业部。

缅甸联邦议会实行两院制，由人民院和民族院组成，每届议会任期五年。议会选举制度是当前缅甸政治的基本特征。议会是缅甸的立法机构，2016年2月1日，民盟组建新一届议会并召开首次会议。缅甸法院和检察机关共分4级，设最高法院和总检察长办公室，下设省邦、县及镇区3级法院和检察机关，最高法院为国家最高司法机关，总检察长办公室为国家最高检察机关。缅军成立于1942年，由陆、海、空三军，警察部队，消防部队及民兵组成。国防军总司令部是缅军最高领导决策机构和军事指挥机关，现任总司令为敏昂莱大将，副总司令为梭温副大将。国防军总司令部下设三个军种司令部，分别为陆军司令部、海军司令部和空军司令部，分别负责各军种的作战指挥。军队最高领导人国防军总司令无任期限制，通常至退休年龄时退役。2016年民盟政府执政后，军队即明确表态三军总司令敏昂莱大将的退休年龄将延期五年。1988年9月18日，缅甸军队接管国家政权，宣布废除一党制，实行多党民主制，主要政党包括全国民主联盟、联邦巩固与发展党、若开民族发展党、掸族民主同盟、民族团结党。

（二）经济环境

缅甸2015年因政府投资基础建设、外人投资流入资本增加及观光客人数成长等因素，营造业、制造业及服务业大幅成长，支撑缅甸经济成长，唯受到农业部门成长放缓影响，

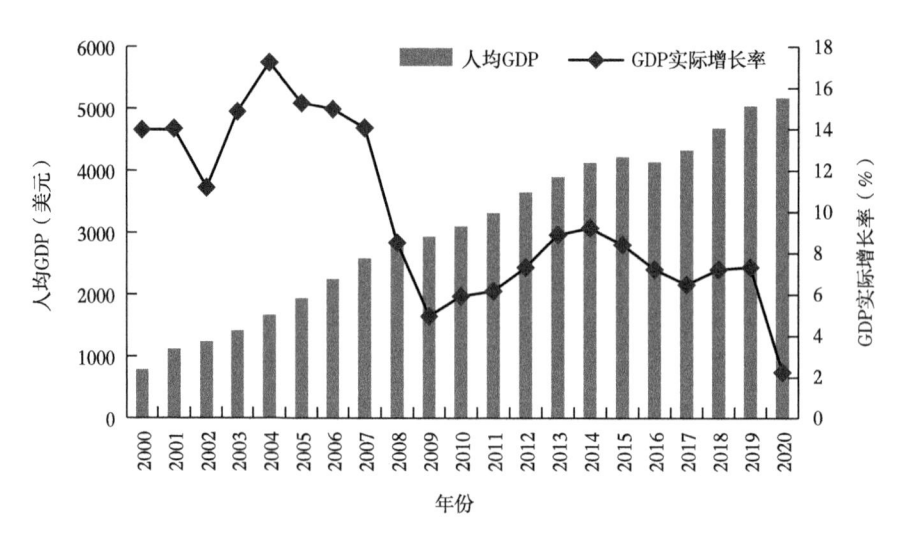

图 5-2-4　缅甸 GDP 实际增长率与人均 GDP（数据来源：Knoema，2021）

缅甸2015年GDP增长率由前一年的8.2%回落至7.47%。2016年因暴雨、洪灾及土石流等灾害冲击农业表现，加上主要贸易伙伴国家——中国大陆经济成长放缓，不利缅甸贸易及投资，2016年GDP增长率续降为6.41%。2017年受国际经济成长低迷的影响，GDP增长率下降为5.75%。2018—2019年，缅甸由于得到工业和服务业的支持，该国经济持续增长，年均增长率为6.46%；2020年，受新冠肺炎疫情影响，缅甸经济依然呈现增长趋势，但GDP增长率下降为1.99%（图5-2-4）。

（三）油气基础设施

1. 石油管道系统

1）国内管道

缅甸拥有三个炼厂，炼油额定总处理能力为5.1万桶/天。Chauk（6千桶/天）和Thanbayakan（2.5万桶/天）位于上缅甸，Thanlyin（2万桶/天）位于仰光附近。虽然Thanlyin炼厂设有润滑油调合厂，但是这些炼厂被归类为简单的顶级炼油厂，升级能力不高。因为这些炼厂已经运营了许多年，所以目前的炼油能力约为额定总处理能力的三分之一。

国内生产的原油在Thanlyin和Chauk炼油厂加工。10英寸×65千米的管道连接Yenangyaung和Chauk油田，一条10英寸×480千米的管道将曼恩油田连接至Thanlyin炼厂。目前，国内生产的原油是通过驳船沿着伊洛瓦底江流到精炼厂的。进口的原油在位于海岸的Thanlyin进行提炼（表5-2-1）。

2）出口管道

缅甸—中国30英寸长的输油管道使中国每年能够从Ramree岛的Kyauk Phyu向云南的昆明运输1200万桶原油。该管道于2014年8月完工，但直到2017年4月缅甸政府与中国石油达成过境费协议后，才开始运输原油。该管道在缅甸境内803千米处到达边境城镇缪斯，然后再延伸703千米至昆明，耗资15亿美元。

表5-2-1 缅甸主要石油管网基本信息表（数据来源：WOOD，2021）

主要石油管道	作业者	起点	终点	长度（千米）	直径（英尺）
Mann to Thanlyin	MOGE	Mann	Thanlyin	480	10
Yenangyaung to Chauk	MOGE	Yenangyaung	Chauk	65	10
Kyauk Phyu to China Border（Oil）		Kyauk Phyu	Muse	803	30

2. 天然气基础设施

1）出口管网

Yadana，Yetagun和Zawtika开发的直接结果是使天然气基础设施大量增加，特别是建造了出口管道将天然气输送到泰国市场。Yadana，Yetagun和Zawtika项目分别成立了三个独立的实体。在每种情况下，项目的上游元素和管道之间的责任都是分开的。但是，项目各部分的股权保持不变。

缅甸A1区块和A3区块气田于2013年投入生产。天然气通过32英寸×110千米的海上管道输送到拉姆里岛Kyauk Phyu的销售点。此后通过一条803千米新建的40英寸陆上管道运输到中国，该陆上管道的日处理能力约为11亿立方英尺/天。

2) 国内管道

现有的缅甸国内天然气管道基础设施集中在仰光和曼德勒之间的中部地区。天然气目前供应给许多发电厂和工业，包括化肥厂、水泥厂和造纸厂。一条10英寸长的管道将MOGE运营的Apyauk油田与Myangale的水泥厂连接起来，能够为电力行业、砖行业、水泥行业、造纸行业和炼油行业的用户提供约1.2亿立方英尺/天的天然气。但是，随着2001年达明塞克至Myangale线的启用，该管道不再使用（表5-2-2）。

表 5-2-2　缅甸主要天然气管网基本信息表（数据来源：WOOD，2021）

主要天然气管道	作业者	起点	终点	长度（千米）	直径（英尺）
Apyauk to Yangon	MOGE	Apyauk	Yangon	100	10
Letpando to Kyaukkwet	MOGE	Letpando	Kyaukkwet	14	14
Kyaukkwet to Chauk	MOGE	Kyaukkwet	Chauk	110	10
Nyaungdon to Yangon	MOGE	Nyaungdon	Yangon	53	10
Peppi to Mann	MOGE	Peppi	Mann	95	10
Shwepyitha to Myanaung	MOGE	Shwepyitha	Myanaung	10	10
Pyay to Kyangin	MOGE	Pyay（Prome）	Kyangin	24	10
Apyauk to Pyaye	MOGE	Pyaye	Apyauk	78	10
Daminseik to Myangale	MOGE	Daminseik	Myangale	290	20
Myangale to Yangon	MOGE	Myangale	Yangon	190	20
Titut to Chauk	MOGE	Titut	Chauk	251	14
Pyay Spur to Titut	MOGE	Pyay Spur	Titut	55	14
Apyauk to Pyay Spur	MOGE	Apyauk	Pyay Spur	66	14
Chauk to Sakar	MOGE	Chauk	Sakar	95	14
Sakar to Kyaukse	MOGE	Sakar	Kyaukse	120	10
Yadana to Daminseik	Total	Yadana	Daminseik	346	36
Daminseik to Thai Border（Yadana）	Total	Daminseik	Thai Border	63	36
Yadana to Yangon	MOGE	Yadana	Yangon	265	24
Yetagun to Daminseik	PETRONAS Carigali	Yetagun	Daminseik	200	24
Daminseik to Thai Border（Yetagun）	PETRONAS Carigali	Daminseik	Thai Border	70	24
Zawtika to Daminseik	PTTEP	Zawtika	Daminseik	230	28
Daminseik to Thai Border（Zawtika）	PTTEP	Daminseik	Thai Border	72	28

三、油气合作现状

（一）油气上游对外开放程度

目前缅甸油田产量递减严重，自2011年美国逐步解除对缅甸的制裁后，埃尼、道达尔、雪佛龙等国际石油公司及其他各类石油公司在缅甸均有区块进行勘探开发。缅甸与中国公司也有合作，但油气储量和产量占比较少，均低于1%。但由于缅甸2021年初的军事政变，对油气上游投资的影响首当其冲，若政府持续动荡，未来缅甸油气合作前景较为模糊（图5-2-5至图5-2-8）。

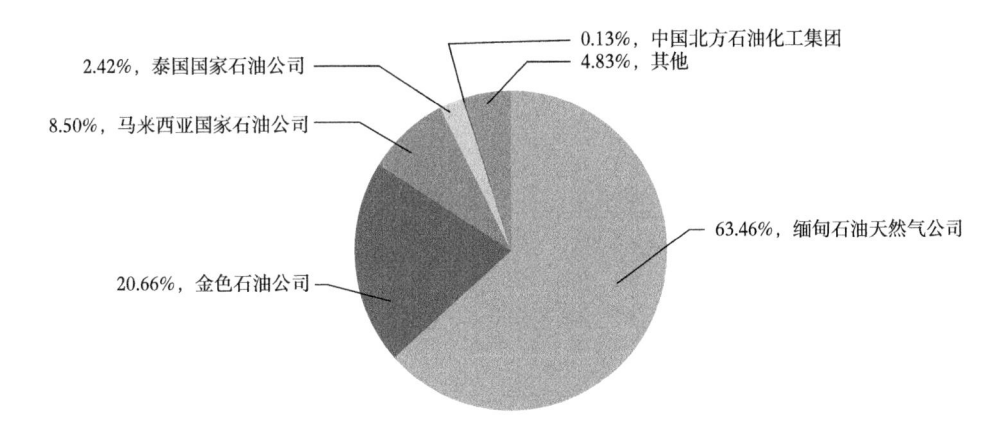

图 5-2-5　2020年缅甸各石油储量占比（数据来源：WOOD，2021）

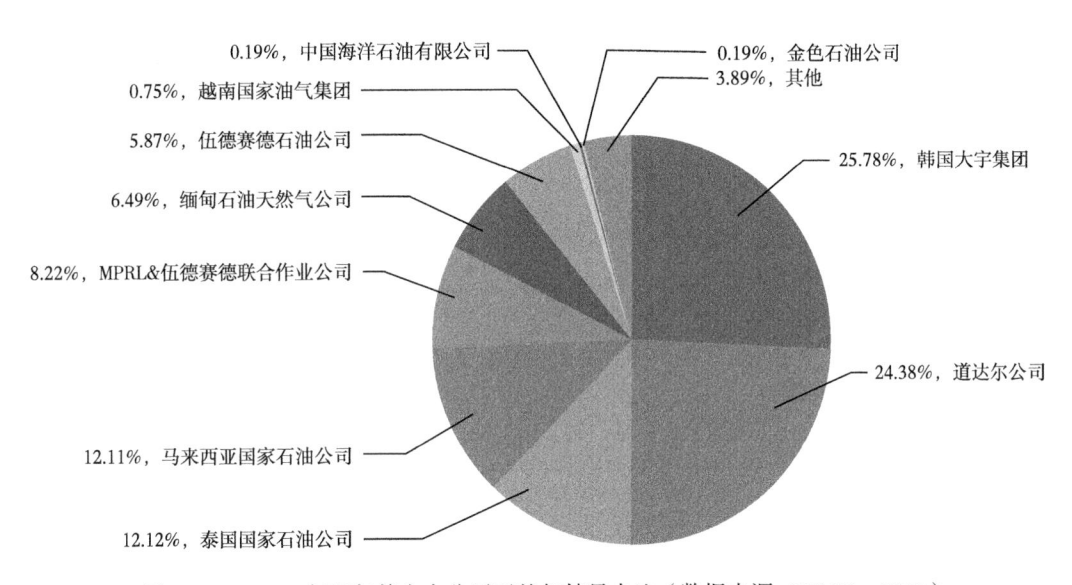

图 5-2-6　2020年缅甸前十大公司天然气储量占比（数据来源：WOOD，2021）

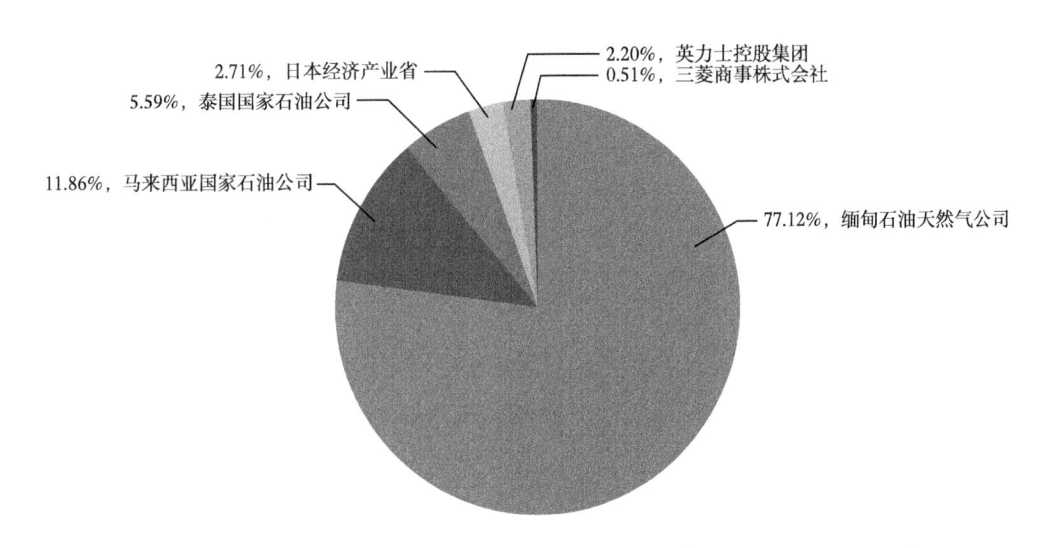

图 5-2-7　2020年缅甸各石油公司石油产量占比（数据来源：WOOD，2021）

229

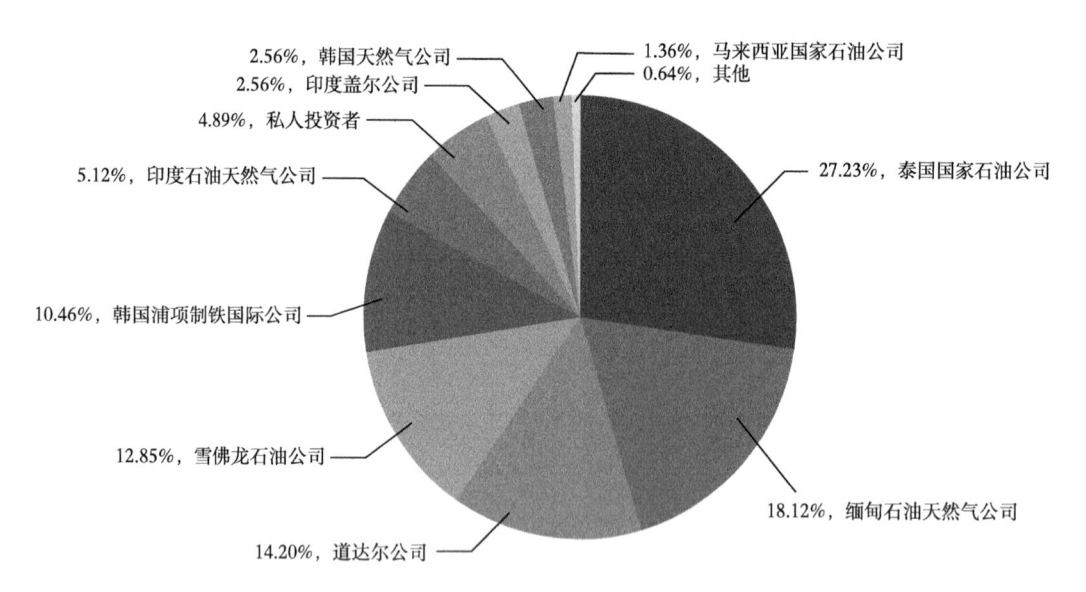

图 5-2-8　2020 年缅甸各石油公司天然气产量占比（数据来源：WOOD，2021）

（二）油气上游收并购形势

2001—2019 年，缅甸的收并购交易共计 8 笔，金额共计 7.08 亿美元（在披露的 8 笔交易中，有 5 笔披露交易金额）。2002 年全年收并购交易金额共计 6.3 亿美元，为历年最高水平，这主要归功于 Premier 恢复为一家完全独立的勘探与生产公司，重组取消了阿梅拉达赫斯和马来西亚国家石油公司在该公司 50% 的股份（图 5-2-9）。

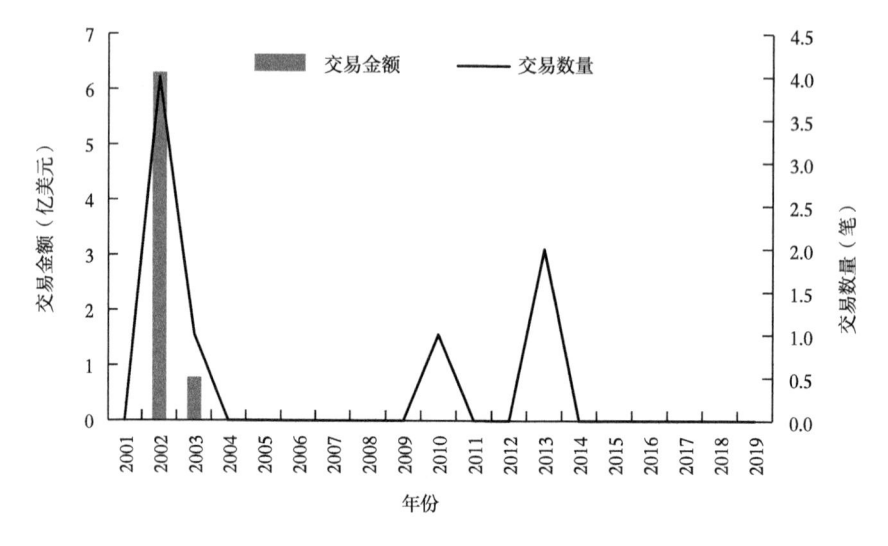

图 5-2-9　缅甸油气上游收并购交易总体情况（数据来源：WOOD，2020）

1. 主要交易类型为浅水天然气资产

2001—2019 年，缅甸浅水天然气资产交易额为 6.3 亿美元，占总交易额的 88.98%（图 5-2-10）。

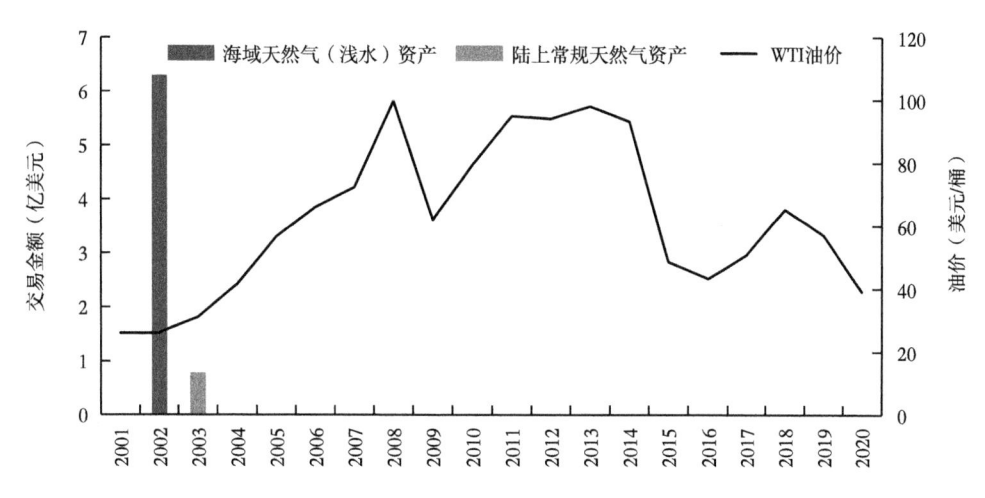

图 5-2-10 缅甸油气上游收并购交易按资产类型分类情况（数据来源：WOOD，2021）

2. 石油巨头

七大石油公司在 2001—2019 年均未在缅甸进行资产买卖。

3. 国家石油公司未进行资产买卖

2001—2019 年内未有国家石油公司在缅甸进行收并购活动。

4. 中国企业仅有一笔交易

2001—2019 年，中国企业在缅甸仅有剥离的一笔交易，为中国石化在 2003 年进行剥离，未披露金额。

5. 重大交易实例：Yetagun

Yetagun 油田位于 Moattama，横跨 M12、M13 和 M14 区块。1990 年 5 月，Premier Oil 获得了两个包括了 M13 和 M14 区块的生产分成合同（PSC）。

1991 年 9 月，Premier 将 PSC 的 50% 权益转让给 Texaco，将 20% 的权益转让给 Nippon Oil。根据条款，Premier 保留每个区块 30% 的权益。Texaco 于 1991 年 12 月开始运营该油田。1992 年 9 月 Premier 获得了 M12 区块。

在签署了 Yetagun 项目的天然气销售协议后，PTTEP 于 1997 年 3 月也进入该项目。还成立了一家独立的管道运营公司，股权与 Yetagun PSC 相同。该公司为此建造了管道，并保留了所有权。

1997 年，Texaco 出售其在管道公司以及 M10、M12、M13 和 M14 的 PSC 中的权益。据了解，该公司最初同意以 2.6 亿美元的价格将资产出售给 Agip。但由于 Premier Oil 抢先出售，随后 Texaco 将大部分股权出售给了 PETRONAS Carigali。Premier 为自己保留了一小部分额外的部分（5.4%）并承担运营责任。该交易于 1997 年 12 月 1 日完成。

根据 PSC 的条款，MOGE 在勘探阶段拥有 15% 的附带权益，并于 1998 年油田开发时转换为产量权益。MOGE 从其产量权利中以实物形式偿还了过去的成本。

自 2002 年 9 月 30 日起，Premier 退出该项目，将其 26.66% 的股权和经营权转让给 Petronas Carigali。因此，Premier Petroleum Myanmar Ltd（PPML）成为 PETRONAS Carigali 的子公司。2003 年 9 月，MOGE 增持 5.45%，而 Nippon Oil 和 PTTEP 各自增持 5.15%。

Mitsubishi 于 2013 年 12 月从 JX NOEX 手中收购 Nippon Oil Exp Myanmar 10% 的股

份。Nippon Oil Exp Myanmar 公司的构成是 METI（50%）、JX NOEX（40%）和 Mitsubishi Corporation（10%）。

（三）油气上游招标历史

缅甸于 1947 独立，1965 年工业国有化后，所有外国石油公司都撤出该国。国有化赋予了缅甸石油公司（MOC），1985 年更名为缅甸石油和天然气企业（MOGE），勘探、开发和生产油气的独家权利。1974 年，MOC 重新开始允许外国石油公司进入缅甸石油行业，并通过提供了 25 个离岸区域，启动了第一轮正式许可。共有 13 个区块被授予 4 个西方石油公司：Arakan Oil、Total、Exxon 和 Cities Service。到 1977 年，上述石油公司共钻探了 19 口干井，随后所区块都被放弃。

Moattama 湾的 M3、M5 和 M6 区块，由 MOGE 在 20 世纪 70 年代初期钻探，发现了包含大量天然气的储层，包括 1983 年发现的 Yadana 油田。M5 和 M6 区块于 1992 年授予道达尔，M8 区块也于 1997 年授予道达尔，但最终 M8 区块于 2001 年初被放弃。

Premier Oil 于 1990 年 5 月获得了勘探 M13 和 M14 区块的权利。这些区块后来被转让给 Texaco 和 Nippon Oil，由 Texaco 运营。Texaco 于 1992 年 9 月签署了 Block M12，于 1995 年 3 月签署了 Block M10，于 1997 年将其在 M10、M12、M13 和 M14 PSC 中的权益出售给 Premier Oil，后者随后将 Texaco 的大部分股权出售给 PETRONAS Carigali。Premier 于 2000 年放弃了 Block M10。

Yadana 和 Yetagun 的合资企业对缅甸油气较为富集的区域较有兴趣，特别是富集天然气的 Moattama，与 ARCO 于 1995 年 7 月和 1996 年 5 月签署了 M9 和 M7 区块。马来西亚的石油公司 Genting Oil & Gas 于 1996 年 10 月获得了 M3 和 M4 区块。在缅甸南部，另一家马来西亚公司 Dataran Isibumi 于 1997 年 6 月签署了四个 PSC 协议，分别为 M15、M16、M17 和 M18 区块，但是并未得到缅甸批准。

Genting Oil and Gas 在并未发现具有商业价值的天然气储层后于 2000 年 4 月放弃了 M3 区块，2001 年 4 月放弃了 M4 区块。

2000 年 8 月，Daewoo International 签署了 A1 区块的 PSC 协议，该区块位于 Rakhine，距仰光 300 英里。2001 年末，Daewoo 将 10% 的股份转让给 Korea Gas Corporation，将 20% 的股份转让给 ONGC Videsh（OVL），10% 的股份转让给 Gas Authority of India Ltd（GAIL）。

继 A1 区块的 Shwe Gas 成功发现后，Daewoo 于 2004 年 2 月又获得了毗邻的 A3 区块的权益。Daewoo 于 2005 年 10 月将 A3 区块的权益出让给原来的合作伙伴。

PETRONAS Carigali 于 2002 年 8 月获得了 M15、M16、M17 和 M18 区块。该公司持有这些区块 100% 的股权和运营权，这些区块位于缅甸南部近海的 Tanintharyi。最终在 2007 年 PETRONAS Carigali 放弃了这些区块。

M7 和 M9 区块已于 2003 年 11 月授予泰国的 PTTEP。这些区块的总面积约为 25000 平方千米，先前已获 ARCO 许可。PTTEP 于 2004 年 8 月签署了 M3 和 M4 区块，并于 2005 年 7 月签署了 M11 区块，从而扩大了其在 Moattama 的面积。

由中国海油及其合作伙伴中国石油和新加坡的 Golden Aaron Pte 组成的合资公司在 2004 年和 2005 年共获得了四个海上区块。位于陆上毗邻 Daewoo 在 Rakhine Basin 的 A3 区块，最先于 2004 年 10 月签署。随后于 2004 年 12 月签署 A4 和 M10 区块，2005 年 1 月签署 M2 区块。A2 区块和 L 区块于 2005 年 5 月被授予 Essar Oil。

2006年，三个区块被授予独立勘探公司：向 Twinza Oil 授予了 Yetagun East Block；向 Suntera 授予了 M8 区块；向 Silver Wave Energy 授予了 Block A7，但 Silver Wave Energy 选择于 2009 年 12 月放弃这个区块。

2006 年底，缅甸能源部在 Rakhine 和 Moattama 近海地区划定了 18 个新的深水区块。大多数区块的水深至少为 3000 英尺（约 1000 米）。这些区块具有税收优惠政策和更有利于开发的条款，如更高的成本回收上限，以及在必须签署正式合同前进行两年的技术评估。

2007 年，Rakhine 近海地区提供了七个深水区块。由于 Shwe 的成功发现和评价，这些区块引起了较为激烈的竞标，这表明 Rakhine 沿海地区具有较大的油气勘探潜力。中国石油签署了 AD-1、AD-6 和 AD-8 区块，ONGC 签署了 AD-2、AD-3 和 AD-9 区块，Daewoo 在其原有区块的基础上签署了毗邻的 AD-7 区块，但这一区块毗邻孟加拉国的海上边界，具有争议。PetroVietnam 于 2008 年签署了 M-2 区块。

2009 年没有授予任何区块。

2010 年初授予了三个深水区块，但随后均被放弃，分别是：PETRONAS Carigali 的 MD-4、MD-5 区块，UNOG 的 MD-6 区块。

2011 年 1 月，四个海上区块 A5、A7、M15 和 M16 授予了 Brilliant Oil Corporation 和 Korea Myanmar Development Company Ltd，但随后也被放弃。2011 年，ONGC 放弃了 AD-2/3 和 9 号区块，PTTEP 放弃了 M-4 区块。

2012 年上半年，由于孟加拉国和缅甸之间的海上边界争端得到解决，新的边界划定，争议地区的勘探活动得以恢复。所有剩余的开放近海区块可以通过直接谈判获得。

2013 年 4 月，缅甸能源部提供了 30 个海上区块，共包括 19 个深水区块和 11 个浅水区块。这一轮竞争较为激烈，投标的公司范围广泛，包括埃克森美孚、雪佛龙、壳牌、道达尔、挪威国家石油、康菲石油、埃尼、BG、Repsol 和 Woodside；还有一些国家石油公司投标，包括 PTTEP、PetroVietnam、ONGC 和 PETRONAS Carigali。

结果于 2014 年初宣布授予了 20 个区块，包括 10 个浅水区块和 10 个深水区块，协议在下半年签署：BG 获得 A4 和 AD-2，雪佛龙获得 A-5 区块，Woodside 获得 A-7 区块和 AD-5 区块，Oil India 获得 M-4 和 YEB 区块，Tap Oil 获得 M-7 区块，Berlanga 获得 M-8 区块，Canadian Foresight Group 获得 M-15 区块，Reliance 获得 M17 和 M-18 区块，Ophir Energy 获得 AD-3 区块，壳牌获得 AD-9、AD-11 和 MD-5 区块，Statoil 获得 AD-10 区块，Eni 获得 MD-2 和 MD-4 区块，道达尔获得 YWB 区块。

2016—2018 年缅甸没有提供任何区块。

2017 年底至 2018 年上半年之间，在 2013 年海上许可回合授予的 20 个区块中，有 9 个区块被放弃。其余 11 个区块的勘探时间延长了 1~2 年。

Statoil 放弃了 AD-10，Oil India 放弃了 M-4 和 YEB，Reliance 放弃了 M-17 和 M-18，Shell 放弃了 AD-9、AD-11 和 MD-5，Tap Oil 放弃了 M-7，PTTEP 放弃了 MD-7，PetroVietnam 放弃了 M-2。

四、油气合作风险与潜力

（一）油气产量发展趋势

从原油产量发展趋势看，缅甸原油产量将于未来持续下降，2024—2026 年虽然 Aung

Sinkha 新项目的投产会稍有增加，但是也不能改变缅甸原油产量快速下跌的趋势（图5-2-11）。

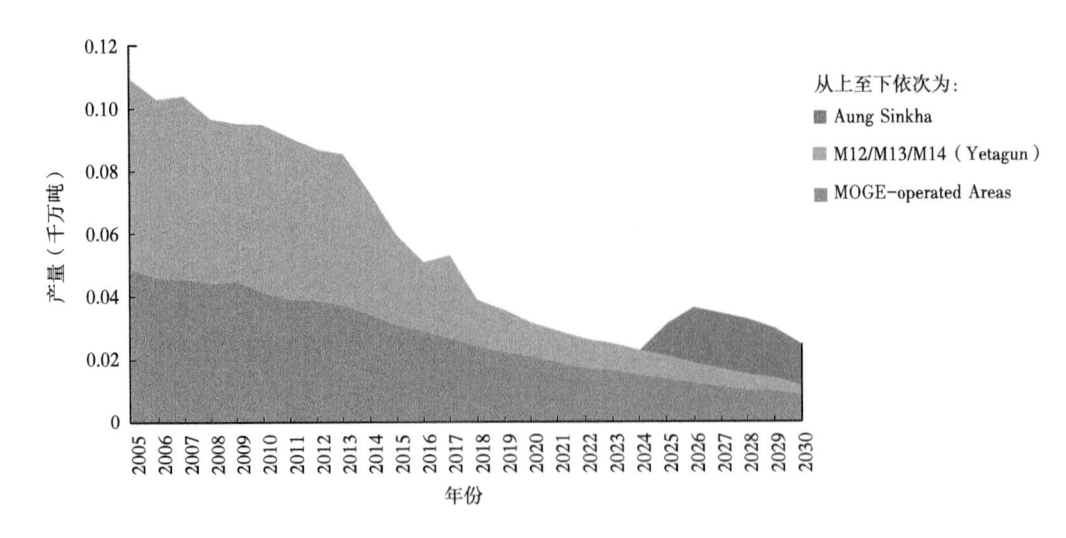

图 5-2-11　缅甸原油产量预测剖面（数据来源：WOOD，2021）

从天然气产量发展趋势看，缅甸天然气于 2015 年达到 196 亿立方米/年的产量峰值，随后下降保持下降。未来缅甸天然气产量不能持续稳定的原因主要是天然气产量贡献仍以主力老油气田为主，除丹瑞 A1/A3 区块（A1/A3 Shwe）将增加部分天然气产量外，其他油气田天然气产量均保持递减状态（图 5-2-12）。

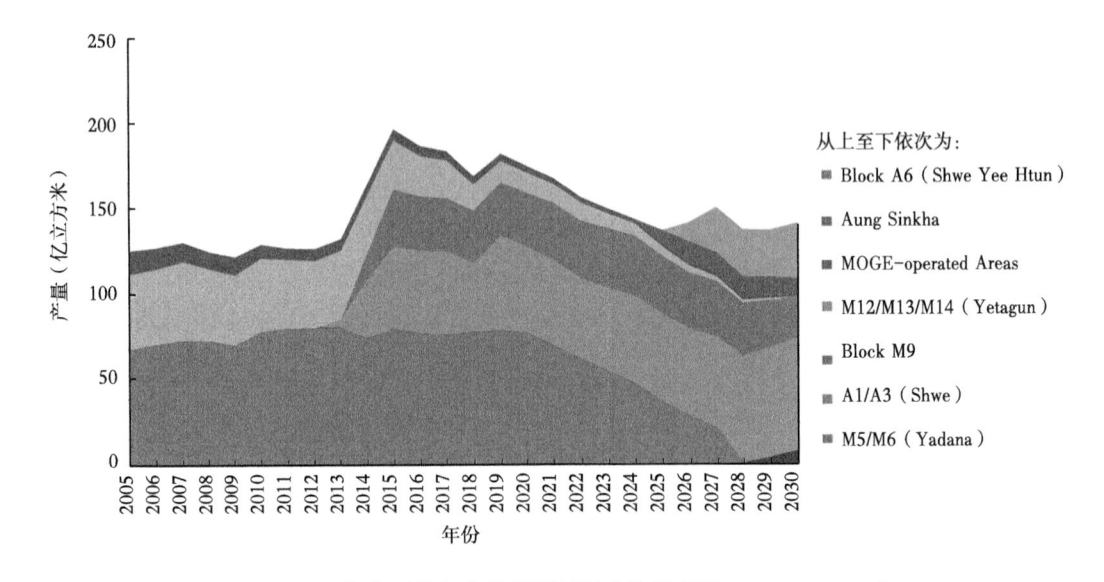

图 5-2-12　缅甸天然气产量预测剖面（数据来源：WOOD，2021）

（二）油气合作风险

1. 经济结构风险

缅甸石油天然气资源主要分布在缅甸中部和沿海地区，石油开采有百余年历史。缅甸石油已探明储量为20.21亿桶，缅甸天然气主要蕴藏在近海，储量非常丰富，专家预计储量达2.54万亿立方米。

天然气是缅甸出口创汇最多的产品。2019/2020财年10个月（2019年10月1日—2020年7月24日）缅甸出口天然气创汇27.74亿美元，来自澳大利亚、英国、加拿大、印度、中国、俄罗斯、韩国、印度等国家的公司在缅甸境内从事石油天然气项目的勘探和开采（图5-2-13、图5-2-14）。

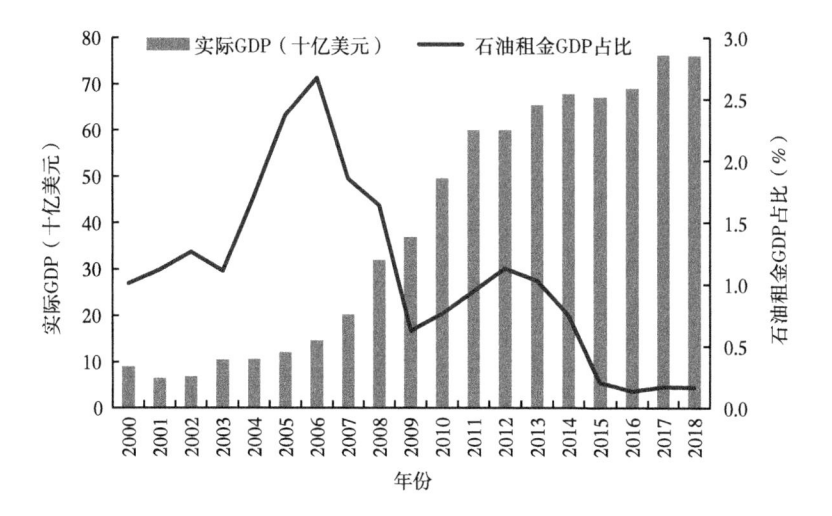

图5-2-13　缅甸实际GDP与石油租金（数据来源：World Bank，2019）

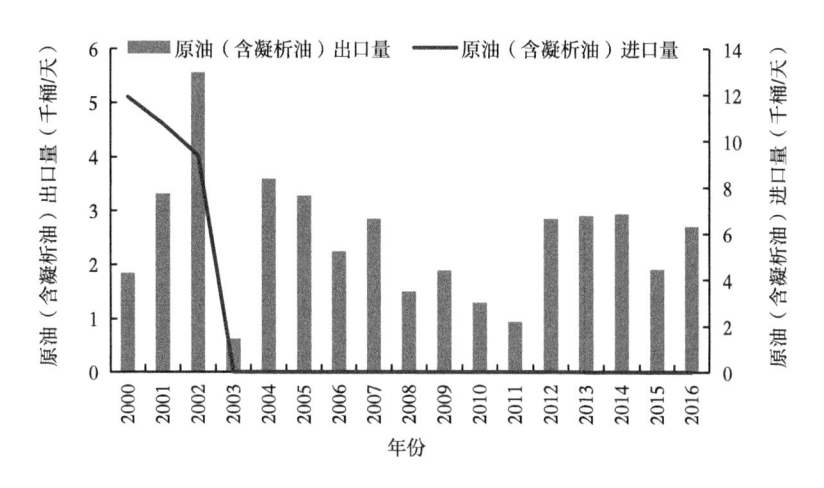

图5-2-14　缅甸原油出口量与进口量（数据来源：EIA，2017）

2. 通货膨胀与货币风险

缅甸2014年受到缅币基雅特贬值致进口价格增加影响，2014年通货膨胀率为5.14%。2015年受暴雨洪水袭击，再加上缅币基雅特贬值影响，2015年缅甸通货膨胀率攀升至7.26%。2016年，新政府执政初期，因政局稳定，汇率基本维持在1美元兑换1160缅币左右；12月16日，汇率达到1美元兑换1440缅币，缅币在9个月里贬值了15%~20%，因汇率大幅波动导致通货膨胀率上升。2017年，央行等部门积极开展工作来降低通货膨胀率。2018—2019 年，受缅币贬值的影响，缅甸通货膨胀率持续上升。2020 年，受新冠肺炎疫情影响，国内就业机会减少，国民个人收入受到影响，以及国内购买力下降，进而导致通货膨胀率下降（图 5-2-15、图 5-2-16）。

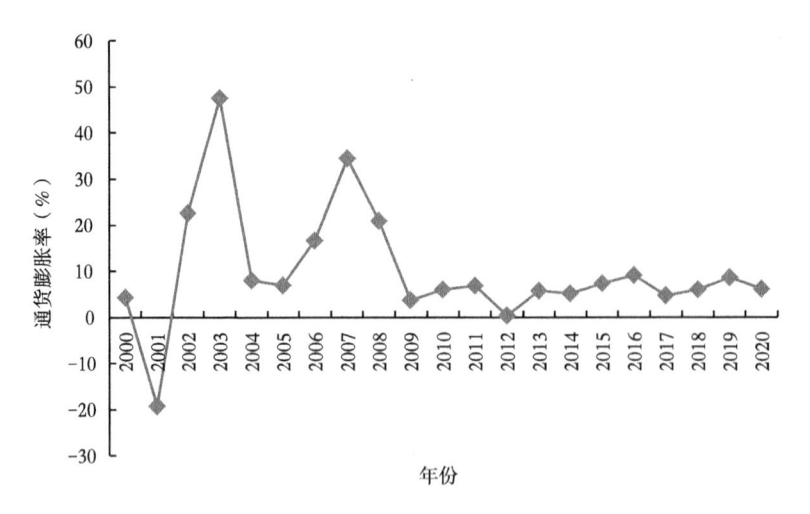

图 5-2-15　缅甸通货膨胀率变化（数据来源：Knoema，2021）

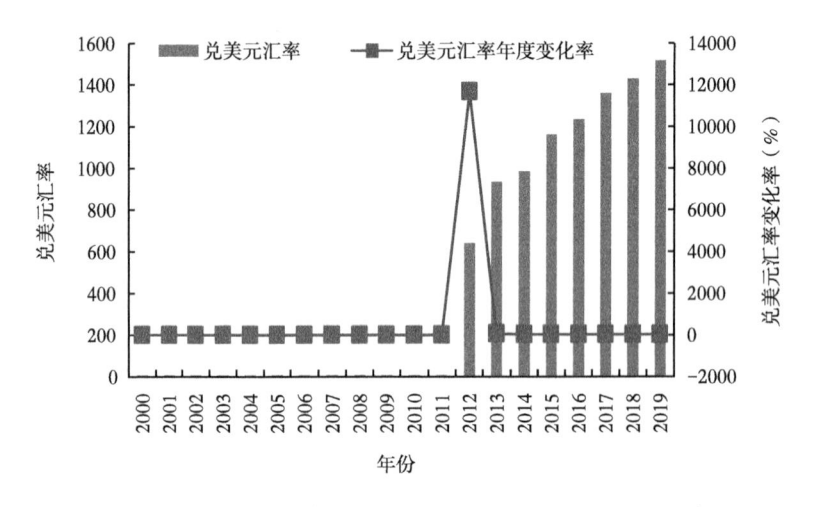

图 5-2-16　缅甸汇率变化（数据来源：World Bank，2020）

3. 法律与合同财税风险

1）监管机构

尽管 PSC 合同条款都是承包商与 MOGE 进行谈判的，但到 2016 年，所有石油许可谈判都是通过能源部进行的。

2016 年 3 月，能源部与电力部合并，成立了能源和电力部（MOEE）。

2）国家油公司

缅甸的国家石油公司是缅甸石油和天然气企业（MOGE）。MOGE 拥有在陆上和海上开采、开发和生产石油的专有权利。现在，MOGE 由 MOEE 直接控制。

3）国家参与度

MOGE 在任何合同的勘探阶段都有可转让的附带权益，一旦有商业发现，MOGE 可以将其转换为工作权益。该利息通常为 15%~20%。如果 MOGE 行使其选择权，则它必须按比例支付历史成本，外加 15% 的签名费和生产费，可以在三个月内以现金形式支付，也可以其生产份额的 50% 进行实物还款。

4）财政条款

生产分成合同（PSC）财政制度、许可条款因年份而异，并具有深水勘探的激励措施（图 5-2-17，表 5-2-3）。

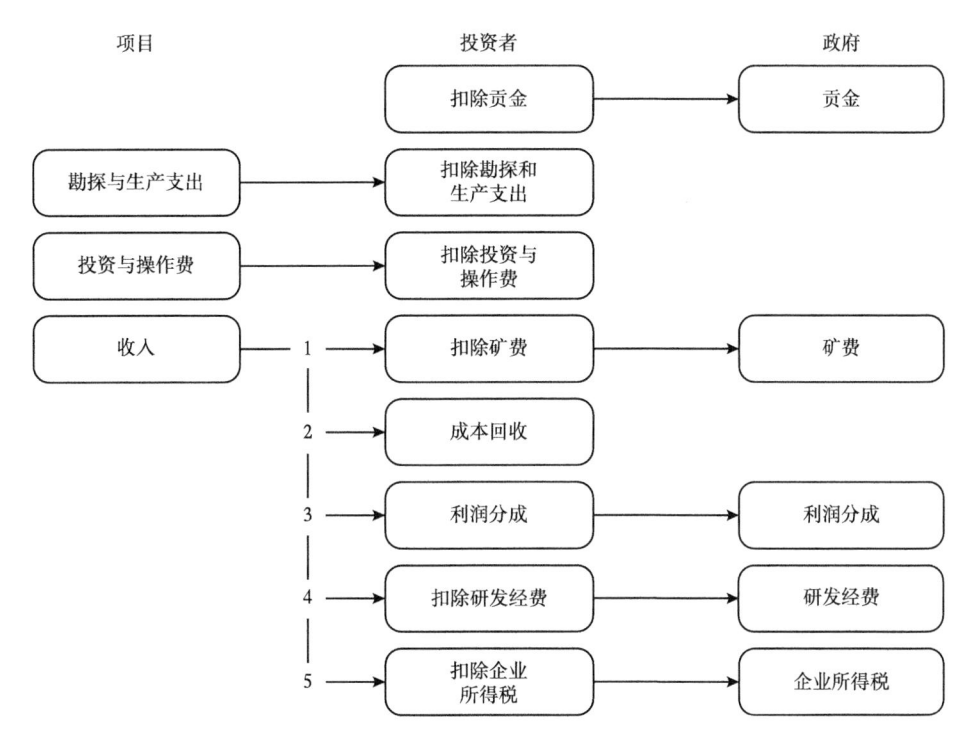

图 5-2-17 缅甸特许经营权收入流程图（资料来源：WOOD，2021）

表 5-2-3 缅甸主要油气财税条款

类型	内容
签名费	海域地区 600 万~700 万美元；陆上地区 50 万~150 万美元
地域租赁费	勘探阶段支付每年 3 美元/平方千米，扩建阶段支付每年 8 美元/平方千米；生产阶段支付每年 100 美元/平方千米，扩建阶段支付每年 200 美元/平方千米
增值税	石油征收 5%，天然气征收 8%
进口税	PSC 合同免税
分包商预扣税	非居民公司 3.5%，居民公司 2%

（三）油气合作潜力和方向

从油气田建产与待建产分布看，缅甸已探明油气储量大于1亿吨油当量油气田1个，已建产。待建产储量主要分布于阿拉干盆地中。由于缅甸海域油气勘探程度较低，未来与缅甸的海域天然气合作具有较大潜力，其次是针对老油田采用新技术缓解目前快速递减形式，但应注意动荡局势及当局政府对中国合作态度给油气合作带来的潜在影响。

第三节 泰 国

泰王国（The Kingdom of Thailand），简称泰国（Thailand）。是一个位于东南亚的君主立宪制国家。泰国位于亚洲中南半岛中南部，与柬埔寨、老挝、缅甸、马来西亚接壤，东南临泰国湾（太平洋），西南濒安达曼海（印度洋），西和西北与缅甸接壤，东北与老挝交界，东南与柬埔寨为邻，疆域沿克拉地峡向南延伸至马来半岛，与马来西亚相接，其狭窄部分居印度洋与太平洋之间。泰国全国分中部、南部、东部、北部和东北部五个地区，现有77个府。府下设县、区、村。曼谷是唯一的府级直辖市。泰国总人口6450万。全国共有30多个民族。泰族为主要民族，占人口总数的75%。在泰华人约有900万，占全国人口的14%，是除泰人之外最大的族群，祖籍潮汕地区的泰国华人多达800多万。其余为佬族、华族、马来族、高棉族，以及苗、瑶、桂、汶、克伦、掸、塞芒、沙盖等山地民族。泰语为国语。90%以上的民众信仰佛教，马来族信奉伊斯兰教，还有少数民众信仰基督教、天主教、印度教和锡克教。泰国矿产资源分为三类，即燃料矿、金属矿和非金属矿。燃料矿有天然气、石油、煤炭和油页岩。金属矿有锡、钨、锑、铅、锰、铁、锌、铜及钼、镍、铬、铀、钍等。非金属矿有萤石、重晶石、石膏、岩盐、杂盐（光卤石）、磷酸盐、高岭土、石墨、石棉、石灰岩和大理石等。

一、油气资源分布

泰国石油勘探开发始于19世纪中期，1953年首次发现具有商业价值油田；20世纪60年代初陆上区块开始对外合作，1971年颁布石油法，海上/陆上石油对外合作全面展开，勘探开发进程加快；至20世纪90年代，几十家外国公司在泰国进行油气勘探、开发，泰国正式成为油气生产国。

（一）油气储量

1. 原油

2020年缅甸原油剩余探明可采储量约3.37亿吨，世界排名第46位，东南亚地区排名第5位，2020年产量少于印度尼西亚、马来西亚、文莱和越南，2020年原油储采比为48.6。

从原油储量的盆地分布看，泰国原油储量集中分布在帕塔尼盆地、彭世洛盆地和马来盆地三个沉积盆地中，上述三个盆地占泰国原油储量的85.3%。其中，帕塔尼盆地占55.7%、彭世洛盆地占15.6%、马来盆地占14%。

从原油储量的陆海地域分布看，原油储量基本分布在海域，其中陆上占19.4%、海域占80.6%。海域原油储量主要分布在帕塔尼盆地、马来盆地中。海域水深一般为1~300米。

从原油储量变化情况看，除2018年泰国原油剩余探明可采储量增加0.2亿吨左右外，近两年变化较小（图5-3-1）。

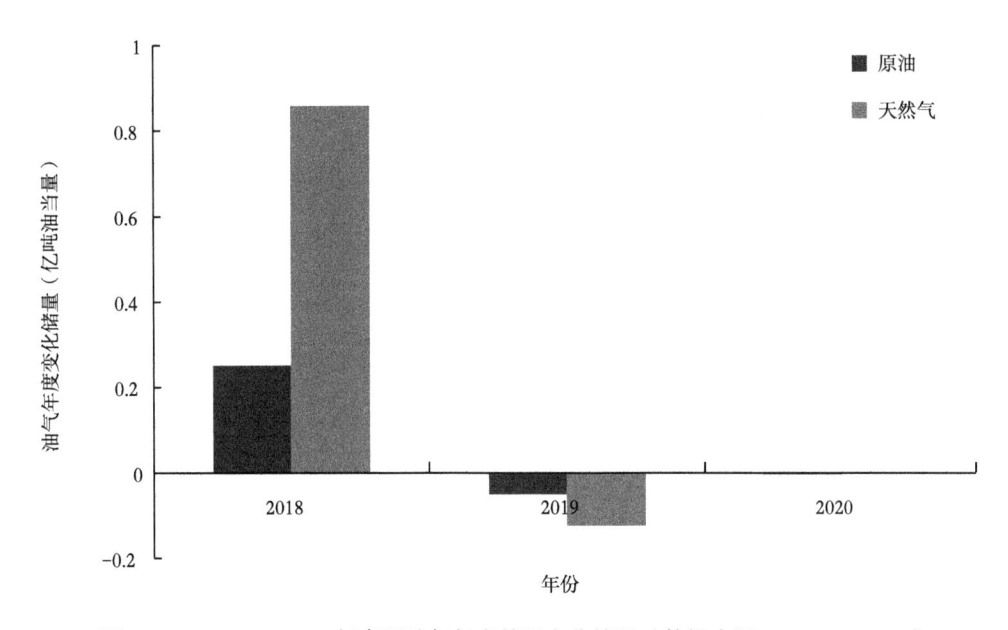

图 5-3-1　2018—2020 年泰国油气年度储量变化情况（数据来源：WOOD，2021）

2. 天然气

2020 年泰国天然气剩余探明可采储量约 1.05 万亿立方米，世界排名第 38 位，东南亚地区排名第 3 位，2020 年天然气储采比为 45.3。

从天然气储量的盆地分布看，泰国天然气储量集中分布在帕塔尼盆地、马来盆地和大霍拉特盆地三个沉积盆地中。其中，帕塔尼盆地占 59.2%，马来盆地占 33%，大霍拉特盆地占 6.5%。

从天然气储量的陆海地域分布看，天然气储量的海域分布与原油类似。海域水深一般为 1~300 米。

从天然气储量变化情况看，2018 泰国天然气剩余探明储量增加约 0.8 亿吨油当量，2019 年略有下降，2020 年基本无变化（图 5-3-1）。

(二) 油气产量

1. 原油

1965—2020 年泰国已累计产出原油约 2.52 亿吨，2020 年原油产量约 0.07 亿吨，世界排名第 42 位，东南亚地区排名第 4 位，少于印度尼西亚、马来西亚和越南。

从原油产量的盆地分布看，泰国原油产量主要分布在帕塔尼盆地、大泰国盆地和马来盆地三个沉积盆地中，占泰国原油产量的 82.4%。其中，帕塔尼盆地占 43.5%，大泰国盆地占 19.9%，马来盆地占 19%。

从原油产量的油气田分布看，泰国原油产量集中分布在十个油田中，2020 年泰国前十大油田原油产量合计占该国原油产量的 81.1%。分别为：Sirikit Area、Bongkot Area、Contract 2 Area、Bualuang、Contract 3 Area、B8/32 Fields、B12/27、Arthit、Contract 1 Area、Manora。

从原油产量变化情况看，2010—2019 年泰国原油产量较为稳定，2020 则有大幅下跌，相较 2019 年下跌 37.8%（图 5-3-2）。

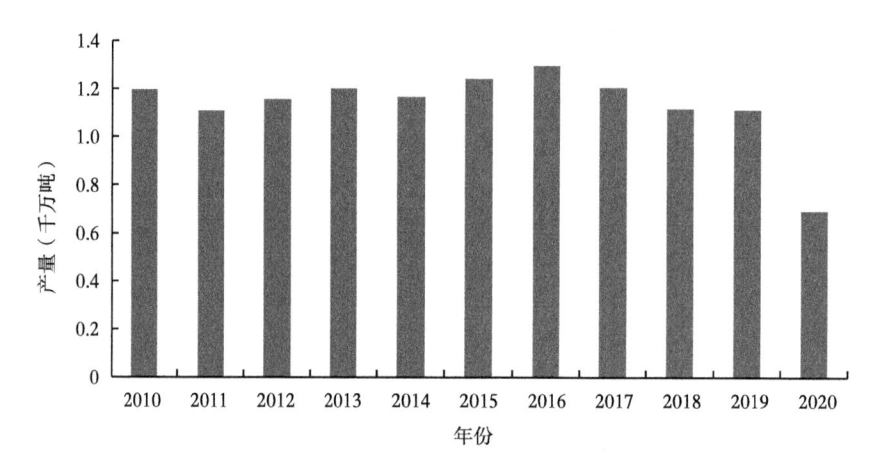

图 5-3-2　2010—2020 年泰国原油年度产量变化情况（数据来源：WOOD，2021）

2. 天然气

1965—2020 年埃及已累计产出天然气约 7004 亿立方米，2020 年天然气产量约 233 亿立方米，世界排名第 29 位，非洲地区排名第 3 位，少于马来西亚和印度尼西亚。

从天然气产量分布的盆地看，泰国天然气产量集中分布于帕塔尼盆地、马来盆地和大霍拉特盆地三个沉积盆地中，合计占泰国天然气产量的 99.6%，其中帕塔尼盆地占 55.1%、马来盆地占 39.9%、大霍拉特盆地占 5%。

从天然气产量的油气田分布看，2020 年泰国天然气产量集中分布在八个气田中，2020 年泰国前八大气田天然气开采量合计占该国天然气年度总开采量的 99.2%。均为亿立方米气田，其中邦果油气田（Bongkot Area）占 30.1%，泰国合同 3 区（Contract 3 Area）占 17.3%，泰国合同 2 区（Contract 2 Area）占 14.7%，泰国 B12/27 区块（B12/27）占 13%，阿替油气田（Arthit）占 9.8%，泰国合同 1 区（Contract 1 Area）占 7.6%，辛普霍尔姆天然气项目（Sinphuhorm）占 4.3%，泰国 B8/32 区块（B8/32 Fields）占 2.4%。

从天然气年度总开采量变化情况看，2010—2018 年泰国天然气产量较为稳定，2018 年后开始下跌，年平均跌幅 12%（图 5-3-3）。

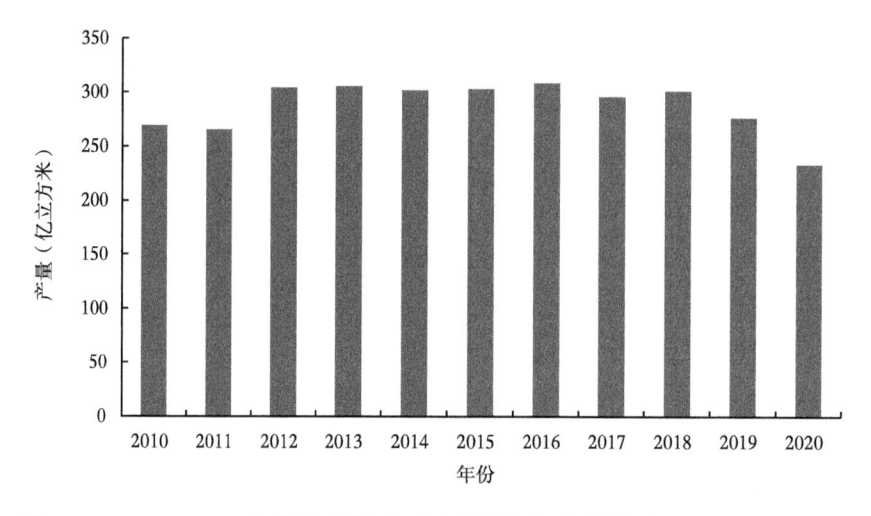

图 5-3-3　2010—2020 年泰国天然气年度产量变化情况（数据来源：WOOD，2021）

（三）油气待发现资源

根据中国石油勘探开发研究院自主评价结果，泰国原油待发现资源 2.99 亿吨，占世界待发现资源总量 0.22%，世界排名第 24 位，东南亚地区排名第 6 位；天然气待发现资源约 0.24 万亿立方米，占世界待发现资源总量 0.12%，世界排名第 26 位，东南亚地区排名第 7 位。

（四）油气理论出口能力

泰国由于经济发展较快，消费量仍大于进口量。从泰国油气理论出口能力看，泰国原油目前缺口较大，天然气出口能力较为稳定。2019 年，泰国原油理论出口能力（产量减去消费量）约 -0.5 亿吨，天然气理论出口能力约 225 亿立方米。从油气理论出口能力变化趋势看，2001—2019 年，原油出口能力均处于下降趋势，年平均下降率约 3.4%，并且原油缺口逐渐增大（图 5-3-4）。2001—2018 年天然气出口能力稳步增大，年平均增长率约 2.1%，2019 年小幅回落（图 5-3-5）。

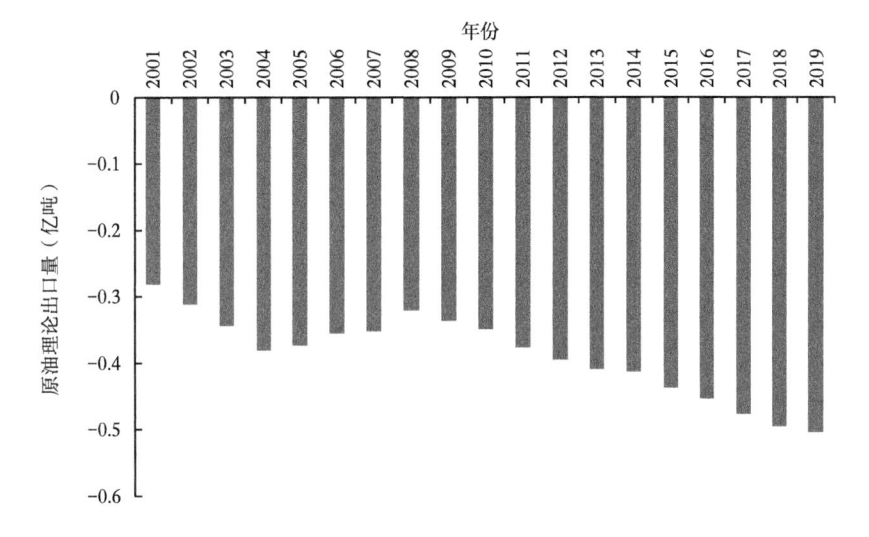

图 5-3-4　2001—2019 年泰国原油出口能力变化图（数据来源：WOOD，BP，2020）

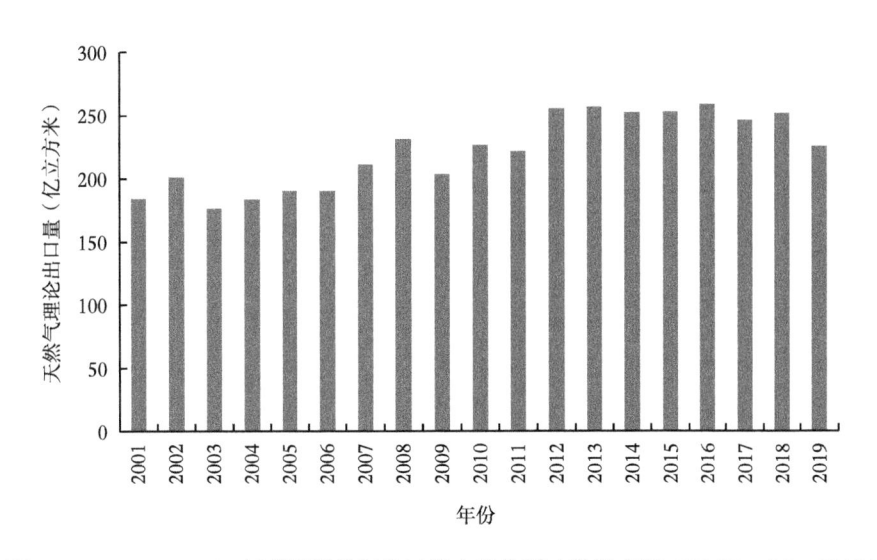

图 5-3-5　2001—2019 年泰国天然气出口能力变化图（数据来源：WOOD，BP，2020）

二、油气合作环境

(一) 政治环境

泰国实行君主立宪制。国王是国家元首和军队的最高统帅,是国家主权和统一的象征。2016年10月13日王储玛哈·哇集拉隆功继位,称为拉玛十世。泰国的政府机构组成包括总理府、19个政府部委、6个不隶属总理府或部委的政府部门和7个依照宪法成立的独立机构。现任政府于2014年8月30日经国王批准组成。2015年8月、2016年12月和2017年12月,巴育总理三次调整内阁。

泰国历史最悠久的政党为民主党,成立于1946年,其政策趋向于维持君主立宪制度,维护泰国中产阶级利益。民主党在经济相对较发达的曼谷地区和南方获得多数民众的支持,曾多次执政。

泰爱泰党曾是泰国的主要政党之一,1998年由前总理塔信创立并任党魁,2001—2006年泰国军事政变前为执政党。2007年泰爱泰党被判在大选中舞弊罪名成立,遭解散。部分党员在泰爱泰党解散之后加入1998年成立的人民力量党,该党被视为泰爱泰党的化身。2007年,人民力量党在大选中获得多数票,并与其他五党共同组成联合政府。2008年12月,宪法法院裁定人民力量党在2007年的大选中贿选罪名成立,予以解散。后人民力量党再被解散,部分党员重新成立为泰党。

国民力量党是在2018由现任泰国军政府中的部分平民阁员所创立的亲军方和主张保守主义的政党。2018年9月29日,现任总理巴育·占奥差的四名时任内阁成员,包括工业部长乌达玛、商业部长颂提拉(也译颂提叻)、科技部长素威、总理府部长科萨在当日举行的国民力量党建党会议上宣布加入这一政党的组建进程,乌达玛在会议上当选党首,颂提拉当选秘书长。2019年3月举行的议会下议院全国选举中,国民力量党获得选票数量第一。

新未来党于2018年3月在曼谷成立,创办人兼党魁是时年39岁的塔纳通(Thanathorn Juangroongruangkit),其父为泰国最大的汽车零件制造商之一高峰集团(Thai Summit Group)执行长。塔纳通本人也是高峰集团的执行副总裁兼董事。塔纳通的合作伙伴时年38岁的皮亚布特(Piyabutr Saengkanokkul)则是法政大学法律系的年轻讲师。2020年2月21日,泰国宪法法院裁定新未来党党魁塔纳通向该党贷款违法,判处新未来党解散,自宣判之日起,禁止塔纳通等11名主要成员参政10年,且不许立即组建新政党。

新政治党于2009年6月成立,主要领导人为泰国传媒大亨林明达及退伍军人针隆,林明达任党魁;其前身为人民民主联盟(PAD,又称黄衫军)。

泰国红衫军不是一个政党,其自称"反独裁民主联盟"(UDD),因组织者和支持者在示威游行中穿着红色衣服,以示识别,故称"红衫军"。他们是以泰国前总理他信·秦那越为首的改革派支持者。

泰国黄衫军也不是一个政党,其自称"人民民主联盟",简称"民盟",政治主张与支持他信的"红衫军"相对立。因为组织者和支持者在游行示威中统一身着黄色的外衣,因此被称为"黄衫军"。

(二) 经济环境

2002—2005年是泰国经济在亚洲金融危机后的经济复苏期,2002年泰国的经济增长率从2001年的3.44%回升到6.15%,2003年进一步提高到7.19%;2003年下半年起,美国经济出现复苏,国际市场对信息技术产品需求转趋回升,2004年发达国家(美、欧、日）经济普遍回升，国际市场对信息技术产品、钢铁制品等材料的需求大幅度增大，但泰国国内需求却出现下降，2004年泰国经济增长率从2003年的7.19%下降到6.29%；2005年泰国经济增长受世界经济增速迟缓的影响，从2004年的6.29%下降到4.19%。受高通货膨胀和政局动荡影响，2008—2009年泰国GDP增长率持续下跌。随着"一带一路"倡仪在泰国的推进，2015—2018年GDP增长率持续增加，年均增长率为3.70%。泰国在国际贸易关系紧张、泰铢币值坚挺和政治风险升高的影响下，2019年的经济增长退至五年新低，GDP增长率仅为2.36%。受新冠肺炎疫情影响，2020年泰国经济呈现负增长，GDP下降率为7.15%（图5-3-6）。

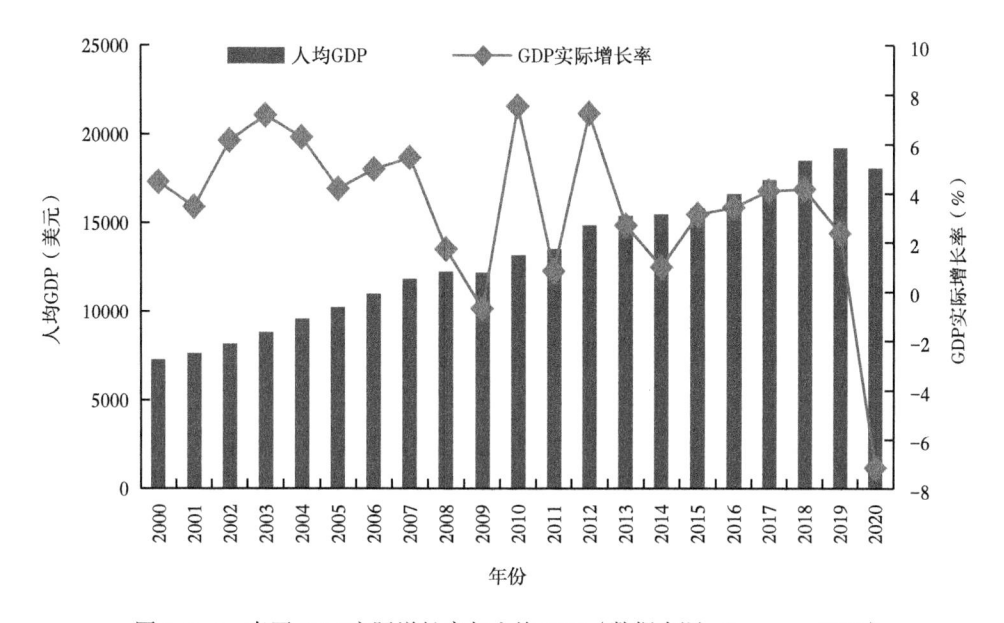

图5-3-6 泰国GDP实际增长率与人均GDP（数据来源：Knoema，2021）

（三）油气基础设施

1. 石油管网系统

1）海域原油

来自泰国湾的石油和凝析油大部分通过专用的浮动储罐和卸货船（FSO）或位于单个油田或现场组的中央集散点的浮动生产、存储和卸货船（FPSO）出口。现场流线用于在必要时在现场位置和中央收集设施之间输送液体。

2）陆上原油

所有陆上原油都通过公路或铁路运输。位于曼谷南部海岸的BCP Bangchak炼厂和位于东部海岸的泰国炼厂是大部分陆上原油运输的目的地。Sirikit地区（最大的生产油田）生产的原油最初存储在五个1万桶的油箱中。然后，使用110辆卡车将其运往彭世洛附近的蓬帕原油仓库，与火车站的距离为55千米。然后，将这些石油通过铁路运输到位于400千米外东海岸的Thai Oil炼厂或Bangchak炼厂进行加工。

PTTEP使用三辆卡车，每辆卡车的容量为200桶，将原油从Suphan Buri项目现场运往Bangchak炼厂。同样，由中美石油经营的邦雅开发项目通过卡车将原油运输到Bangchak炼厂。

泰国北部的 SW1A 通过公路运输为罗勇府的泰国石化工业（TPI）炼厂供应原材料。来自军事操作区（MOA）的原油被卡车运输到距湄顺（Mae Soon）五千米一个炼厂。

2. 炼厂

泰国目前共有八座炼厂，总炼油能力为 125 万桶/天。这八家炼厂中有四家与石化产品生产高度整合。到 2023 年，泰国的 Sriracha 炼厂将扩建 12.5 万桶/天，泰国的炼油能力将增加到 138 万桶/天（表 5-3-1）。

表 5-3-1 泰国主要炼厂基本信息表（资料来源：WOOD，2021）

作业者	炼厂名称	位置	处理能力（千桶/天）
Bangchak Petroleum Co	Bangchak Refinery	Sri Racha	120
Thai Oil	Thai Oil Refinery	Sri Racha	275
ExxonMobil	Esso Refinery	Sri Racha	177
Rayong Purifier Co	Rayong Purifier	Rayong	17
TPI	TPI Refinery	Rayong	215
Shell	Rayong Refinery	Map Ta Phut	280
Star Petroleum Refining Co	Star Petroleum	Map Ta Phut	156
Defence Energy Dept	Defence Energy Refinery	Fang	3

3. 天然气基础设施

泰国的所有输配管道基础设施均由 PTT 的全资子公司国有公司 PTT Gas 拥有和运营。集输天然气到销售点的收集管道可以归外国公司所有，但是分流管线和传输管线的划分是 PTT Gas 的责任。除了位于泰国沿海 Khorat 盆地的 Sinphuhorm 管道，该管道传输管线是由 Hess 建造的，在 2006 年之前一直在运营该区块，随后将运营权移交给 PTT（表 5-3-2）。

表 5-3-2 泰国主要天然气管网基本信息表（资料来源：WOOD，2021）

	主要天然气管道	起点	终点	长度（千米）	直径（英尺）	运输能力（百万方英尺/天）
Gulf of Thailand Trunklines	Erawan to Platong Spur	Erawan	Platong Spur	75	34	860
	Platong Spur to Map Ta Phut	Platong Spur	Map Ta Phut	339	34	860
	Erawan to Tantawan Spur	Erawan	Tantawan Spur	112	36	1150
	Tantawan Spur to Map Ta Phut	Tantawan Spur	Map Ta Phut	300	36	1180
	Erawan to Khanom	Erawan	Khanom	161	24	500
	Bongkot to Erawan	Bongkot Area	Erawan	172	32	1100
	Pailin to Erawan（Gas）	Pailin	Erawan	53	24	420
	Erawan（PRP）to Rayong	Erawan	Rayong（3rd TL）	414	42	1900
陆上 Distribution Trunklines	Map Ta Phut to Bang Pakong 1	Map Ta Phut	Bang Pakong	169	28	580
	Map Ta Phut to Bang Pakong 2	Map Ta Phut	Bang Pakong	110	28	870
	Bang Pakong to South Bangkok	Bang Pakong	South Bangkok	57	24	280
	Bang Pakong to Wang Noi	Bang Pakong	Wang Noi	100	36	860
	Tha Luang Spur Line	Bang Pakong Junction	Tha Luang	34	16	80
	Khaeng Koi Spur Line	Bang Pakong Junction	Kaeng Khoi	45	18	95
	Ban I Tong to Ratchaburi	Ban I Tong	Ratchaburi	264	42	1300
陆上 Gas Field Pipelines	Ratchaburi to Wang Noi	Ratchaburi	Wang Noi	150	30	500
	Nam Phong to EGAT Power Plant	Nam Phong	EGAT Power Plant	3.5	16	250
	Sirikit to Lan Krabu	Sirikit	Lan Krabu	3.2	12	70

三、油气合作现状

（一）油气上游对外开放程度

泰国油气上游开放程度较高，但雪佛龙和泰国国油基本主导了企业格局，其中，雪佛龙占据泰国原油储量和产量的47%和26%，占天然气储量和产量的49%和36%；泰国国油占原油储量和产量的36%和35%，占天然气储量和产量的47%和41%。中国油公司中港华燃气、昆仑能源、延长石油不同程度参与了油气的勘探开发，但占比较小（图5-3-7至图5-3-10）。

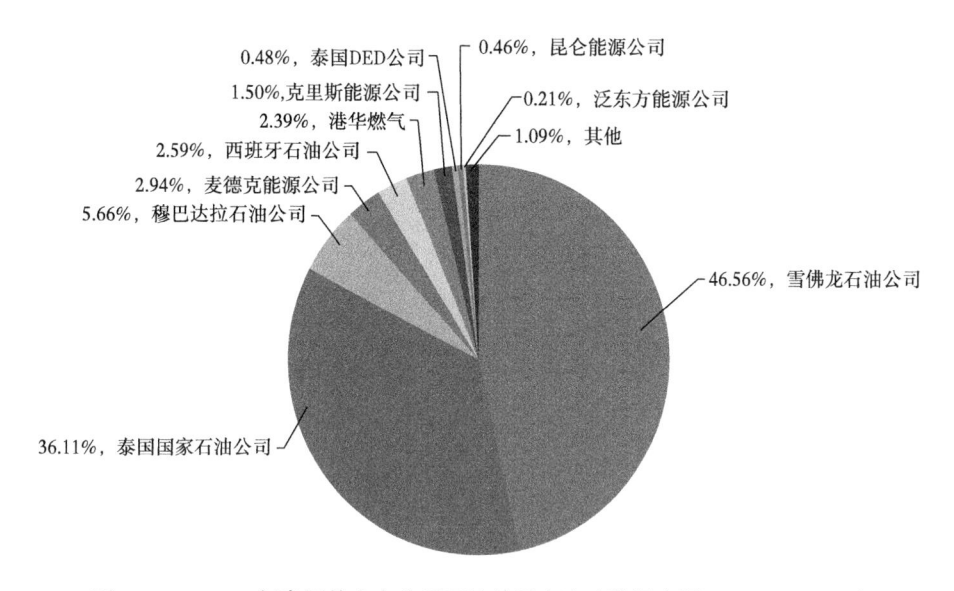

图 5-3-7　2020年泰国前十大公司石油储量占比（数据来源：WOOD，2021）

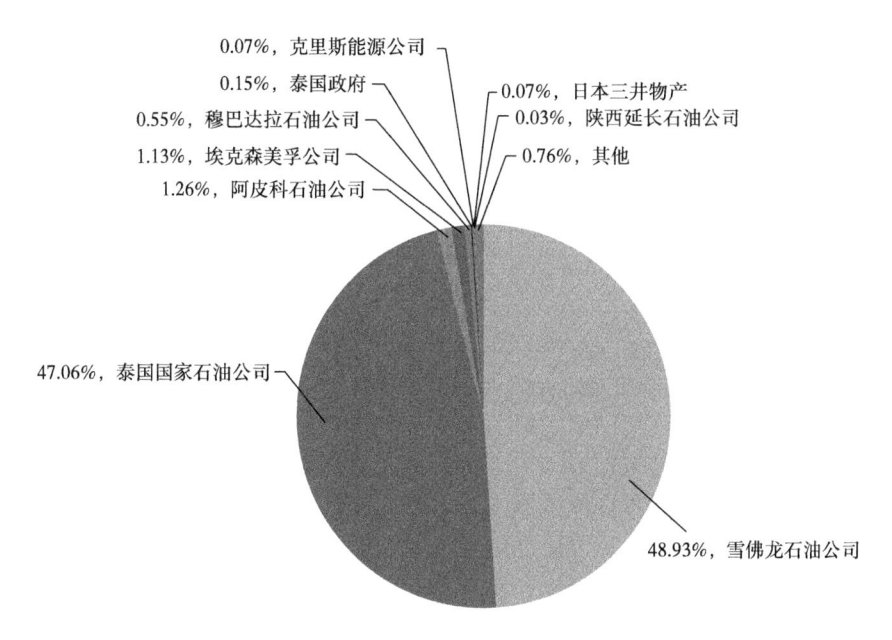

图 5-3-8　2020年泰国各公司天然气储量占比（数据来源：WOOD，2021）

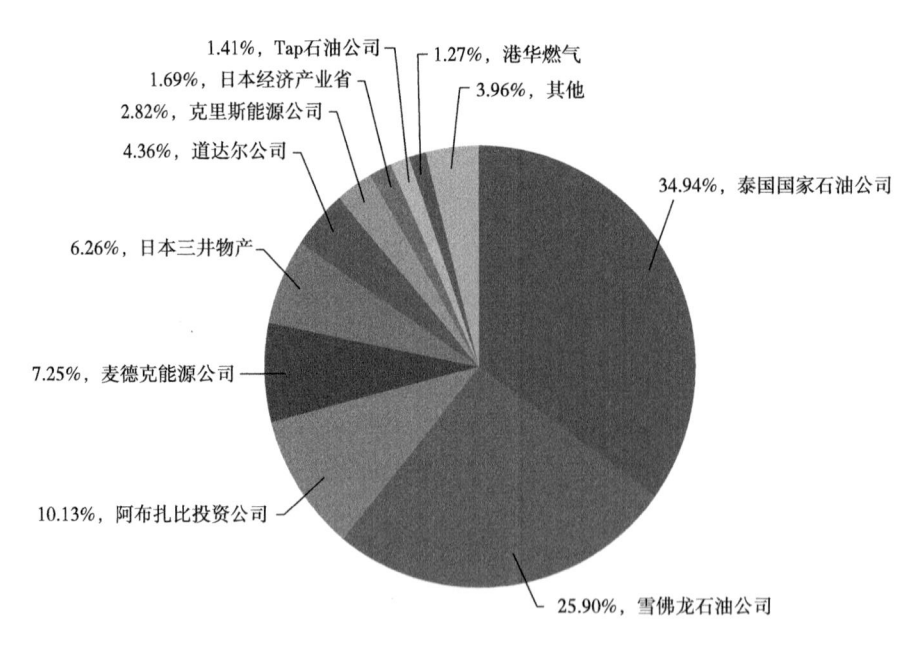

图 5-3-9 2020 年泰国各石油公司石油产量占比（数据来源：WOOD，2021）

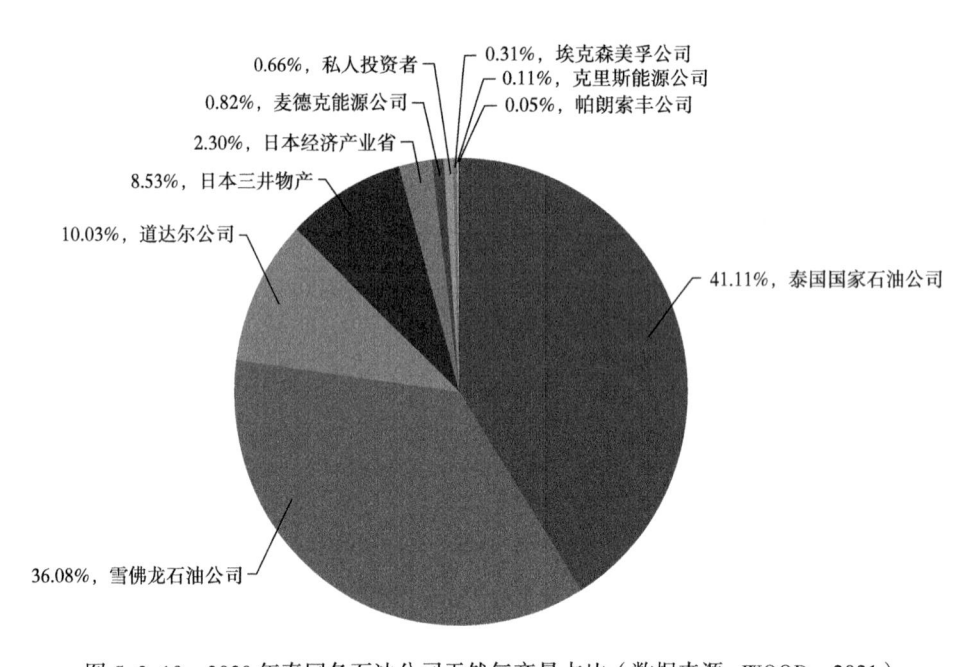

图 5-3-10 2020 年泰国各石油公司天然气产量占比（数据来源：WOOD，2021）

（二）油气上游收并购形势

2001—2019 年，泰国的收并购交易共计 8 笔，金额共计 7.08 亿美元（在披露的 8 笔交易中，有 5 笔披露交易金额）。2002 年全年收并购交易金额共计 6.3 亿美元，为历年最高水平，这主要归功于 Premier 恢复为一家完全独立的勘探与生产公司，重组取消了阿梅拉达赫斯和马来西亚国家石油公司在该公司 50% 的股份（图 5-3-11）。

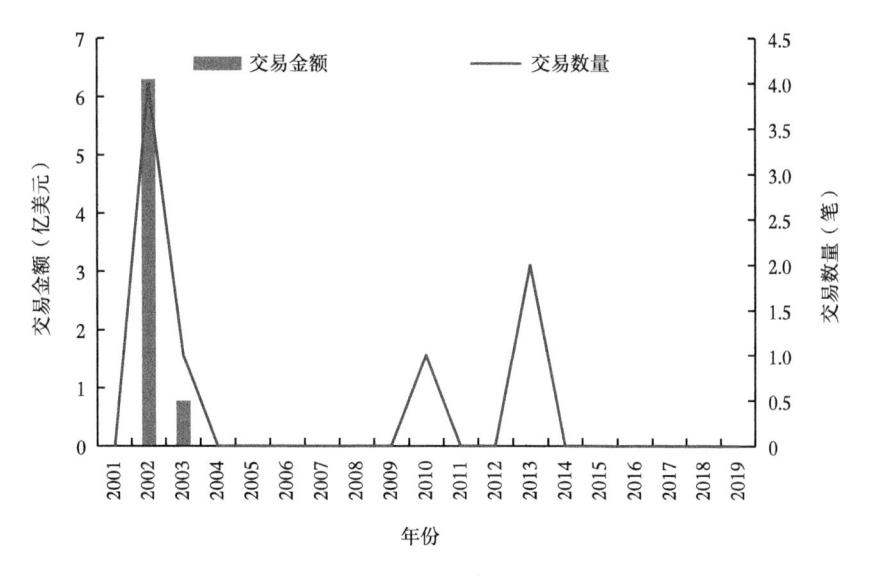

图 5-3-11　泰国油气上游收并购交易总体情况（数据来源：WOOD，2021）

1. 主要交易类型为浅水原油资产

2001—2019 年，泰国浅水原油资产交易额为 43.58 亿美元，占总交易额的 45.44%（图 5-3-12）。

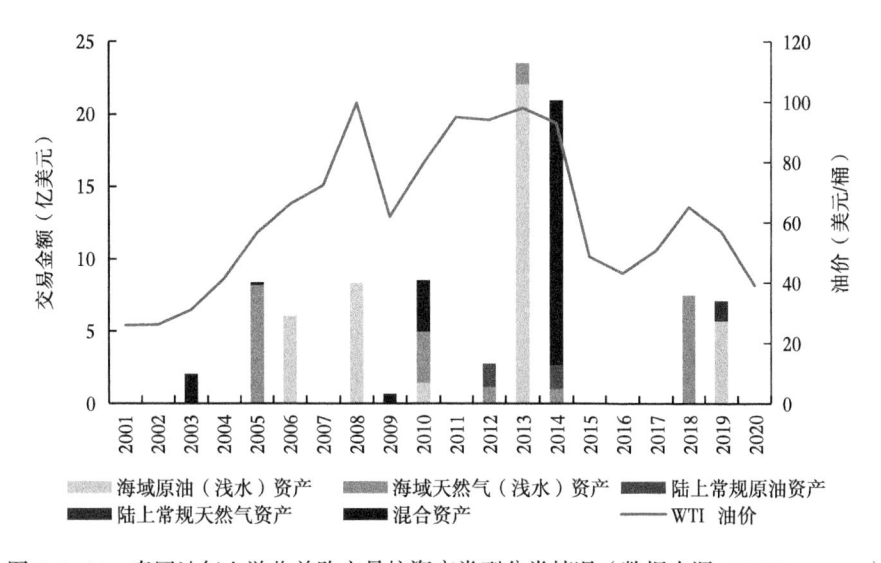

图 5-3-12　泰国油气上游收并购交易按资产类型分类情况（数据来源：WOOD，2021）

2. 石油巨头剥离资产较多

七大石油公司中仅埃克森美孚公司在泰国进行买入，仅道达尔公司在泰国进行卖出（图 5-3-13）。

埃克森美孚公司交易类型主要为陆上常规天然气资产，但该公司未披露交易额。

道达尔公司剥离资产共计 9.55 亿美元，其中浅水天然气资产金额为 7.50 亿美元，占比 78.53%；混合资产交易额为 2.05 亿美元，占比 21.47%。

247

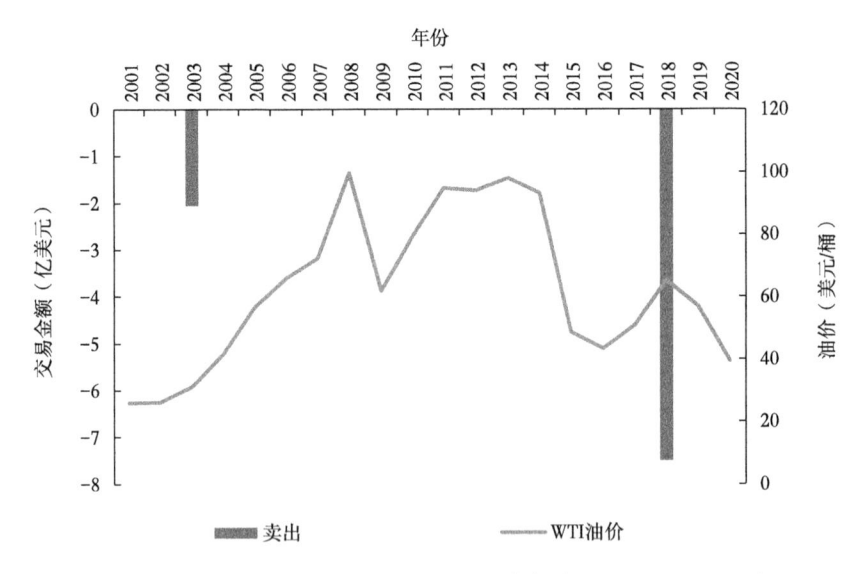

图 5-3-13 石油巨头收并购交易情况（数据来源：WOOD，2021）

3. 国家石油公司交易类型均为浅水天然气资产

2001—2019 年，国家石油公司的收并购交易金额共计 3.37 亿美元，占全国交易金额的 47.60%。其中作为买方买入资产共计 3.37 亿美元，作为卖方暂未参与收并购活动（图 5-3-14）。

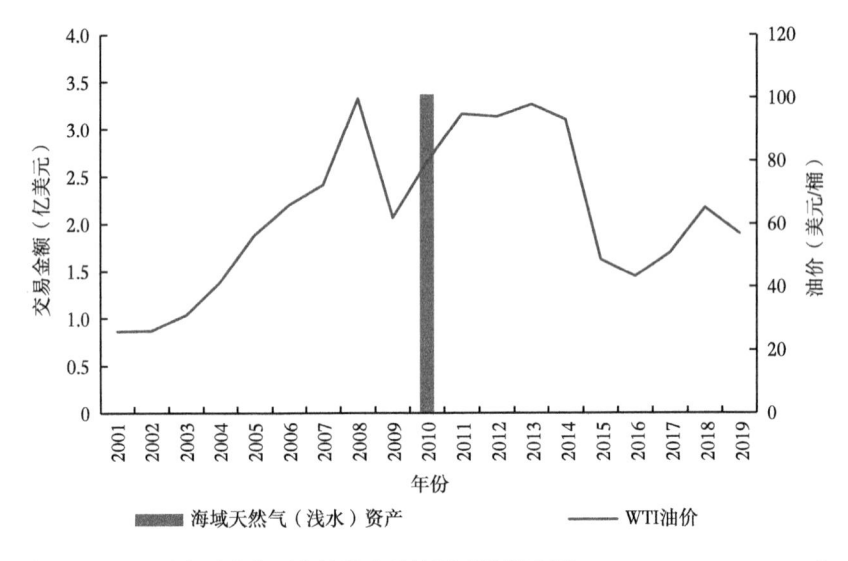

图 5-3-14 国家石油公司收并购交易情况（数据来源：WoodMackenzie，2020）

4. 中国企业买入一笔资产

2001—2019 年，中国企业在泰国的收并购交易金额共计 1.62 亿美元，均为买入资产。从资产类型来看，常规资产为主要交易类型，2001—2019 年常规交易金额共计 1.62 亿美元，占这一阶段全部资产交易额的 100%。

2001 年起至今，中国企业进行的资产买入交易共计 1 笔，其中港华燃气是中国企业中最大的买方，共进行资产收购交易 1 笔，金额共计 1.62 亿美元，占中国企业作为卖方进行交易的100%。同期，中国企业未进行资产剥离（图5-3-15）。

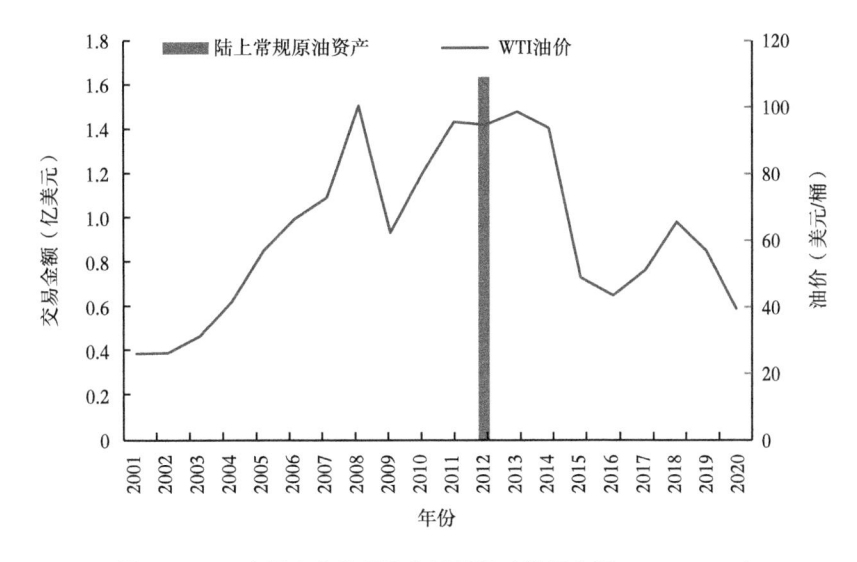

图5-3-15 中国企业收并购交易情况（数据来源：IHS，2021）

5. 重大交易实例——泰国壳牌

Thai Shell 最初在1979年就获得了泰国S1的特许权。1985年11月，国有石油公司PTT的子公司PTTEP支付了4800万美元，收购了该合资企业25%的权益。

Thai Shell 在1987年3月放弃了S1的一半区域。在1984年，放弃了另外25%，在1991年3月放弃了最终的12.5%，保留约12.5%，即1328km²。1998年和1999年，Thai Shell 获得了Sirikit East 和Sirikit West油田扩展的生产许可。2002年10月获得了South Pratu Tao勘探区的生产许可。

作为整合计划的一部分，壳牌决定关闭其在泰国的勘探和生产业务，并于1998年2月出售其泰国资产，包括Sirikit 75%的股份。当年年底，共有9家国际公司表示有意竞标，但投标未能达到壳牌的预期。这些资产最终在2003年底被PTTEP收购，代表壳牌彻底退出泰国的勘探与生产行业。

PTTEP以2.05亿美元完成的收购于2004年1月1日生效，此后Thai Shell更名为PTTEP Siam Ltd，为PTT Exploration and Production Public Co. Ltd的全资子公司。该公司于2010年10月提交了涵盖Sirikit North生产区（包括Tung Yai和YMG油田）的生产许可证，并于2011年1月获得批准。Sirikit Central生产区的进一步生产许可证于4月提交给DMF，最终于2011年批准。

（三）油气上游招标历史

泰国的石油勘探最早始于1921年，但是直到1971年泰国政府才颁布了第一部《石油法》和《石油所得税法》，这也标志着现代石油勘探和开发才开始。自20世纪70年代以来，泰国在泰国湾的近海区域最受关注，该地区是该国最重要的天然气田发现地点，包括Erawan、Arthit和Bongkot。但是陆上的勘探活动直到1971年才正式开始，Unocal获得特许权。壳牌的Sirikit油田于1981年有了商业发现，进一步刺激了陆上勘探。但是，除了Sirikit外，陆上钻探成果较少，发现的规模相对较小。另一个值得关注的是陆上的Phu Horm气田，虽然最初发现于1984年，但直至2003年才被Amerada Hess成功评估。

钻井在 1997 年达到了第一个高峰，在 Benchamas、Maliwan、Pailin 和 Tantawan 进行了评估井的钻探。钻探活动在 2005—2013 年继续增加并达到新的高峰，但 2014 年低油价开始，钻探活动呈断崖式下跌，反映出国际石油公司对泰国国内油气行业已逐渐失去兴趣，目前泰国国内钻探井数量已跌至历史最低水平（图 5-3-16）。

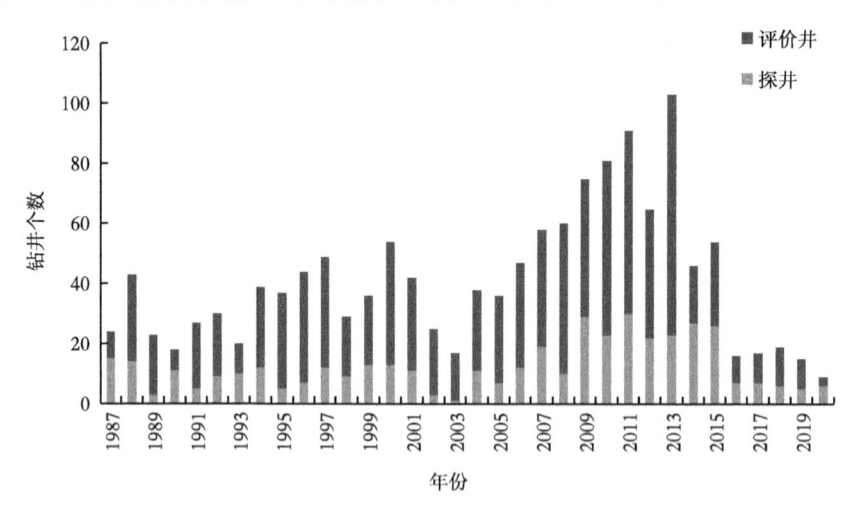

图 5-3-16　1987 年至今泰国钻探井情况（资料来源：WOODMAC，2020）

四、油气合作风险与潜力

（一）油气产量发展趋势

从原油产量发展趋势看，泰国原油将于 2019—2022 年出现断崖式下跌，2022—2026 年由于有新项目的投产产量会较为稳定，随后由于主力老油田陆续减产或停产产量继续下跌，预计 2030 年原油产量为 0.027 亿吨 / 年，相较于 2020 年左右 0.07 亿吨 / 年的产量，降低率约为 67%（图 5-3-17）。

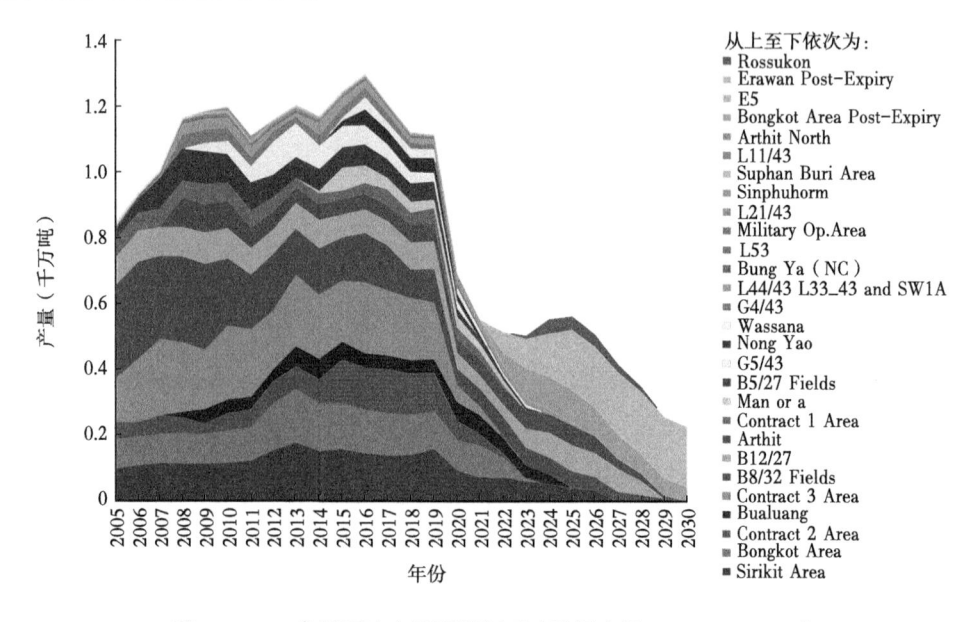

图 5-3-17　泰国原油产量预测剖面（数据来源：WOOD，2021）

从天然气产量发展趋势看,由于泰国储采比低,泰国天然气将于2020年后持续下降,目前主力气田产量未来迅速下降。2022年后泰国天然气产量主要由新投产的项目Erawan Post-Expiry 和 Bongkot Area Post-Expiry 贡献,预计2030年上述两大气田占泰国天然气产量的93.2%(图5-3-18)。

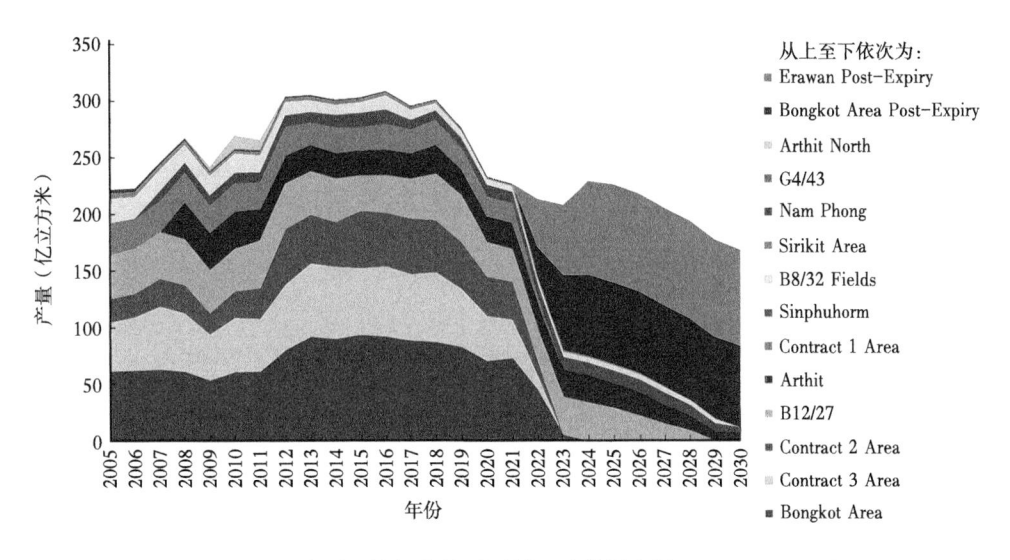

图 5-3-18 泰国天然气产量预测剖面（数据来源：WOOD，2021）

(二)油气合作风险

1. 经济结构风险

一直以来,泰国天然气大量依赖进口,导致泰国能源结构不合理。目前,泰国的天然气储量一直在下降,令泰国政府十分担忧。

如果过度依赖单一能源,将会出现很多问题,比如能源安全。泰国能源严重依赖进口,一旦国外生产或运输环节出问题,泰国就可能面临能源短缺。因此,泰国必须寻找新出路,丰富能源结构,做到均衡化(图5-3-19、图5-3-20)。

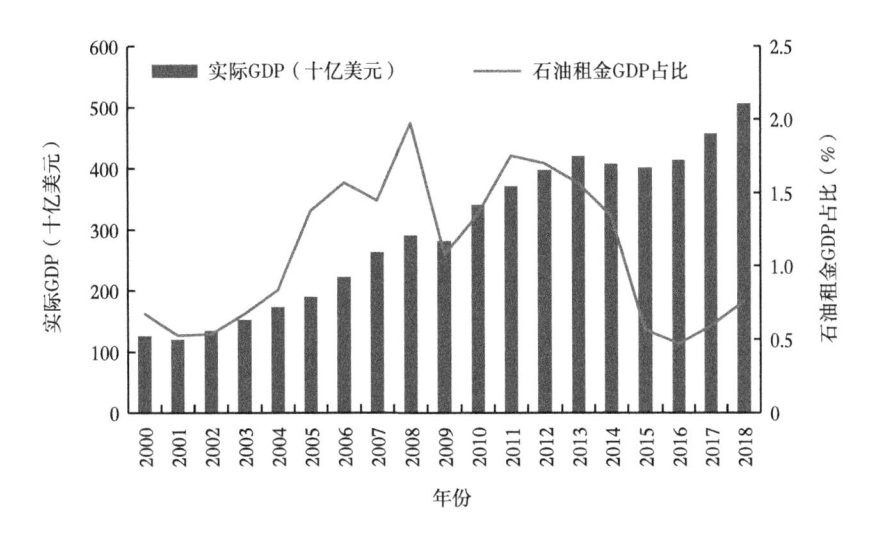

图 5-3-19 泰国实际GDP与石油租金（数据来源：World Bank，2019）

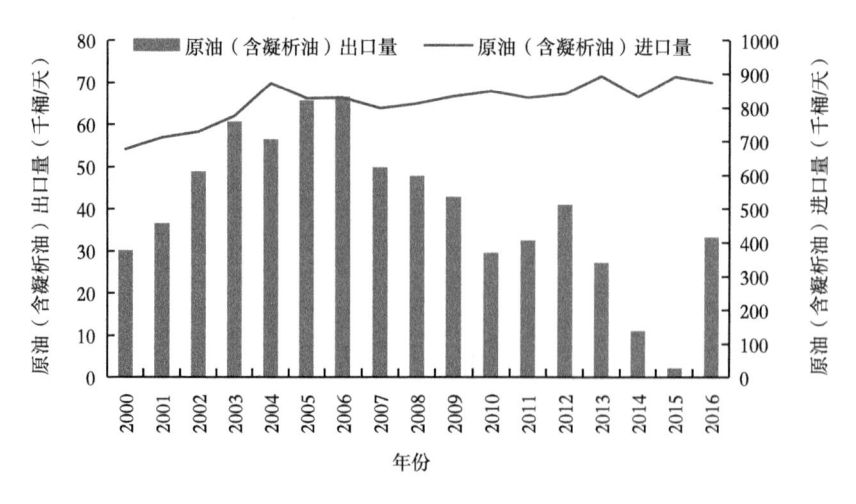

图 5-3-20　泰国原油出口量与进口量（数据来源：EIA，2017）

2. 通货膨胀与货币风险

2015 年全球石油价格低迷，泰国国内食品价格较低，这些因素加大了通货膨胀下行压力，泰国通货膨胀率持续萎缩。2016—2017 年，受国际原油价格持续上升的影响，泰国通货膨胀率持续上升。2018 年泰国央行实施了自 2011 年来的首次升息，使 2018 年泰国通货膨胀率维持在 1.06%。2019 年，泰国银行货币政策委员会下调政策利率，进而使通货膨胀膨胀率下降。2020 年，受新冠肺炎疫情影响，泰国通货膨胀率持续下跌（图 5-3-21、图 5-3-22）。

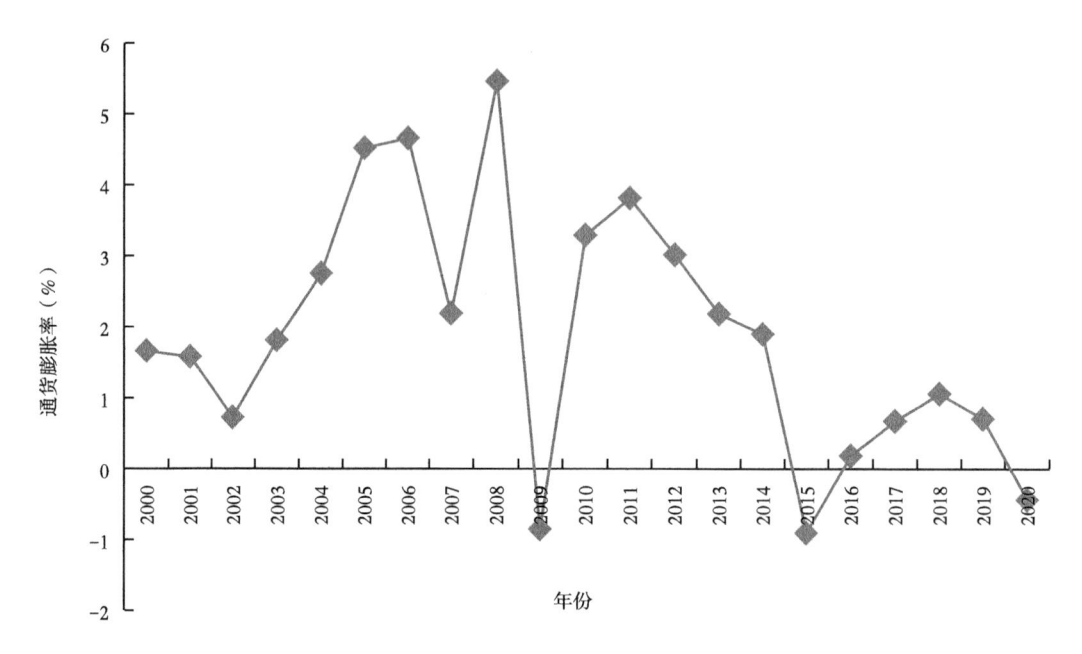

图 5-3-21　泰国通货膨胀率变化（数据来源：Knoema，2021）

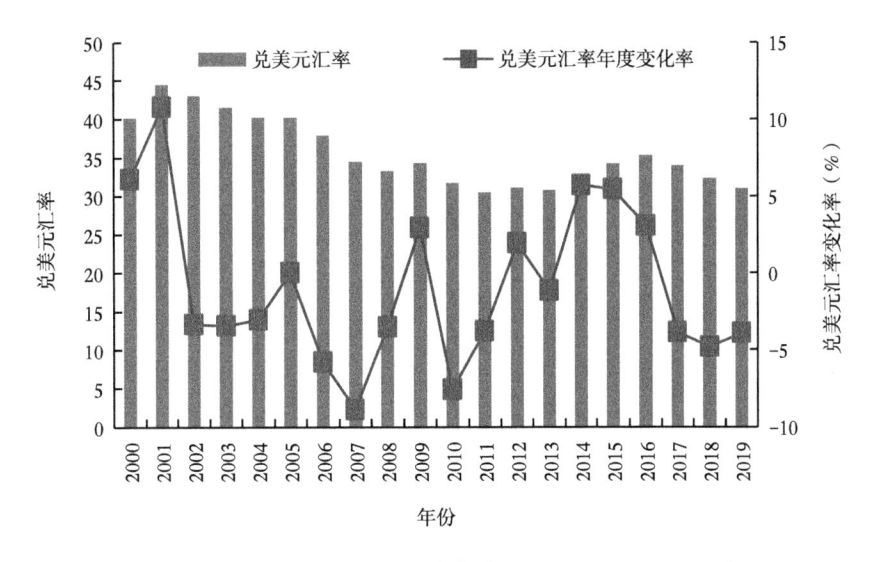

图 5-3-22 泰国汇率变化（数据来源：World Bank，2020）

3.法律与合同财税风险

1）监管机构

历史上，泰国关于石油和天然气事务的政策决定必须获得国家能源政策办公室（NEPO）的批准。NEPO 成立于 1987 年，直接向总理汇报。石油事务的日常管理由工业部（MOI）负责。矿产资源部（DMR）和国家石油公司泰国石油管理局（PTT）是石油部门的主要机构。

2002 年 10 月，泰国成立了一个新的能源部，DMR 的相关部门现在在该部门领导下运作。能源部由矿物燃料部、能源政策和计划办公室（取代 NEPO）、能源业务部以及替代能源开发和效率部组成。

矿物燃料部（DMF）负责促进和监督泰国石油和煤炭的勘探和生产，以最大限度地促进其对泰国经济的贡献。它负责授予特许权并监督在泰国运营的石油公司的活动。

2）国家油公司

泰国国家石油公司泰国石油管理局（PTT）于 1978 年 12 月根据泰国石油管理局 BE 2521 号法案（1978 年）成立。作为国家石油公司，PTT 负责泰国石油行业的各个方面，从勘探和生产到运输、加工和销售，也负责石油和成品进口的采购，并保留对天然气分销的垄断权。PTT 在 2001 年被部分私有化。

所有上游业务均由 PTT 的勘探和生产部门 PTT Exploration and Production Inc.（PTTEP）处理，该公司于 1994 年部分私有化，PTT 保留了多数股权。该公司成立于 1985 年 6 月，旨在管理国家当时在泰国壳牌 S1 特许经营权中的利益。自那时以来，PTTEP 参与了许多上游特许权经营权的股权，其中迄今为止最重要的是 Bongkot 开发区的运营权。该公司也是 Arthit 项目的运营商和多数股权持有人，该项目于 2004 年签署天然气销售协议后，于 2008 年 3 月开始生产。

3）财政条款

泰国的财政体制受特许权和生产分成合同（PSC）条款的制约。未来的许可证和许可证延期将根据泰Ⅲ（第 20 轮后）条款、PSC 和服务合同征税，具体取决于初始储量和区块的位置（图 5-3-23、表 5-3-3）。

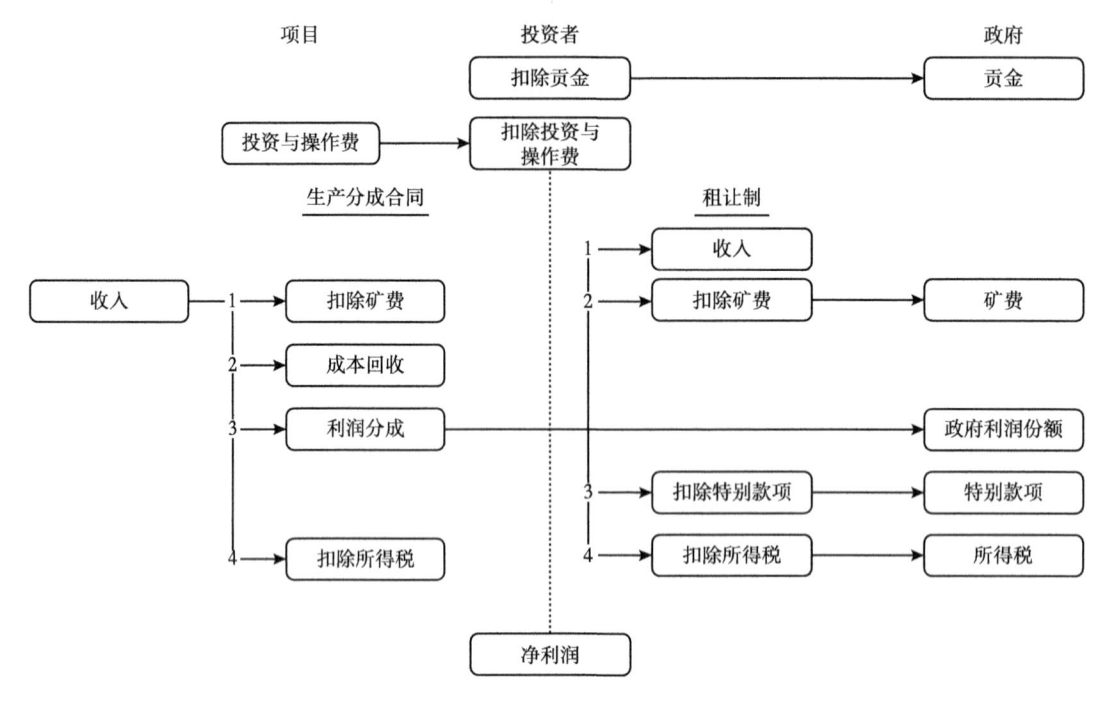

图 5-3-23　泰国特许经营权收入流程图（资料来源：WOOD，2021）

表 5-3-3　泰国主要油气财税条款

类型	特许协议	PSC
签名费	最低为 1000 万泰铢	最低位 3.5 亿泰铢
地域租赁费	20 万泰铢 /（平方千米·年）	
增值税	免税	
进口税	免税	
分包商预扣税	非居民 15%，除非根据税收协定减少	

（三）油气合作潜力和方向

从油气田建产与待建产分布看，泰国已探明油气储量大于 1 亿吨油气当量油气田 1 个，占总油气探明储量 28.1%，未建产。待建产储量主要分布于帕塔尼盆地中。近年来泰国油气发现均来自泰国湾的近海地区，未来油气合作重心也应放在此处，尤其是海域天然气的勘探开发。

参考文献

Al Rashdi Eman，2017. 关于阿曼的出口多元化和经济增长的研究 [D]. 南昌：江西财经大学.

阿卜杜拉·萨利赫·萨阿迪（Abdullah Saleh Al Saadi），2012. 阿曼与中国关系研究 [D]. 上海：上海外国语大学

曹云华，1988. 缅甸政治体制：特点、根源及趋势 [J]. 东南亚研究，（2）：34-40+27.

常毓文，王作乾，韦青，等，2020. 把脉全球油气开发形势 [J]. 中国石油石化，（22）：46-47.

常毓文，赵喆，王作乾，等，2017. "一带一路"区域内油气上游合作研究 [J]. 中国石油企业，（8）：17-21.

陈佳和，2020. 地缘政治视角下的俄罗斯与土耳其能源合作 [D]. 北京外国语大学.

陈杰，徐赣川，谷重山，等，2020. 厄瓜多尔与两伊石油技术服务合同对比分析 [J]. 国际石油经济，28（10）：60-66.

陈沫，2017. "一带一路"倡议：加强中国与沙特阿拉伯经济合作的契机 [J]. 宁夏社会科学，（5）：97-104.

陈小迁，韩志斌，2017. 中东变局以来阿曼国家治理转型述评 [J]. 西亚非洲，（4）：106-126.

代玲，李洪玺，2015. 国际石油合作经营策略与风险控制研究——以阿曼5区为例 [J]. 西南石油大学学报（社会科学版），17（4）：37-43.

丁军，2004. 国际石油合作模式的演进及现状 [J]. 经济师，（8）：251.

范鸿达，2016. 中国在伊朗推进"一带一路"倡议的政治环境与因应 [J]. 西亚非洲，（2）：49-64.

方程成，2019. "一带一路"背景下中国与西亚能源合作共赢研究 [D]. 武汉：武汉工程大学.

葛艾继，郭鹏，许红，2004. 国际油气合作理论与实务 [M]. 北京：石油工业出版社.

郭锐，王登凯，2019. 哈萨克斯坦油气合作的法律风险与防控 [J]. 国际石油经济，27（12）：64-70.

韩建伟，2017. 伊朗经济发展的制约因素及前景分析 [J]. 阿拉伯世界研究，（5）：16-31+118.

韩永辉，李子文，张帆，2020. 中国在阿联酋的投资机会与风险分析 [J]. 长安大学学报（社科版），22（01）：19-26.

郝一帆，杨丝逸，2012. 哈萨克斯坦投资环境及风险分析 [J]. 经济研究导刊，（29）：173-175.

何一鸣，于婷，2020. "一带一路"背景下中俄合作开发北极油气资源前景 [J]. 中国石油大学学报（社会科学版），36（2）：14-19.

华黎明，2015. 伊朗："一带一路"中的地位与角色 [J]. 社会观察，（12）：10-11.

环球网. 伊拉克多地暴力冲突持续 约110人死亡 [EB/OL].https：//baij-iahao.baidu.com/s?id=1646801290096492008&wfr=spider&for=pc.

黄丁兰，1983. 印度尼西亚的能源开发战略 [J]. 南洋问题，1983（02）：36-43.

黄继炜，2010. 印度尼西亚的通货膨胀问题研究 [J]. 中国物价，（9）：38-40+33.

科学智慧火花. 特提斯构造带——认识地球动力的窗口 [EB/OL].http：//bbs.3s0-01.com/thread-264277-1-1.html.

李冰，2017. 国际油气资源合作合同模式比较 [J]. 中国石油企业，（4）：70-74.

李春辉，2019. 中国石油海外投资业务25年跨越式发展回眸 [N]. 中国石油报.

李婧, 姜江, 2021. "一带一路"背景下海外油气开发投资风险与防控策略[J]. 企业改革与管理, (8): 26–27.

李丽丽, 2017. "一带一路"战略中的中国与伊朗关系研究[D]. 青岛: 中国石油大学(华东).

李丽丽, 胡瑞法, 王怀豫, 2015. 沙特阿拉伯经济发展现状及中沙经贸可持续性[J]. 经济论坛, (10): 123–127+145.

李琪, 2014. "冷战"与困境: 乌兹别克斯坦与塔吉克斯坦关系走向[J]. 俄罗斯东欧中亚研究, (1): 52–60+102.

李桥, 2019. 新世纪以来埃及与沙特阿拉伯关系研究[D]. 郑州: 郑州大学.

李瑞生, 2017. 乌兹别克斯坦恐怖主义犯罪及其预防考究[J]. 四川警察学院学报, 29(1): 1–11.

李玉顺, 樊利钧, 郑德鹏, 2003. 土库曼斯坦油气投资环境与合作对策研究[J]. 国际石油经济, (8): 39–42.

林达丰, 范宏伟, 2020. 修宪与缅甸政治演变: 路径与方向[J]. 厦门大学学报(哲学社会科学版), (5): 107–117.

刘朝全, 李程远, 2017. 伊朗油气投资环境分析[J]. 国际石油经济, 25(10): 8–12.

陆瑾, 2017. 伊朗发展战略怎样对接"一带一路"[J]. 世界知识, (3): 55–57.

陆南泉, 2021. 俄罗斯经济转型30年评析[J]. 探索与争鸣, (3): 150–159+180.

罗仪馥, 2021. 东亚产业链变迁与跨越"中等收入陷阱"——以泰国的经济发展为例[J]. 东南亚研究, (1): 38–63+153–154.

孟涛涛, 2019. 军人干政下泰国民主政治的发展[D]. 济南: 山东师范大学.

聂书岭, 2004. 乌兹别克斯坦近期社会经济发展状况简介[J]. 中亚信息, 2004, 000(006): 10–13.

宁威, 2018. 民盟执政下缅甸民族整合问题研究[D]. 长沙: 国防科技大学.

庞大鹏, 2017. 俄罗斯的政治稳定: 社会基础与制度保障[J]. 俄罗斯东欧中亚研究, (1): 52–70+157.

人民网. 中国—中亚天然气管道D线开工[EB/OL]. http://energy.people.com.c-n/n/20-14/0916/c71661-25669225-2.html.

孙德刚, 王亚庆, 2020. 整体对接: 论中国与沙特阿拉伯全面战略伙伴关系[J]. 阿拉伯世界研究, (4): 28–54+158–159.

孙德刚, 喻珍, 2021. 从威胁平衡到多元平衡: "新中东"视野下的阿联酋对冲战略[J]. 西亚非洲, (2): 67–95.

孙依敏, 2017. "一带一路"沿线油气合作进展与转变[J]. 中国石油企业, (2): 42–45.

仝菲, 2014. 阿联酋经济发展战略浅析[J]. 亚非纵横, (6): 83–94.

汪慕恒, 2006. 21世纪后泰国的外资投资发展趋势[J]. 南洋问题研究, 2006(03): 43–46+72.

王保雄, 张琳, 2019. 国际石油合作服务合同模式浅析[J]. 财会学习, (17): 191+193.

王建忠, 李富兵, 黄书君, 等, 2019. "一带一路"沿线国家油气合作进展与合作建议[J]. 中国矿业, 28(2): 21–27.

王建忠, 李富兵, 黄书君, 等, 2019. "一带一路"沿线国家油气合作进展与合作建议[J]. 中国矿业, 28(2):18–24.

王年平, 2007. 国际石油合同模式比较研究[D]. 北京: 对外经济贸易大学.

王然, 2018. 当代沙特阿拉伯政治稳定研究[D]. 上海: 上海外国语大学.

王晓泉, 2020. 试析中俄上中下游全链条多业一体化油气合作模式[J]. 欧亚经济, (4): 102–117.

王意, 杨智刚, 穆长辉, 等, 2017. 乌兹别克斯坦油气资源状况剖析[J]. 新疆石油天然气, 13(1):

2–3+36–38.

王毅, 2010. 中俄经贸合作关系研究 [D]. 长春: 吉林大学.

卫培, 2020. 印度尼西亚油气工业状况与投资环境分析 [J]. 国际石油经济, 28（10）: 51–59.

徐政强, 王育红, 2003. 国际石油合作合同模式的特征及演进 [J]. 国际经济合作,（1）: 50–53.

许国, 2013. 中石油在哈萨克斯坦国 PK 项目风险研究 [D]. 西安: 西安石油大学.

许勤华, 王思羽, 2019. 俄属北极地区油气资源与中俄油气合作 [J]. 俄罗斯东欧中亚研究,（4）: 111–126+157–158.

央视网. 土库曼斯坦石油天然气国际大会开幕: 中国仍是土天然气最大进口国 [EB/OL]. http://m.news.cctv.com/2020/10/28/ARTIEvzwuxd0E4XxioeDhZta201028.shtml.

杨桂荣, 2019. "一带一路"倡议下, 对中俄油气合作的几点思考——参照小股东项目 [J]. 天然气与石油, 37（4）: 112–115.

杨泽伟, 2021. "一带一路"倡议背景下全球能源治理体系变革与中国作用 [J]. 武大国际法评论, 5（2）: 26–44.

余崇健, 1992. 阿联酋的国家政治制度及其特点 [J]. 西亚非洲,（4）: 38–42+37.

喻珍, 2020. 中国参与伊拉克战后经济重建与"一带一路"倡议的对接 [J]. 湘潭大学学报（哲学社会科学版）, 44（5）: 113–119.

袁新涛, 2014. "一带一路"建设的国家战略分析 [J]. 理论月刊,（11）: 5–9.

苑生龙, 2018. 缅甸经济形势及中缅"一带一路"合作建议 [J]. 中国经贸导刊,（36）: 25–27.

张剑, 尚艳丽, 定明明, 等, 2018. 中国石油与阿联酋油气合作分析 [J]. 国际石油经济,（8）: 18–25.

张俊勇, 张玉梅, 陈艳春, 2019. 印度尼西亚的能源问题及对我国的启示 [J]. 北京金融评论,（4）: 129–140.

张乃欣, 张柏川, 2018. 哈萨克斯坦油气工业现状与中哈能源合作 [J]. 欧亚经济,（5）: 112–124.

张琰, 2017. 国际能源市场低迷背景下的土库曼斯坦经济 [J]. 欧亚经济,（3）: 77–88+128.

张音, 2006. 国际商业石油合同综述 [J]. 国际经济合作,（7）: 44–48.

张玉清. "一带一路"油气合作高质量发展思考 [EB/OL]. https://baijiahao.baidu.com/s?id=1640827695810989480&wfr=spider&for=pc.

张泽亮, 代珊瑞, 祝湘辉, 2020. 缅甸: 2019 年回顾与 2020 年展望 [J]. 东南亚纵横,（1）: 62–71.

张卓, 2015. 乌兹别克斯坦政治体制研究 [D]. 乌鲁木齐: 新疆师范大学.

赵欢, 王丽艳, 2015. 土库曼斯坦油气资源投资法律环境分析 [J]. 资源与产业, 17（2）: 134–139.

赵宇, 2012. 核危机以来伊朗与海湾国家关系研究 [D]. 乌鲁木齐: 新疆大学.

中国民生银行研究院宏观研究团队, 2018. 沙特阿拉伯投资机遇及风险分析 [J]. 中国国情国力,（7）: 69–72.

中国石油勘探开发研究院, 2020. 全球油气勘探开发形势及油公司动态 [M]. 北京: 石油工业出版社.

中国石油新闻中心. 中国石油海外投资业务 25 年跨越式发展回眸 [EB/OL]. http://news.cnpc.com.cn/system/2018/12/29/001715632.shtml.

中国石油新闻中心. 坚持互利共赢原则 深化"一带一路"油气合作 [EB/OL]. http://news.cnpc.com.cn/system/2019/10/29/001749568.shtml.

中国石油新闻中心. 沙特阿拉伯计划斥巨资开发国内最大非常规气田 [EB/OL]. http://news.cnpc.com.cn/system/2020/03/03/001764912.shtml.

中华人民共和国商务部. 2017 版哈萨克斯坦投资指南 [EB/OL]. http://kz.m-ofcom.gov.cn/article/

ddgk/201802/20180202715683.shtml.

中华人民共和国商务部.乌兹别克斯坦2019年经济发展情况[EB/OL]. http：//www.mofcom.gov.cn/article/i/dxfw/ae/202006/20200602971728.shtml.

中华人民共和国司法部.中俄东线天然气管道投产通气 我国天然气进口资源更趋多元化[EB/OL].http：//www.moj.gov.cn/news/content/201912/02/xxtt_323-6953.html.

中华人民共和国外交部.阿联酋国家概况[EB/OL]. https：//www.fmprc.gov.cn/web/gjhdq_676201/gj_676203/yz_676205/1206_676234/1206x0_676236/.

中华人民共和国外交部.阿曼国家概况[EB/OL]. https：//www.fmprc.go-v.cn/web/gjhdq_676201/gj_676203/yz_676205/1206_676259/1206x0_676261/.

中华人民共和国外交部.俄罗斯国家概况[EB/OL]. https：//www.fm-prc.gov.cn/web/gjhdq_676201/gj_676203/oz_678770/1206_679110/1206x0_679112/.

中华人民共和国外交部.哈萨克斯坦国家概况[EB/OL]. https：//www.fm-prc.gov.cn/web/gjhdq_676201/gj_676203/yz_676205/1206_676500/1206x0_676502/.

中华人民共和国外交部.缅甸国家概况[EB/OL]. https：//www.fmprc.go-v.cn/web/gjhdq_676201/gj_676203/yz_676205/1206_676788/1206x0_676790/.

中华人民共和国外交部.沙特阿拉伯国家概况[EB/OL]. https：//www.fmprc.gov.cn/web/gjhdq_676201/gj_676203/yz_676205/1206_676860/1206x0_676862/.

中华人民共和国外交部.泰国国家概况[EB/OL]. https：//www.fmprc.go-v.cn/web/gjhdq_676201/gj_676203/yz_676205/1206_676932/1206x0_676934/.

中华人民共和国外交部.土库曼斯坦国家概况[EB/OL]. https：//www.fmprc.go-v.cn/web/gjhdq_676201/gj_676203/yz_676205/1206_676980/1206x0_676982/.

中华人民共和国外交部.乌兹别克斯坦国家概况[EB/OL]. https：//www.fm-prc.gov.cn/web/gjhdq_676201/gj_676203/yz_676205/1206_677052/1206x0_677054/.

中华人民共和国外交部.伊拉克国家概况[EB/OL]. https：//www.fmprc.gov.cn/web/gjhdq_676201/gj_676203/yz_676205/1206_677148/1206x0_677150/.

中华人民共和国外交部.伊朗国家概况[EB/OL].https：//www.fmprc.gov.cn/ web/gjhdq_676201/gj_676203/yz_676205/1206_677172/1206x0_677174/.

中华人民共和国外交部.印度尼西亚国家概况[EB/OL]. https：//www.fmprc.gov.cn/web/gjhdq_676201/gj_676203/yz_676205/1206_677244/1206x0_677246/.

中华人民共和国中央人民政府."一带一路"油气合作共识增强[EB/OL]. http：//www.gov.cn/xinwen/2019-05/03/content_5388375.htm

周林森,郑德鹏,2006.国际石油勘探开发合同模式及其变化趋势[J].国际石油经济,14（9）：23-25.

朱雄关,2016."一带一路"背景下中国与沿线国家能源合作问题研究[D].昆明：云南大学.